U0603738

广视角·全方位·多品种

权威·前沿·原创

皮书系列为
"十二五"国家重点图书出版规划项目

政治发展蓝皮书

BLUE BOOK OF
POLITICAL DEVELOPMENT

中国政治发展报告
（2013）

ANNUAL REPORT ON CHINA'S POLITICAL DEVELOPMENT
(2013)

主　编／房　宁　杨海蛟
执行主编／张明澍

社会科学文献出版社
SOCIAL SCIENCES ACADEMIC PRESS (CHINA)

图书在版编目（CIP）数据

中国政治发展报告. 2013/房宁，杨海蛟主编. —北京：社会
科学文献出版社，2013.6
（政治发展蓝皮书）
ISBN 978 - 7 - 5097 - 4678 - 3

Ⅰ.①中… Ⅱ.①房… ②杨… Ⅲ.①政治制度 - 研究报告 -
中国 - 2013 Ⅳ.①D621

中国版本图书馆 CIP 数据核字（2013）第 113897 号

政治发展蓝皮书
中国政治发展报告（2013）

主　　编／房　宁　杨海蛟
执行主编／张明澍

出 版 人／谢寿光
出 版 者／社会科学文献出版社
地　　址／北京市西城区北三环中路甲 29 号院 3 号楼华龙大厦
邮政编码／100029

责任部门／社会政法分社（010）59367156　　责任编辑／芮素平
电子信箱／shekebu@ ssap. cn　　　　　　　责任校对／王　芳　白　雪
项目统筹／刘晓军　　　　　　　　　　　　责任印制／岳　阳
经　　销／社会科学文献出版社市场营销中心（010）59367081　59367089
读者服务／读者服务中心（010）59367028

印　　装／北京季蜂印刷有限公司
开　　本／787mm×1092mm　1/16　　　　　印　　张／28.5
版　　次／2013 年 6 月第 1 版　　　　　　字　　数／465 千字
印　　次／2013 年 6 月第 1 次印刷
书　　号／ISBN 978 - 7 - 5097 - 4678 - 3
定　　价／98.00 元

政治发展蓝皮书编委会

主要编撰者简介

主编 房 宁

中国社会科学院政治学研究所所长,研究员。

主要研究领域:政治学理论,民主政治理论与实践,政治发展,比较政治学。

主编 杨海蛟

中国社会科学院政治学研究所副所长,研究员,《政治学研究》副主编,兼任中国政治学会副会长、秘书长,北京市政治与行政学会副会长。

主要研究领域:政治学理论,当代中国政治。

执行主编 张明澍

中国社会科学院政治学研究所副研究员。

主要研究领域:政治理论,比较政治。

摘　要

　　系统地回顾、分析、评论 2012 年中国政治发展总的情况（总报告）及其主要方面，包括人民代表大会、公共行政、司法、共产党领导的多党合作、民族区域自治、基层政权建设、公民权利和自由的保障（分报告），以专题报告重点述评该年度政治发展的"热点"和"亮点"，包括政治体制改革与民主政治建设、民生导向的公共政策、反腐败、民主理论研究的新进展。并附有大事记和党政领导干部任免情况，兼有工具书功能。

Abstract

Recall, analysis and comments of the political development in China 2012, both general situation (General Report) and its major aspects, including the people's congress, public administration, judiciary, multi-party cooperation under the leadership of the communist party, National Autonomy, democracy-building at the Grassroots level, protection of citizen right and freedom (Sub-Reports), and with emphasis on some "hot points" of the year such as the political reform and democracy-building, public policy orienting people's wellbeing, anti-corruption, new development in democracy study (Special Reports). There is also a chronicle of the political events and appointments of the year attached at the end so making it useful like a yearbook.

目 录

B I 总报告

B II 分报告

B III 专题报告

BⅣ　附　录

皮书数据库阅读**使用指南**

CONTENTS

฿ I General Report

฿ II Sub-Reports

政治发展蓝皮书

BⅢ Special Reports

BⅣ Appendixes

总 报 告

General Report

B.1

2012 年的中国政治发展

郑 言*

摘 要：

本文从执政党建设的新进展、坚持和完善中国特色社会主义民主制度、政府体制改革和政府能力建设、法治建设、人权事业，以及七大政治关系的协调发展等方面，简明扼要地回顾和分析了 2012 年的中国政治发展，并且展望了 2013 年政治发展的前景。

关键词：

党的建设 社会主义民主 政府体制改革 政治发展

2012 年是中国加快推进转变经济增长方式、全面建成小康社会决定性阶段的关键一年。在中国共产党的坚强领导下，社会和经济的发展坚持了"稳

---

* 郑言，中国社会科学院政治学研究所研究员，主要研究领域为政治学理论、社会主义民主政治、当代中国政治。

中有进"的总基调，社会主义现代化各方面在稳定的基础上又有新的发展。中国政治发展进程也依然保持了以往的良好态势，持续稳妥推进并取得了明显进展。党的建设稳步发展，中国特色社会主义民主制度渐趋完善，政府体制改革进一步深化，法治建设水平不断提升，公共政策的科学化与民主化程度进一步提高，人权事业发展显著，各种政治关系持续协调发展。如此等等。不断前行的政治发展进程，为2012年中国平稳推进的社会主义现代化事业提供了有利的制度支持与环境保障。

一 中国共产党的建设取得新进展

中国共产党自诞生以来就十分注重自身建设，不间断进行的政治建设、思想理论建设、组织建设和作风建设等，保证了新民主主义革命的胜利。执政以来，中国共产党始终坚持以马克思主义为思想指导，坚持理论联系实际，把马克思主义的基本原理同中国革命和建设的具体实践紧密结合，以中国化的马克思主义理论成果——毛泽东思想武装全党并指导实践，初步探索了中国社会主义革命和社会主义建设道路；改革开放之后，邓小平理论重点回答了"什么是社会主义，怎样建设社会主义"等面临的诸多理论问题，并以此为指导，将发展中国特色社会主义事业推进到一个新的境界；"三个代表"重要思想明确回答了"建设一个什么样的党，怎样建设党"等一系列重大理论与现实问题，使改革开放和社会主义现代化事业进入一个新的历史阶段；新世纪、新阶段以适应不断发展的形势需要，党的理论建设和思想建设水平不断提高，对"发展为了谁，发展依靠谁，发展成果谁来享受"等重大问题作出了新的科学的回答，为党和国家建设的全局性事业提供了科学的理论指导。

在几十年的奋斗历程中，中国共产党始终不渝地把党的作风建设放在重要位置，积极引导广大党员树立正确的人生观、价值观、世界观，特别在领导干部中树立"权为民所用、情为民所系、利为民所谋"的正确权力观，保持同人民群众的血肉联系。在改革发展进程中不断推进反腐倡廉建设，以不断增强的反腐力度保持党的纯洁性，以不断完善的制度建设铲除滋生腐败的土壤，不断有效地防范腐败的产生。党的各级组织按照中央决策部署，落实建立健全惩治和预防腐败体系实施纲要，严格执行党风廉政建设责任制，加强廉政文化建设，健全纪检监察派驻机构统一管理，完善巡视制度，形成拒腐防变教育长效机制、反腐倡廉制度体系、权力运行监控机制，加强党员干部廉洁自律工作，提高党员自身拒腐防变能力，坚决查处违纪违法案件，依法严惩一切腐败分子。2008 年 4 月~2011 年 3 月，党中央开展制止公款出国（境）旅游专项治理；2010 年，全国党政干部因公出国（境）团组数、人次数、经费数与 2006~2008 年三年平均数相比分别下降 47.1%、43.9%、32.6%，节约经费 14 亿元。2009~2011 年，开展"小金库"专项治理：截至 2011 年底，全国共发现"小金库"60722 个，涉及金额 315.86 亿元，责任追究 10429 人。2009 年起，集中开展工程建设领域突出问题专项治理：截至 2012 年 8 月底，全国纪检监察机关共立案 2.71 万件，查实 2.43 万件，给予党纪政纪处分 1.81 万人，移送司法机关处理 9794 人。① 这也显示了党整肃作风，治理腐败的坚强决心。经过不懈努力，党风廉政建设和反腐败斗争取得了巨大的进展和成效，教育和挽救了一大批党员干部，赢得了人民群众的衷心拥护和爱戴，为中国特色社会主义事业创造了清正廉洁的社会环境，探索出了一条中国特色的反腐倡廉道路。

在六十多年的执政过程中，中国共产党积极致力于组织建设，把提高党员干部的综合素质、造就高素质的干部队伍作为一项重要工作常抓不懈，不断健全党员教育管理制度和机制，深化干部人事制度改革，改善党员组成结构，加强基层党组织建设。在组织建设上，突出强调加强基层组织和党员队伍建设。近十年来，党组织的覆盖面不断扩大，其中除了党的公有制企业以外，有 97% 规模以上非公有制企业，都建立了党组织。党员队伍进一步发展，党员构成比例不断改善。据来自中央组织部的统计数据，截至 2011 年底，中国共产党党员总数已达 8260.2 万名，党的基层组织总数达 402.7 万个，较之新中国成立之初 448 万党员的情况，党在组织建设方面的进步不仅表现在规模的不断壮大上，更表现在党员结构的优化与党员素质的不断提高方面。从党员队伍构成看，全国有女党员 1925 万名，占党员总数的 23.3%；少数民族党员 556.2

---

① 《十年反腐成就：查处薄熙来等 12 高官（名单）》，http://news.cntv.cn/18da/20121104/103795.shtml。

万名，占党员总数的 6.7%；具有大专以上学历的党员 3191.3 万名，占党员总数的38.6%；35 岁以下的党员 2062.2 万名，占党员总数的25%。从党员的职业看，工人 704.7 万名，农牧渔民 2483.4 万名，党政机关工作人员 699.9 万名，企事业单位管理人员、专业技术人员 1925 万名，学生 277.8 万名，离退休人员 1518.2 万名，其他职业人员 651.3 万名。从基层党组织分布看，全国 7135 个城市街道、3.3 万个乡镇、8.4 万个社区（居委会）、59.1 万个建制村建立了党组织。公有制企业、机关单位党组织覆盖面达到 99.96%。事业单位党组织覆盖率达到 99.2%，比上年增长 0.3 个百分点。98.3 万户非公有制企业建立了党组织，占具备建立党组织条件的非公有制企业数的 99.91%。2.65 万个社会团体建立了党组织，占具备建立党组织条件的社会团体数的97.43%。2.74 万个民办非企业单位建立了党组织，占具备建立党组织条件的民办非企业单位数的99.33%。① 近十年来，全国共发展 2666.1 万名党员，其中生产和工作一线党员、35 岁以下党员、少数民族党员、女党员的比例不断上升。基层带头人队伍焕发新的活力，在 2011～2012 年基层换届中，新当选的乡镇党委书记的平均年龄为 41.1 岁，其中 94.2% 拥有大专以上学历。② 干部考核评价机制、公开选拔、民主评议等一系列干部人事制度创新改革深入推进。党的组织基础进一步巩固完善。

党内民主是党的生命工程。以民主集中制为核心的党内民主制度建设为党永葆生机提供了重要来源，同时对于社会主义民主政治建设起到了巨大的示范带动作用。党不断加强党内民主的制度化建设，充分反映党员、党组织意愿，推行党务公开，落实党员知情权、参与权、监督权等党员民主权利。各级党委会向全委会负责、报告工作和接受监督制度全面确立。党在六十多年的领导实践过程中，不断探索加强和改善党的领导方式，逐渐改变一元化、集权式的领导方式，以执政能力建设为核心巩固和改善党的领导，致力于以科学执政、民主执政、依法执政的建设方向，不断提升驾驭社会主义市场经济的能力、发展

---

① 《全国党员总数 8260.2 万名　党的基层组织总数 402.7 万个》，人民网：http：//politics. people. com. cn/n/2012/0701/c1001 - 18417196. html。
② 《2011 年新当选乡镇党委书记平均年龄 41.1 岁》，人民网：http：//dangjian. people. com. cn/n/2012/1011/c117092 - 19224502. html。

社会主义民主的能力、建设社会主义先进文化的能力、构建社会主义和谐社会的能力、应对国际局势和处理国际事务的能力。

2012 年中国共产党的建设伟大工程取得新的进展。在思想建设上，继续深入开展"创建先进基层党组织、争当优秀共产党员活动"。以此活动为载体推进党的思想建设。尤其值得注意的是，中国共产党深入科学总结发展实践，进一步深化了对建设中国特色社会主义的认识。从十八大来看，中国共产党进一步丰富和深化了对执政建设与国家发展规律的认识，修改后的党的章程，把科学发展观列入了党长期坚持的指导思想。中共十八大报告系统阐述了关于中国特色社会主义的三大成果，即开辟了中国特色社会主义道路，形成了中国特色社会主义理论体系，确立了中国特色社会主义制度。坚定和增强的"道路自信、理论自信、制度自信"也必将正确引领中国特色社会主义持续向前发展，进一步推动中国政治发展进程。

中共十八大顺利地完成了中央领导集体的新老交替。强调进一步推进党的建设伟大工程，提升党的建设科学化水平。胡锦涛同志在政治报告中提出的实行党代表提案制等重要制度创新主张，必将进一步完善党员权利，丰富和深化党内民主建设。从党的十八大代表选举来看，更加注重和改善了党员代表的构成，与十七大相比，基层一线的代表增加了 2.1 个百分点，吸纳了新兴党员群体代表，其中包括 26 名农民工、4 名大学生村官。①

党的基层组织是党的全部工作和战斗力的基础。"深入开展创建先进基层党组织、争当优秀共产党员活动，是加强党的基层组织建设的一项经常性工作，也是新形势下加强党的先进性建设的有效载体和有力抓手。"② 为此，党中央作出重要部署，把 2012 年确定为基层组织建设年，以此作为全面推进和加强基层组织建设的有利契机。各地积极推广活动中创造的好经验好做法，许多基层组织焕发出新的活力。据统计，经过 2011～2012 年地方党委换届后，新提名的省（区、市）党委常委中，从基层成长起来的占 61.6%；市、县党委领导班子成员中，具有基层工作经历的分别占 51.7%、66.1%。加强年轻

---

① 《十八大代表的三个细节》，http：//www. legalweekly. cn/index. php/Index/article/id/1377。
② 《胡锦涛：深入开展创先争优活动营造学优当先进氛围》，http：//cpc. people. com. cn/GB/64093/64094/12021721. html。

干部、女干部、少数民族干部和党外干部培养选拔，2789 名县（市、区、旗）党委书记中，40 岁以下的由上次换届的 82 名增加到 130 名，增加 58.5%；省（区、市）党委班子共配备女干部 37 名，比上次换届增加 12.1%；市、县党委班子配备女干部 474 名，比上次换届增加 3.3%。① 在基层组织队伍年轻化、知识化水平不断提高的同时，基层组织的各项运行和监督机制进一步完善，包括各级党委常委会向全委会负责、报告工作和接受监督制度，干部公开选拔、公推直选、竞争上岗和考核评价制度，重大问题和重大干部任用票决制等制度机制的建立推行，确保了党的各级组织，特别是基层组织工作的程序化、正规化、民主化，由此也有利于同推行行政管理体制和社会管理体制创新改革的各级行政机关实现工作机制和工作作风的顺利衔接。总体上看，随着党的各级组织机制的健全完善，中国共产党吸收更多阶层、群体的先进分子，扩大和巩固了党的执政基础，增强了党组织内部的生机与活力，保持了与时俱进的先进性质。

鉴于当前基层组织建设发展还不平衡，还存在一些突出问题和薄弱环节，有的基层组织管理缺位，尤其非公企业和社会组织党建覆盖面不够的问题，2012 年党中央出台《关于加强和改进非公有制企业党的建设工作的意见（试行)》，用以指导非公企业党建工作。同时必须注意的是，有的农村党支部党员队伍青黄不接，还有的地方流动党员管理教育服务跟不上，仍需要认真加以解决。在党的人才建设上，2012 年 9 月中央人才工作协调小组精心组织实施国家高层次人才特殊支持计划，由中组部、人社部等 11 个部门和单位联合印发了《国家高层次人才特殊支持计划》，总体目标是从 2012 年起，用十年左右时间，有计划、有重点地遴选支持 10000 名左右自然科学、工程技术、哲学社会科学和高等教育领域的杰出人才、领军人才和青年拔尖人才，形成与引进海外高层次人才计划相互补充、相互衔接的国内高层次创新创业人才队伍开发体系。

2012 年中央提出倡导以保持党的纯洁性为新旨向的党风建设目标。胡锦

---

① 《地方党委换届后常委中从基层成长起来的占 61.6%》，http：//news. china. com. cn/18da/2012 - 11/09/content_ 27061121. htm。

涛在十七届中央纪委七次全会上提出了保持党的纯洁性的重大战略任务，要求切实做好保持党员干部思想纯洁、队伍纯洁、作风纯洁、清正廉洁的各项工作。十八大召开之后，党中央陆续出台了一系列改进党组织特别是党的领导干部工作作风的规定，其中尤其值得注意的是，2012 年 12 月发布的中央政治局八项规定，有针对性地指出了一段时期以来部分党员干部在日常工作特别是基层工作中存在官僚主义、形式主义作风的严重问题，着重强调了回归保持朴素亲民的群众路线的重大意义。本着讲求实效和对人民负责的宗旨原则，对涉及党的日常工作的调研、会议、文件、外事活动、警卫工作、新闻报道、文稿发表和领导工作生活待遇等方面的具体事项作出了相应规定。这些规定的提出与落实有助于提醒全党上下端正党风政风会风文风，始终保持同广大人民群众的血肉联系，标志着在长期领导中国政治发展的过程中，作为领导者和执政者的中国共产党仍然保持着清醒的政治头脑，面临着新时期纷繁复杂的矛盾，能够以居安思危的自觉意识，及时调整现实工作中存在的各种有悖于党的性质宗旨的矛盾问题，在弘扬党与群众同呼吸、共命运的主旋律当中实现党组织的自我完善与自我发展，以更好地肩负起领导中国政治发展整体事业的历史使命。

十八大报告一再提醒全党反腐问题解决不好，就会对党造成致命伤害，甚至亡党亡国。反腐倡廉必须常抓不懈，拒腐防变必须警钟长鸣。要坚持走中国特色反腐倡廉道路，全面推进惩治和预防腐败体系建设，做到干部清正、政府清廉、政治清明。并特别提出了要建立健全包括领导干部重大事项报告制度、纪检监察体制、巡视制度等具体反腐机制，发挥好党内外各种反腐监督机制的作用，表明了党将继续深入开展反腐败斗争作为保障改革开放政治成果的一项关键性工作。在党中央领导下深入开展的反腐败斗争彰显了我们党反对腐败的鲜明态度和坚强决心，增强了人民群众对党领导的中国特色社会主义现代化事业的信心。在 2012 年，党中央毅然坚持把查办案件作为推进反腐败斗争的重要手段，加大查办违纪违法案件的工作力度，始终保持惩治腐败的强劲势头，坚持党纪国法面前人人平等，坚决查处一批重大违纪违法案件。据 2013 年中纪委监察部通报的 2012 年查案情况统计，2012 年各级纪检监察机关共接受信访举报 1306822 件（次），其中检举控告类 866957 件（次）。初步核实违纪线索 171436 件，立案 155144 件，结案 153704 件，处分 160718 人。其中，给予党纪处分 134464 人，给予政纪处分 38487 人。通过查办案件，为国家挽回经济损失 78.3 亿元。① 针对党风廉政建设中违反政治纪律与组织人事纪律、领导机关和领导干部中的违纪违法案件、重点领域和部分的违法违纪案件、贪污贿赂和失职渎职案件、发生在群众身边的违纪违法案件等工作重点，党中央和各级纪律检查机关在 2012 年中继续保持了强劲的查案势头，不断拓宽案件来源渠道，严格依纪依法安全文明办案，进一步提高查办案件工作科学化水平，通过查处严重违纪违法案件，及与群众切身利益紧密相关的涉及征地拆迁、矿产资源开发、学校办学乱收费、医药购销和医疗服务、食品药品制假售假、基层干部吃拿卡要等方面的违纪案件，切实地解决了一系列社会反响强烈、群众意见较大的现实问题，从而使广大群众看到了党反腐工作的力度与决心，坚定了依靠党自身与群众相结合净化党组织的信心。与此同时，党组织自我监督与接受社会、群众监督渠道的拓宽与程序化、法治化，也体现出中国民主与法治事业在党的领导下不断取得新的进展。十八大召开之后，党中央在系统总结此前反腐经验的基础上，对在党中央的坚强领导下，党风廉政建设和反腐败工作取得的很大成绩给予了充分的肯定；并且明确地提醒全党上下要清醒认识党风廉政建设和反腐败斗争的长期性、复杂性、艰巨性，坚持标本兼治、综合治理、惩防并举、注重预防的方针，将党的反腐工作的成效提到关乎人心向背，关乎党的生死存亡的高度加以认识。引导和督促广大党员干部特别是领导干部牢记党的理想、信念和宗旨，时刻把人民利益放在第一位是保证反腐工作实效的基础和前提，而从自身做起，从点滴做起转变作风、切实改进文风会风，坚决反对形式主义、官僚主义等则是重要的实践内容。通过动员全党全社会参与党的廉政建设，中国共产党的执政基础更加巩固，执政能力与执政水平迈上了一个新台阶。

二 坚持和完善中国特色社会主义民主制度

中国特色社会主义民主制度建设是发展社会主义民主政治，建设社会主

---

① 《中央纪委监察部召开新闻发布会透露去年查办 4698 名处以上官员》，《检察日报》2013 年 1 月 10 日。

政治文明的重要内容。人民当家作主是社会主义民主的本质属性和根本旨向，带有长期性、根本性、稳定性的民主制度建设是保障人民当家作主，实现人民民主权利的基本形式。

新中国成立以来，中国人民在党的领导下，从中国的革命历史与国情实际出发，确立了工人阶级领导的，以工农联盟为基础的人民民主专政的社会主义国家制度，逐步建立和完善了人民代表大会制度、民族区域自治制度、中国共产党领导的多党合作和政治协商制度及基层民主自治制度的社会主义民主制度体系。六十多年来，这些适应中国国情和发展需要、反映中国社会主义特色的社会主义政治制度得到了不断的坚持和发展，成为整个中国社会主义建设事业的根本政治保障。十一届三中全会以来，伴随中国特色社会主义政治发展事业的全面进步，在日益复杂的国内外环境中，中国共产党不仅始终坚持沿着中国特色社会主义政治发展道路开拓进取，而且在保持社会主义政治制度整体框架完整性、系统性、稳固性的同时，更加注重从具体运行机制方面开发上述各项政治制度的制度潜力，使之更加顺畅地运转起来，以服务于中国特色社会主义政治发展，进一步发挥中国特色社会主义政治制度的优越性。尤其近十年来，在完善充实人民代表大会制度、中国共产党领导的多党合作和政治协商制度，大力发展基层民主和协商民主等领域内都取得了显著的成效，直接带动了中国社会主义政治制度建设和民主政治进步的步伐，也在行政管理体制改革和社会管理体制创新等领域内产生了积极影响。

作为国家根本政治制度的人民代表大会制度，充分体现了我国人民民主专政国家的政权组织形式，在选举制度、工作制度、代表制度及组织建设等方面逐渐规范化，完善和加强了作为权力机关的立法和监督职能，极大地推动了社会主义民主政治发展。中国不断完善和改进人大选举制度，1979 年 7 月第五届全国人民代表大会第二次会议通过了新的选举法，在此后的发展过程中对选举法又进行了五次修改。在人大选举上扩大了直接选举的范围，简化直接选举程序。改善了人大代表的名额配备，1982 年修订的选举法减少了农村与城镇每一代表所代表的人口数比例，规定农村每一代表所代表人口数小于 4∶1；1995 年选举法将省、自治区、直辖市和全国两级人大中农村与城市每一代表所代表的人口数从原来的 5∶1 和 8∶1 改为 4∶1；特别是 2010 年 3 月 14 日第十一届全国人民代表大会第三次会议通过的新的选举法修正案规定城乡按相同人口比例选举人大代表，这在保证代表选举的公平性上具有划时代意义。此外，人大选举制度在选民登记、少数民族地区的选举程序、归侨华侨的选举等方面进行了积极改进，从全方位、多角度发展和完善了我国人大选举制度，公民的民主政治权利得到了更好保障。以此为前提，人民代表大会在发挥根本的立法职能方面也取得了长足的进步，通过改进法律法规的提案制度，各级人大代表和常委会组成人员的立法职能得到了充实，而依托日益严格的立法审议制度和强调法律专门性、科学性的委托起草制度，人民代表大会的立法数量和立法质量也得到了相应的保障。据统计，截至 2010 年底，我国已制定现行有效法律236 件、行政法规690 多件、地方性法规8600 多件，并全面完成对现行法律和行政法规、地方性法规的清理工作。在立法职能不断充实的同时，以实施《中华人民共和国各级人民代表大会常务委员会监督法》和修改《中华人民共和国全国人民代表大会和地方各级人民代表大会代表法》为契机，人民代表大会的监督职能也更加凸显出来，从而也体现出人大制度在工作程序规范化、制度化领域所取得的进展。2005 年 5 月，全国人大常委会制定并颁布了《关于进一步发挥全国人大代表作用，加强全国人大常委会制度建设的若干意见》，本着加强人大代表工作能力和工作实效的目的，提出了：保障代表知情权，提高代表审议议案、报告水平效能；改进代表议案工作，提高议案提出和处理质量；完善工作制度，提高代表建议、批评和意见提出及处理质量；加强和规范代表在大会闭会期间活动；为代表在大会闭会期间活动提供必要条件和保障等具体规定。此外，各级人大代表同选民和基层之间的关系更加密切，而2010 年10 月28 日第十一届全国人民代表大会常务委员会第十七次会议所修订的《中华人民共和国全国人民代表大会和地方各级人民代表大会代表法》进一步明确了人大代表的权利和义务，细化了人大代表的履职规范，加强了对人大代表履职的保障和监督。以 2005 年物权法草案的审议通过过程来看，其中社会力量的参与和意见发挥了相当大的作用，这也从一个侧面反映出我国的人民代表大会制度的建设始终坚持了民主、科学、法治建设相统一的基本原则。总体上看，人民代表大会制度在长期的坚持与发展中体现出巨大的制度优越性，适应了不断变化的内外情况，而人大制度不断健全完善的过程，实际上也反映出我们对于中国特色社会主义的制度自信和道路自信。

新中国成立以来在政治发展的探索过程中，中国共产党领导的多党合作和政治协商制度作为国家的基本政治制度逐渐得到认同，被纳入宪法予以确认。作为中国社会主义民主制度的重要构成，党领导的多党合作和政治协商制度充分体现了我国社会主义民主制度的特点和优越性。民主党派充分发挥"政治协商、民主监督、参政议政"的重要职能，不断推进职能落实的制度化、规范化、程序化建设，更加有效地反映了社会各方面的利益、愿望和诉求，承载了政治参与的重要任务，推进了社会主义民主积极稳步发展。民族区域自治制度是中国正确处理民族关系的民主制度成果，是实现社会主义民族关系和谐稳定，促进民族区域地方繁荣发展的制度保障。新中国成立以来的实践表明，民族区域自治有力地维护了国家统一和民族团结，尊重和满足了少数民族人民当家作主的愿望，有利于调动民族自治地方的主观能动性，促进自治区域的经济社会发展。基层群众自治制度是中国特色社会主义民主制度体系中具有创造性的伟大实践。基层群众自治制度的发展为中国民主政治发展开辟了新的场域。鲜活的基层群众自治实践表明，基层民主建设作为国家民主建设的基础性工程，是最广泛的民主主体获得直接参与的民主形式。公民通过实际具体的基层群众自治的民主实践形式，有效提升了民主参与能力，培育了民主精神，涵养了民主氛围。作为中国民主制度建设的试验场，基层民主建设生发于基层群众民主实践探索的具体程序规范，为国家民主政治发展积聚了有益的民主制度资源，有力地促进了中国社会主义民主政治的发展。

概览 2012 年中国民主政治实践进程，中国特色社会主义制度依然发挥着巨大的制度优势，在有力保障人民当家作主权利的同时，深入细致具体的制度化与程序建设出现了新的突破与进展。2012 年人民代表大会制度继续发挥巨大的制度活力，人大及其常委会依法履行职能，支持和保障了人大代表依法履行职责、发挥作用。2012 年在地方人大换届中，正式实行了城乡按相同人口比例选举产生人大代表，这充分体现了社会主义民主制度建设的不断完善与发展。城乡"同票同权"，显示了中国人民在选举及政治权利的实现上向宪法规定的平等原则又迈出了实质性的一步。

2012 年中国坚持和完善共产党领导的多党合作和政治协商制度，支持人

民政协履行政治协商、民主监督、参政议政的职能。在 2012 年全国政协十一届五次会议中，委员共提交提案 6069 件，比去年同期增加 307 件；提交大会发言 833 篇和社情民意信息 1341 篇。在已经立案的 5651 件提案中，政协委员关注促进经济平稳较快发展、发展社会事业和改善民生、加强和创新社会管理、促进社会和谐稳定等热点问题，充分发挥了汇集力量、建言献策、服务大局的重要作用。人民政协围绕团结和民主两大主题履行职能，积极协调民族、宗教关系，充分发挥人民政协作为大团结大联合组织的积极作用，巩固和壮大了最广泛的爱国统一战线。

2012 年中国继续坚持民族区域自治制度，充分地保障了民族地方的自主与平等，保证了少数民族人民当家作主的权利，维护了民族团结和国家统一。在这一年里，中央政府继续落实民族地方和区域发展战略，积极进行对口支援促进民族地方发展。民族区域地方在民族区域自治的巨大制度优势下把国家改革发展的全局路线、方针、政策与民族自治地方的具体实际、特殊情况紧密结合起来，使民族区域自治制度在民族地方经济发展中显示了巨大活力。

2012 年继续坚持和完善基层群众自治制度，积极探索基层民主的有效实现形式，进一步扩大基层民主，完善村（居）民自治，保证人民群众依法实行民主选举、民主决策、民主管理和民主监督。坚持和完善职工代表大会和其他形式的企事业民主管理制度，不断健全政务公开、村（居）务公开等制度，依法保障公民的知情权、参与权、表达权和监督权。伴随着《村民委员会组织法》的深入实施，基层群众自治在换届选举、村务公开、监督运行等方面的制度化与规范化有了进一步的提高。

2012 年适逢基层群众自治组织的换届年，全国基层自治组织的换届工作顺利进行。"目前，全国直接参与基层群众自治的农村人口达到 6 亿，城镇居民超过 3 亿。亿万人民群众通过亲身参与广泛的民主实践活动，依法创造自己的幸福生活，进一步推进了社会主义民主政治建设的总体进程……目前农村有 59 万多个村委会，成员 233.3 万人；城市有 8.9 万个社区居委会，成员 43.9 万人。近年来，各地积极培育和发展服务性、公益性、互助性社区社会组织，并引导这些组织发挥在发展生产、提供服务、参与监督和建言献策等方面的作用……农村普遍开展了 8 轮以上的村委会换届选举，98% 以上的村委会依法实行直接选举，无记名投票、公开计票的方法得到普遍运用，秘密写票处普遍设置，竞职演讲、治村演说等形式普遍实行，村民参选率达到 95%。城市开展了 6 轮以上的居委会换届选举。村（居）民会议及其村（居）民代表会议经常召开，村务公开、民主评议、村干部定期报告工作、村干部任期和离任经济责任审计等活动普遍开展。"① 同样，城市居民社区自治的实践也伴随着城市社区的健全发展不断取得新的进步，根据 2010 年中共中央办公厅、国务院办公厅下发的《关于加强和改进城市社区居民委员会建设工作的意见》等，2012 年城市社区建设本着建设和谐社区的基本目标，针对目前实践中存在的涉及社区居民切身利益的突出问题，及长期以来困扰城市社区建设的社区居委会人财物保障难点等，开展了一系列改革创新实践。就目前来看，各地根据自身的实际情况，已初步建立起各具特色的社区基本民主建设样式，并为将来依托城市社区为基本平台，整体性提高城市基层民主建设质量积累了必要的经验。有利于维护基层民主的有序发展，维护安定和谐的政治局面。

中共十八大报告再次强调人民民主是我们党始终高扬的光辉旗帜，更加明确了巩固和发展人民民主是未来中国政治发展总体目标的题中应有之义。同时，明确指出了中国特色社会主义政治发展道路与中国民主政治发展进步之间的必然逻辑联系，明确强调以积极稳妥的政治体制改革作为推进民主建设的重要动力。经由十八大报告所确定的发展方向和措施主要体现在这样几个方面：

首先，在坚持完善我国现有的社会主义民主政治制度方面，将人民代表大会制度的作用落到实处作为一个重要的内容，通过改进强化人大对一府两院的监督，提高整个决策过程的科学化、制度化、程序化水平。同时，提出一系列具体的运作机制改革方案，如降低人大代表中党政干部代表比例，提高一线代表比例，完善与群众间联络制度，提高专业履职能力等，表明了对发挥人大制度这一根本民主制度优越性的信心和决心。与之类似，未来的民主发展蓝图还对社会主义协商民主制度和基层民主制度这两项体现中国社会主义民主建设特色制度的发展进行了规划，更加具体地强调了在就经济社会发展重大问题和涉及群众切身利益的实际问题广泛协商，广纳群言、广集民智，增进共识、增强

---

① 李立国：《深入落实和不断完善基层群众自治制度》，《求是》2012 年第 14 期。

合力方面的重大价值，由此也提出了建立健全配套的政党间和基层民主协商机制的具体要求。把赋予基层普通群众更多的参与、自治管理和监督等权利作为今后推动中国民主政治整体发展进步的基础性环节，提出了将政府管理同基层民主有机结合，共同为提高社会治理水平作出贡献的规划。

其次，在促进民主的配套制度机制方面，始终坚持将贯彻依法治国的理念作为带动整个中国政治发展事业不断前进的一个基点。针对目前中国法治建设中存在的各种体制和机制缺憾，已经明确了必须在保障审判、检察机关依法独立公正地行使审判权、检察权等方面推进改革，始终坚持法律面前人人平等的基本原则，把法治事业的稳健改革发展作为规范稳定整个中国政治改革发展道路的前提条件。同样，在涉及行政体制改革方面的规划中，将行政改革中有机地融入促进社会发展和社会建设、改善国家与社会关系格局、优化行政管理组织格局和提高行政部门效能等具体问题，通过有针对性的改进措施，行政体制的改革不仅将为民主政治的发展开辟更为广阔的作为空间，而且也将起到为其稳步推进维系社会稳定运转的保驾护航作用。

再次，在发挥民主对政治发展积极影响的各项机制方面，突出地强调了健全权力监督和制约机制的重大意义，指明了通过健全决策机制和程序、建立决策问责和纠错制度，推进权力运行公开化、规范化，完善党务公开、政务公开、司法公开和各领域办事公开制度，健全质询、问责、经济责任审计、引咎辞职、罢免等制度，加强党内监督、民主监督、法律监督、舆论监督等措施，实现广大人民群众的民主监督权利，以期达到大幅度提高我国社会主义政治发展的制度化、规范化水平的目的。同时，在民主监督机制得到落实的情况下，广大民主参与主体以切身感受中国特色社会主义民主的真实性和有效性，增强对社会主义民主建设的信心，从而更加积极地投入到建设发展社会主义民主制度机制的伟大实践当中去。

三　政府体制改革不断深入，政府能力建设进一步加强

新中国成立以来，为了不断改善政府管理结构，提升政府管理效能，适应经济社会发展需要，先后进行了九次大规模的政府管理体制改革。特别是十一

全信息公开、环境保护信息公开、招投标信息公开、安全生产事故信息公开、征地拆迁信息公开及价格和收费信息公开等。通过这些措施，大大提高了政府的公信力。

事业单位改革是行政管理体制改革的重要环节，事业单位改革的成败关乎我国行政体制改革的全局。2012 年中国着力解决事业单位中"政事不分、事企不分，机制不活"的问题，着力顶层设计，出台了《关于分类推进事业单位改革的指导意见》。意见明确了事业单位分类改革的思路，要求以后五年重点推进事业单位分类工作，按照行政类、企业类和公益类事业单位进行不同的改革，分别归回其本来性质。同时对于公益类事业单位进行人事、收入分配等方面的改革，建立起有效的竞争激励机制，完善其治理结构。大力吸纳社会力量投入到公益事业，弥补政府公益事业投入的不足。经过五年左右的努力，最终形成布局结构合理、服务公平公正的中国特色公共服务体系。

四　坚持依法治国，不断推进社会主义法治建设

新中国成立伊始即竭力清除了旧中国法律体系的不良影响，不断探索、构建和完善适合中国建设发展的法律体系与司法体制，制定了包括《五四宪法》在内的诸多基本法律，创立了人民民主法制的立法原则、方法和程序，初步形成了符合中国国情实际和社会主义改造与建设需要的社会主义法律体系。这一体系在新中国成立之初的革命与建设中，充分体现出社会主义法律在治理国家当中不可替代的重要作用，有力地支持了各项社会主义政治制度的建立健全和政治、经济、社会、文化领域的发展，并为中国政治发展进程中彻底根除封建传统所遗留下的人治主义弊端奠定了坚实的基础。纵观六十年来中国社会主义法治事业的发展，其中尽管也出现了一些不同程度的波折，但无论是就改造中国这样一个封建人治传统浓厚的后发现代化国家的政治传统和政治文化，还是就推动社会主义政治制度的巩固和社会主义民主政治发展的意义而言，都不得不承认，中国的社会主义法治建设事业确实取得了不可否认的巨大成就。

尤其是改革开放以来，随着发展社会主义民主、健全社会主义法制的基本方针得以确立，法治建设在社会主义政治建设中的地位更加明确和稳固。党的

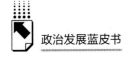

十五大明确提出依法治国的基本方略；九届全国人大二次会议将"依法治国，建设社会主义法治国家"载入宪法；党的十六大确定了政治文明建设的重要战略地位，把坚持党的领导、人民当家作主与依法治国有机统一，作为当代我国政治文明的基本内容，并明确了依法治国的发展框架；党的十七大报告确定了关于全面落实依法治国基本方略，加快建设社会主义法治国家的重要战略部署。党的十八大报告进一步将"全面推进依法治国"确定为推进政治建设和政治体制改革的重要任务，对"加快建设社会主义法治国家"作了重要部署。坚持依法治国，建设社会主义法治国家日益成为中国社会主义民主建设的基本要求。经过新中国成立以来特别是改革开放以来不断加速的法治建设，社会主义法治建设取得了一系列骄人的成就。

中国特色社会主义法律体系建设进展卓著，法治在国家和社会治理中发挥着越来越重要的作用。到2010年底，一个以宪法为"统帅"，囊括了宪法相关法、民法商法等多个法律部门，结构层次完备，内容涵盖经济社会生活各个方面的法律体系业已形成并不断完善。国家经济建设、政治建设、文化建设、社会建设以及生态文明建设等各项事业实现有法可依。全面落实依法治国基本方略，重点推进依法行政、建设法治政府。不断完善行政法律体系，政府运行法治化水平不断提升，公民的合法权利得到有效保障。《公务员法》的颁行确立公务员人事制度，政府人事工作焕然一新。《行政许可法》《行政强制法》等行政程序法律体系的完善，有效加强了对于行政行为的法律约束。《行政复议法》《行政诉讼法》《国家赔偿法》的施行有效保障了公民的救济权利。不断推进司法体制和工作机制改革，坚持围绕中心、服务大局，审判、检察、公安、司法行政工作取得全面进步。以人为本的司法理念确立起来，司法公正、司法高效、司法公信等方面工作稳步推进；司法机关职权配置不断优化，司法政策的人权保障水平明显提升，司法水平显著提高，司法体制中的机制创新不断涌现。社会主义法治理念深入人心，社会主义法治精神得到充分弘扬，公民的法治观念与维权能力得到有效提升。在法治进程中注重公民普法的国家规划与切实推行，全民的普法宣传教育成效明显，法律法规的宣传丰富多彩，全社会基本上初步形成了学法、尊法、守法、用法的良好法治环境。

此外，针对大众文化和网络时代出现的一系列新问题、新矛盾，党和国家坚持立足于用法治方式规范信息传播领域，以期达到既保证人民充分享有信息时代所带来的各种便利及相关附带的各种权利，充分调动社会和群众的积极性，以多种方式共同参与到中国特色社会主义政治发展事业中来，又确立起相应的法律和道德规范约束机制，引导多元的文化和舆论发挥维护社会团结和主流价值观的正向作用的总体目标。为此，2012 年 12 月 28 日全国人大常委会通过了关于加强网络信息保护的决定，为包括公共部门、企业、个人等在内的网络信息时代行为主体设定了具体的行为规范。不仅有助于加强对公民个人权利的保护，而且将为在此前提下进一步净化网络环境、形成网络时代的价值共识和道德规范创造良好的条件。

2012 年，中国坚持科学立法、民主立法，注重提升立法质量，兼顾修改和废除的法律完善方式，不断适应时代的法治化新要求，进一步完善中国特色社会主义法律体系。2012 年，《刑事诉讼法》通过修订，完善了证据等刑事程序，更加注重人权保障的原则，可以进一步满足刑事司法实践的需要。《民事诉讼法》的修改完善了调解与诉讼相衔接的机制，改善了执行、法律监督等程序规定，有利于进一步保障当事人的诉讼权利。针对近年频发的环境与食品安全事故，新的《民事诉讼法》增加规定了公益诉讼制度，有效地回应民事司法实践的新要求。2012 年，中国普法规划有序推进，法律宣传与普及形式得到不断创新。以现行宪法颁行三十年为契机，普法实践加强宪法教育弘扬宪法精神主题宣传，公民宪法意识与观念得到普遍提升。法治政府建设进一步深化，切实依法行政，加强行政执法监督，各地政府加快推进以行政公开与政策制定为重点的法治化进程。2012 年，高扬法律的权威，坚决依法惩治腐败，以决绝的姿态宣示依法治国、建设社会主义法治国家的坚定决心。

五　人权事业发展成绩显著

人权事业的发展状况是反映一国政治发展状况的直观指标，也是一国政治发展的重要出发点和落脚点。中国特色社会主义政治发展归根到底是为了人民的福祉，使人民享有广泛而充分的人权，有效地满足人民日益增长的物质文化和参与民主政治生活的需要，从而实现人的全面自由发展。新中国的成立，使得中国人民破天荒地成为国家与社会的主人，中国人权事业实现了历史性发展。1949 年中华人民共和国成立以来，中国人权事业的发展实现了由确保最基本的生存权利、解决最基本的温饱问题到实现最广大人民群众广泛真实的经济社会文化权利、获得平等发展机会的权利和当家作主的民主政治权利的根本转变。六十多年来，中国人权事业的面貌可谓焕然一新。随着国际交流的扩大，其历史和现实成就也越来越得到众多不带政治偏见的观察家们的肯定。可以说，起步于一个自近代以来广大人民的基本生存权长期得不到起码保障历史阶段的后发现代化状态，中国在如此短的时间内所实现的历史性转变就整个世界范围来看也是绝无仅有的，事实充分证明中国社会主义政治发展道路的正确性与社会主义政治制度的优越性。

改革开放三十年来，党和政府采取切实有效的措施促进人权事业发展，广大人民群众的政治、经济、文化、社会权益得到切实保障，物质文化生活水平得到显著提高，谱写了中国人权事业发展的新篇章。国民经济发展取得的巨大成就，为保障公民生存权与发展权提供了宏观物质保障。2011 年国内生产总值达到了 47.3 万亿元，世界排名跃居第二位。经济发展的速度高于世界平均速度。以 2003 年到 2011 年的经济发展为例，中国经济年均增长 10.7%，快于同期世界经济平均增速 6.8 个百分点；人均国民生产总值增至 35181 元，而十年前的数值仅为其 1/4。宏观经济坚实保障的同时，中国政府根据人民物质文化生活的细致发展需求，不断加强改善民生的政策输出力度，着力解决备受关注的住房、教育等民生问题，全方位有效保障人民的生存权、发展权。2008 年，城市低收入家庭的住房困难问题被摆上了重要日程，到 2012 年，中央给城镇保障性安居工程的补助资金累计达到 4700 多亿元。到 2011 年底，2650 万户城镇中低收入家庭陆续搬进了各类保障性住房；还有 450 多万户城镇低收入住房困难家庭享受到了廉租房租赁补贴。2008 年，农村危房改造也开始起步，试点范围迅速覆盖全国。2012 年，全国改造危房 500 万户，是 2008 年的 125 倍；中央补助资金 396 亿元，是 2008 年的 198 倍，五年累计投入 731.72 亿元，1000 多万贫困农户搬进了新居。近十年来，2000 多亿元资金投给了各种扶贫项目，12 万个贫困村整村搬迁，6734 万人都已脱贫；上百万个农村家庭走出了第一代大学生，2008 年，在全国范围内免除了城市义务教育阶段的学杂费。中国政府加快社会保障体系建设，致力于提升人民的安全幸福感。截至 2011 年底，全国城镇基本养老保险、城镇基本医疗保险、失业保险、工伤保险、生育保险的参保人数分别达到 2.84 亿人、4.73 亿人、1.43 亿人、1.77 亿人、1.39 亿人。[①] 中国数亿人被纳入社会保险覆盖范围，建立起了世界上最大的社会保险体系。

中国坚持中国特色的社会主义政治发展道路，积极稳妥地推进政治体制改革，坚持依法治国，建设法治国家，国家社会政治生活民主化不断推进，民主选举、民主决策、民主管理、民主监督的各项制度得到健全，民主政治制度化、规范化、程序化不断推进，公民政治参与的广度与深度不断拓展，人民的知情权、参与权、表达权、监督权在制度化轨道上得到有效保障。经过六十多年的不懈努力，中国人权保障的法制建设成效卓著，形成了以宪法为基础，以部门法为补充的比较完备的人权法律保障体系，涉及人权保护的各个方面、各个领域，形成了符合中国国情的比较系统的人权观和人权法制观。此外，我国积极参与国际人权事务，在人权保护方面与国际社会加深合作。1991 年我国发表的《中国人权状况》白皮书正式向国际社会表明："中国愿意同国际社会一道，为建立一个公正、合理的国际关系新秩序，实现联合国维护和促进人权与基本自由的宗旨，继续作出不懈的努力。"[②] 这一宣示表明中国的人权事业正式与国际接轨，向世界表明了中国的决心和诚意。在这一时期，中国人民的人权得到了充分的保障和发展，中国先后加入了 17 个国际人权公约，1998 年10 月又签署了《公民权利和政治权利国际公约》，2001 年 3 月全国人大常委会正式批准了《经济社会文化权利国际公约》。这些都充分表明了保护人权的价值理念已不仅成为我国的重要原则，也成为我国政治生活和社会发展的根本价值追求。

2012 年中国政府继续以尊重和保障人权作为治国理政的重要原则，不断推动中国人权事业向前发展，中国的人权事业取得新的进展。尊重和保障人权的宗旨在国家制度建设层面更加具体化。2012 年，"尊重和保障人权"被正式

① 王炜：《我国社保体系初步覆盖城乡》，《人民日报》2012 年 5 月 7 日。
② 《中国的人权状况》，中国政府网：http://www.gov.cn/zwgk/2005-05/24/content_488.htm。

写入《刑事诉讼法修正案》，"尊重和保障人权"原则得到进一步体现。2012年中国最新发布的《国家人权行动计划（2012—2015年）》，使得中国人权事业的发展有了新的操作指南，人权事业的前行有了可以具体执行的策略，人权事业的提升业已成为中国的国家行动自觉。以此为契机，大量与人权保障相关的法律法规与政策相继出台，如《国家药品安全"十二五"规划》《促进就业规划（2011—2015年）》《校车安全管理条例》《国家人口发展"十二五"规划》《社会保障"十二五"规划纲要》《国家基本公共服务体系"十二五"规划》《国务院关于加强食品安全工作的决定》《中国农村扶贫开发纲要（2011—2020年）》等等。一年里，中国人权事业按照行动计划稳步推进。中国人权事业发展依然坚定适合中国国情的人权发展道路，坚持以人为本，将人民的生存权与发展权作为人权事业首要着力方向，致力于以民生为本的政策导向，不断完善社会保障制度，努力使全体人民学有所教、劳有所得、病有所医、老有所养、住有所居。人民的生存权得到有效保障与显著提升。正如十八大报告所指出的那样，加强社会建设，必须以保障和改善民生为重点。提高人民物质文化生活水平，是改革开放和社会主义现代化建设的根本目的。一年来中国人权事业最引人注目的成就正是发生在直接关系最广大人民群众切身利益的民生保障领域，这也凸显了中国人权发展事业注重人权的实质内容，真正贯彻了以人为本原则的特点。2012年面对信息时代公民网络参与的热潮，超过66%的中国网民经常在网上发表言论，表达思想观点和利益诉求，各级各地政府纷纷建立新型的政务信息平台，如政务微博等，提高政府服务效能，有效回应公民需求。报告显示，通过新浪微博认证的各领域政府机构及官员微博已达45021家，较2011年年底增长近150%，政务微博已全面覆盖全国34个省级行政区。[①] 2012年中国不断加速行政改革步伐，以政府信息公开的制度化与具体化为契机加快阳光政府、责任政府建设，有效地保障了人民的各项民主权利。更加明确了促进就业的发展目标，就业规模稳中有升，就业结构日渐合理，就业局势总体稳定，人力资源开发水平有所提高，就业质量有效提升，统一规范灵活

---

① 《〈2012年上半年新浪政务微博报告〉发布》，人民网：http://www.peopleyuqing.com/topnews/topcontent/2012 - 07 - 13/3555.html。

的人力资源市场基本形成，劳动者权益保障机制更加完善。中共十八大胜利召开，尊重和保障人权的基本精神已然内化到科学发展观之中，成为党治国理政的基本准则。中共中央总书记习近平在十八届中央政治局常委与中外记者见面时明确指出的"更好的教育、更稳定的工作、更满意的收入、更可靠的社会保障、更高水平的医疗卫生服务、更舒适的居住条件、更优美的环境，期盼着孩子们能成长得更好、工作得更好、生活得更好"① 正是中国共产党的奋斗目标。

六　各种政治关系的协调发展

中国和谐稳定的政治局面得益于各种政治关系的协调发展。肝胆相照的政党关系、渐趋良性的阶级阶层关系、和谐稳定的民族关系、顺畅运行的中央与地方关系、日益紧密的内地与港澳关系及和平互惠的两岸关系、日渐协调的国家与社会关系以及稳定的国际关系共同维系了中国政治发展的良好局面。

（一）政党关系

新中国成立以来，作为政治发展重要方面的政党关系，与中国政治发展的总体进程类似，也大体经历了产生与探索、恢复与发展、着重制度化建设再到新世纪不断完善的发展轨迹。政党的政治地位逐渐明确与规范化，日益被中国共产党、民主党派和广大人民群众广泛接受和认同。政党关系的法律和制度不断健全，1993 年《宪法修正案》将中国共产党领导的多党合作和政治协商制度载入宪法，以国家根本大法的形式确认了中国的政党制度，此后中共中央先后制定了《中共中央关于坚持和完善中国共产党领导的多党合作和政治协商制度的意见》和《中共中央关于加强中国共产党领导的多党合作和政治协商制度建设的意见》等。在法律、制度的规范下，多党合作和政治协商的内容日益丰富。各民主党派坚持中国共产党的领导，积极发扬多党合作和政治协商的优良传统，广泛动员本党成员和所联系的爱国人士，集中精力支持社会主义

---

① 《习近平在常委见面会上的讲话》（全文），新华网：http://news.china.com/18da/news/11127551/20121115/17530532.html。

现代化建设，在国家政治生活中发挥了重要作用。多党合作和政治协商的内容实现了政治、经济与社会并举，纠正之前或者以政治为主、或者以经济为主的单一化倾向。伴随着中国特色社会主义政治发展进程，多党合作和政治协商的平台日益拓展，民主监督、参政议政的渠道日益增加，层次日益多元，功能不断提升，使多党合作和政治协商事业的发展具有坚强的组织保障，产生了广泛而深远的影响。特别是《中共中央关于坚持和完善中国共产党领导的多党合作和政治协商制度》出台以后，多党合作和政治协商的渠道日益宽广。就平台的构成而言，由初期单一的人民政协、政府机关到后来人民代表大会、司法机关、政府机关、人民团体、科研机构、高等院校等几乎所有的党政机构，实现了中国共产党与民主党派由长期共存到处处共存，充分发挥了民主党派的作用。就平台的性质而言，不仅包括常规的、正式的工作平台，而且包括暂时性的、非正式的工作平台，例如针对特殊重大事务的特约监察员、督导员等。就平台的功能而言，不仅包括可以参加国家权力行使的国家立法机关、司法机关、行政机关，而且大部分人民团体、党的组织、科研机构等，都成为多党合作和政治协商的重要平台。且呈现从中央到地方的多层次性。就民主党派担任职务的情况而言，不仅包括副职，而且有部分正职；不仅有监察员、督导员、巡视员等非领导职务，还包括领导职务。多党合作和政治协商的原则与方针日趋合理，由长期共存、互相监督的"八字方针"到长期共存、互相监督、肝胆相照、荣辱与共的"十六字方针"，使政党关系发展增添了更多的保障。进入制度化建设时期，多党合作和政治协商的形式日益灵活，有力地推动了多党合作和政治协商事业的发展和政党关系的日益协调。传统的政协会议、选拔民主党派成员担任领导干部等形式得到巩固和加强。而伴随信息技术的发展和信息流通速度的加快，传统的、正式的、书面的形式无法满足民主党派参政议政的需要，开始出现一些新的形式，比如座谈会、通报会、咨询会、谈心会等更加灵活、便捷的方式。

2012 年，中国共产党先后发布了《中共中央关于进一步加强中国共产党领导的多党合作和政治协商制度的意见》等一系列文件，为执政党与参政党关系作了更为明确的规范。胡锦涛《在庆祝中国共产党成立 90 周年大会上的讲话》中，进一步强调："坚持和完善中国共产党领导的多党合作，深入开展政治协商、民主监督、参政议政，发展最广泛的爱国统一战线。"① 这为中国的政党关系发展指明了方向。在党的十八大报告中，更加明确要就经济社会发展重大问题和涉及群众切身利益的实际问题同各民主党派广泛协商，广纳群言、广集民智，增进共识、增强合力。把政治协商纳入决策程序，坚持协商于决策之前和决策之中，增强民主协商时效性。深入进行专题协商、对口协商、界别协商、提案办理协商。

（二）阶级阶层关系

新中国成立以来，工人阶级的队伍不断发展壮大，同时拥有了政治上领导阶级的地位，在相当一段时期内居于"两阶级一阶层"（工人阶级、农民阶级和知识分子阶层）简单社会结构中举足轻重的地位。进入改革开放时期，受到经济体制改革调整的影响，主要处于国有和集体企业中的工人阶级的局部利益受到了相当程度的冲击。这一冲击效应随着市场经济体制的健全完善以及国家发展政策的调整进一步变动，社会阶级阶层的复杂性进一步加深。但从总体上而言，各阶级阶层在政治、经济、社会方面的位序也已基本确立和稳定下来。虽然一些新的社会阶层和群体还在继续出现，部分社会成员的阶级阶层属性尚不清晰，但与改革开放初期相比，中国社会阶级阶层结构不仅在组成部分的多元化程度上有了很大程度的提高，而且在整体结构合理化程度方面也有了显著进步。如何处理阶级阶层关系，更多的是运用经济和政策的手段引导社会阶级阶层结构的优化。坚持平等、公平原则，有意识地通过利益分配格局的调整，防止各阶级阶层之间经济社会地位差距的扩大。逐渐形成了以建设社会总体保障，促进社会流动机制发展完善的策略体系。尤其近十年来，由于积极调整不适应社会主义市场经济体制的户籍、就业、人事、社会保障制度等，一些限制不同地区、职业和阶级阶层内部流动的因素逐渐消解，同时，通过各种政策措施培育新兴阶层群体的成长并促其发挥作用。

2012 年是中国转变经济增长方式的一年，经济增长方式的转变与调整也促进了阶级阶层的分化与流动进一步加速，阶级阶层关系的复杂化。在社会主

---

① 胡锦涛：《在庆祝中国共产党成立 90 周年大会上的讲话》，人民出版社，2011，第 21 页。

义市场经济改革进程中，由于机遇、能力等因素的影响，阶层之间的贫富差距问题业已凸显。加之，公开、公平、公正的利益分配协调机制尚未真正健全和完善，阶层之间一定程度上关系紧张。面对复杂化、紧张化的阶层关系，2012年的中国政府着力以"民生"导向出台一系列公共政策，致力于发展的共享与包容性增长。2012年中国政府继续加大对于"三农"的支持力度，突出以农业科技创新为支点促进农业发展农民增收。进一步加大社会保障力度，实现了新型农村社会养老保险和城镇居民社会养老保险制度全覆盖。扩大各项社会保险覆盖面，有力地促进弱势阶层基本权益的保障。在这一年里，中国政府努力促进教育公平，财政安排全国财政性教育经费支出占国内生产总值的4%编制预算；进一步促进义务教育均衡发展，资源配置要向中西部、农村、边远、民族地区和城市薄弱学校倾斜；完善国家助学制度，逐步将中等职业教育免学费政策覆盖所有农村学生，进一步扩大普通高中家庭经济困难学生的资助范围。教育公平有力地保障了阶层的合理流动。阶级阶层关系的协调关键还在于利益的公平化分配。由此，中国加快收入分配制度改革方案设计，努力提高居民收入在国民收入分配中的比重，提高劳动报酬在初次分配中的比重。进一步规范收入分配秩序，保护合法收入，坚决取缔非法收入，缓解阶层收入差距扩大的不利趋势。阶级阶层关系的紧张得以有效缓解，适时调整中的阶级阶层关系得以良性发展。

（三）民族关系

在长期的历史发展中，中国各民族相互依存、相互促进、共同发展，共同创造和发展了中华文明。然而在新中国成立以前，长期存在的专制统治和西方帝国主义的侵略，加之严重的民族歧视和民族压迫，使得许多少数民族的人权无从保障。新中国成立以来，为保护少数民族的各项权利，中国废除了旧中国各种形式的民族压迫与民族歧视制度，施行民族平等与民族团结的民族政策，使得长期受到不公正待遇的少数民族获得了平等的人身自由、人格尊严等基本人权。少数民族人民与汉族人民一样平等地享有人民当家作主的权利。在民族自治区域内，少数民族还享有充分的自治权利。中国在国家经济和社会发展过程中对于少数民族的经济、社会和文化发展采取特殊扶持政策和措施，极大地改善了少数民族人民的经济、社会和文化发展状况。中国注重保障和尊重少数民族的文化与风俗传承，并给予特殊的照顾。经过六十多年的不懈努力与实践，中国少数民族的人权保障事业取得了巨大成就。中国的多民族关系形成了平等、团结、互助、和谐的新型民族关系。

形成各民族平等、团结、互助、和谐，是一项长期的任务，也是一项涉及经济、政治、社会等各个领域的系统工程。为此，必须继续落实加强和谐民族关系的经济基础，加快少数民族地区经济的发展，落实对口支援政策，促进少数民族与汉族之间、少数民族与少数民族之间差距进一步减小。面对民族分裂的紧迫形势，中国政府继续严厉打击藏"独"、疆"独"民族分裂势力，维护了民族的团结和国家的主权与领土完整。

（四）中央与地方的关系

中央与地方关系历来是中国政治关系调适的重要维度。中央与地方关系的协调程度关系到中国社会主义现代化发展全局，其协调与否关系到国家现代化发展战略实施的成败。协调规范的中央与地方关系亦成为国家整体发展的有效保障。新中国成立后，我国在国家结构形式上采用单一制，中央与地方关系基本上形成中央集中领导同时充分发挥地方积极性的权力结构体系，但这一中央集中的纵向关系在发展进程中逐渐显现出中央权力过大、地方行事僵化的弊病。日益繁重的国家事务需要充足的职能支持，而烦琐的职能又带来了职能机构的臃肿，以至于臃肿伴随单一制的纵向演化成为国家机构的整体肿胀。其次，中央与地方关系在日常纵向公共事务过程中，缺乏有效的法治化与制度化保障，导致国家权力配置在纵向层面上弹性过大，权力运行的成本被进一步抬升。再次，中央与地方事权的划分模糊。各级政府在履行职能、提供公共服务的过程中相互推诿，使各项政策的执行与落实大打折扣，最终损害人民群众的利益。有鉴于此，新中国在政治建设与发展进程中，不断协调中央与地方关系，在中央统一领导下，充分发挥不同地方的积极性。

经过不同阶段的探索，中央与地方关系的协调取得明显的成效。在中央与地方关系处理上逐渐形成了以法治化与制度化为保障，职权事权明晰为主体，财权划分为突破的逻辑路径。首先在法治化方面，宪法对中央政权与地方政权的设置作了原则性规定，是中央与地方关系在我国政治生活中重要地位的集中体现。一方面，2004 年修正后的宪法对中央与地方机构职权划分的基本原则作了说明，要求"遵循在中央的统一领导下，充分发挥地方的主动性、积极性的原则"，这是对中央与地方职权划分遵循原则的总体性规定，为中央与地方权力划分提供了基本依据。2004 年 10 月，第十届全国人民代表大会常务委员会第十二次会议通过了《全国人民代表大会常务委员会关于修改〈中华人民共和国地方各级人民代表大会和地方各级人民政府组织法〉的决定》，重新公布作为配套法律的《中华人民共和国地方各级人民代表大会和地方各级人民政府组织法》，更为详尽地规定了地方各级人民代表大会和地方各级人民政府的政治地位、产生方式、组成、任期以及职权。其次在制度化上，在巩固行政区划制度的基础上，适度调整行政区划层级。新中国成立以来，经过不断探索，实际上形成了"省、直辖市、自治区—地级市、自治州—县、自治县、县级市、市辖区—乡、民族乡、镇"四级行政区划体系。近年来中国还积极探索减少行政层级，提高地方自主发展积极性的有益改革，进一步推进"省直管县"和"乡财乡用县管"的改革试点。再次在职权划分方面，更加注重中央和地方关系的协调发展，变单一向度的领导与服从关系为双向互动关系，通过上下联动，形成合力，更加清晰地划分双方职权。2003 年《中共中央关于完善社会主义市场经济体制若干问题的决定》提到："合理划分中央和地方经济社会事务的管理责权……属于全国性和跨省（自治区、直辖市）的事务，由中央管理，以保证国家法制统一、政令统一和市场统一。属于面向本行政区域的地方性事务，由地方管理，属于中央和地方共同管理的事务，要区别不同情况，明确各自的管理范围，分清主次责任。根据经济社会事务管理责权的划分，逐步理顺中央和地方在财税、金融、投资和社会保障等领域的分工和职责。"实行分税制以来，财政管理体制进入了一个新的阶段。在这种管理体制下，划分了中央与地方事权和支出、中央与地方的收入，确定了中央财政对地方税收返还数额，规定了原体制中央补助、地方上解以及有关结算事项的处理办法，基本上形成了财政管理的基本框架。随着中国对于中央与地方关系一系列多层次的改革探索，中央与地方的关系渐趋协调。

2012 年中国致力于通过事权与财权改革的尝试探索新形势下中央与地方关系的良性运行。央地关系的良性发展植根于社会经济改革发展全局的具体实践之中。面对"十二五"的重要战略机遇期，进一步深化改革开放成为发展的必然推动力。这一年里，中央面对稳增长、调结构、促发展的艰巨任务，积极适时地促进中央宏观调控政策的预调微调。平稳的中央与地方关系保障了中央宏观政策的顺畅，中国经济的平稳发展形势得到了有力维护。赋予地方改革先行先试的权力是激发改革活力的关键。这一年，我们看到中央先后批准一系列经济区域规划，赋予地方经济发展有力的治权空间。再如，中央批准温州市金融综合改革试验区经中央批准金融改革试验，引导民间融资规范发展，提升金融服务实体经济能力，这一有力的政策必将有力刺激地方经济发展活力。

（五）国家与社会的关系

随着经济社会的发展，新中国成立以来形成的以国家行政性主导力量为单一主体的社会管理模式不适应改革发展的种种弊端不断凸现出来。尤其改革开放以来，随着改革的深入和经济社会的飞速发展，出现了一系列新情况、新矛盾和新问题。针对这一情况，在探索中国特色社会主义政治发展规律的过程中，逐渐深化了对于国家与社会关系合理调整必要性的认识，党和国家作出了构建社会主义和谐社会的战略决策，并确定了在此框架内同时提高国家能力和培育社会成长的目标原则。以政治体制改革为助力，朝着政府权力资源集约整合，更多地放权于市场、放权于社会的方向稳步推进。其间不仅传统国家与社会关系格局中效率效益方面的问题得到了很好解决，而且切实提高了国家与政府科学行政、依法行政、民主行政的能力与水平。与此同时，进一步促进社会组织发展，提升社会自我服务能力。中国社会组织的发展经历了从国家与社会高度同构背景下具有鲜明的组织形态依附性及强调政治性功能，到利用政治经济体制改革机遇逐步解除束缚，回归社会组织本质特征的变迁历程。进入新世纪以来，社会组织如雨后春笋，呈现出前所未有的繁荣局面。仅就数量这一单项指标而言，据民政部统计，截至 2011 年底，全国共有社会组织（社会团体、民办非企业、基金会）总数已达 46.2 万个，比上年增长 3.7%。[①] 社会组织开

---

① 参见《2011 年社会服务发展统计公报》，民政部网站：http：//www.mca.gov.cn/article/zwgk/mzyw/201206/20120600324725.shtml。

始日益显现出巨大作用。

在处理国家与社会关系的问题上，十八大报告对近年来改革实践中积累的经验进行了高度的总结概括，将加强与创新社会管理的任务作为带动社会建设事业的基本杠杆。在继续强调政府加强服务性职能建设，改进行政管理机制以提高效能的同时，还凸显了经由社会和群众参与而激发的社会自身积极投入社会建设工程的意义。指出我们应当正视改革深入发展时期的社会矛盾与问题，通过国家与社会、政府与公民的协同合作来化解问题、克服障碍，维持团结稳定的政治大局，为中国的改革发展事业创造一个尽可能稳定平和的内外政治环境，并从更深层次上为马克思主义国家与社会关系理论的实践发展积累经验，总结规律。

2012年国家与社会关系正处于良性平稳发展之中，人民的民主权利，社会团体、中介组织在国家政治生活中的地位得到了确认和重视，国家与社会的新型协调关系正在逐步形成。尤其是加强和改善社会管理，加快形成"党委领导、政府负责、社会协同、公众参与、法治保障"的新型社会管理体系目标的提出，使得具有中国特色的国家与社会关系调整有了切实的载体。国家与社会关系良性互动的制度空间进一步拓展。2012年国家进一步扶持社会组织发展，鼓励社会组织承担公共服务职能。社会作用施展的空间进一步扩大。随着2012年事业单位分类改革总体设计的出台，尤其明确了事业单位改革的步骤与方式，明确提出了承担公共服务的非营利事业单位的改革时间表，这也将进一步充实社会作用发挥的主体力量。

（六）两岸四地关系

自香港、澳门回归祖国以来，中国政府始终把保持香港、澳门长期繁荣稳定作为努力方向，坚持贯彻"一国两制""港人治港""澳人治澳"、高度自治的方针，不断加强内地与港澳的联系、交流与合作，发挥互补优势，促进共同发展与繁荣。中央政府全力支持香港、澳门两个特别行政区政府依法施政，严格按照特别行政区基本法办事。2004年、2005年、2011年，全国人大常委会依照香港基本法的规定对基本法作出三次解释，妥善有效地处理基本法实施过程中的重大问题。中央政府致力于加强内地与港澳的联系，进一步加强内地与两个特别行政区在经贸、科技、教育、文化、卫生、体育等领域的互动与合作。内地与港澳全方位、多层次、宽领域的交流合作格局已初步形成。不断丰富的政策支持有力地促进了内地与港澳的经济融合，2011 年内地与香港的贸易额达 2835.2 亿美元，是十年前的 4 倍多；内地与澳门的贸易额比十年前增长 147.1%。内地与港澳关系的协调发展与互惠支持，促进了港澳的长期稳定繁荣，其中 2004 ~ 2011 年，香港的年均 GDP 增速达 5.6%，远高于其他发达经济体的增速，连续 14 年被评为"全球最自由经济体"，澳门 2010 年、2011 年连续两年的 GDP 增速超过 20%。

大陆和台湾同属一个中国，历史形成的两岸关系问题始终是新中国政治发展的攸关问题。合理处理台湾问题，推动两岸关系发展关系到中国和平稳定发展的大局。改革开放以来，两岸关系在 1987 年开始破冰，并在 1992 年达成了具有历史意义的"九二共识"，经历了两岸关系的春天。可是到了 90 年代中后期，台湾地区领导人以"台独"为主线的政治主张导致两岸关系跌入冰点。随着国民党在台湾地区领导人选举中获胜，两岸关系发展迎来了重要机遇期。以胡锦涛为总书记的党中央坚持以和平发展的两岸政策主线，紧紧抓住两岸关系发展的重要机遇期，展开更加灵活务实的对台工作，提出了众多新思维、新政策、新做法。两岸双方在反对"台独"、坚持"九二共识"的共同政治基础上，增进互信，保持良性互动。两岸关系走上了和平发展的快车道，两岸协商、交流合作取得一系列可喜的重要进展。2008 年 6 月，两会恢复协商，海协会和海基会举行了多次友好会谈，共签署 18 项协议。2008 年 12 月 15 日，两岸空运直航、海运直航与直接通邮启动。两岸经济合作由"间接、单向"发展为"直接、双向"，开启了两岸全面"大三通"的新时期。继两岸实现直接、双向"三通"之后，2010 年 6 月两岸海协会与海基会签署了《海峡两岸经济合作框架协议》（ECFA，简称框架协议），标志着构建两岸关系和平发展框架在经济领域取得重大进展。两岸的经贸融合不断加深，2011 年两岸贸易额首次突破 1600 亿美元，比十年前增长 258.2%。2012 年 8 月 9 日，两岸两会签署了"两岸投资保障和促进协议"以及"两岸海关合作协议"，标志着两岸经济合作已正式进入后 ECFA 时代全面深化的新阶段。紧密的经济联系，已使得两岸同胞休戚与共、利益攸关。与此同时，两岸文化交流和人员往来已形

成较大规模，并具有坚实基础，促使两岸同胞增进了解，加深感情。大陆居民自 2008 年 7 月实现赴台旅游以来，大陆 31 个省、自治区、直辖市已全部开放赴台湾团队游业务。大陆居民赴台个人游也于 2011 年 6 月正式启动。据统计，大陆已成为台湾第一大客源市场。"两岸合则两利、分则两害"的观念深入两岸人民内心。两岸关系发展的历史实践昭示了，具有共同的血脉、文化和利益的两岸人民必将进一步推动两岸关系和平发展，共同托举祖国和平统一大业与中华民族伟大复兴远景。

（七）国际关系

新中国成立以来，中国坚持和平自主的外交方针，坚持和平共处五项原则，面对国际风云变幻，立足于国内与国外的两个大局，审时度势采取灵活的外交政策稳妥地处理国际关系。特别是改革开放以来，外交事业取得了辉煌的成就，与世界各国友好合作关系全面发展，中国的国际地位显著提高，国际影响日益扩大，为我国社会主义现代化事业营造了良好的外部发展环境。

新中国同周边国家睦邻友好合作关系进一步扩大和深化。1997 年，中国与东盟确定了建立睦邻互信伙伴关系的方针。2002 年，中国与东盟各国签署的《南海各方行为宣言》，为推动南海地区和平发展迈出了坚实步伐。2003 年，中国作为首个非东盟国家加入《东南亚友好合作条约》，双方宣布建立"面向和平与繁荣的战略伙伴关系"。东盟与中国（10 + 1）、东盟与中日韩（10 + 3）各领域合作成果显著。2010 年，中国—东盟自由贸易区（CAFTA）正式全面启动。新中国与朝鲜保持了传统友好关系，1992 年中韩建交以来，双方的友好合作关系在各个领域都取得了快速发展。中国与印度、印尼等国发展了不同形式的战略伙伴关系。中国不断加强与俄哈吉塔等国的睦邻互信与友好合作关系。注重建立与发展边界地区信任和裁军问题的和平谈判机制，与绝大多数陆上邻国解决了边界问题。2001 年中国推动建立上海合作组织，上合组织进入全面务实合作阶段。

积极同大国发展面向 21 世纪的新型合作关系。1996 年，中俄建立战略协作伙伴关系。2001 年，中俄签署《睦邻友好合作条约》，全面加强和深化了俄中友好合作关系。2005 年 6 月，中俄两国外长互换了《关于中俄国界东段的补充协定》的批准书,从此中俄边界问题得到彻底解决。1997 年,中美决定共同致力于建立建设性战略伙伴关系。2011 年的《中美联合声明》确认中美双方共同致力于建设互相尊重、互利共赢的合作伙伴关系。中美双方不断加强沟通对话机制建设,新建中美战略与经济对话、人文交流高层磋商、战略安全对话等多个重要对话机制,有效促进了中美关系的稳定发展。1998 年,中国与欧盟建立建设性伙伴关系。近年来,中欧双方致力于发展全面战略伙伴关系的方向,建立了年度首脑会晤制度,加强了各级别、多领域的对话,有力地推动了政治、经济、社会、文化、科教等方面的全面合作与交流。

广泛参与国际事务,积极履行国际责任,始终维护世界和平,努力促进共同发展。全面参与多边外交各领域的活动。在联合国、八国集团等多边外交舞台上,党和国家领导人积极开展高层外交,拓展与各方关系,维护中国的利益与国际形象。中国积极倡导半岛无核化,推动形成朝鲜半岛核问题六方会谈机制,为推动朝核问题和平解决发挥了重要独特作用。中国积极发挥负责任大国作用,参与解决全球性和地区热点问题,坚持通过对话和谈判和平解决国际争端与共同关切问题。

同发展中国家的团结合作成果显著。2006 年,成功主办"中非合作论坛"北京峰会,对巩固和发展我国与非洲国家的友好关系具有重大意义。2004 年成立"中阿合作论坛"。同拉美、加勒比和南太平洋地区国家互利合作不断深化。加强了同巴西、南非、墨西哥等发展中大国的协调与合作,中俄印、中俄印巴(西)"金砖四国"等合作机制日益充实、完善。①

经济、文化领域的外交活动不断扩展。利用高层互访和国际多边峰会等重大外交活动,促成一批经贸与文化领域合作项目。成功举办北京奥运会、上海世博会等国际重大活动,提升了中国国家的新形象。主办"文化年""文化节"等对外文化活动。尤其 2005 年"中法文化年"成功举办以来,意大利、西班牙、德国、希腊、英国等纷纷与我国合作举办"文化年"或"文化节",欧洲掀起了中国文化热。建立"孔子学院"和海外文化中心。截至 2011 年

① 杨洁篪:《改革开放以来的中国外交》,人民网:http://world. people. cn/GB/8212/8053695. html。

底，已在105个国家建立了358所孔子学院和500个中小学孔子课堂，注册学员达到50万人。① 大力开展多层次多领域的公共外交活动，增进了中国人民与世界人民的相互了解和友好感情。

2012年在全球金融困境与经济增长乏力背景下，作为世界第二大经济体，凸显了一个负责任的大国形象，加强了与主要大国的关系协调，建立了长效的联系与会晤机制。领导人外交出访频繁，外交访问成果斐然。然而成绩的背后依然潜藏着成长的烦恼。"中国威胁论"依然不绝于耳。中国南海、东海的部分领海和岛屿主权不断受到挑战。黄岩岛、钓鱼岛问题相继发酵。面对这一挑战，中国政府始终秉持维护国家主权与领土完整的坚定决心。中国政府以前所未有的力度提出外交交涉，宣示在国家主权与领土核心利益上绝不让步。中国政府发布《钓鱼岛是中国的固有领土》白皮书，从历史、地理、法理的角度声明，钓鱼岛是中国的固有领土，宣示中国维护钓鱼岛主权的坚定决心与意志。中国海洋执法部门不断加强对于海洋权益的维护力度，以合法、有效、持续、有力的执法维权行动，确认了中国在固有岛屿主权范围内的合法存在。中国全方位地有理有力地回击了相关国家的挑衅行为，有效地维护了国家的主权与领土完整。在扩大成就与直面挑战的外交实践中，中国坚持和平发展道路，在坚持外交协商的争议解决方针的同时采取一系列有理有节的应对措施，也逐渐探索出一条新形势下维护国家主权与海洋权益的新模式，彰显了一个负责任大国应有的气派和风格。

在对国际形势的总体判断和应对方面，既认识到当前世界存在着发展不平衡加剧，霸权主义、强权政治和新干涉主义有所上升等消极因素，同时坚持认为要和平不要战争，要发展不要贫穷，要合作不要对抗，并以此为依据提出继续高举和平、发展、合作、共赢的旗帜，坚定不移致力于维护世界和平、促进共同发展的原则与目标。也正是在这一原则和目标的指导下，2012年中国对外交往的环境有了进一步的改善，更好地实现了中国国家利益与世界人民共同利益的共赢进步。总之，在2012年，中国始终不渝走和平发展道路，构建持

---

① 《孔子学院发展规划"2012—2020"：中国语言文化走向世界》，《光明日报》2013年2月28日。

久和平与共同繁荣的和谐世界。在复杂国际关系处理中，中国更显一个大国外交的从容与自信，敢于直面挑战，坚定维护国家利益，坚持公正合理的外交立场，为世界和平发展作出了重要贡献，也为中国特色社会主义各项事业发展营造了良好的外部环境。可以预见，沿着社会主义政治发展道路稳步前进的中国在积累经验，积极应对全球化时代新挑战，努力维护国家人民尊严与利益的同时，还将长期坚持贯彻和平发展的原则，以对全球发展负责的态度为建立更加公平合理的国际政治经济秩序新格局作出应有的贡献。

七 2013 年政治发展的展望

随着中国共产党第十八次全国代表大会的胜利闭幕，中国特色社会主义政治发展事业翻开了崭新的一页。回顾新中国成立以来中国政治发展的历程，不难发现，始终坚定不移地坚持中国共产党的领导地位、坚持社会主义发展道路是中国政治发展的巨轮战胜各种惊涛骇浪、穿过处处激流险滩的根本政治保障。中共十八大高举中国特色社会主义伟大旗帜的指导意义再次得到了彰显，同时也表明通过改革开放，特别是近十年来的实践，全党全国上下对于中国特色社会主义的道路自信、理论自信和制度自信都已经达到了一个历史的新高度。以此为基石，更加明确了在继续坚持发展完善中国特色社会主义制度这一整体框架的前提下，还需要对国内外的各种老问题、新情况保持高度的关注，坚持解放思想，改革开放，凝聚力量，攻坚克难，有针对性地、更加具体地描绘设计中国特色社会主义政治发展事业在今后五至十年间的宏伟蓝图。可以预见，随着中国共产党对于执政规律理论和实践认识的日益深化，以及全党全国上下全面贯彻十八大精神，未来中国的政治发展将沿着既定的正确方向，在业已取得的辉煌成就的基础上不断实现新的发展。具体而言，在 2013 年，中国政治发展过程中预计会有如下几个方面的新进展。

（一）以政府换届为契机，深化行政体制改革

习近平在十八届中央政治局第一次集体学习时的讲话中指出，中国特色社

会主义制度是特色鲜明、富有效率的，但还不是尽善尽美、成熟定型的，中国特色社会主义制度仍需要不断发展完善。其中，与党执政兴国密切相关的一项内容就是继续深化政治体制和行政管理体制改革，进一步彰显服务型政府和责任型政府建设的意义与价值，提高政府理政过程的民主性、科学性和整体效能。

2013年，中国各级政府也将迎来新一轮的换届工作，以此为契机，自20世纪90年代以来数次推行的以精简机构、提高效能为核心的行政体制改革将继续深入开展。十八大报告中明确提出要优化行政层级和行政区划设置，探索省直管县（市）的改革，这表明中央已经认识到过多的层次不仅不利于各级政府积极性的充分调动，容易在工作中造成各种掣肘扯皮现象的发生，而且还往往伴随着严重的行政机构臃肿膨胀，给各级财政资源造成过重的负担和不必要的浪费，因此此次精简合并优化行政机构改革，不再走历史上反复放权—收权、减级减员—增级增员的循环老路。目前，就中央一级的行政机构改革看，按照分类管理的原则合并一些具有相关职能的部门、继续推动大部制的改革将是今后一段时期内行政改革的重点任务，有计划、有步骤地解决诸如建立大交通、国土资源综合管理、市场经济秩序综合管理等问题，同时通过程序化、规范化的重组方式，将处理诸如信访、维稳等事务的机构并入司法机构，在此基础上，更加明确不同性质、不同类型的行政机构在履职方面的分工与合作关系，在正确处理政社关系的过程中使行政部门逐渐退出一些不适合运用行政管理方式的领域，得以集中资源和精力处理那些与广大基层群众切身利益密切相关的行政性事务，并在需要行政手段介入的市场经济规制领域和社会管理领域内发挥更加重要的作用。值得注意的是，十八大报告突出强调了健全权力运行制约和监督体系的意义，并且就如何运用包括人大和政协制度、行政机关内部和司法监督制度，以及基层民主监督机制等方式方面作出了一系列具体安排，会后对改变党政机关作风作出的八条规定，不仅直接针对目前群众意见较为集中的问题领域，而且具有转变整个党风政风的重要宣示意义。预示着在规范行政公权力方面将有进一步的举措，可能围绕决策民主化、科学化、行政成本节约和透明化、行政行为后果的反馈监督问责等重点领域出台新的规章制度，或细化原先的规章，使之真正落到实处。

（二）以学习贯彻新修订的党章为契机，加强党的建设与反腐斗争

党的章程是一个政党的灵魂，十八大部分修改后的党章，对科学发展观作出了新的定位和阐释，以总结中国特色社会主义政治发展的系统成果——中国特色社会主义道路、理论和制度体系为核心，再次重申了党坚持基本纲领和基本性质宗旨毫不动摇的决心与信心，并就继续深化改革开放和总体布局中国特色社会主义等方面增加了许多新内容和作出新表述，反映出党对领导社会主义建设和政治发展事业规律认识的进一步深化。将这些治国理政理念的新总结载入党章，从一个侧面反映出中国共产党将继续立足于推动党的建设事业的发展，从而实现中国特色社会主义事业的整体进步。

可以预见，面对"四个考验"和"四大危险"，中国共产党将增强自我净化、自我完善、自我革新、自我提高能力，继续在推进"学习型、服务型、创新型"马克思主义政党建设方面采取一系列新举措，开展包括全党范围内的理论学习与转变领导机制和领导作风的活动。并结合各级行政机关的相应改革推动各级党组织践行务实亲民清廉的工作作风，处理好党政、党群、党社等各种关系。从十八大多处多次强调廉政建设的必要性和关键性意义可以看出党对治理腐败问题的决心。相应地，可能将陆续出台实施一系列党内外廉政规章制度，针对群众反响较大的党员领导干部直接损害群众利益，及其亲属身边工作人员凭借其职权影响腐败谋利的问题制定一些更加具体、更具可操作性的具体办法，并通过接受社会与群众，通过包括媒体舆论和网络等方式的监督来遏制腐败的蔓延。同时，在整个党内反腐体系的设计上，也将不仅仅局限在一些具体反腐操作措施的借鉴、细化、实施方面，而是通过贯通对整个腐败现象成因的深刻解析，真正建立起惩防并举、标本兼治的反腐体系。众所周知，党内目前存在的腐败问题与长期以来不够完善的领导机制有着密切关系，因此，在今后一个时期党的建设过程中，除了继续健全自上而下的党内监督制度和专门机关监督之外，还将通过进一步发展党内民主，保障广大普通党员的知情权、参与权、选举权和监督权来防止党内腐败现象的发生，由此实现党内民主建设和反腐斗争目标与过程的统一。

（三）以保障民生和社会管理创新为核心，推动社会建设与社会发展

自从将社会建设的任务纳入社会主义三位一体的发展战略以来，中国的社会建设事业已经取得了巨大的进步，但无论是从横向比较的角度，还是结合中国未来发展的总体趋势和需要加以考量，目前整体上还属于一个起始阶段。有鉴于此，十八大报告再次重申了加强社会建设和社会发展的任务，并且明确提出以保障民生和加强社会管理体制创新，作为实现这一战略目标的核心重点。因此，可以预见，中央还将在民生工作取得实效的基础上，针对当前经济社会发展变迁中出现的涉及人民权益关系的问题，出台一系列的政策，在推动我国经济继续持续健康发展的同时，确保改革发展的成果为社会和人民所分享。为此，十八大就明确提出提高人民物质文化生活水平是改革开放和社会主义现代化建设的根本目的，实现学有所教、劳有所得、病有所医、老有所养、住有所居。针对一个阶段国家整体科教投入尚显不足的情况，各级财政将会将更多资源投入教育领域，同时针对目前教育领域内存在的资源结构性问题出台平衡性政策，调节因发展起点的差异造成的机会不均等情况。可以预见，早先教育改革中曾一度出现的产业化倾向将进一步弱化，并最终让位于基于提供公共产品性质的教育发展战略，随之可能出现对于教育机构和教育管理机构性质的明晰化和重组，从而逐渐改变目前教育整体质量水平无法适应国家发展战略需要和人民个人发展需要的状况。同样，在劳动就业和分配、基本社会福利和保障体系的建设方面，国家将继续推动保障房建设、医疗改革、城乡居民养老体系建设、最低生活保障制度、劳动就业保障体系等的建设，主要依靠经济政策和社会政策的杠杆来调节市场经济自发秩序所造成的发展不均衡现象。从总体发展趋势上看，十八大提出的以增强公平性、适应流动性、保证可持续性为重点开展社会保障体系建设，指明了未来该领域工作的基本方向。可以预见，为实现上述目标，公共财政在民生保障领域中的投入将进一步增加，相应地，公民个人负担的份额则将逐渐减少，国家也将更加关注二次分配和三次分配领域的问题，更多地运用经济调控杠杆如税收政策等来弥补初次分配的不足，并有针对性地出台政策，以期较为彻底地解决历史遗留的城乡二元结构等突出问题。同

时，社会保障体系的改革还将伴随着社会保障机构的改革同步进行，后者的行政机关色彩将逐步淡化，相应地逐渐转变为完全承担公共服务职能的机构，并且，开展同日益发展成熟的相关社会组织的合作也将被提上议事日程。尽管从十八大的表述来看，基于我国目前国情所确定的政府主导、社会协同的社会建设总体布局短期内不会发生根本改变，但随着国家对社会自身发展的更加重视和扶持力度的加大，可以预见，以一些地区的社会管理体制试点为切入点，国家与社会的关系格局将发生进一步的变化，国家对于社会组织的管理一方面将更加规范化、法制化、程序化，另一方面也可能通过出台一些新的管理措施，为分担一部分公共产品提供职能的社会组织创造更加宽松的发展环境。此外，针对近年来出现的各种可能威胁社会稳定的问题，党和国家将在今后的工作中进一步转变维稳的思路，主要通过强化自身在调节人民利益矛盾冲突中的有效调控者的角色来实现低成本、高效能的维稳，而且还将更重视同社会的合作，更注重法律保障的作用和意义。总而言之，民生保障和社会管理创新将成为中国政治发展现实任务序列中的重中之重，在这一领域内可能出现的各种积极变化也将最为引人关注。

（四）以建设社会主义文化强国目标为动力，推动国家软实力的提升

随着中国经济的腾飞和政治建设的发展，文化领域的建设任务也被提上了重要的议事日程。目前，文化发展的整体状况尚处于繁而不荣的状态，更具体而言，就是在核心价值文化体系构建和民族文化的自信力、创造力、影响力方面还存在着相当程度的欠缺。这虽然有近代以来长期的历史原因，但时至今日，如果不能很好地解决这方面的问题，就有可能反过来因为相应的政治文化基础的缺失而对整个政治发展大局造成损害。十八大报告不仅郑重提出了我们对中国特色社会主义保持道路自信、制度自信和理论自信的政治核心价值问题，而且进一步将文化建设的意义深入引向构建中华民族的精神家园、关系到全面小康社会建成和中华民族伟大复兴的层次。由此可以预见，今后一个阶段党和国家将更加重视文化建设对政治发展的积极作用，通过调整文化领域的领导机构格局，制定实施一系列新政策推动国家软实力的提升。

首先，国家对于文化产业的整体定位将有所调整，即不仅仅努力营造出百花齐放、百家争鸣的宽松环境，也不仅仅将其视为国家新兴经济产业的一部分，而且要凸显其中主流文化建设的价值，强调通过内容广泛、形式多样且为广大群众所容易接收的方式弘扬传播主流价值观的正能量，改变此前一个阶段我国文化领域中出现的一定程度的价值迷失局面。其次，国家将把文化建设同社会建设紧密结合起来，有机地融入文化发展的内容。还将进一步发挥主流、积极、正向的文化的道德教化和规范引导作用，同时潜含着在培育社会成长成熟的过程中唤醒其自身的文化自觉的意味，从预期后果上看，这种文化自觉将对国家社会关系格局的优化稳定、社会共识和凝聚力的达成产生重大的积极影响。再次，根据十八大前后党和国家对政治文化建设和话语体系建设价值强调的分析，此后一个阶段，包括诸如中国特色社会主义核心价值体系、中国特色社会主义民主话语体系等问题的研究和讨论将成为一个重要的热点。而上述工作的开展，也不仅仅局限于对内树立政治制度和理论的自信，更重要的是在意识形态领域斗争和多元文化碰撞日益激烈化、复杂化的今天，通过提升中国文化的自我认知、自我改造创新能力，将有利于同包括西方文化在内的世界文化在更平等的影响力层级上展开交流、对话，也将有利于中华民族文化自身的繁荣发展和保持活力。可以预见，此后中国文化建设的自觉性和系统性将得到进一步强化。

（五）以更好地保障与实现国家利益为轴心，促进国防现代化和对外关系

众所周知，当前国际环境的急剧变化在一定程度上将国家间的竞争引向了更加激烈的层次，由此也就带来了对我国国家利益的一系列严峻挑战。十八大报告明确正视这一挑战，并且在涉及国防和军队现代化建设与外交事业发展的内容中凸显了灵活运用各种手段、坚决维护我国国家利益的重要性。

可以预见，今后一段时期内，我国可能将通过加强与国家间、国际组织间的交流合作关系，积极参与一系列跨国界的经济社会发展问题的解决来扩大世界影响力，并通过诸如对外文化交流和文化输出等方式在积极宣传我国发展现状的同时塑造我国的良好形象，有意识地抵消西方中心主义的文化霸权在我国

国内外造成的消极影响。同样，这方面目标的达成还将依赖于此后一个阶段内我国更加积极地利用各种国际交流平台传达自己的声音，将中国特色社会主义话语体系的影响不断传播扩大。与之相联系，还将逐渐转变外交和国防策略思路，更加积极灵活地综合运用政治、外交、经济、文化、军事等手段维护国家利益。比如在国土资源开发保护和海洋资源开发及权益保护方面，可以预见，目前条块分割、权责不明的机构统辖状况将发生重大变化，配合以相应的设备、人员的投入，以及配套专门法律法规近期内的制定出台，将为开创更有效维护我国国家利益的良好局面提供重要支持，从更长远的意义而言，也将对整个国家海洋发展战略的形成实施产生积极影响。同样，在国防现代化领域，军队现代化、正规化的水平将进一步提高，以更好地适应外部势力的挑战和维护国家利益和国家安定的需要，军队、军工发展的透明程度也将逐步增强。总体而言，在基本国防战略和外交战略不发生重大原则性变化的基本前提下，国防现代化和外交领域内还将出现一系列积极的新变化，以更好地保障与实现国家利益，服务于中国特色社会主义各项事业发展。

分 报 告

Sub-Reports

B.2
人民代表大会制度的建设与发展

王维国*

摘 要:

2012 年，全国人大常委会立法工作围绕党和国家中心展开，立改废并行，更加注重科学立法、民主立法和民生取向，着力提高立法质量。2012 年的监督工作，全国人大常委会继续加强和改进监督工作，适时采取执法检查、听取和审议专项工作报告等方式，督促"一府两院"切实解决工作中存在的问题与不足，取得了明显成效。

关键词:

人大常委会 立法 监督

一 改革开放以来人民代表大会制度的改革与创新

(一)选举制度的改革和完善

1979 年通过了新的《选举法》和《地方组织法》。在 1982 年、1986 年、

---

* 王维国，北京联合大学研究员，中国政治学会理事，北京市人大理论研究会理事、学术委员会委员，主要研究领域为人大制度理论与实践、城乡社区自治。

1995 年三次对《选举法》修改的基础上，全国人大于 2004 年和 2010 年又两次对《选举法》进行了重要修改和补充。2010 年 3 月 14 日第十一届全国人民代表大会第三次会议通过《全国人民代表大会关于修改〈中华人民共和国全国人民代表大会和地方各级人民代表大会选举法〉的决定》，对《选举法》进行了第五次修改。修改后的《选举法》实现了城乡"同票同权"，确立了城乡按照相同人口比例选举人大代表的原则。2011 年，有数亿选民参加的县乡两级人大换届选举在全国各地展开。这是 2010 年《选举法》修改后首次进行的换届选举，城乡居民都按相同人口比例选举人大代表，真正实现了"同票同权"。根据全国人大常委会办公厅有关部门对北京、山西、黑龙江、江西、广西、甘肃、青海、新疆等 8 个省份的代表选举结果的统计，结果显示：选出的县级人大代表中，工人、农民的比例平均为 44.5%，比上届提高 5.5%；选出的乡级人大代表中，工人、农民的比例平均为 70%，比上届提高 2.3%；选出的县级人大代表中，妇女的比例平均为 40.5%，比上届提高 1%，领导干部的比例平均为 19.8%，比上届减少 0.3%；选出的县乡两级代表中，少数民族、归侨人数得到保证。①

（二）人大工作制度和运行机制的创新和完善

1. 立法职能进一步加强

改革开放以来，我国在立法制度方面进行了多方面的探索，形成了多层次、多位阶、多形式的立法体制并逐渐完善，成为新时期人大制度发展的一个重要体现。到 2010 年底，我国已制定现行有效法律 236 件、行政法规 690 多件、地方性法规 8600 多件，并全面完成对现行法律和行政法规、地方性法规的清理工作。中国特色社会主义法律体系如期形成，是中国民主法制建设史上的里程碑，具有重大的现实意义和深远的历史意义。

2. 不断拓宽监督渠道，改进监督方式

2006 年 8 月 27 日十届全国人大常委会第二十三次会议审议通过了《中华人民共和国各级人民代表大会常务委员会监督法》，并于 2007 年 1 月 1 日起施

---

① 《全国十余省份县乡人大换届选举已完成传递民主足音》，《检察日报》2012 年 1 月 4 日。

行。《监督法》明确规定了各级人大常委会行使监督职权的七种方式：听取和审议"一府两院"的专项工作报告；审查和批准决算，听取和审议国民经济和社会发展计划、预算的执行情况报告，听取和审议审计工作报告；法律法规实施情况的检查；规范性文件的备案审查；询问和质询；特定问题调查；撤职案的审议和决定。《监督法》强调，按照民主集中制原则，集体行使监督职权。《监督法》突出监督重点、监督实效，对人大常委会监督工作的经验和做法进行了总结和规范，是各级人大常委会开展监督工作的直接法律依据，对各级人大常委会的行使监督权的方式起到了重要的指导和规范作用，使人大常委会行使监督权时做到既不失职、又不越权。

3. 不断发挥代表的主体作用，强化代表依法履职

2005年5月，中共中央转发了《中共全国人大常委会党组关于进一步发挥全国人大代表作用，加强全国人大常委会制度建设的若干意见》（以下简称《若干意见》）。《若干意见》提出了进一步发挥全国人大代表作用的具体措施，还就加强全国人大常委会的自身建设作了明确规定。2010年10月28日，十一届全国人民代表大会常务委员会第十七次会议对《中华人民共和国全国人民代表大会和地方各级人民代表大会代表法》（以下简称《代表法》）作了修订。修订后的《代表法》进一步明确人大代表的权利和义务，进一步细化人大代表的履职规范，进一步加强了对人大代表履职的保障，进一步强化了对人大代表的监督。

二 2012年的立法工作：立改废并行

2012年，全国人大常委会立法工作围绕党和国家中心工作，适应经济社会发展实际需要，立改废并行，更加注重推进科学立法、民主立法和民生取向，着力提高立法质量，推动中国特色社会主义法律体系的与时俱进和发展完善。

（一）制定、修改和废止了一批重要法律

从十一届全国人大常委会第二十五次会议以来，全国人大及其常委会共制定了3部法律，修改了12部法律，废除了2部法律。制定的法律为：《中华人

民共和国军人保险法》《中华人民共和国出境入境管理法》《中华人民共和国精神卫生法》。修改的法律为：《中华人民共和国清洁生产促进法》《中华人民共和国刑事诉讼法》《中华人民共和国农业技术推广法》《中华人民共和国民事诉讼法》《中华人民共和国监狱法》《中华人民共和国律师法》《中华人民共和国未成年人保护法》《中华人民共和国预防未成年人犯罪法》《中华人民共和国治安管理处罚法》《中华人民共和国国家赔偿法》《中华人民共和国人民警察法》《中华人民共和邮政法》。废止的法律为：《中华人民共和国外国人入境出境管理法》和《中华人民共和国公民出境入境管理法》。这些法律的制定、修改和废止使中国特色社会主义法律体系进一步走向完善。

2012 年 4 月 27 日，十一届全国人大常委会第二十六次会议经表决，通过了《中华人民共和国军人保险法》。对此，吴邦国委员长发表讲话指出：会议审议通过的军人保险法，适应经济社会发展需要和军人职业特点，注重与社会保险体系相衔接，从法律上对军人伤亡保险、退役养老保险和医疗保险、随军未就业军人配偶保险等问题作出规定，进一步完善了军人保险制度，对于减轻军人后顾之忧，激励官兵履职尽责，维护军人合法权益，促进国防和军队建设具有重要意义。①

2012 年 6 月 30 日，十一届全国人大常委会第二十七次会议经表决，通过了《中华人民共和国出境入境管理法》。对此，吴邦国委员长发表讲话指出：本次会议通过的出境入境管理法，在总结中国公民出境入境管理法和外国人入境出境管理法实施经验的基础上，统一了法律的调整范围，细化了出境入境的管理规定，规范了外国人停留居留行为，强化了边防检查以及调查、遣返、处罚等措施，对于更好地维护国家安全和社会秩序，促进对外开放和经济社会发展具有重要意义。

2012 年 10 月 26 日，十一届全国人大常委会第二十九次会议经表决，通过了《中华人民共和国精神卫生法》。对此，吴邦国委员长发表讲话指出：会议通过的精神卫生法，针对精神卫生工作中存在的突出问题，在认真总结实践

---

① 《十一届全国人大常委会第二十七次会议在京闭幕》，新华网：http：//news. xinhuanet. com/2012 - 06/30/c_ 123353035. htm。

经验和深入研究论证的基础上，对促进心理健康和预防精神障碍提出明确要求，对精神障碍的诊断、治疗和康复进行严格规范，进一步完善了精神卫生工作机制和保障措施，体现了保护患者权利与维护公共利益相统一的精神，对保障精神障碍患者合法权益，提高公众心理健康水平，促进精神卫生事业发展，维护社会和谐稳定具有重要意义。①

2012 年 2 月 29 日，十一届全国人大常委会第二十五次会议经表决，通过了关于修改《中华人民共和国清洁生产促进法》的决定。对此，吴邦国委员长发表讲话指出：本次会议作出了关于修改清洁生产促进法的决定。针对 2010 年对这部法律进行执法检查时发现的突出问题，检查组提出了及时修改法律的建议和具体内容，为修改完善法律提供了重要参考。要认真总结这方面的好经验好做法，更加注重把法律的修改完善同开展执法检查、专题调研等结合起来，使法律的修改更具针对性，使法律的规定更具操作性，不断提高立法质量。

2012 年 3 月 14 日，十一届全国人大五次会议经表决，通过了关于修改《中华人民共和国刑事诉讼法》的决定。这次修改首次将"尊重和保障人权"写入刑诉法总则，使宪法原则得到充分体现，是中国司法改革的一大成就。具体体现尊重和保障人权原则的规定有七项。②③

2012 年 8 月 31 日，十一届全国人大常委会第二十八次会议经表决，通过了修改《中华人民共和国农业技术推广法》的决定。对此，吴邦国委员长发表讲话指出：修改后的农业技术推广法，贯彻中央关于加快推进农业科技创

---

① 《十一届全国人大常委会第二十九次会议在北京闭幕》，中央政府门户网站：http://www.gov.cn/ldhd/2012-10/26/content_2251893.htm。

② 一是在证据制度中，不得强迫任何人证实自己有罪，规定了非法证据排除制度；二是在强制措施当中，完善逮捕条件和人民检察院审查批准逮捕的程序，严格限制采取强制措施后不通知家属的例外规定；三是在辩护制度中，明确犯罪嫌疑人在侦查阶段可以委托辩护人，完善律师会见和阅卷的程序，扩大法律援助的适用范围；四是在侦查程序中完善了讯问犯罪嫌疑人、被告人的规定，强化对侦查活动的监督；五是在审判程序中，明确第二审应当开庭审理的案件范围，对死刑复核程序作出具体规定；六是在执行程序中，增加社区矫正的规定；七是在特别程序中，设置附条件不起诉和犯罪记录封存制度等。

③ 《李肇星：刑事诉讼法修正草案在 7 个具体规定中体现尊重和保障人权的原则》，新华网：http://news.xinhuanet.com/legal/2012-03/04/c_111600705.htm。

新、发展现代农业的政策措施，吸收执法检查报告和立法后评估报告提出的意见建议，着眼于完善公益性服务、社会化服务有机结合的农业技术推广体系，明确农业技术推广机构的公益性质，强化基层公益性农业技术推广服务，提升农业技术推广能力和水平，进一步增强了法律的针对性和可操作性，为促进农业科技成果转化与应用、推动农业和农村经济发展、实现农业现代化提供了更加完备的法律保障。①

2012年8月31日，十一届全国人大常委会第二十八次会议经表决，通过了关于修改《中华人民共和国民事诉讼法》的决定。对此，吴邦国委员长发表讲话指出：会议通过的关于修改民事诉讼法的决定，适应经济社会发展的需要和深化司法体制改革的要求，在认真研究代表议案和总结司法实践经验的基础上，对我国民事诉讼法律制度进行了修改完善，进一步保障当事人诉讼权利，健全证据制度，完善调解与诉讼衔接机制，细化审判和执行程序，强化民事诉讼法律监督等，对于更好地保护当事人行使诉讼权利，保证人民法院正确及时审理民事案件，维护经济社会秩序和公平正义，具有十分重要的意义。

2012年10月26日，十一届全国人大常委会第二十九次会议经表决，分别通过了全国人大常委会关于修改《中华人民共和国监狱法》的决定、关于修改《中华人民共和国律师法》的决定、关于修改《中华人民共和国未成年人保护法》的决定、关于修改《中华人民共和国预防未成年人犯罪法》的决定、关于修改《中华人民共和国治安管理处罚法》的决定、关于修改《中华人民共和国国家赔偿法》的决定、关于修改《中华人民共和国人民警察法》的决定、关于修改《中华人民共和国邮政法》的决定。对此，吴邦国委员长讲话指出：十一届全国人大五次会议通过的关于修改刑事诉讼法的决定，对我国现行刑事诉讼法律制度作了重要补充和完善，将于2013年1月1日起施行。为及时解决相关法律规定与修改后的刑事诉讼法不一致、不衔接的问题，本次会议对监狱法等七部法律的个别条款一并进行了修改。我们要督促有关方面继续做好法律实施的准备工作，确保修改后的刑事诉讼法得到正确有效实施。本次会议

---

① 《十一届全国人大常委会第二十八次会议在京闭幕》，新华网：http://news.xinhuanet.com/2012−08/31/c_112921574.htm。

还对邮政法的个别条款作了修改，进一步明确了省级以下邮政管理体制，对加强邮政市场管理、规范邮政市场秩序、促进邮政事业发展将起到积极作用。①

（二）多项法律草案提请大会审议

十一届全国人大常委会第二十五次会议初次审议了《中华人民共和国资产评估法（草案）》。对于这次初审，吴邦国委员长讲话指出：大家普遍认为，制定资产评估法，对于促进资产评估行业健康发展、维护社会主义市场经济秩序具有重要意义。请法律委员会会同有关方面抓紧修改完善法律草案，加强对注册评估师和评估机构的管理，规范资产评估行为，保护当事人合法权益和公共利益，尤其要防止国有产权交易中的资产流失。

十一届全国人大常委会第二十七次会议初次审议了《中华人民共和国证券投资基金法（修订草案）》。对于呼声最大、最受关注的私募基金问题，《证券投资基金法（修订草案）》作了明确规定，将其列入专章进行专门规范，成为基金法修订稿最大亮点。除此之外，有关放宽公募基金管制、增加基金组织形式、允许基金经理炒股等，都是主要修订内容，也很受关注。

十一届全国人大常委会第二十七次会议初次审议了《中华人民共和国劳动合同法修正案（草案）》。《劳动合同法修正案（草案）》对于"劳务派遣"用工制度的相关规范，引起了亿万劳动者的关注。劳务派遣最大的特征就是将传统的"雇用""使用"一体型的劳资两方的雇佣关系转化为劳务派遣单位、用工单位和被派遣劳动者之间的间接雇用的三方关系，使"雇用""使用"发生分离。《劳动合同法修正案（草案）》提出，严格限制劳务派遣用工岗位范围，规定劳务派遣只能在临时性、辅助性或者替代性的工作岗位上实施。

十一届全国人大常委会第二十七次会议初次审议了《中华人民共和国老年人权益保障法（修订草案）》。审议结束后，吴邦国委员长说，本次会议对《老年人权益保障法（修订草案）》进行了初审。这个草案是根据2011年老年人权益保障法执法检查提出的建议，在深入总结法律实施经验、广泛听取各方

---

① 《十一届全国人大常委会第二十九次会议在京闭幕》，中国网：http://news. china. com. cn/live/2012－10/27/content_ 16856291. htm。

面意见的基础上形成的。大家对这次修改的总体思路和主要内容表示赞同，并提出一些完善草案的意见和建议，强调在积极发展养老社会保障和社会服务的同时，要进一步巩固家庭养老基础性地位，完善家庭赡养与扶养的权利义务，促进家庭和睦和代际和谐，大力弘扬中华民族敬老、养老、助老的传统美德。①

十一届全国人大常委会第二十七次会议再次审议了《中华人民共和国预算法修正案（草案二次审议稿)》。对于这次审议，吴邦国委员长讲话指出，预算法的修改涉及我国财政管理体制改革，社会各界都很关注。2011 年 12 月常委会会议对预算法修正案草案初审后，法律委员会就草案中的重大问题与有关部门反复沟通，并根据各方面意见对草案作了进一步修改，本次会议又进行了再审。从两次会议审议的情况看，常委会组成人员和列席会议的同志普遍认为，预算法的修改要有利于强化预算编制的完整性、预算执行的规范性和预算监督的严肃性，进一步加强预算审查和监督，更好发挥财政预算在加强和改善宏观调控、调整分配关系等方面的重要作用；有利于建立健全财力保障与支出责任相匹配的财政管理体制，进一步规范财政转移支付制度，既反映改革发展的成功经验，又为深化改革留下空间。审议中大家还强调，要高度重视防范财政风险尤其是防范和化解我国地方政府性债务风险，地方各级预算都要按照量入为出、收支平衡的原则编制，不能打赤字，也不能违法违规发行地方债券，切实保障国家经济安全。②

十一届全国人大常委会第二十八次会议初次审议了《中华人民共和国环境保护法修正案（草案)》。《环境保护法修正案（草案)》在以下方面作了重要的基本修正：体现新时期对环境保护工作的指导思想，进一步强化环境保护的战略地位；突出强调政府责任、监督和法律责任；补充完善环境管理基本制度；在明确企业责任的基础上，相应完善防治污染和其他公害的制度。

十一届全国人大常委会第二十八次会议初次审议了《中华人民共和国旅

① 《十一届全国人大常委会第二十七次会议在京闭幕》，新华网：http：//news. xinhuanet. com/2012 – 06/30/c_ 1233。

② 《十一届全国人大常委会第二十七次会议在京闭幕》，新华网：http：//news. xinhuanet. com/2012 – 06/30/c_ 1233。

游法（草案）》。有关专家指出，近年来我国旅游业发展迅猛，但零负团费、景区门票价格高涨等问题仍然是前进的绊脚石，旅游法的出台有望遏制当前市场乱象，促进旅游市场有序繁荣发展。

十一届全国人大常委会第二十八次会议初次审议了《中华人民共和国特种设备安全法（草案）》。

全国人大及其常委会 2012 年的立法，一是推进了社会领域立法，围绕保障和改善民生，在促进社会事业、健全社会保障等方面发挥了重要作用；二是继续加强经济领域的立法，不断推动形成有利于科学发展的体制机制；三是生态文明领域的立法受到了重视。

（三）地方立法

相对于全国人大立法，地方立法领域更加广泛，立法内容更加具体，法规形式更加多样。既有促进经济的立法，也有环境立法、民生立法。这些立法基本上是针对地方性事物，解决应由地方自己解决的问题的特色法规。其中一些是前瞻性的立法，不仅为未来国家立法积累了经验，也增强了地方发展的动力，促进了地方的科学发展。

1. 促进经济的立法

2012 年 1 月，广东省出台实施了《广东省农村扶贫开发条例》，"实行发达地区、国家机关、国有企业、事业单位、社会组织定点帮扶贫困村、贫困户制度"，保障扶贫长效机制。甘肃省十一届人大常委会第二十六次会议审议通过了《甘肃省农村扶贫条例》，该条例于 5 月 1 日起施行。河北省十一届人大常委会第二十九次会议审议通过的《河北省邮政条例》，于 7 月 1 日起施行。条例明确规定县级以上人民政府应当对建设邮政普遍服务营业场所给予支持，在乡镇人民政府所在地设置邮政普遍服务营业场所，在行政村设置村邮站或者其他接收邮件的场所，保障村村通邮。2012 年 2 月，海南省颁布施行的《海南省邮政条例》在保障邮政普遍服务，规范邮政市场秩序，保护邮政通信与信息安全，维护用户、邮政企业和快递企业的合法权益等方面，都体现了不同程度的制度创新。海南省四届人大常委会第二十九次会议表决通过了《海南经济特区旅馆业管理规定》。该规定将于 6 月 1 日起施行。规定要求，旅馆客房价格主要实行市场调节价，主要节假日、重大活动期间可以实行政府指导价。《福建省促进茶产业发展条例》2012年6月起施行，鼓励企业制定严格的质量标准。

2012年5月，《成都市就业促进条例》在四川省成都市十五届人大常委会第三十二次会议上获得通过，条例将报请四川省人大常委会批准后施行。"成都市的就业促进工作有很多成都特色。在规范公共就业服务体系建设、实行就业失业登记实名制、以创业带动就业、开展中高端培训体系建设、促进城乡劳动者充分就业等方面，走在了全国的前列。"①

2. 环境立法

2012年2月，甘肃省十一届人大五次会议决定，将《甘肃省放射性污染防治条例（草案）》列入甘肃省人大常委会2012年度立法计划。这有望使甘肃省放射性污染防治相关立法工作走在全国前列。2012年5月30日，湖北省十一届人大常委会第三十次会议通过《湖北省湖泊保护条例》。2012年6月27日，银川市十三届人大常委会第三十三次会议通过《银川市农村环境保护条例》，填补了我国农村环境保护地方性法规的空白，为银川市农村环境保护提供法律依据。2012年7月23日，上海市十三届人大常委会第三十五次会议审议了《上海市商品包装物减量若干规定（草案）》，其中规定上海鼓励企业在保障商品安全、卫生的条件下对商品进行简易包装。消费者在购买商品时将包装物返还给销售者的，销售者应当接受等。宁夏回族自治区十届人大常委会第二十九次会议审查批准了《银川市治理乱涂写乱刻画乱张贴办法》。该办法将于5月1日起施行。办法共12条，在银川市治理城市"牛皮癣"现状的基础上，借鉴外地经验和做法，起草了草案稿，随后又多次召开征求意见会，听取有关方面的意见和建议，数易其稿才形成草案。

地方在环境立法方面的积极探索，将有力地推进我国的生态文明建设。

3. 民生立法

2012年2月，宁夏回族自治区银川市人大常委会公布了新修订的《银川市市政设施管理条例》，将"城市光彩"的节能要求首次列入条款内容，城市

---

① 《〈成都市就业促进条例〉审议通过》，法制网：http://www.legaldaily.com.cn/index/content/2012-05/04/content_3549785.htm？node=20908。

照明设施的能耗将受到严格控制。2012年2月，辽宁省通过的《辽宁省消防条例》将于3月1日起正式施行。条例规定："任何单位和个人禁止组织未成年人参加火灾扑救。"2012年4月1日起，《新疆维吾尔自治区见义勇为人员奖励和保护办法》正式施行，见义勇为人员的权益将得到法律保护。新修订的《广西壮族自治区医疗机构管理办法》（以下简称《办法》）于2012年4月1日起施行。《办法》规定，医疗机构名称经卫生行政部门核准登记后方可使用，不符合条件的医疗机构不得开展静脉用药业务。甘肃省十一届人大常委会第二十六次会议审议通过了《甘肃省残疾人保障条例》（以下简称《条例》），该《条例》于5月1日起施行。《条例》规定，县级以上人民政府应当建立残疾人法律援助机制，完善残疾人法律服务体系。残疾人申请追索赡养费、抚养费、劳动报酬、工伤赔偿、抚恤金，办理司法鉴定、公证等法律事务，符合法律援助条件的，法律援助机构应当优先给予法律援助。《四川省防震减灾条例》2012年5月31日由四川省十一届人大常委会第三十次会议修订通过。2012年5月，大连市施行《供热用热条例》，多项规定受关注，供热期延长，最低室温提高两度。其中许多规定，诸如供热期延长16天、取消滞纳金、测温退费等均与市民生活息息相关。《安徽省城镇供水条例》（以下简称《条例》）在安徽省十一届人大常委会第三十三次会议上表决通过，2012年7月1日起施行。《条例》强化了对饮用水水源的保护，从根源上保障居民用水安全。吉林省十一届人大常委会第三十四次会议审议通过了《吉林省食品生产加工小作坊和摊贩管理条例》。河南省十一届人大常委会第二十八次会议于2012年7月27日审议通过了《河南省食品生产加工小作坊和食品摊贩管理办法（试行）（草案）》。2012年7月，深圳市人大常委会通过《深圳经济特区性别平等促进条例》（以下简称《条例》）。这是中国内地首部保障性别平等的地方法规，《条例》在用工、家庭暴力、性骚扰等方面保护女性权益，在促进性别平等方面作出了明确规定。《条例》还提出创设专门的性别平等机构，定期监测、评估全市性别平等工作情况，并发布监测、评估报告。

《云南省企业工资集体协商条例》已由云南省十一届人大常委会第三十次会议于2012年3月31日审议通过，自2012年5月1日起施行。《劳动法》《工会法》《劳动合同法》以及地方人大颁布的《集体合同条例》或《工资集体协商条例》是推进工资集体协商工作的主要法律依据。近年来，地方工资集体协商立法密集度之高、进展速度之快可谓前所未有：湖南、甘肃、新疆以及江苏省无锡市等地人大相继出台了《工资集体协商条例》或《集体合同条例》；在各地各级工会的大力推动下，山西、内蒙古、江西、河南、广东、广西、重庆等地人大常委会把工资集体协商立法或者《集体合同条例》修订工作纳入立法计划。截至目前，全国已有 25 个省（自治区、直辖市）出台了集体合同地方性法规。单从省级层面来看，全国 31 个省（自治区、直辖市）中近半数的地方在推动立法方面有具体举措。[①]

4. 前瞻性的立法

2012 年 1 月，《江苏省信息化条例》（以下简称《条例》）颁布并开始实施。该《条例》对倒卖个人信息的不法行为予以最高 50 万元的严惩。2012 年 9 月 26 日，河北省十一届人大常委会第三十二次会议通过《河北省信息化条例》（以下简称《条例》）。《条例》明确规定，公共机构不得将获取的公民、法人或者其他组织的信息出售或者以其他方式非法提供给他人。全国首个社会建设法规——《深圳经济特区社会建设促进条例》（以下简称《条例》）2012 年 3 月 1 日起开始实施。该《条例》将深圳市多年来探索和创新相对成熟的工作制度、工作方法和改革的方向、思路反映在其中。2012 年 6 月，深圳市人大拟开全国先河，对市民文明行为规范立法，在第一轮民意调查中，共有 49 种不文明行为列入"拟处罚"名单。第二轮民意调查就市民不文明行为的处罚机制进行创新探索，征求公众意见。7 月 30 日起围绕"城市文明应如何维护和提升"这一主题开展了第三轮民意调查。8 月 28 日，《深圳特区文明行为促进条例（草案）》首次接受了深圳市人大常委会审议。

地方人大的前瞻性立法，不仅具有地方特色，是对国家立法的有益补充，而且通过地方的先行先试，为全国人大立法积累了重要经验。

（四）继续推进科学立法、民主立法

2012 年，全国人大常委会更加注重深入实际、深入基层调查研究，将立

[①] 《工资集体协商铺开 25 省区市出台集体合同地方性法规》，http://www.law-lib.com/fzdt/newshtml/fzjd/20120417135315.htm。

法草案向社会全文公布征求意见，主动征求各地方、中央有关部门和部分企业、高等院校、研究机构的意见，还专门召开座谈会、论证会，直接听取公众代表和专家学者的意见，积极回应社会关切。尽力反映和统筹兼顾不同方面的利益，使公民参与立法的过程成为广泛集中民智、凝聚社会共识的过程。立法后评估工作不断开展。更加注重社会立法，坚持法律体系的科学和谐统一。地方立法也同样坚持"开门立法"，更加注重民生问题与倾听民意，回应和吸纳民意。

2012 年 2 月 17 日，全国人大教科文卫委副主任委员任茂东率调研组在京进行中医药立法调研。调研组召开座谈会听取了关于北京市中医药事业和中医医院发展情况的汇报，以及北京市中医管理局、北京中医医院和部分中医药专家对中医药立法的意见和建议，并实地考察了北京中医医院。座谈会上，中医药专家针对中医药立法提出了明确中医药的法律地位，加强中医药非物质文化遗产的保护，理顺基层中医药管理体制，重视发挥中医药行业协会作用，明确规定中医药事业经费的增长幅度高于卫生事业经费的增长幅度，合理调整中医药服务价格，将部分中医药服务项目纳入医保范围等意见和建议。[①]

在环境保护法修改方面，全国人大环资委成立了起草小组，分赴湖南、湖北、重庆、福建、江苏、陕西等地进行了调研和座谈；就环境保护规划、环境监测、排污收费和限期治理等修改重点进行了专题论证。修改过程中多次听取全国人大代表、国务院有关部门、地方人大以及有关专家学者的意见；修正案草案形成后，征求了 18 个中央机构、国务院有关部门和 31 个省、自治区、直辖市人大的意见，并在江苏省徐州市召开了由各省、自治区、直辖市人大环资委，有关议案署名代表及全国人大常委会法工委参加的会议，对草案进行研讨。[②]

2012 年，全国人大常委会所有进行初审和再审的法律草案及其说明在中国人大网上进行了公布，向社会公开征集意见。如，2012 年 8 月 5 日，《预算法修正案（草案）（二审稿）》征集意见截止日，在全国人大法律草案征求意

---

① 《中医药法已列入人大立法规划　教科文卫委在京调研》，《法制日报》2012 年 2 月 21 日。
② 《环保议案：将法律支撑更有力》，人民网：http://npc. people. com. cn/n/2012/0821/c/4576 - 18793098. html。

见系统中，草案征集到的意见超过 30 万条，超过了 2011 年《个人所得税法修正案》征求意见时收到的 23 万多条。"人大如何加强对预算的监督""预算公开能否制度化""预算是政府内部财务管理还是外部限权"等议题成为网民关注预算法修正的焦点。① 2012 年 6 月 26 日，十一届全国人大常委会第二十七次会议首次审议《劳动合同法修正案（草案）》。本次修订虽然只涉及与劳务派遣相关的 4 个条款，但仍引起广泛关注。中国人大网显示，征集意见数已达 55 万余条，再创法律草案征集意见数之最。

在认真总结试点经验的基础上，2012 年全国人大常委会进一步完善立法后评估工作机制，推动这项工作经常化、规范化。根据《全国人大常委会 2012 年工作要点》关于"对残疾人保障法开展立法后评估，为修改完善法律、加强和改进有关工作提供依据"的部署，内务司法委员会会同常委会法制工作委员会、中国残疾人联合会组成评估工作领导小组和工作机构，在民政部、人力资源和社会保障部、教育部、卫生部、工业和信息化部、财政部、住房和城乡建设部等有关部门的积极配合和帮助下，对残疾人保障法设立的一些主要法律制度进行了评估。评估情况报告由残疾人保障法立法后评估的背景、目的和方法，残疾人保障法立法后评估的内容和标准，残疾人保障法立法后评估结论及建议四部分组成。

（五）立法工作的发展趋势

中国特色社会主义法律体系形成以后，立法工作的重点将是如何进一步完善这个法律体系。从数量主导型立法转变为质量主导型立法，完善中国特色社会主义法律体系，难度更大，任务更艰巨。实际上，还有许多社会关系没有能够纳入法律调整规范的范畴，依然存在一些立法空白。立法重心也正在由经济立法为主转向加强社会立法，文化法制建设，完善网络法律制度，民生立法也将驶入快车道。预计"十二五"期间，会有更多关涉公民权利保护和社会发展的民生法律出台。②

---

① 《预算法修改征集意见"爆棚"：让立法民主的效果更突显》，新华网：http://www.gd.xinhua.com/newscenter/2012 - 08/07/c_ 112643607.htm。
② 刘武俊：《完善法律体系重在提高立法质量》，《中国党政干部论坛》2012 年第 6 期。

一些重要的法律，如未成年人保护法、妇女权益保障法等，亟待从理念的宣示，走向具有可操作性细节保护，让法律真正落地，成为公民的现实依靠。[①] 这些事关民生的支架性法律构成了社会法的基本框架。一些不合时宜的法律法规，也将因时而变，以适应抑制公权、保障私权的社会发展潮流。

就地方人大立法趋势看，一是地方人大针对本地改革发展实践和实际社会生活中出现的新情况、新问题，将会制定"先行性"法规，这不仅有利于为本地经济社会发展提供法制保障，而且有利于为国家立法探索道路、积累经验；二是地方人大会更加注重社会领域立法，紧紧围绕本地改革发展稳定大局、围绕人民群众普遍关心的热点难点问题开展立法，以切实保障和改善民生。

三 2012 年的监督工作

2012 年的监督工作，全国人大常委会紧紧围绕推动"十二五"规划纲要顺利实施，继续加强和改进监督工作，更加紧扣大局，全方位贴近民生。在具体实施监督工作中，适时采取执法检查、听取和审议专项工作报告等方式，依法实施监督，督促"一府两院"切实解决工作中存在的问题与不足，取得了明显成效。

（一）关于执法检查

1. 检查《文物保护法》实施情况

2012 年 4 月~5 月，全国人大常委会在全国范围内对《文物保护法》实施情况进行了检查；同时，全国人大常委会委托其他省、自治区、直辖市人大常委会对本行政区域内《文物保护法》的实施情况进行检查，并向检查组提供书面报告。在检查中发现，除了一些文物由于不适当的基建造成损毁消失[②]外，还存在以下情况：由于缺乏有效规范和监管，一些经营者暗中从事非法文

---

① 《深耕细作是未来的立法方向》，《新京报》2011 年 3 月 12 日。
② 《我国近 30 年不可移动文物多半毁于建设施工》，http://politics.people.com.cn/n/2012/0812/c1026-18723510.html。

物交易活动；一些地方文物造假、售假现象较为严重，形成了生产、做旧、销售的产业链；有的拍卖企业知假拍假、自拍自买、哄抬价格；有些文物鉴定人员违背职业道德，进行虚假鉴定，近期发生了"汉代玉凳""金缕玉衣"等社会影响极坏的事件；有的电视鉴宝类节目片面渲染文物的市场价格，偏离正确的舆论导向。

通过调研，检查组发现现行《文物保护法》在一些方面已同文物工作实际不相适应，建议将其列入全国人大常委会立法规划，在调查研究基础上，及时修改完善。同时，建议国务院及其有关部门进一步健全完善配套法规和规范性文件，积极研究制定博物馆条例、北京故宫保护条例等法规。

近年来，文物市场出现了一些混乱现象，成为社会关注的热点。在这种情况下，全国人大常委会适时启动了《文物保护法》的执法检查，是对社会关注热点问题的积极回应。

2. 检查《残疾人保障法》实施情况

2012 年 5 月 2 日，全国人大常委会正式启动《残疾人保障法》执法检查。根据安排，此次执法检查共分 6 个小组，于 2012 年 5 月～6 月分别赴天津、内蒙古、辽宁、山西、浙江、湖南等 6 省（区、市）开展检查。同时，委托其余 25 个省（区、市）人大常委会对本行政区域内《残疾人保障法》的实施情况进行检查。

2012 年 8 月 27 日，在十一届全国人大常委会第二十八次会议上，全国人大常委会副委员长兼秘书长李建国代表全国人大常委会执法检查组作《残疾人保障法》实施情况的报告时指出，这次执法检查在方式方法上作了一些新的尝试。一是将执法检查与立法后评估结合起来。二是采取网上征求意见方式。三是通过信访渠道了解法律实施情况。四是在较大范围发放调查统计表。[①]

对于这次执法检查，吴邦国指出：审议中，大家指出，关心和帮助残疾人，保障残疾人合法权益，是社会文明进步的重要标志，是社会主义制度优越

---

① 《全国人大常委会创新执法检查方式方法》，http://www.npc.gov.cn/npc/xinwen/jdgz/zfjc/2012-08/28/content_1734337.htm。

性的重要体现。各地区、各部门要进一步加大对残疾人事业的投入，着力解决基本生活保障、医疗、康复、教育、就业等残疾人最关心、最直接、最现实的利益问题，努力为残疾人提供适合其特殊需求的基本公共服务，让广大残疾人平等参与社会生活，共享改革发展成果，促进残疾人事业与经济社会协调发展。

残疾人权益的保障和维护，是人权事业的重点，全国人大启动了《残疾人保障法》的执法检查，是对此的重视。

3. 检查《农业法》实施情况

2012 年 8 月 26 日，全国人大常委会农业法执法检查组第一次全体会议在北京人民大会堂举行，正式启动《农业法》执法检查。根据安排，执法检查组将分为 5 个小组，于 9 月起到山西、内蒙古、江苏、福建、江西、山东、河南、四川、云南、新疆等地进行检查。全国人大常委会还委托其他省、自治区、直辖市人大常委会对本行政区域内法律实施情况进行检查。①

三农问题是建成全面小康社会的难点，全国人大常委会适时启动了《农业法》的执法检查，显示了对此的高度重视。

（二）关于听取和审议专项工作报告

1. 听取审议国务院关于农田水利建设工作情况的报告

2012 年 4 月 25 日上午，十一届全国人大常委会第二十六次会议举行第二次全体会议。受国务院委托，水利部部长陈雷报告了农田水利建设工作情况。在分析了当前我国农田水利建设面临的主要问题后，陈雷从十个方面报告了进一步加强农田水利建设的措施：进一步加大农田水利投入力度；继续深化农田水利重点环节改革；全面实施大中型灌区节水改造；切实抓好小型农田水利重点县建设；大力发展节水灌溉和旱作农业；不断提高农业抗御洪涝干旱灾害能力；加快解决农村饮水安全问题；积极开展水土保持和农村水环境治理；着力加强农田水利建设与运行管理；加快农田水利法制化和规范化建设。②

---

① 《全国人大常委会创新执法检查方式方法》，http://www.npc.gov.cn/npc/xinwen/jdgz/zfjc/2012 - 08/28/content_ 1734337. htm。
② 《人大常委会第二十六次会议举行第二次全体会》，《人民日报》2012 年 4 月 26 日，第 3 版。

2. 听取审议国务院关于监狱法实施和监狱工作情况的报告

2012 年 4 月 25 日上午，十一届全国人大常委会第二十六次会议举行第二次全体会议。受国务院委托，司法部部长吴爱英报告了监狱法实施和监狱工作情况。吴爱英说，做好新形势下监狱工作，要深入贯彻实施监狱法，坚持把降低刑满释放人员重新违法犯罪率作为衡量监管工作的"首要标准"，进一步做好罪犯教育改造工作，继续保持监狱场所安全稳定，深入推进监狱工作改革发展，进一步推进监狱法制建设，进一步加强监狱人民警察队伍建设，确保公正廉洁执法。①

3. 听取审议国务院关于外国人入出境及居留、就业管理工作情况的报告

2012 年 4 月 25 日上午，十一届全国人大常委会第二十六次会议举行第二次全体会议。受国务院委托，公安部副部长杨焕宁报告了关于外国人入出境及居留、就业管理工作情况。在报告了有关外国人服务管理工作面临的新情况、新问题以及在管理措施、体制机制和法制建设等方面存在的困难和问题后，杨焕宁说，加强外国人服务管理工作，要坚持以科学发展观为指导，将扩大开放作为宏观政策导向，建设优质的投资环境、旅游环境、就业环境和国际人才竞争环境，有效防范控制涉外不稳定因素，更好地服务于改革开放和经济社会协调发展。下一步要不断完善统一、高效的服务管理机制，建立涉外服务管理信息共享机制，进一步加强对非法入境、非法居留和非法就业外国人的管理，完善入出境和停居留制度，完善外国人就业管理制度，推动涉外管理立法等。②

4. 听取审议国务院关于禁毒法实施和禁毒工作情况的报告

2012 年 6 月 26 日上午，十一届全国人大常委会第二十七次会议举行第一次全体会议。受国务院委托，国务委员、公安部部长孟建柱在会上报告了禁毒法实施和禁毒工作情况。孟建柱说，通过深入开展禁毒人民战争，我国毒品犯罪形势总体稳定。但是，受到境内外各种因素的影响，禁毒斗争形势依然严峻复杂。主要体现在：境外毒品渗透不断加剧，堵截毒品入境任务艰巨；境内制贩毒情况仍较严重，制毒方法不断翻新，犯罪手段更加隐蔽，打击治理难度较

---

① 《人大常委会第二十六次会议举行第二次全体会》，《人民日报》2012 年 4 月 26 日，第 3 版。
② 《人大常委会第二十六次会议举行第二次全体会》，《人民日报》2012 年 4 月 26 日，第 3 版。

大；毒品滥用危害严重，面临海洛因复吸率高、合成毒品快速蔓延的双重压力；制毒原料流失依然突出。①

5. 听取审议国务院关于城乡饮用水安全保障工作情况的报告

2012 年 6 月 27 日，十一届全国人大常委会第二十七次会议举行第二次全体会议。国家发展和改革委员会副主任杜鹰受国务院委托，向全国人大常委会报告城乡饮用水安全保障工作情况。

国务院关于保障饮用水安全工作情况的报告显示：据水利部 2007 年对全国城镇集中式饮用水水源地的调查，约 14% 的水源地水质不合格；据环境保护部 2011 年对地级以上城市集中式饮用水水源环境状况的调查，约 35.7 亿立方米水源水质不达标，占总供水量的 11.4%。

分组审议时，多名委员针对现行饮用水安全管理体制提出了建议。饮用水安全涉及水利、林业、农业、环保、建设、国土等多个行政管理部门，这些部门之间信息难共享，沟通不顺畅，效率不高，监控和应急不完善。要设立或指定饮用水安全的专管部门，建立沟通顺畅、运行有效的监管协调机制。②

6. 听取审议国务院关于县级基本财力保障机制运行情况的报告

2012 年 8 月 29 日，在十一届全国人大常委会第二十八次会议上，财政部部长谢旭人受国务院委托，向全国人大常委会报告县级基本财力保障机制运行情况。谢旭人说，为了促进县域经济社会发展和民生改善，财政部 2010 年研究制定了《关于建立和完善县级基本财力保障机制的意见》，明确提出以实现县乡政府"保工资、保运转、保民生"为主要目标，全面推进县级基本财力保障机制建设。报告介绍，根据国家统一民生政策调整情况，中央财政在不断扩大保障项目、提高保障水平、加强考核检查的基础上，逐年加大对县级基本财力保障的支持力度。2010 年下达县级基本财力保障机制奖补资金 475 亿元，2011 年增加到 775 亿元，2012 年又增加到 1075 亿元。三年来，经过各级财政的共同努力，县级财力水平明显提高，提供基本公共服务的能力显著增强，保

---

① 《受国务院委托　孟建柱向全国人大常委会报告禁毒法实施和禁毒工作情况》，人民网：http://unn.people.com.cn/n/2012/0627/c345540 – 18392849. html。

② 《全国人大常委会组成人员热议饮用水安全》，大洋网：http://news.dayoo.com/china/57400/201207/01/57400_108581517_2.htm。

障机制已初步形成。

吴邦国委员长说，常委会组成人员和列席会议的同志对这些年县级基本财力保障工作取得的积极进展给予肯定，同时强调，要把建立科学规范的县级基本财力保障机制作为深化财税体制改革的基础性工程和重要抓手，坚持立足当前、着眼长远，逐步建立起财力与事权相匹配的财政体制，为县级政府履行职责提供可靠财力保障。一要合理界定县级政府的支出责任，理顺各级政府间收入划分关系，逐步实现县级财力与责任相统一。二要加快调整转移支付结构，清理和压缩专项转移支付项目，提高一般性转移支付特别是均衡性转移支付比重。三要大力发展县域经济，壮大县级财力基础，重视化解地方政府性债务风险，增强县级财政自主保障能力。

7. 听取审议国务院关于深化文化体制改革、推动社会主义文化大发展大繁荣工作情况的报告

2012 年 10 月 24 日下午，十一届全国人大常委会第二十九次会议举行第二次全体会议。受国务院委托，文化部部长蔡武作关于深化文化体制改革、推动社会主义文化大发展大繁荣工作情况的报告。报告指出，总的看，文化改革发展成效明显，态势良好。但与文化改革发展的总体要求还有一定差距，文化发展中仍有一些新情况新问题亟待解决。下一步，要进一步深化体制机制改革，为文化长远发展谋划良好布局；加快构建高水准的公共文化服务体系，为人民群众基本文化权益提供可靠保障；加快推进结构调整和创新，为实现文化产业成为国民经济支柱性产业奠定坚实基础；加快推动中华文化"走出去"，为提升国家文化软实力提供有力支撑；加强文化立法和政策保障，为文化改革发展营造良好环境。①

8. 听取审议国务院关于国有企业改革与发展工作情况的报告

2012 年 10 月 24 日下午，十一届全国人大常委会第二十九次会议举行第二次全体会议。受国务院委托，国务院国有资产监督管理委员会主任王勇报告了国有企业改革与发展工作情况。报告指出，国有企业改革虽然取得很大成

---

① 《全国人大常委会听取国务院三项工作报告》，http：//news. cntv. cn/china/20121024/109440. shtml。

效，但改革仍处于过程之中，需要进一步解决的体制问题、机制问题、结构问题、历史问题仍然很多。下一步要重点推进七方面的工作：继续深化国有企业改革；继续完善国资监管体制机制；着力推进国有经济布局优化；加快推进国有经济转型升级；抓紧解决历史遗留问题和企业社会负担；推进国有企业更好地履行社会责任；进一步加强和改进国有企业党的建设，把政治优势转化为企业的核心竞争力。①

9. 听取审议国务院关于社会救助工作情况的报告

2012 年 10 月 24 日下午，十一届全国人大常委会第二十九次会议举行了第二次全体会议。受国务院委托，民政部部长李立国作关于社会救助工作情况的报告。报告指出，随着经济体制改革深化，经济社会发展加快，城镇化、老龄化进程不断加速，社会利益格局深刻变化，社会诉求复杂多样，社会矛盾和问题更加突出，人民群众对社会政策公平公正实施的关注度和参与度越来越高，迫切要求进一步做好社会救助工作。下一步，将继续推动社会救助法制建设，不断健全社会救助制度体系，大力推进社会救助事业均衡发展，切实加强社会救助能力建设，着力强化社会救助监督管理，努力推动中国社会救助事业又好又快发展。②

（三）关于专题询问

目前，专题询问已成为经常性的监督方式，各级人大常委会专题询问工作逐步常态化、机制化、规范化。全国人大常委会开展专题询问的主要做法是：精心选择询问题目，深入开展调查研究，充分发挥常委会组成人员的主体作用，认真做好组织协调，全面及时客观报道，着力加强跟踪问效。③

2012 年 4 月 26 日，十一届全国人大常委会第二十六次会议召开联组会议，就国务院关于农田水利建设工作情况的报告开展专题询问。受吴邦国委员长的委托，全国人大常委会副委员长乌云其木格主持联组会议。受国务院委托，水利部、国家发展和改革委员会、财政部、国土资源部、农业部、银监会等部门的负责同志到会听取意见，并对 11 位常委会委员提出的询问进行了回答。

---

① 《全国人大常委会听取国务院三项工作报告》，http：//news. cntv. cn/china/20121024/109440. shtml。
② 《全国人大常委会听取国务院三项工作报告》，http：//news. cntv. cn/china/20121024/109440. shtml。
③ 《全国人大常委会专题询问形成机制》，《人民之友》2012 年第 10 期。

水利部对此次专题询问工作给予了高度重视，先后召开 3 次部长专题办公会落实农田水利专题询问后续工作。陈雷部长及时组织部署询问后续工作，并组织研究审议意见、拟定后续工作方案及加强和改进工作的思路措施。对会议审议意见、分组审议发言和联组询问中的意见、建议，水利部进行逐项逐条研究，提炼出 16 项需要整改落实的事项。在征求全国人大农委研究室，以及国务院有关部门和单位意见的基础上，对 16 项问题整改落实工作进行分工，明确改进目标、措施和时限等具体要求，逐一落实了整改意见。

2012 年 6 月 29 日上午 9 时，十一届全国人大常委会第二十七次会议召开联组会议，就国务院关于保障饮用水安全工作情况的报告开展专题询问。受吴邦国委员长的委托，全国人大常委会副委员长陈至立主持联组会议。全国人大常委会副委员长路甬祥、乌云其木格、韩启德、华建敏、周铁农、司马义·铁力瓦尔地、蒋树声、严隽琪、桑国卫等出席会议。任茂东、王佐书、严以新、张中伟、庄先、陈斯喜、张兴凯、刘德培、吴晓灵、郝如玉等 10 位委员于公开直播的联组会上继续追问，涉及新的生活饮用水强制标准、农村饮水安全规划推行措施及建管资金来源、法律法规配套、水价改革、地下水超采、科技支撑、二次污染、监测透明、安全信息公开等大家十分关心的问题，国家发改委、科技部、财政部、国土资源部、环境保护部、住房和城乡建设部、水利部、农业部、卫生部、国务院法制办等 10 部委相关负责人到会作了认真回答。①

2012 年 10 月 25 日下午，十一届全国人大常委会第二十九次会议分组审议国务院关于国有企业改革与发展工作情况的报告，并对报告进行了专题询问。数十位常委会组成人员充分发表意见，并提出询问。受国务院委托，发展改革委、财政部、国资委等相关部委负责人到会听取意见，回答询问。②

（四）监督工作的发展趋势

2010 年 6 月，十一届全国人大常委会第十五次会议，结合听取中央决算报告和审计工作报告首次开展专题询问。两年多来，专题询问从尝试探索到全

---

① 李小健：《追问饮用水安全——全国人大常委会专题询问保障饮用水安全工作情况侧记》，《中国人大》2012 年 13 期。

② 《全国人大常委会分组审议并专题询问国企改革报告》，《人民日报》2012 年 10 月 26 日，第 4 版。

面展开，从逐步完善到形成机制。全国人大常委会开展专题询问后，上海、湖北、安徽3个省级人大常委会在当年就组织了专题询问，2011年有21个省级人大常委会针对26项议题开展了专题询问，2012年有24个省级人大常委会针对30项议题已经开展或计划开展专题询问。此外，云南、河北、湖南等省级人大常委会在制定监督法实施办法中，对专题询问这一监督方式作出了具体规定。一些市县级人大常委会也相继开展了专题询问。① 地方各级人大先后启动专题询问，积极稳妥推进人大监督工作，必将使专题询问监督机制一步步走向"成熟"，也必将有力地促进各级人大与行政部门良性互动，推动政府有关部门改进工作，促使一些民众关心的热点难点问题逐步解决。监督是人大的一项重要职责。开展监督工作既要稳，又要不断探索和完善，包括监督的形式、途径、方式，都可以多进行一些创新和改进，这是人民的期待、代表的愿望，也是现代法治社会建设的呼唤。②

今后，询问方式上会更加多样；询问主体和内容会更加多样化；询问对象规模会更大、规格会更高；询问过程更加公开透明；跟踪督办进一步加强；询问的制度刚性将会进一步增强。询问的进一步发展，最亟待解决的就是制度建设问题。制度建设将会注意防止应询者滋生敷衍应付的心态，对答复的时间和整改要求作出明确规定，对整改没通过的，将启动质询、特定问题调查、撤职等刚性监督手段，以增强专题询问的严肃性和威慑力。

十八大报告提出了要"加强对政府全口径预算决算的审查和监督"。所谓的"全口径"就是把预算内、预算外的所有政府收入和支出全部纳入审查监督。也就是说，今后政府每花一笔钱都将受到人大的审查和监督。目前有些地方政府拒绝财政预算公开，许多公共资金处在预算之外的情况将会得到改观。前些年，一些地方人大所创新探索的"透明钱柜"③ 做法，将会在更广范围上得到推广。

---

① 《全国人大常委会专题询问形成机制》，《人民之友》2012年第10期。
② 《全国人大带动地方人大：专题询问渐成常态》，正义网：http://www.jcrb.com/zhuanti/fzzt/fzlps/mzp/tm/201201/t20120112_789997.html。
③ 人大和财政部门联网，建立"实时在线财政预算监督系统"。财政通过国库集中支付系统划拨的每一笔资金，都进入人大的监督视野，财政预算改变了长期以来一家独管的局面，变成了"透明钱柜"。人大工作人员在电脑前轻点鼠标，政府下属的财政直接拨款单位的资金使用情况一目了然，包括政府采购、工资支付、购买公车等，及时发现和解决问题。

B.3
行政管理制度的建设与发展

高小平　谢德斌*

摘　要：

2012 年，行政审批、事业单位、"三公"经费、收入分配等方面的制度改革取得了明显进展。广东、海南、重庆等地方政府的创新探索也取得了丰硕成果。下一步的改革要继续转变政府职能，推进基本公共服务均等化，完善生态环境管理体制。

关键词：

行政管理制度　回顾　进展　趋势

一　改革开放以来行政管理体制改革回顾

（一）改革开放以来的政府机构改革

为了适应经济和社会的发展，改革开放以来，我国先后在 1982 年、1988 年、1993 年、1998 年、2003 年和 2008 年进行了六次大规模的政府机构改革。从整体上看，这些变革基本上是围绕着调整政府权力结构，以适应经济结构和社会结构的变化，也反作用于经济社会发展，最基本的表现形式则是调整行政管理体制、机构和精简人员，转变政府职能。

1. 1982 年政府机构改革

"文化大革命"的十年动乱期间，国务院受到了严重破坏，行政管理工作

---

* 高小平，中国行政管理学会执行副会长兼秘书长，研究员，主要研究领域为行政体制改革、应急管理；谢德斌，北京林业大学人文学院研究生。

几近瘫痪。粉碎"四人帮"后，国务院很快恢复了部门管理体制。至1978年底，国务院工作部门达到了76个，但是仍在继续增设机构。到1981年，国务院所属的各种机构超过了100个，形成了新中国成立以来中央政府机构设置的最高峰。机构膨胀使得国务院机构林立、职责不清、人浮于事、运转不灵，也导致了官僚主义作风的滋长。面对这种严峻形势，党和政府作出了进行行政体制改革的重大决策。从1982年开始，国务院率先进行了大幅度的机构和人员调整：（1）对国务院领导体制进行了改革，国务院副总理由13人减少到2人，设置了国务委员，由总理、副总理、国务委员和秘书长组成国务院常务会议。（2）大幅度精简机构和领导干部职数，国务院所属机构由100个减少到61个，部委的正副职数减少为3~5人，部属司局正副职数减少为2~3人。（3）实现干部退休制度，规定部长任职年龄一般不超过65岁，副部长和司局长一般不超过60岁，废除了事实上存在的领导职务终身制。（4）精简人员，规定对当时国务院及所属各部门51000名机关工作人员精简25%。由于这次改革是在政治体制改革、经济体制改革尚未全面开展的情况下进行的，未能建立起与社会主义初级阶段的发展特征相适应的行政管理模式，因而是一次不全面不彻底的改革，已经精简的机构很快又恢复了起来，形成了一种精简—膨胀—再精简—再膨胀的恶性循环现象。①

2. 1988年政府机构改革

1988年国务院工作机构又增至72个，此外还成立了一批由各部委归口管理的机构，增设了一批非常设机构、政企不分的公司、政事不分的事业单位。增设机构、扩大编制、提高级别的趋势在某些地方政府甚至更严重。面对这样的情况，从中央到地方都有必要通过机构改革进行精简和整顿。这一轮的政府机构改革目标主要集中在五个方面：（1）转变职能，按照政企分开的原则，使政府对企业由直接管理逐步转变为间接管理，由微观管理逐步转变为宏观管理，由部门管理逐步转变为行业管理。（2）下放权力，主要是向企业和基层下放权力，逐步理顺政府与企事业单位和人民团体的关系、中央与地方的关系。（3）调整机构，主要是调整专业经济管理部门和综合部门中的专业管理

---

① 张国庆：《公共行政学》，北京大学出版社，2007。

司局，调整党政重叠设置的机构。（4）精简人员，总体上按照 20% 的比例进行精简。（5）进行配套改革，推进干部人事制度改革，逐步建立公务员制度，开办行政学院培养行政管理人才。从改革的实际情况来看，国务院工作机构由 72 个调整为 68 个，精简的数量不算大，但调整涉及的面不小。更为重要的是，这次的机构精简，是按照转变职能的方向和原则，本着加强综合管理与宏观调控、减少直接管理与部门管理的原则，着重对国务院的专业经济部门和综合部门中的专业机构进行了适当的调整合并，为建立一个适应经济体制改革和政治体制改革要求的新的行政管理体系打下了基础。①

3. 1993 年政府机构改革

1992 年 10 月召开的党的十四大明确提出建立社会主义市场经济体制，使市场机制在国家宏观调控下对资源配置起基础性作用。为适应经济体制上的这种变革，十四大同时提出了进行行政管理体制改革和机构改革的任务。1993 年，经第七届全国人民代表大会第一次会议批准，国务院开始了新一轮的政府机构改革。这次改革总的重点是转变政府职能，指导思想是，按照政企分开和精简、统一、效能的原则，在转变职能、理顺关系、精兵简政、提高效率等方面取得明显进展。通过这次改革，国务院部委由 42 个调整为 41 个，直属机构由 19 个调整为 13 个，办事机构由 9 个调整为 5 个，仍设置 15 个国家局。国务院各部门行政编制总计 48000 人，按 20% 进行精简。这次改革，部委只减少了 1 个，直属机构和办事机构虽然减少了 10 个，但其中有些划归到党中央机关或部委管理，有些改为行政性的事业单位，也就是说这些机构仍然保留着，且继续行使原有职能，只是隶属关系有所变更。此外，这次改革还将 1988 年改革时由一些专业管理部门合并而成的综合性部委拆开分设，上演了合了分、分了合的行政改革怪相。②

4. 1998 年政府机构改革

面对东亚金融危机的冲击，以及政府管理不能适应社会主义市场经济的发展、国家财政不堪重负、相当多的国有企业生产和经营陷入困境的状况，经

---

① 张国庆：《公共行政学》，北京大学出版社，2007。
② 张国庆：《公共行政学》，北京大学出版社，2007。

1998 年第九届全国人民代表大会讨论通过，我国各级政府开始了大规模的机构改革。这次改革是在世纪之交，党和政府审时度势作出的一项重大的理性决策，是在我国全面实现社会主义市场经济体制、转变经济增长方式、调整经济发展战略的新历史条件下，集中进行的一次具有相当的广度和深度的政府行政改革。这次改革的动作和力度是改革开放以来历次政府机构改革中最大的，国务院组成部门由 40 个减至 29 个，各部门的内设局减少了 200 多个，国务院行政单位人员编制由 31000 人缩减至 15000 人。为了进一步把企业推向市场，完善我的市场经济体制，这次改革撤销了机械部、煤炭部、化工部、电力部、电子部等主管工业经济的专业管理部门。这次改革还创立了国家局制度，设立和加强了公共服务机构，建立了国有大中型企业稽查特派员制度，在制度创新方面采取了诸多举措。1998 年国务院机构改革完成后，党中央部门、其他国家机关、群众团体的机构改革也陆续展开。1999 年以后，机构改革的重点转移到省级政府和党委。2000 年开始，延伸到市、县、乡各级政府。截至 2002 年 6 月，经过长达四年半的机构改革，全国各级党、政、群机关共精简行政编制 115 万名。①

5. 2003 年政府机构改革

2002 年 11 月，党的十六大提出了深化行政管理体制改革的任务。次年 2 月，十六届二中全会审议通过了《关于深化行政管理体制和机构改革的意见》。面对加入 WTO 后的国际环境，在党的有关决议指导下，2003 年我国开始了新一轮的政府机构改革。与以往的机构改革相比，这次机构改革并不意味着大规模的机构和人员裁并，而是注重在 1998 年机构改革的基础上，进一步转变政府职能，理顺管理关系，加强宏观调控和社会监管。此次国务院机构改革的主要任务集中在七个方面：（1）改革国有资产管理体制，设立国有资产监督管理委员会。（2）完善宏观调控体系，将国家发展计划委员会改组为国家发展和改革委员会。（3）健全金融监管体制，设立中国银行业监督管理委员会。（4）推进流通管理体制改革，组建商务部。（5）加强食品安全和安全生产监管体制建设，在国家药品监督管理局基础上组建国家食品药品监督管理

---

① 张国庆：《公共行政学》，北京大学出版社，2007。

局，将国家经济贸易委员会管理的国家安全生产监督管理局改为国务院直属机构。（6）国家计划生育委员会更名为国家人口和计划生育委员会。（7）不再保留国家经济贸易委员会、对外贸易经济合作部。[①]

6. 2008 年政府机构改革

根据党的十七大和十七届二中全会精神，2008 年 3 月 15 日，十一届全国人大一次会议通过了国务院机构改革的"大部制"方案，改革开放以来的第六次政府机构改革拉开帷幕。这次国务院机构改革的主要任务是围绕转变政府职能和理顺部门职责关系，探索实行职能有机统一的大部门体制，具体包括：（1）合理配置宏观调控部门职能，国家发展和改革委员会、财政部、中国人民银行等部门要建立健全协调机制，形成更加完善的宏观调控体系。（2）加强能源管理机构，设立高层次议事协调机构国家能源委员会，组建国家能源局，由国家发展和改革委员会管理。（3）组建工业和信息化部，将国家发展和改革委员会的工业行业管理有关职责、国防科学技术工业委员会核电管理以外的职责、信息产业部和国务院信息化办公室的职责，整合划入该部。（4）组建交通运输部，将交通部、中国民用航空总局的职责，建设部的指导城市客运职责，整合划入交通运输部。国家邮政局改由交通运输部管理。保留铁道部，继续推进改革。（5）组建人力资源和社会保障部，将人事部、劳动和社会保障部的职责整合划入人力资源和社会保障部。组建国家公务员局，由人力资源和社会保障部管理。（6）组建环境保护部，不再保留国家环境保护总局。（7）组建住房和城乡建设部，不再保留建设部。（8）国家食品药品监督管理局改由卫生部管理，明确卫生部承担食品安全综合协调、组织查处食品安全重大事故的责任。[②]

（二）改革开放以来行政管理体制改革的三个阶段

我国行政体制改革主要是围绕打破高度集中的计划管理体制、转变政府职能和建立宏观调控体系、优化政府结构、提高行政效能等几个主题展开的。具

---

① 王忠禹：《关于国务院机构改革方案的说明》，《人民日报》2003 年 3 月 7 日。
② 《国务院机构改革方案》，《人民日报》2008 年 3 月 16 日。

体来看，我国三十余年的行政体制改革发展历程，大体可以划分为三个阶段。

从党的十一届三中全会召开到1992年党的十四大之前，是行政体制改革的积极探索阶段，主要是冲破高度集中的计划经济体制和行政管理模式。在改革开放的进程中，以简政放权为重点的经济体制改革和行政管理体制改革逐步展开，采取的主要措施包括：废除人民公社体制，加强乡镇基层政权建设；扩大企业生产经营自主权，放宽地方经济社会管理权限；进行政府机构改革，精简人员和编制；推进干部队伍革命化、年轻化、知识化、专业化，废除实际存在的领导职务终身制，开始探索建立国家公务员制度。通过这些改革，初步摆脱了与计划经济体制相适应的行政管理模式的羁绊，激发了社会经济活力，促进了生产力的解放和发展。

从党的十四大召开到2002年党的十六大召开之前，是行政管理体制改革取得重大进展的阶段，主要是按照发展社会主义市场经济的要求全面推进改革。党的十四大确立了建立社会主义市场经济体制的目标，行政管理体制改革也随之向适应建立市场经济体制的要求转变，改革的重点是加快实行政企分开、转变政府职能。这一阶段采取的主要措施是：着力推进国有企业改革，培育市场体系，推进计划、投资、财政、金融、商贸等部门的管理体制改革，撤并了一些部门管理的国家局；下放权力，减少行政审批事项，减少对企业生产经营活动的直接干预和管理，实行党政机关与所办经济实体脱钩；逐步调整政府部门之间关系，解决了一些长期存在的职责交叉、权责不清、多头管理等问题；理顺中央与地方关系，特别是实行分税制；进一步精简机构人员。

从党的十六大召开到现在，是行政管理体制改革全方位深化阶段，主要是推进服务型政府和法治政府建设。党的十六大以后，党中央提出了科学发展观、构建社会主义和谐社会等一系列重大战略思想，行政管理体制改革也随之全方位推进，重点围绕构建有利于推动科学发展和社会和谐的体制机制，着力进行制度机制创新和管理方式创新。更加注重以人为本，促进经济社会全面协调可持续发展和人的全面发展；更加注重发展社会主义民主政治，大力推进科学民主决策，增强决策透明度和公众参与度；更加注重转变和全面履行政府职能，强化社会管理和公共服务；更加注重规范政府行为，全面推进依法行政，加快建设法治政府；更加注重改进管理方式，大力推进政务公开和电子政务，探索实行行政绩效管理制度。①

二 2012 年中国行政管理制度的建设与发展

（一）推进行政审批制度改革

1. 行政审批制度改革的背景

我国行政审批制度的产生与西方不同，不是为了弥补市场失灵的需要，而是为了实现对社会资源的有效配置，全面控制社会生活，是计划经济时代国家管理、控制经济及社会生活的一种重要手段。可以说，我国的行政审批制度是计划经济的产物，计划经济甚至被称为审批经济，经济活动的任何一个环节都离不开行政审批。在计划经济体制下，行政审批在配置社会资源、协调市场秩序、平衡公共利益与个人利益、维护社会生活秩序进而保护公民、法人和其他组织的合法权益方面发挥了积极的作用。

随着我国社会主义市场经济体制的建立和完善，市场化程度不断提高，对外开放的深度和广度日益扩大，一方面行政审批制度成了弥补市场缺陷的重要管理手段，另一方面现行的行政审批制度也暴露出了许多问题。从行政审批体制上来看，审批主体众多，职能交叉重叠，造成多头审批、重复审批。从行政审批制度上来看，审批事项设置过多过滥，行政审批自由裁量权过大，缺乏有效监督，责任不明。从行政审批运行机制上来看，审批程序不完备，审批条件不明确，标准不统一，随意性大，且审批期限过长，审批程序烦琐，审批效率低下。

为了适应社会主义市场经济的发展要求，建设现代服务型政府，我国已经进行了多轮行政审批制度改革，大幅清理和调整了行政审批项目。2001 年以来，国务院先后六批取消和调整了 2497 项行政审批项目，占原有总数的

① 魏礼群：《建立和完善中国特色社会主义行政管理体制——行政管理体制改革 30 年回顾与前瞻》，《求是》2009 年第 2 期。

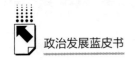

69.3%。31 个省（区、市）取消和调整了 3.7 万余项审批项目，占原有总数的 68.2%。通过清理、取消和调整行政审批项目，把政府不该管的交给企业、社会和市场，逐步理顺了政府与市场、政府与社会的关系，减少了政府对微观经济活动的直接干预，市场配置资源的基础性作用进一步增强。各级政府在加强和改善宏观调控、强化市场监管的同时，更加注重履行社会管理和公共服务职能。行政审批制度改革取得了明显的成效，但很多突出问题仍然存在。

2. 2012 年行政审批制度改革进展

进展一：国务院第六批取消和调整行政审批项目。

2012 年 10 月，国务院发布《关于第六批取消和调整行政审批项目的决定》（以下简称《决定》），取消和调整了 314 项行政审批项目，其中取消的行政审批项目有 171 项，调整的行政审批项目有 143 项。本次取消和调整的项目主要集中在三个领域：一是投资领域，特别是对涉及实体经济、小微企业发展、民间投资等方面的审批项目进行了清理。如，发展改革委下放了"扩建机场：总投资 10 亿～20 亿元的项目核准""在沿海新建年吞吐能力 200 万吨～500 万吨煤炭、铁矿石、原油专用泊位项目核准"的审批权限，商务部下放了"外商投资道路旅客运输企业设立及变更审批"等 18 项涉及外商投资服务业领域的审批项目，证监会取消了"证券公司设立集合资产管理计划审批""上市公司回购股份核准"等项目。二是社会事业领域，加大了对教育、医疗卫生、文化等社会事业和公共服务领域行政审批事项的清理、精简和调整力度。如，教育部取消了"高等学校设立、撤销、调整研究生院审批""中小学国家课程教材编写核准"，卫生部取消了"公园、体育场馆、公共交通工具卫生许可"，新闻出版总署取消了"期刊出版增刊审批"。三是非行政许可审批项目，如，发展改革委、水利部、农业部取消了"商品粮基地水利工程年度投资计划审批"，水利部取消了"组建公益性水利工程建设项目法人审批"，税务总局取消了"企业在缴纳所得税税前扣除财产损失审批"，林业局取消了"天然林保护工程省级实施方案审批"。

《决定》指出，要积极适应经济社会发展需要，坚定不移地深入推进行政审批制度改革。凡公民、法人或者其他组织能够自主决定，市场竞争机制能够有效调节，行业组织或者中介机构能够自律管理的事项，政府都要退出。凡可以采用事后监管和间接管理方式的事项，一律不设前置审批。新设审批项目必须于法有据，并严格按照法定程序进行合法性、必要性、合理性审查论证。没有法律法规依据，任何地方和部门不得以规章、文件等形式设定或变相设定行政审批项目。《决定》还提出，要进一步健全行政审批服务体系，继续推进政务中心建设，健全省市县乡四级联动的政务服务体系，并逐步向村和社区延伸。

进展二：广东省行政审批制度改革先行先试工作启动。

2012 年 10 月 31 日，《国务院同意广东省"十二五"时期深化行政审批制度改革先行先试的批复》明确同意，广东省"十二五"时期在行政审批制度改革方面继续先行先试。11 月 23 日，广东省印发了《广东省"十二五"时期深化行政审批制度改革先行先试方案》（以下简称《先行先试方案》）。11 月 26 日上午，广东省委、省政府在广州召开了全省贯彻落实国务院批准广东行政审批制度改革先行先试动员会。意欲再造体制竞争力的广东，走到了行政审批制度改革的前列。

从《先行先试方案》来看，广东的行政审批制度改革将分为四个阶段。2012 年为谋划启动阶段，主要工作包括研究制订专项改革方案，全面启动省、市、县行政审批制度改革工作。2013 年为全面推进阶段，主要是抓好省、市、县行政审批制度改革实施工作，推进省、市、县企业投资管理体制改革、商事登记制度或企业登记审批制度改革以及其他专项改革，全面清理行政执法、评比表彰达标、各类年检（年审）事项及行政审批收费项目，推进省直及珠三角地区行政审批标准化建设，结合网上办事大厅建设，完善综合政务服务体系、行政审批系统和行政审批电子监察系统。2014 年为规范建设阶段，推进全省行政审批标准化建设，完善综合政务服务平台的各项功能，健全行政审批运行机制，进一步建立规范行政审批的各项法规制度，并针对行政审批制度改革中存在的问题进行深入研究，深化改革。2015 年为总结巩固阶段，按照精简高效、职能清晰、运行顺畅、监管有力的要求，从工作机制、改革内容、实施进度和效果等方面，对行政审批制度改革进行全面评估，系统总结经验，改进薄弱环节，建立长效机制，巩固提升改革成果。

《先行先试方案》要求，到 2015 年，广东省内各级行政审批事项压减

40%以上，办结时限缩短50%左右，各级行政审批事项网上办理率达到90%以上，社会事务网上办理率达到80%以上，力争成为全国行政审批项目最少、行政效率最高、行政成本最低、行政过程最透明的先行区。

（二）深化事业单位改革

1. 事业单位改革的背景

"事业单位"是中国特有的一个称谓。根据国务院发布的《事业单位登记管理暂行条例》的规定，事业单位是指国家为了社会公益目的，由国家机关举办或者其他组织利用国有资产举办的，从事教育、科技、文化、卫生等活动的社会服务组织。我国现有事业单位种类繁多、数量庞大、牵涉面广、专业人才和技术知识高度密集，隶属关系和投资渠道各不相同，情况十分复杂。事业单位非政府、非企业，以社会公益和非营利为价值取向，从事的是社会活动，而非经济活动，但大量的事业单位同时兼有政府和企业组织的功能。

新中国成立初期，在高度集中的计划经济体制下，我国政府几乎成为所有经济和社会领域的直接投资者，同样在社会事业的构建和发展中，政府也处于绝对的主导地位。政府建立了庞大的事业单位体系，向广大人民群众提供教育、文化和卫生保障。在当时的历史背景下，没有任何社会力量能够支撑起面向数亿人民的社会事业，政府主导的事业单位发挥了不可替代的历史作用。在计划经济体制下形成的传统事业单位管理体制和运行机制，不可避免地带有旧体制的共性弊端。随着社会的发展、市场经济体制的逐步确立，其弊端愈加明显，主要表现在以下几个方面：一是事业单位定性不准，政事、事企不分。二是事业发展布局不合理，资源浪费严重。三是事业单位举办主体单一，投入渠道不多，发展后劲不足，且行为失范。四是事业单位管理体制不顺，内部机制不活，事业单位成了政府部门的依附，无法适应不断变化的社会需求和市场环境。

我国的事业单位改革起步于20世纪80年代中期。1985年，《中共中央关于科技体制改革的决定》《中共中央关于教育体制改革的决定》《文化部关于艺术表演团体改革的意见》《卫生部关于卫生工作改革若干规定的报告》等文件的公布，标志着公共事业领域体制改革全面展开。政府将部门事业管理权限逐步逐级下放，扩大各类事业机构的自主权。事业单位单纯依靠财政供养的局面也逐渐被打破，事业单位被划分为全额拨款、差额拨款、自收自支和企业化管理等不同类型。政府还开始大力提倡"社会办事业"，允许多渠道、多层次、多形式筹集事业发展资金，鼓励民间力量兴办公益事业。经过近二十余年的事业单位改革，我国的社会事业管理体制及事业单位的内部体制正在发生深刻变化，但由于事业单位改革总体进程滞后，客观上形成了目前新旧体制交错、胶着的局面。

2002 年 11 月，党的十六大报告提出，"按照政事分开原则，改革事业单位管理体制"，明确了新世纪继续深化事业单位改革的基本原则。党的十七大和十七届二中、三中、四中和五中全会均对推进事业单位改革进行了部署。2011 年 3 月 23 日，中共中央、国务院下发《关于分类推进事业单位改革的指导意见》，要求在今后五年时间里，在清理规范基础上完成事业单位分类，承担行政职能事业单位和从事生产经营活动事业单位的改革基本完成，从事公益服务事业单位在人事管理、收入分配、社会保险、财税政策和机构编制等方面改革取得明显进展，管办分离、完善治理结构等改革取得较大突破，社会力量兴办公益事业的制度环境进一步优化，为实现改革的总体目标奠定坚实基础。到 2020 年，建立起功能明确、治理完善、运行高效、监管有力的管理体制和运行机制，形成基本服务优先、供给水平适度、布局结构合理、服务公平公正的中国特色公益服务体系。

2. 2012 年事业单位改革进展

进展一：新版《事业单位财务规则》颁布。

为了进一步规范事业单位的财务行为，加强事业单位财务管理和监督，2012 年 2 月 7 日，财政部公布了《事业单位财务规则》，自 2012 年 4 月 1 日起施行。之前我国实行的《事业单位财务规则》还是 1997 年颁布的，已经实施了十五年之久，随着公共财政不断健全以及财政和各项社会事业改革不断深入，规则的部分内容已不能完全适应改革和发展的要求，也难以满足事业单位财务管理的需要，在新的形势下需要一部新规则来规范全国 120 多万家事业单位的财务活动。

由于事业单位改革相对滞后，事业单位管理存在的一个突出问题是属性不明确。有人形容"事业单位像个筐，什么东西都能往里装"。全国 120 多万家事业单位，有履行行政职能的，有搞生产经营的，也有从事公益服务活动的。即便是真正从事公益服务的事业单位，在这种事业单位定位不清、属性不明、改革滞后的情况下，其行为也可能偏离公益性质和公益目标。针对这一问题，新规则突出了事业单位公益属性的性质，牢牢把握事业单位财务活动的方向，对事业单位对外投资、开展经营活动进行了严格限定。新规则明确规定，事业单位应严格控制对外投资，不得使用财政拨款及其结余进行对外投资，不得从事股票、期货、基金、企业债券投资。

新规则还充分体现了我国近年来在公共财政建设和财政改革方面取得的相关成果。新规则规定，事业单位实行核定收支，定额或者定项补助，超支不补，结转和结余按规定使用的预算管理办法。新规则要求事业单位应当将各项收入与支出全部纳入单位预算，实行"一个单位一本预算"，统一核算，统一管理，使事业单位收支管理更加全面完整。其中，单位的支出将划分为基本支出和项目支出两部分，对基本支出预算采取定员定额的方法编制，对项目支出预算按照项目管理的规定编制，从基层预算单位开始编制预算，使预算编制细化到具体项目上。①

新版《事业单位财务规则》作为事业单位的一项基本制度，涉及面广，修订内容较多。为了确保全国120多万家事业单位贯彻落实不走样，财政部组织开展了针对中央部门和地方财政教科文部门的新规则学习培训，全国各地方、各部门也陆续开展了相应的培训工作。

进展二：经营性文化事业单位转企改制基本完成。

2012年11月11日，在十八大新闻中心举办的中外记者招待会上，中宣部副部长、中央文化体制改革与发展工作领导小组办公室主任孙志军介绍说，我国已基本完成经营性文化事业单位转企改制，共核销6900多家事业单位，注销近30万人的事业身份，目前已初步形成了党委领导、政府管理、行业自律、社会监督、企事业单位依法运营的文化管理体制和充满生机活力的文化产品生产经营机制。

党的十六大以来，我国文化体制改革取得巨大成就，国有经营性文化事业

---

① 《以新财务规则为基准规范事业单位财务行为》，《人民日报》2012年3月31日。

单位转企改制稳步推进。截至目前，全国承担改革任务的 580 家出版社、3000 家新华书店、850 家电影制作发行放映单位、57 家广电系统所属电视剧制作机构、38 家党报党刊发行单位已经全部完成转企改制；全国 2102 家承担改革任务的文化系统国有文艺院团（不含保留事业体制院团）已有 2092 家完成和基本完成转企改制、撤销或划转任务，占总数的 99.5%。各地方 1177 家首批非时政类报刊出版单位中，1147 家已完成和基本完成转企改制，占总数的 97.5%，其余 30 家正在按已批复方案积极实施；中央和地方的应转企改制的重点新闻网站中，80% 以上已完成和基本完成改革任务，其他网站将按计划在 2012 年底完成全部改革任务。

转企改制后的国有电影制片厂、电影公司、电影院线，生产经营状况出现根本好转。中国电影集团公司是我国文化企业体制改革的第一批试点单位，近三年来，中影集团创作生产的各类影片已占全国市场份额的 12%，其中票房过亿的影片占全国市场份额的 31%，发行的数字电影数量及票房收入均占全国市场份额的 95% 以上。成立于 2005 年的安徽出版集团有限责任公司，六年来累计实现销售收入 285.97 亿元，年均增幅 62.58%。江苏凤凰出版传媒集团有限公司成立十年来，业绩突飞猛进，2011 年年度总销售额已经超过 160 亿元，还成功登陆 A 股市场。①

（三）推动"三公"经费公开

1. "三公"经费公开的背景

"三公"消费是指政府部门工作人员因公出国（境）经费、公务车购置及运行费、公务招待费的统称。"三公"经费作为政府的运行成本，其高低直接反映了政府的工作效率和廉洁程度。自 2008 年《政府信息公开条例》出台以来，"三公"经费公开成为公众对政府透明度的重大期盼。一些地方政府曾进行过积极试点，但就全国总体情况而言，并不令人乐观。由于种种原因，政府的"三公"消费总数目一直被当成秘密对待，全国"三公"消费的相关情况

---

① 《转换机制添活力　面向市场显效益——国有经营性文化事业单位转企改制述评》，《人民日报》2012 年 9 月 26 日。

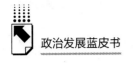

一直没有发布官方数据。

2011 年全国两会期间，"三公"经费公开问题成为人大代表和政协委员们热烈讨论的话题，也迅速引起了全国人民的广泛关注，国务院有关领导人对此作出了积极回应。3 月 23 日，温家宝总理在国务院常务会议上指出，6 月向全国人大常委会报告中央财政决算时，将把中央本级"三公"经费支出情况纳入报告内容，并向社会公开，接受社会监督。

按照《政府信息公开条例》，国务院要求 98 家中央部门在 2011 年 6 月底前向社会公开"三公"经费。2011 年 4 月 14 日，科技部率先公布了"三公"经费。然而，大多数中央部门并未按照国务院的要求按时公布"三公"经费情况，一直拖到 7 月份才陆续公开。最终，外交部、国务院侨务办、国务院港澳事务办等少数几个部门并未公布。从 2011 年中央部门首次公开"三公"账单的情况来看，数据过于简单，缺乏明细情况，但总算是迈出了拨开"三公"经费迷雾的第一步。

2. 2012 年"三公"经费公开进展

进展一：《机关事务管理条例》出台。

2012 年 6 月 13 日，国务院第二百零八次常务会议通过了《机关事务管理条例》（以下简称《条例》），自 10 月 1 日起施行，这是我国首部专门规范机关事务管理活动的行政法规。针对社会普遍关注的公务接待、公务用车购置和运行、因公出国（境）问题，《条例》明确了相应的制度与要求。

在经费管理方面，《条例》规定"三公"经费不得挪用其他预算资金。为了防止政府机关乱花钱，规定政府部门应采购经济适用的货物，不得采购奢侈品、超标准的服务或者购建豪华办公用房。在公务用车问题方面，规定政府各部门不得超制超标配备公务用车，对公务用车实行集中管理和统一调度，建立公务用车使用登记和统计报告制度，对公务用车的油耗和维修保养费用实行单车核算。为杜绝公务接待中的铺张浪费，《条例》要求各级政府应当按照简化礼仪、务实节俭的原则管理和规范公务接待工作，不得安排与本部门业务工作无关的考察和培训。《条例》还明确了责任追究制度，对于违反条例规定的情形，要给予相应的处分，构成犯罪的要追究刑事责任。

进展二：中央部门"三公"经费重节流、亮细账。

2012 年，中央部委"三公"经费公开进入第二个年头。7 月 19 日零时，中国地震局在其官方网站公布了 2011 年决算书，拉开了新一轮中央部门"三公"经费公开的大幕。截至当天 19 时，已经有 92 家中央部门在各自网站上公布了本部门的决算和"三公"经费，各部门公布的时间比较集中。从 2012 年中央部门公布的"三公"经费情况来看，各部门重节流、亮细账的特点明显。

财政部公布的 2012 年中央本级"三公"经费财政拨款预算为 79.84 亿元，与 2011 年决算数相比，减少了 13.8 亿元。其中，因公出国（境）费 21.45 亿元，公务用车购置及运行费 43.48 亿元，公务接待费 14.91 亿元。根据中央各部门公布的"三公"预决算数据，2011 年"三公"经费实际支出普遍低于预算规模。其中国土资源部 2011 年"三公"经费财政拨款预算 3786.49 万元，实际支出 3535.78 万元，比预算减少 250.71 万元，各单位支出均控制在预算范围内。审计署 2011 年"三公"经费财政拨款预算 2687.06 万元，全年支出决算数为 2466.61 万元（含使用上年结转资金 87.46 万元），"三公"经费支出决算数同样明显低于财政拨款预算。人力资源和社会保障部 2011 年度的"三公"经费财政拨款支出预算为 2100.16 万元，全年支出决算 1908.22 万元，2012 年该部"三公"经费财政拨款预算为 2100.16 万元，较 2011 年预算零增长。铁道部 2011 年"三公"经费财政拨款预算 1089.78 万元，全年支出决算 959.86 万元，2012 年安排"三公"经费财政预算为 948.28 万元，比 2011 年预算减少 141.5 万元，下降 12.98%。[1]

与 2011 年相比，中央各部门第二次公布的"三公"经费更加细化。国家发改委不但公布了"三公"经费的总体情况，还详细公布了各项目的明细情况。国家发改委公布的 2011 年度因公出国（境）费用为 2159.95 万元，详细公布了出访团组为 119 个，559 人次，并就出国（境）所开展的国际合作事务情况进行了说明。审计署不但公布了公务用车及运行费为 999.69 万元，并公布了实有公务车的数量为 200 辆，平均每辆车运行维护费为 5 万元，较 2010

---

[1] 《中央部门今年"三公经费"公开启幕》，新华网：http://news.xinhuanet.com/politics/2012-07/19/c_112476093.htm。

年下降 0.41 万元，还就公务车辆运行维护成本较高的原因进行了说明。财政部更是在"三公"经费公开的细化上下了工夫，在因公出国（境）费用方面，详细列出了全年安排部机关、35 个驻各地专员办和其他部属单位 208 个出国团组、939 人次的详细情况，出国活动涉及多边财经交流与合作及国际组织会议、双边财经对话活动、出国谈判及工作磋商、境外业务培训及考察等多个方面。公务用车、公务接待方面的情况财政部也都进行了细化公布。

（四）推进收入分配制度改革

1. 收入分配制度改革的背景

我国收入分配制度是马克思主义按劳分配理论和中国具体实践的结合。新中国成立后很长一段时间内，我国一直实行的是高度集中的计划分配制度，社会上存在着严重的平均主义倾向。改革开放以来，我国的收入分配制度改革不断深化。第一步，确立了以按劳分配为主体，其他分配方式并存的收入分配制度；第二步，将其他生产要素确立为分配依据，提出了按劳分配与按生产要素分配相结合的原则；第三步，解决了生产要素如何参与分配的问题，提出了生产要素按贡献参与分配的原则。

1978 年 12 月召开的十一届三中全会决定以农村为突破口，切实贯彻按劳分配的原则，克服平均主义。这次大会后，我国农村开始推行家庭联产承包责任制，此为农村按劳分配的一种实现形式。1987 年 10 月，党的十三大第一次明确提出以按劳分配为主体、其他分配方式为补充的原则，还提出允许合法的非劳动收入，要在促进效率的前提下体现社会公平等具有意义的政策主张。1992 年 10 月，党的十四大根据现实情况提出"兼顾效率与公平"，确立了把企业推向市场，实现政企分开的制度，深化分配制度和社会保障制度改革，加快工资制度改革。1997 年 9 月，党的十五大第一次把其他分配方式科学地总结为按生产要素分配，明确提出把按劳分配和按生产要素分配结合起来，还提出了"坚持效率优先，兼顾公平"的原则，把效率放在了突出位置。2002 年 11 月，党的十六大对如何深化我国分配制度改革的问题作了进一步说明，要"调整和规范国家、企业和个人的分配关系"，"确立劳动、资本、技术和管理等生产要素按贡献参与分配的原则，完善按劳分配为主体、多种分配方式并存的分配制度"。2007 年 11 月，党的十七大针对收入分配制度提出"初次分配和再分配都要处理好效率和公平的关系，再分配更加注重公平"。

改革开放以来，在以按劳分配为主体、多种分配方式并存的分配制度下，我国城乡居民总体收入水平和生活质量都有了提高。但是近年来，居民收入差距不断扩大，收入分配问题成为社会广泛关注的焦点。当前我国的收入分配不公主要表现在以下几个方面：一是城乡居民收入差距过大；二是地区收入差距过大，东、中、西部地区差距持续扩大；三是行业收入差距过大，垄断性行业收入过高，不同行业职工工资差距明显。

造成我国目前收入分配方面出现诸多问题的原因主要集中在以下几个方面。一是社会保障体系不健全，基本养老保险不公平，失业保险制度运行不到位，医疗保障制度不健全。二是市场改革和政府改革不到位，产权制度改革、金融制度改革不到位，政府职能转变滞后，各级政府事权责任划分不清。三是政府行为不规范、收入分配系统不透明，包括财政支出结构不合理和行政费用增长过快，国有单位分配失控导致分配秩序混乱。[①]

针对目前收入分配领域的问题，2012 年 11 月，党的十八大报告指出"城乡区域发展差距和居民收入分配差距依然较大"，强调"必须坚持走共同富裕道路"，"坚持社会主义基本经济制度和分配制度，调整国民收入分配格局，加大再分配调节力度，着力解决收入分配差距较大问题，使发展成果更多更公平地惠及全体人民，朝共同富裕的方向稳步前进"。

2. 2012 年收入分配制度改革进展：改革提速

收入分配制度改革总体方案的起草工作于 2004 年启动，由国家发改委具体负责，财政部、人社部、国资委等多个部委参与制订。在 2010 年初和 2011 年 12 月，国家发改委曾两次将方案上报国务院，但均因高层领导认为需要继续修改而未获通过。2012 年 10 月 17 日召开的国务院常务会议，在谈到四季度各项工作时提出，要制订收入分配制度改革总体方案。

10 月 25 日人力资源和社会保障部新闻发言人对外表示，有关部门正在研究制订收入分配制度改革方案，方案涉及人力资源和社会保障部的职责主要是

---

① 周路遥：《新时期收入分配制度改革问题研究》，硕士学位论文，湖南师范大学，2012。

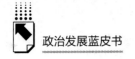

机关、事业单位和企业职工的工资制度方面，根据中央和国务院的部署，各个方面有关部门正在研究制订收入分配制度改革方案，还要经过有关部门研究，经过中央和国务院审议批准之后发布。

中央已经明确收入分配制度改革的思路是"提低、控高、扩中"。其中"控高"最难，"提低"则是着力点，将重点提高农民、城乡贫困居民、企业退休人员和低收入工薪劳动者这四部分低收入劳动者所得。

（五）深化综合行政执法

综合行政执法制度改革是深化行政管理体制改革的重要内容，也是建设法治政府的主要措施之一。目前，我国各地进行综合执法试点已有十余年时间，有些地方还在大范围内进行了综合执法，取得了显著成效。

综合行政执法改革最早起步于1996年《行政处罚法》颁布实施后进行的"相对集中行政处罚权"试点工作。2002年，国务院办公厅转发中央编办《关于清理整顿行政执法队伍实行综合行政执法试点工作的意见》，决定在广东省、重庆市开展试点，其他省、自治区、直辖市各选择1～2个具备条件的地市、县市进行试点，主要涉及城市管理、文化市场管理、资源环境管理、农业管理、交通运输管理等行政执法领域，着重解决多头执法、重复执法、执法扰民和执法队伍膨胀等问题，综合执法试点工作正式启动。

第一，城市管理领域的综合执法改革。1997年5月，经国务院批准，北京市原宣武区率先在全国实施综合行政执法试点，城市管理的综合执法（以下简称城管综合执法）开始在一些城市推开。主要特点有：一是执法领域宽泛，如北京市城管执法范围涉及市政市容、园林绿化、规划、工商、交通等9个部门，13个方面共311项行政处罚权；二是执法权力从有关政府部门划转而来，以行政处罚权为主，处罚类型包括警告、罚款、没收等；三是普遍新设立了相对独立的综合执法机构，有的作为政府工作部门，有的是从属于一级委局的二级局，有的与城市综合管理机关"两块牌子、一套人马"，执法人员大多采取行政与事业混编。从实际情况看，城管综合执法是综合执法改革最早涉及的领域，也是实践经验最多、实施范围最广、暴露问题比较突出的领域。

第二，文化市场领域的综合执法改革。2004年，涉及文化领域的中央7部门开始推行综合执法改革试点，2009年转入全面实施，2011年底基本完成，并制定了《文化市场综合行政执法管理办法》。主要做法是在省级（含副省级城市），将法律法规赋予文化、出版管理、版权保护、文物、广播电视、体育等部门的行政处罚权，移转给独立的文化综合执法机构（执法总队）统一行使；在市县两级，有的将有关文化主管部门直接合并，有的仍分设，并建立专门的文化综合执法机构。该领域的改革，由中宣部统筹部署，相关部门协力推进，出台规范性文件最多，改革特色鲜明，成效明显，目前全国已有99%的地市和92%的县（市、区）组建了文化市场综合执法机构。

第三，农业、资源环境、交通等领域的综合执法改革。在农业领域，自1999年起开始实行综合执法试点，将原来"七站八所"分散行使的处罚权集中行使，至2005年全国已有30个省（区、市）、1539个县（市）开展了农业综合执法工作，普遍成立了农业综合执法机构。在资源环境领域，一般是将部门内设的多个执法机构和执法队伍加以合并，由新的综合执法机构统一行使行政处罚权，如2001年广东省将海监渔政检查总队、渔船渔港监督管理总队以及广东渔船检验局合并，组建为"广东省渔政总队"。在交通领域，2003年交通部确定广东省和重庆市作为省级交通领域综合执法的试点地区。广东省2006年起对原来分属不同部门的公路运政、水路运政、公路路政、航道行政、港口行政、交通规费稽查等6支执法队伍进行整合，在省、市、县的交通部门内部设立了"交通综合行政执法局"，统一执法。重庆市2005年成立了交通行政执法总队，实行"两块牌子、一套人马"，综合行使执法权力。上述领域改革的共同特点是，综合执法在部门内部开展，执法机关也设在部门内，统一行使行政处罚权。

各地方、各部门综合执法的做法可以归纳为三种模式。一是行政处罚权的外部转移与相对集中。所谓外部转移，就是将法律法规赋予特定部门的行政处罚权，从原来的部门转移给新的执法部门；所谓相对集中，就是纳入改革范围的行政处罚权，集中由一个独立的执法部门统一行使。比如，城市管理领域的改革，创设了一个专门的城管执法机构和执法队伍。二是部门外部合并，处罚权内部集中。与前一种模式中部门依然保留、仅将行政处罚权转移给其他执法部门的情形不同，在这种模式下，改革涉及的部门直接合并成一个综合部门。在此基础上，原有的归属于各部门的执法机构和执法队伍也进行合并，整合成为一个统一的执法机构和执法队伍，被合并部门的行政处罚权，集中由新综合部门内设的执法机构统一行使，市县级文化领域综合执法采纳的就是这一模式。三是联合执法性质的综合模式。一些地方和部门基于自身对综合执法的理解，创设了一种类似联合执法性质的综合执法模式。一般做法是在相关部门抽调工作力量，成立一个专门的执法机构，行使相关部门的行政管理职权，但是在作出具体行政处理决定时，名义机关依然是法律规定的各个行政机关，而不是新成立的综合执法机构。如福建省大田县成立的环境生态综合执法大队，由水利、国土、环保、林业、安监等8个单位抽调力量组成，实行"集中办公、统一管理、协调执法"，并查处违法案件。

综合行政执法制度的改革取得的成效有：

第一，整合执法力量，在一定程度上解决了多头执法问题。通过整合归并现有执法队伍，实行综合执法，如广东省将交通、文化、海洋渔业等领域的多支执法队伍，分别整合为一支执法队伍，改变了以往执法力量分散、多头执法、重复执法等现象。北京市成立城管执法部门十多年来，在体制上初步解决了多头执法问题，提高了执法效率。

第二，优化职能配置，加强监督制约。实行综合执法改革的部门，在制定政策职能与监督处罚职能相对分离方面进行了探索，在一定范围内实现了管理权、审批权与监督权、处罚权的适当分离，强化了不同权力之间的相互监督和制约，改变了一些政府部门既管审批又管监督的体制机制，为深化行政管理体制改革积累了经验。

第三，加强规范化管理，提高执法水平。各地在综合执法改革中，着力改变以往分散执法、突击整治的行政执法方式，大力推行规范化管理，强化执法人员培训和制度建设，提高执法人员的素质，严格实施"罚缴分离"和"收支两条线"制度，使执法行为更加公平、公正。[①]

---

① 中国行政管理学会课题组：《推进综合执法体制改革：成效、问题与对策》，《中国行政管理》2012年第5期。

（六）集体林权制度主体改革基本完成

1. 集体林权制度改革的背景

我国是一个多山的国家，山区面积约占国土面积的 69%。根据第七次全国森林资源清查（2004~2008 年）的结果，全国林地总面积为 30378.19 万公顷，占国土面积的 31.6%。新中国成立以来，集体林权制度历经了数次变迁：土地改革时期的分林到户，农业合作化时期的山林入社，人民公社时期的山林集体所有、集体经营，20 世纪 80 年代初的林业"三定"。在"分与统""放与收"的几次调整中，始终没有解决好广大农民群众对于林地和林木的产权问题，农民没有成为真正意义上的经营主体，集体林区出现集体林地林木产权不明晰、经营主体不落实、经营机制不灵活、利益分配不合理等普遍性问题，严重制约了林业的发展和林农的增收。

新一轮的集体林权制度改革于 2003 年启动，先在福建、江西两省试点，经过数年实践，在促进林区农民增收方面成效显著，林业产业获得了巨大发展。2006 年底，集体林权制度改革开始在全国推广。2008 年 6 月，中共中央、国务院下发《关于全面推进集体林权制度改革的意见》，作出了全面推进集体林权制度改革的战略决策，被称为"第三次土地改革"的集体林权制度改革就此全面展开。

此次集体林权制度改革的重点是从明晰产权入手，重塑林业微观经营主体，建立以林农为主体的微观市场经营主体，放活山林经营权，落实林业经营者对林木的处置权，确保林地经营者的收益权。具体做法是将集体林地均分到户（联户），实现"均山、均权、均利"和"耕者有其山"，以法律形式颁发林权证。[①]

2. 2012 年集体林权制度改革进展

进展一：集体林权制度主体改革基本完成。

2012 年 9 月 25 日，国家林业局在辽宁本溪召开全国深化集体林权制度改革工作会议暨林下经济现场会。会议宣布，我国集体林权制度改革取得了重大

---

① 贺东航：《我国集体林权改革的问题研究》，《理论前沿》2008 年第 8 期。

进展和显著成效。目前，明晰产权、承包到户的主体改革任务已经基本完成。全国已确权的集体林地达到 26.77 亿亩，占集体林地总面积的 97.8%；发放林权证 1 亿本，发证面积 23.69 亿亩，占已确权林地的 88.49%，8784 万农户拿到林权证。由于林业经营水平的提高，全国林地的亩均产出率由 2003 年的 139 元增加到 2011 年的 445 元，农民来自林业的收入明显增加，一些重点县农民每年的涉林收入已占到人均纯收入的 60% 以上。

北京市纳入集体林权制度改革的 12 个区县已基本完成主体改革任务，共完成了 3247 个村的明晰产权、确立主体工作，确权集体林地面积 1296.5 万亩，占林改总面积的 97.5%。共发放股权证 52.5 万本，共 41.3 万户、100.6 万人受益。

青海省林改主体改革任务已全面完成，全省累计完成确权发证面积 3190.73 万亩，占林改总面积的 96.14%。青海省林改工作中呈现出的亮点是党委政府督查机构介入林改督查工作，省委督查室、省政府督查室对全省林改工作开展了督查，带动了州、县党委政府督查机构加大对本级林改工作的督查力度，同时省林业厅进一步加强分片督导。

江苏省集体林权制度主体改革取得显著成效。全省共有集体林地 1671.45 万亩，人多地少，农民人均占有林地面积不足 1 亩，农民生产生活对林地依赖程度不高，面对这样的实际情况，改革主要采取均股均利的方式。目前主体改革任务已全部完成，改制率达 100%。林权证和股权证发证率分别达到 99.56%、100%，651 万涉林农户中已有 648 万户领到相应林权证或股权证。

进展二：加快推动林下经济发展。

2012 年 8 月，国务院办公厅下发《关于加快林下经济发展的意见》（以下简称《意见》）。《意见》指出，发展以林下种植、林下养殖、相关产品采集加工和森林景观利用等为主要内容的林下经济，对于增加农民收入、巩固集体林权制度改革和生态建设成果发挥了重要作用。《意见》规定了发展林下经济的基本原则：坚持生态优先，确保生态环境得到保护；坚持因地制宜，确保林下经济发展符合实际；坚持政策扶持，确保农民得到实惠；坚持机制创新，确保林地综合生产效益得到持续提高。在发展林下经济的政策措施方面，《意见》也作出了详细规定。

各地方政府也积极采取措施推动林下经济的发展。江西省人民政府于2012年3月6日发布《关于大力推进林下经济发展的意见》,指出林下经济具有发展模式多、就业容量大、从业门槛低的显著优势,是林改分山到户后农民发展林业的首要选择。文件提出要重点发展林下种植、林下养殖、林下产品采集加工和森林景观利用等四大类林下经济,着力抓好油茶、花卉苗木、森林药材、森林蔬菜、野生动物驯养繁育、森林旅游六大林下经济产业。力争到2015年,全省林下经济发展面积达到3000万亩,林下经济综合产值达到600亿元以上,农民人均增收600元。

甘肃省于2012年6月20日发布了《甘肃省"十二五"林下经济发展规划》(以下简称《规划》),指出全省基本完成集体林权制度主体改革,为林下经济发展注入了强大活力。《规划》详细设定了2012~2015年期间每年的年度目标,其中2012年的目标为:启动实施全省林下经济发展规划,参与林下经济发展的农户达到22.75万户,林下经济产值达到30.36亿元,人均增收千元以上的农民达到102.36万人。甘肃省从加强生态经济兼用林建设、加快发展特色林果产业、因地制宜发展林下种植和林下养殖、发展森林旅游、发展林下产品加工等方面进行了林下经济发展布局。

全国林业改革试验区福建省三明市现有林地2841.8万亩,占全市土地面积的82.5%,如今这个"绿色宝库"林下经济风生水起,在林下发展种植、养殖、采集、森林旅游等产业,林下经济效益位居福建省前列。2012年1~8月份,全市有规模的林下种植面积达7.58万亩,带动4785家农户种植,增加农民收入近2亿元。

(七)改革和创新行政管理方式

党和国家对政府行政管理方式改革和创新十分重视。《中共中央关于深化行政管理体制改革的意见》提出,通过深化行政管理体制改革,"实现行政运行机制和政府管理方式向规范有序、公开透明、便民高效的根本转变,建设人民满意的政府"。《国务院关于全面推进依法行政实施纲要》要求"改革行政管理方式"。《国务院关于加强法治政府建设的意见》要求"推进政府职能转变和管理方式创新"。国务院办公厅对改进公文、减少和规范会议、降低行政成本多次作出规定，提出了创新的要求。国务院有关部门不断探索行政管理、公共服务和行政执法的方式方法改革，取得了很大成绩。

近年来，我国政府行政管理方式创新的力度大、成效多。可以归纳出政府行政管理方式创新的六种类型，即转换式、交换式、强制式、反应式、自发式、倒逼式，并分别对这些类别中的创新动机、创新过程和挑战（难易）程度作了区分性研究。一是"转换式"创新。这是指中央政府或上级政府明令要求放弃原来的行政管理方式，改用新的方式，而且新的方式注重发挥市场作用、减少行政干预。如某些行政审批事项由事前审核制改为事后备案制方式，推行网上电子审批，"一个窗口对外"和"一站式"服务等。二是"交换式"创新。这是指将原来的行政管理方式改用另一种行政资源大致相等的新方式替代。如，从市管县到省管县的体制改革，对市一级行政职能的减少予以一定的补偿。交换式创新和转换式创新，其动力都来自组织系统内部，往往都表现为自上而下推动，不同的是转换式创新中新方式对旧方式的挑战度较大，而交换式创新中新方式对旧方式的挑战性不是很大，只是在不同的工具中作出置换。三是"强制式"创新。这是指按照上级政府的硬性要求实施的行政管理方式变化。如政府要求各职能部门要按照"两集中、两到位"的要求，归并审批权力的行使，集中到行政服务中心。这种创新与前两种的区别是前面的要求在一定时间内是号召性的，后面的则是强制性的。四是"反应式"创新。这是指某级政府或部门在遇到外部行政环境发生变化后，回应性地进行行政管理方式改进。如，各级政府及部门建立新闻发言人的制度、大接访的信访管理制度。强制式创新和反应式创新在实施过程中，和前面两种创新方式一样也是自上而下的推动过程，但其创新的动力是来自组织外部，这与前两种不同。强制式创新中新的方式对旧的方式挑战性强，反应式创新则弱一些。五是"自发式"创新。这是指地方政府和部门在面临日益复杂的社会问题时自发地开展行政管理方式改进，如各种形式的便民举措，及社区管理上的创新。这种创新的特点是动力来自组织外部和内部的共同需要，行为过程表现为自下而上的推动，但新方式对旧方式的挑战性不强，一般表现为工作方式上的微调。六是"倒逼式"创新。这是指地方政府和部门在建设服务政府、责任政府、法治政府、廉洁政府以及节约性政府的过程中，按照国家总体改革要求，服从统一的时间表，开展逐步接近目标的创新实践，如实施行政听证、社会稳定风险评估、政府集中采购、公车管理方式改革等。这种创新往往来自组织外部的压力，自下而上和自上而下有机结合，新方式对旧方式有较强的冲击。[①]

（八）地方政府创新探索取得丰硕成果

1. 广东省实施大部门制改革

近年来，广东省认真贯彻党中央和国务院的部署，大力推进以大部门制为重点的行政体制改革，取得了显著效果。广东的大部门体制改革的目的是建设服务型政府，核心是转变政府职能。目前已经在多个不同类型的地区进行了试点，各地的改革因地制宜，涌现出了顺德、深圳、云安等一批各具特色的大部门制改革标杆。

顺德大部门制改革的主要做法是对党政机构进行统筹考虑，统一梳理职责，对职能相近的党政部门"合并同类项"，综合设立大部门。通过改革，顺德原有的41个党政机构减并成16个大部门，包括6个党委机构和10个政府机构，精简率达到了61%。改革后保留的6个党委机构都与相关政府机构合署办公，比如：区委办公室与区政府办公室、区政法委与司法局、区委宣传部与文体旅游局、区纪委与政务监察和审计局、区委社会工作部与民政宗教和外事侨务局都进行合署办公。

深圳主要是加大机构整合力度，建立了"委、局、办"组织架构，实行决策与执行的适度分离。各委员会的职责主要是决策与监督；各局的职责主要是执行与监管；各办的职责主要是协助市长处理专项事务。按照"委、局、办"格局，深圳组建了发展和改革委、财政委、科技工贸和信息化委、交通运输委、规划和国土资源委、卫生和人口计划生育委、人居环境委等7个委；组建了市场监督管理局、文体旅游局、人力资源和社会保障局等18个局；组建了法制办、应急办、金融办等6个办。经过大部门制改革，深圳原有的46个政府部门减并为31个，精简幅度达1/3。

云安县位于欠发达山区，在大部门制改革方面，大力推行镇级大部门制改革，对党政机构进行综合设置，实现了资源整合。现在，云安县各乡镇都只设

---

① 中国行政管理学会课题组：《政府履职方式的改革和创新》，《中国行政管理》2012年第7期。

置五个综合办事机构，包括"三办、两中心"：党政办公室、农业和经济办公室、宜居办公室、社会事务服务中心、综合信访维稳中心，分别负责组织建设、农民增收、环境建设、民生服务和社会管理五个方面的事务，形成典型的乡镇大部门体制结构，促进了基层政府的职能转变，提高了办事效率和服务能力。

广东各地的大部门制改革已经初见成效。首先，促进了政府职能转变。通过简政放权，大力向下级政府、市场和社会放权，大幅取消行政审批事项，极大地激发了下级政府、市场和社会的活力，同时社会管理和公共服务职能也得到了强化。其次，优化了政府组织结构。通过实行大部门制改革，对政府机构进行整合，构建了大规划、大经济、大文化、大建设、大执法、大保障的职能布局，精简了政府机构数量，有效地解决了职责交叉、政出多门、权责脱节等问题。各地改革还在决策、执行、监督的相对分离，统筹党政机构设置等问题上进行了积极探索。再次，提高了行政效率和服务质量，使得企业、群众的办事成本大幅下降。整合后的政府机构办公地点相对集中，既降低了行政成本，又方便了群众办事。①

2. 海南省建设政务服务中心

海南省人民政府政务服务中心自 2008 年 7 月 1 日开始启用，至今已运行 4 年。截至 2012 年 8 月，海南省人民政府政务服务中心收到各种锦旗达 700 多面。海南企业、市民办理相关事务不必再到各个职能单位"跑腿"，可直接到省政务服务中心一站式办理。35 个省直部门和中央部分驻琼单位 800 多大项的 1034 个行政许可及非行政许可审批在政务大厅集中办理。

为了确保政务服务中心在运行中不走样，海南提出了"一个中心对外、项目应进必进""简化办事程序、窗口充分授权"和"服务公开公正、管理统一规范"三大原则。要求全省政务服务中心做到"公开、公平、公正""集中办理、联合办理"和"便民、高效、廉洁"，凡是进入政务服务中心的项目，不得在任何其他场所再行受理办理，实行"一个窗口受理、一次性告知、一

---

① 中国行政管理学会课题组：《广东省大部门体制改革的实践探索与思考——基于对六个市县（区）的实地调研》，《中国行政管理》2012 年第 10 期。

条龙服务、一次性收费、即时办结"的服务模式，按照"高起点建设、高效率运行、高质量服务、高水平管理"的要求，大力建设"一厅三网两系统"服务平台。

2012年5月3日召开的海南省政务服务工作会议宣布，除琼中外，海南省已有18个市（县、开发区）先后建立了政务服务中心，省市（县）两级政务服务体系初步完成，全省共有546项行政审批事项开通互联网申报审批。仅2011年，全省各级政务中心受理的行政许可审批事项就达到了813454件，办结814025件（含上年结转件），提前办结率达到91.79%。以往在行政审批中出现的拖、卡、推问题得到解决。

从总体上来说，海南省的政务服务中心发挥的作用和取得的成效主要包括以下几方面。首先，改变了机关单位封闭的办公格局，将分散于各政府部门的行政审批项目纳入政务服务中心，集中管理、集中办理，实现了一个窗口对外，方便了群众办事，规范了服务质量，提高了行政效率，提升了政府形象。其次，促进了政务公开，强化了监督管理。比如，海口、三亚等多个县市政务服务中心实行"八公开"（项目名称、法律依据、申请条件、申报材料、办事程序、审批进程、承诺时限、收费标准公开）和"五件制"（即办件、联办件、承诺件、报批件、答复件）运行模式，受到了群众的热烈欢迎。再次，简化了办事程序，提高了办事效率。各地的政务服务中心成立以后，积极探索提高行政效能的新措施，千方百计提高审批效率。比如，洋浦政务服务中心实行"一表制"受理，对新注册企业的工商登记、组织机构代码申办、公安刻章、税务登记等5个表格、174条信息，简化综合为1个表格、60条信息，还开发了建设项目"审批流水线"，开设重大项目绿色通道，受到了投资者的好评。

3. 重庆市南川区探索党政领导分权改革

2010年2月，重庆市南川区出台了《加强党政主要负责人监督管理暂行规定》，在全区实行党政一把手"五不直管"新机制，即各部门和乡镇街道党政主要负责人不直接管财务，分出"签字权"；不直接管人事，分出"话语权"；不直接管工程项目，分出"操控权"；不直接管行政审批，分出"审批权"；不直接管行政执法，分出"裁量权"。分出的这些权限，转由分管副职

负责，"一把手"只负责监督执行情况。

在实行党政一把手"五不直管"的基础上，南川陆续建立和完善了一系列配套机制。作为分权探索中的一个重要补充，南川建成了公共资源综合交易平台，将政府采购、国有投资建设工程、国有建设用地使用权出让和矿产资源采矿权出让等纳入公共资源交易平台公开交易，实现了对公共资源配置权的有效监督。此外，南川区还建立完善了重大事项集体决策制度、重大决策专家咨询和公示制度、政务公开制度、干部任用情况年度报告民主评议制度、政府投资项目监督管理办法等一系列配套制度，确保分权改革能更有效地落实。

重庆市南川区一把手"五不直管"的改革创新，符合中央加强民主政治建设的精神，对我国的政治体制改革和民主政治建设具有重要意义。

第一，一把手"五不直管"改革有利于革除权力过分集中的重大弊端。多年来，在中央和一些地方层面，一把手权力过于集中的问题基本得到了解决，但在基层一些地方，这个问题仍然很突出，甚至愈来愈严重。重庆南川的一把手"五不直管"改革，对革除一把手权力过于集中的弊端具有重要的示范意义。

第二，一把手"五不直管"改革有助于克服官僚主义、提高工作效率。重庆南川一把手"五不直管"改革，既将一把手从具体琐事中解脱了出来，得以集中精力谋大事、干大事，同时又将班子其他成员的积极性充分地调动了起来，使组织领导和行政管理效率大增，实现了克服官僚主义、提高行政效率的目标。

第三，一把手"五不直管"改革有助于预防腐败。这一改革创立了较为科学的制度来管权、管事、管人，使决策权、执行权、监督权相互制约、相互协调。通过改革，使监察机关最难监督的党政一把手，既变成了没有直管权、无法直接腐败的廉政主体，又变成了对其他领导班子成员最有效的监督主体，有助于预防腐败。

第四，一把手"五不直管"改革有利于建立更加科学合理的行政运行机制。我国现行的行政运行机制中，权利通常集中于一把手手里，责任却由领导班子集体承担，权责出现了不一致；一把手直接管得太多，其他成员管得不够，分工不太合理；常常是一把手直接拍板决策，决策不科学，执行不顺畅。

针对上述弊端，一把手"五不直管"改革形成了一套具有很强操作性的行政运行机制。①

三　中国行政管理制度发展趋势展望

（一）进一步转变政府职能，建设服务型政府

党的十八大对深化行政体制改革提出了新的目标，要"建设职能科学、结构优化、廉洁高效、人民满意的服务型政府"，"深化行政审批制度改革，继续简政放权，推动政府职能向创造良好发展环境、提供优质公共服务、维护社会公平正义转变"。建设服务型政府，是时代的要求，是全心全意为人民服务宗旨的体现，是科学发展观在政府行政体制改革方面的具体落实。

服务型政府既是一个历史范畴，又是一个全新概念。作为全新概念，服务型政府是指在民主、法治的框架下，以为人民服务为宗旨，在全面履行政府职能中贯彻服务理念，突出公共服务职能，承担服务责任的政府。服务型政府具有以人为本、公开透明、公正公平、高效廉洁、持续创新、依法行政等特征，服务型政府还是责任政府、有限政府、回应性政府和信息化政府。

我国服务型政府建设的进程起步较晚，但在国际公共行政改革浪潮的推动下，也逐渐形成了中国特色的公共服务模式，随着我国行政管理体制改革进一步深化，在服务型政府建设方面可采取以下策略。

第一，按照从全能统揽到有限恰当的思路调整政府职能。政府的能力和资源是有限的，有限的政府不可能承担无限的职能。在从全能统揽到有限恰当的政府职能调整过程中，需要关注这三个问题：一是政府部门应该从哪些不该管的领域退出，强化哪些本该属于政府管理范围的职能；二是政府部门退出的这些领域其相应的职能由谁来行使；三是如何形成政府职能转变的长效机制。

第二，按照从管制约束到服务推动的思路转变政府职能。政府的宗旨是服

---

① 苏伟、黄小华：《谈"一把手五不直管"分权改革的创新意义》，《重庆日报》2012年3月18日。

务于公民与社会的福祉，这就决定了政府的目标主要是服务推动、助民兴利，而不是通过管制约束等手段压抑社会的创造活力。政府部门要对行政审批和行政收费重新进行定位评估，不断推动其规范化，逐渐实现政府行政和执法的零收费。

第三，建立长效规范的服务提供和管理方式。服务型政府是规范、平稳的管理与服务提供者，其管理的范围、提供服务的内容，都由科学合理的法律法规进行规范，而不是随意、随机的。我国政府部门在服务提供和管理方式方面，应努力实现从运动粗放向长效规范的转变。[①]

（二）深化大部制改革，完善政府机构设置

为了最大限度地避免政府机构重叠、职责交叉、政出多门的矛盾及权限冲突，提高行政效能，降低行政成本，党的十七大提出，要"加大机构整合力度，探索实行职能有机统一的大部门体制"，党的十八大进一步强调，要"稳步推进大部门制改革，健全部门职责体系"。

近年来，我国中央和地方各级政府一直在积极尝试推进大部制改革。2008年国务院机构改革方案的一个鲜明的特色就是按照精简、统一、效能的原则，以及决策权、执行权、监督权既相互制约又相互协调的要求，紧紧围绕职能转变和理顺职责关系，进一步优化政府组织结构，规范机构设置，探索实行职能有机统一的大部门体制，完善行政运行机制。

在目前的基础上，我国要进一步推进大部制改革，需重点注意以下几个方面。

第一，统筹政府与党委、人大、政协的机构设置。鉴于我国的国情，进行大部制改革不仅仅要整合政府部门的机构设置，还要跳出政府的行政圈，对党委、人大和政协的机构设置进行统筹考虑，理顺党政关系，重组党政权力结构，减少领导职数，严格控制编制。

第二，进行机构整合时，应重点整合政府的社会管理与公共服务部门，以加强与充实政府的社会管理与公共服务职能。

---

① 高小平等：《服务型政府导论》，人民出版社，2009。

第三，按照决策权、执行权、监督权既相互制约又相互协调的原则，优化政府权力结构。如果决策权、执行权、监督权不分，容易形成部门利益集团，导致公共决策、公共管理偏离公共利益。在大部制改革中，必须探索"决策集中化、执行专门化、监督独立化"的既相互制约又相互协调的运行机制。

第四，根据深圳、顺德等地方政府的改革经验，在地方各级政府推行大部制改革。地方政府的大部制改革，不一定要完全对接中央政府的机构设置，可根据地方实际情况确定工作重点，据此进行地方政府的机构整合与调整。

第五，搞好相关的配套改革。大部制改革作为行政管理体制改革的关键环节，是一项涉及复杂的利益关系和权力关系调整的系统工程，不能仅仅只是整合机构、精简人员，必须与相关的配套改革同步推进、相互协调、彼此促进。

（三）建设公共服务体系，推进基本公共服务均等化

党的十八大报告提出，要"全面建成小康社会"，而其中一个关键的要求就是"基本公共服务均等化总体实现"。对于基本公共服务均等化，可从三个方面进行理解：第一，全体公民享有基本公共服务的机会和原则应该均等；第二，全体公民享有基本公共服务的结果应该大体相等；第三，社会在提供基本公共服务均等的基础上，尊重部分社会成员自由选择的权利。从理论层面来看，实行基本公共服务均等化是弥补市场公共物品供给失灵的重要制度安排。从实践层面来看，实行基本公共服务均等化是体现以人为本、缓和当今社会矛盾的现实需要。①

就目前的国情来看，我国现阶段实现公共服务均等化主要包括以下几个方面：在义务教育、公共卫生、公共文化、公共体育等公共事业性服务方面实现均等化；在就业服务、基本社会保障等基本民生性服务方面实现均等化；在基础设施、生态环境保护等公益基础性服务方面实现均等化；在消费安全、生产安全、社会安全、生态安全、国防安全等公共安全性服务方面实现均等化。

随着党和政府对民生问题的日益重视，围绕实现基本公共服务均等化采取相应措施，将是我国下一阶段行政体制改革的重点。

---

① 常修泽：《中国现阶段基本公共服务均等化研究》，《中共天津市委党校学报》2007 年第 2 期。

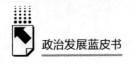

第一，加快事业单位改革步伐，重构公共服务体系。事业单位是我国公共服务体系中最重要的主体，在我国仍处于公共产品供应不足的情况下，事业单位改革要以构建适应社会需求的公共服务体系为基本目标，与基本公共服务均等化进程相适应。事业单位要按照坚持公益性的原则进行转型，从注重单位利益向注重公共利益转型。

第二，建立城乡统一、区域统一的公共服务制度。目前我国实行的城乡二元分割、区域分割的公共服务供给体制，具有极大的非均衡性，造成了农村公共服务严重短缺、区域公共服务发展失衡的现实情况。因此，必须打破目前的这种分割体制，建立城乡统一、区域统一的公共服务制度，逐步实现城乡基本公共服务均等化，实现区域间基本公共服务均等化，实现不同社会群体之间基本公共服务均等化。

第三，探索公共服务的多元供给机制，鼓励社会、市场在提供公共服务方面更好地发挥作用。长期以来，在为公众提供公共服务方面，我国一直采取"政府包办"的模式。从世界各国公共服务领域的情况来看，一般有政府模式、商业模式、志愿服务模式三种提供公共服务的渠道。我国也应积极探索公共服务的多元供给机制，构筑多元化的公共服务供给格局。

（四）完善生态管理体制，推动生态文明建设

党的十八大报告以第八部分整整一个部分的大篇幅，强调了要"大力推进生态文明建设"，报告指出："建设生态文明，是关系人民福祉、关乎民族未来的长远大计。面对资源约束趋紧、环境污染严重、生态系统退化的严峻形势，必须树立尊重自然、顺应自然、保护自然的生态文明理念，把生态文明建设放在突出地位，融入经济建设、政治建设、文化建设、社会建设各方面和全过程，努力建设美丽中国，实现中华民族永续发展。"

我国现行的生态管理体制是政府主导、部门分工管理的结构。以政府生态管理职能的管辖覆盖面来看，可以分为三个层次：（1）综合管理部门和行业主管部门，包括国家发展和改革委员会、财政部、农业部、国家林业局、国土资源部等，承担对全国的生态环境实施综合性管理的工作。（2）独立的专职环境保护监管机构，如环境保护部，承担了执行环境政策的工作。（3）流域

性、区域性的资源管理机构，如长江水利委员会、淮河水资源管理委员会，承担的是部分地区某一单项资源的监管和利用工作。现行的这种生态管理体制存在职能分割、地方分治等缺陷。为了推动生态文明建设，我国政府应从以下几个方面完善生态管理体制。

第一，重构政府生态管理机构和职能的总体框架。按照全面整合、提升层次的要求，建立高层次生态综合管理机构和生态资源监管机构，形成统一协调与各负其责相结合、中央宏观调控与地方微观管理相结合、市场机制为主与适度行政审批相结合的职权运行机制和工作方式。

第二，整合政府生态管理与环境管理综合决策职能。从部门管理走向综合统一管理，从政府生态职能与经济职能分离走向两者结合，是世界各国的大趋势。生态环境问题的决策需要具备多方面的知识，统筹考虑社会多个方面的情况，必须改变我国部门主要政策和规划基本上由部门自身设计与决定的做法，整合政府生态管理与环境管理综合决策职能，设立更高级别的委员会机构来负责。

第三，剥离国有生态资源的经营管理职能。按照"政企分开""政资分开"的原则，把国有生态资源经营管理职能从农业部、林业局、水利部、海洋局、国土资源部等政府部门行政管理职能中剥离出来，通过公平的竞争机制交由企业进行经营，设立类似于证监会、银监会这样的一个专门监管机构负责监管。

第四，创新生态管理职权运行机制。政府在加强生态管理的过程中，要注意坚持政务公开的原则，在设计政府生态管理职能时，把生态管理公开的环节嵌入到管理流程中去，以实现管理和决策的民主化。①

（五）完善公务员制度，加强公务员队伍建设

党的十八大强调要"深化干部人事制度改革"，"完善公务员制度"。我国于 1993 年颁布《国家公务员暂行条例》，正式确立了公务员制度。2006 年 1 月 1 日，《中华人民共和国公务员法》正式实施，标志着我国的公务员制度进入了法制化阶段。我国的公务员制度既继承了传统干部人事制度的优点，又借

---

① 高小平：《政府生态管理》，中国社会科学出版社，2007。

鉴了西方发达国家公务员制度的有益经验，总体上是适合我国国情的人事行政制度。进一步完善公务员制度可以从以下几个方面展开。

第一，进一步完善公务员考试录用制度。2012 年 11 月 25 日举行的国家公务员考试报名人数超过了 150 万，最热门的岗位竞争比例甚至达到了万里挑一。公务员考试已经成为名副其实的"国考"，引起了全社会的广泛关注。目前公务员录用考试制度并不尽如人意，笔试内容设置存在缺陷、面试环节容易出现偏差等问题突出，需要进一步完善。

第二，完善对公务员的监督和责任追究制度。近年来，随着"微博"的迅猛发展，不少官员的腐败行为被曝光在网络上，相关部门要利用新媒体、新技术完善对公务员的监督制度。同时，要进一步完善公务员责任追究制度，规范引咎辞职官员的重新任用，施行公务员对其公务行为的终身负责制，责任追究不受行为主体的职务变动、岗位调整的影响。

第三，探索基层政府领导干部的直接选举机制。为了更好地解决担任领导职务的公务员向人民负责的问题，政府领导干部的选拔任用工作要进一步贯彻民主、公开的原则，不少地方探索对乡镇长进行直接选举，已经积累了大量经验，需要逐步扩大试点。在此基础上，再进一步探索通过县级人民代表大会直接选举县长和县级政府主要部门负责人。

第四，建立公务员财产申报制度。公务员财产申报制度是民主政治的重要机制之一，也是行之有效的反腐败"阳光方案"。我国应尽快完善科学的财产评估制度、银行存款实名制、公务员行为规范等基础性制度，在此基础上早日建立公务员财产申报制度。

第五，完善聘任制公务员制度。我国《公务员法》规定，部分公务员岗位实行聘任制。聘任制公务员制度自 2007 年开始，已经在一些省市逐步推开。聘任制打破了公务员的"铁饭碗"，能够在工作绩效上对公务员产生更大的监督和激励效果。相关部门应积极支持和鼓励各地进行的探索工作，通过不断完善形成一套规范的制度和办法，以便在全国推行公务员聘任制度。

（六）进一步完善应急管理体系，提升应急管理能力

尽管自有政府以来，政府对于突发危机事件的应急管理就一直存在，但是

在我国，作为一种自觉的、综合的应急管理实践则是从2003年"非典"疫情爆发之后才开始起步的。"非典"之后，党中央、国务院将加强应急管理体制、机制和法制建设提上了议事日程，并作出战略部署和工作安排。近年来我国的应急管理工作主要围绕"一案三制"（"一案"指应急预案，"三制"指应急管理的体制、机制和法制）展开，着力构建应急管理的基本框架和管理体系，取得了显著成效。进一步完善我国的应急管理体系建设，可从以下几个方面进行。

第一，根据综合化要求完善应急预案体系。在应对重大突发公共事件实践中，应急预案还存在不完善的地方。如，有的应急预案操作性不强，有的预案的部门色彩重，有的针对特别重大的突发公共事件预案考虑不够周密，等等。面对应急预案中普遍存在的这些问题，应该按照综合化的要求，进一步增强预案的全面性、科学性、针对性和操作性。

第二，按照综合化、系统化、专业化要求进一步推进应急管理体制建设。应急管理机构设置也需要按照"大部制"的总体要求，进一步加强应急管理体制的整合和专业化建设。针对目前应急管理职能分散在各个部门、遇到重大突发事件再建立临时性机构的做法，建议建立常设的国家应急管理委员会，作为中央政府应对特别重大突发公共事件的指挥机构，该委员会的办公室可设在国务院办公厅。

第三，按照综合化、系统化、专业化、协同化要求完善应急管理机制。我国应急管理机制还存在着外部协调性差、民间自发性强、预测预警能力低等问题。理顺中央和地方、基层三个方面在应对突发公共事件中的关系，理顺应急指挥和实施部门的关系，理顺高层决策和属地管理的关系，理顺综合应急部门和专业机构的关系，建立信息统一、管理对接、资源共享、协同有力的应急管理机制，调动各方面应急管理的积极性，是当务之急。

第四，按照综合化、系统化、专业化、协同化、规范化要求完善应急管理法制。《突发事件应对法》已实施五年多，针对实践中发现的问题，应择机进行修订。鼓励地方和部门出台《突发事件应对法》的实施性规范，重点解决突发公共事件应对的程序性规范，明确各级政府实施应急管理的步骤、过程和方式，弥补"重实体、轻程序"的缺陷。此外，应急管理工作必须做到有法

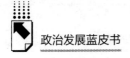
必依、执法必严。①

第五，加强应急管理科普教育工作。应急管理不仅仅是政府的职责，要让所有社会成员都参与到应急管理中，提高每个公民的应急能力，才能充分发挥应急管理的作用。要广泛开展应急管理进社区、进农村、进基层单位活动，深入推动公共安全教育进课堂、进教材，毫不松懈地抓好高危行业和领域生产人员的应急培训，以人们喜闻乐见的形式，利用手机和网络等新媒体，大力开展应急管理科普教育。

---

① 高小平：《中国特色应急管理体系建设的成就和发展》，《中国行政管理》2008 年第 11 期。

B.4
司法制度的建设与发展

付夏婕*

摘 要：

本文对 2012 年中国司法制度的发展状况进行了系统的回顾和评析，以政治发展的视角分别从司法制度发展的基本特点、司法制度发展的主要方面、司法制度发展存在的主要问题以及未来司法制度发展的前景展望等方面对司法制度的发展情况作出了整体性、宏观性的考察，并对未来司法制度的发展完善提出了相关建议。

关键词：

司法体制改革 能动司法 人权 权力监督

一 2012 年司法制度发展的基本特点

（一）按中央的统一部署稳步推进司法制度的改革与发展

2012 年，我国的司法制度在中央统一部署下，有组织、有领导、有步骤地稳步推进。党的十七大报告提出："深化司法体制改革，优化司法职权配置，规范司法行为，建立公正、高效、权威的社会主义司法制度，保障审判机关、检察机关依法独立公正地行使审判权、检察权。"这是十七大对司法体制改革提出的一项总体要求。围绕这个总体要求，从 2007 年到 2012 年十八大召开之前，中央对此进行了很多相关的安排和部署。2008 年中央下达了《中央

---

* 付夏婕，法学博士，中国政法大学法学博士后，主要研究领域为法理学、人权理论、司法理论、知识产权法。

政法委员会关于深化司法体制和工作机制改革若干问题的意见》，针对司法体制改革从优化司法职权配置、落实宽严相济刑事政策、加强司法队伍建设和加强司法经费保障四个方面提出了 60 项具体改革任务。2012 年既是这一轮司法体制改革的收官之年，也是中央对这一轮司法体制改革任务的验收之年。所以，2012 年中国司法制度的发展以及司法体制改革的进程是在政治决策层的主导和政治顶层的系统部署下实现的。中央通过召开相关专门会议以及下达各类专门文件的形式，明确表达了关于司法体制改革和司法制度发展的相关要求。2012 年 1 月中央司法体制改革领导小组第四次全体会议暨司法体制机制改革第十一次专题汇报会召开，对 2012 年的司法体制改革明确了重点：一要抓紧推进未完成的改革事项，争取尽快出台实施意见；二要抓紧把已出台的各项改革措施落实到基层一线，落实到执法司法各环节，确保一一见到实效；三要注意总结经验，加大宣传力度；四要加强调查研究，及早谋划今后一个时期的司法体制机制改革。① 2012 年 8 月 27 日，中央司法体制改革领导小组召开了第五次全体会议暨司法体制机制改革第十二次专题汇报会，对于 2012 年接下来的司法体制改革进程提出了继续深入推进执法规范化建设，扩大司法救助和法律援助范围，强化司法公开和司法民主，保证群众对司法工作的知情权、参与权、监督权，将各项改革措施落实到基层，进一步执法办案、保障人权、维护稳定、促进和谐的水平等要求。②

由此，根据中央的部署，2012 年司法制度的发展主要体现在继续针对中央提出的改革任务和重点要求出台相关意见、建立相关制度以及如何落实的各项措施上。比如针对中央部署建设的司法案例指导制度，最高人民法院分别在 4 月和 9 月发布了第二批、第三批指导案例，最高人民检察院也继 2010 年底发布第一批指导案例之后在 2012 年 11 月发布了第二批指导案例，案例指导制度在 2012 年得到了有效推进，逐渐走上了常态化的轨道；比如针对中央提出的优化司法职权配置的改革任务，2012 年法院、检察院系统完成了对地方各

---

① 参见《周永康在中央司法体制改革领导小组第四次全体会议暨司法体制机制改革第十一次专题汇报会的讲话》，http：//news. jcrb. com/jxsw/201201/t20120121_ 794160. html。

② 参见《周永康在中央司法体制改革领导小组第五次全体会议暨司法体制机制改革第十二次专题汇报会的讲话》，http：//news. xinhuanet. com/2012－08/27/c_ 112865446. htm。

级铁路运输法院、检察院的全面接收，铁路司法管理体制改革达到了实质性的突破，进入了一个新的发展阶段，此外，9月出台的《关于军事法院管辖民事案件若干问题的规定》也成为审判系统内涉及军事法院职权配置的重要举措；比如为贯彻中央司法改革方案中关于"建立犯罪人员犯罪记录制度"的要求，2012年7月，最高人民法院、最高人民检察院、公安部、国家安全部、司法部联合制定了《关于建立犯罪人员犯罪记录制度的意见》，启动了建立中国犯罪记录制度的进程；比如针对作为中央部署的司法体制和工作机制改革的重要任务之一的减刑、假释制度改革，最高人民法院在2012年发布了《最高人民法院关于办理减刑、假释案件具体应用法律若干问题的规定》，确立起减刑、假释审理程序的公开制度，严格了重大刑事罪犯减刑、假释的适用条件等。根据最高人民法院以及最高人民检察院的表述，截至目前，中央确定、最高人民法院牵头的12项改革任务和《人民法院三五改革纲要》确定的各项改革任务基本完成，最高人民检察院牵头的7项改革任务和《检察改革规划》确定的各项改革任务也已基本完成。① 在这些司法制度上的重要进展中都可以看到中央决策部署的指挥作用和影响力度。

2012年11月党的十八大召开，在十八大报告中明确提出："进一步深化司法体制改革，坚持和完善中国特色社会主义司法制度，确保审判机关、检察机关依法独立公正行使审判权、检察权。"这是中央对我国司法制度发展提出的明确要求，也是国家执政党在未来一个时期着力部署和推动司法制度发展的重要方面。可以预见，中央的统一部署和指挥仍是推动中国司法制度发展的核心力量，"自上而下改革"，"自外向内推动"仍将是中国司法制度在未来一个时期内继续遵循的发展模式。

（二）司法制度与其他各项改革特别是政治体制改革协调发展

2012年，中国首次面向世界发布《中国的司法改革》白皮书。其中对司法体制改革的目标进行了权威阐述，"中国司法改革的根本目标是保障人民法

---

① 参见《关于人民法院深化司法改革进展情况的新闻发布稿》，最高人民法院网站：http：// www. chinacourt. org/index. php/article；《党的十七大以来检察改革综述》，最高人民检察院网站：http：//www. spp. gov. cn/site2006/2012 – 09 – 03。

院、人民检察院依法独立公正地行使审判权和检察权，建设公正高效权威的社会主义司法制度，为维护人民群众合法权益、维护社会公平正义、维护国家长治久安提供坚强可靠的司法保障"，"（司法）改革从民众司法需求出发，以维护人民共同利益为根本，以促进社会和谐为主线，以加强权力监督制约为重点，抓住影响司法公正、制约司法能力的关键环节，解决体制性、机制性、保障性障碍"。可以看出，以司法体制改革为主力推动的司法制度发展，其价值追求主要是保护公民合法权益，实现社会公平正义；其着力点是要以加强权力监督制约为重点来解决体制机制性障碍。从这个意义上说，司法制度发展和司法体制改革，其本身就是政治进步的一种表现。而且，司法制度发展中的一些关键方面，其产生的影响不但作用于司法领域内部，也可以作用于政治结构中，在一定程度上推动政治制度的整体发展。从2012年度的情况来看，司法制度的发展以及司法体制改革在人权保障和权力监督方面对中国的政治进步起到了重要的推动作用。

第一，2012年司法制度在其发展中实施各类人权保障措施，推动中国政治中"尊重和保护人权"的制度进步。

保障人权是判断一个国家的政治制度具有正当性的原则性标准。政治的进步发展可以表现在很多方面，但是当政治发展的过程中对人权的尊重和保护取得了进展，那么这个政治制度就取得了关键性的、原则性的进步。《中国的司法改革》白皮书中就指出了中国在长期实施司法体制改革的过程中对人权保障事业作出的贡献，2012年的司法制度发展也不例外。特别是2012年《刑事诉讼法》修改后，尊重和保障人权被写入了刑事诉讼的总则，并在辩护制度、证据制度、侦查措施、强制措施、审判程序和特别程序等各个具体方面都有完善人权保障的重要修改内容。为了贯彻这一立法精神，司法领域逐步采取一系列措施，出台各类制度规定来落实刑诉法关于保障人权的内容。2012年司法系统继续推进刑事被害人救助制度以实现对被害人的人道关怀；为防止刑讯逼供现象的发生，继续落实和完善讯问犯罪嫌疑人全部同步录音录像制度，推动从"事后调查核实再排除向事前防范、预防刑讯逼供发生"的方式转变；为了保护犯罪嫌疑人的权利，逐步落实非法证据排除制度；为了对青少年实施重点保护，探索建立未成年人轻罪犯罪记录封存制度；出台《关于进一步加强未成年人刑事检察工作的决定》，细化审查逮捕、审查起诉和诉讼监督标准，最大限度地降低对涉罪未成年人的批捕率、起诉率和监禁率，继续探索建立健全未成年人保护的各项特殊工作制度。在国家赔偿制度方面，为了充分保障公民、法人和其他组织依法行使请求国家赔偿的权利，2012 年 1 月最高人民法院发布《关于国家赔偿案件立案工作的规定》，统一规范了人民法院审查处理国家赔偿案件的立案审查机构及有关立案标准；5 月最高人民法院、最高人民检察院提高了国家赔偿决定涉及的侵犯公民人身自由权的赔偿标准，具体数额由 2011 年的每日 142.33 元提高到每日 162.65 元；10 月，最高人民法院发布了《人民法院国家赔偿案件文书样式》，对人民法院办理本院作为赔偿义务机关的国家赔偿案件文书样式和人民法院赔偿委员会审理国家赔偿案件文书样式予以统一规范，便利人民群众诉求。

司法制度中对"尊重和保障人权"之原则的贯彻，是直接体现政治制度保护人权的重要方面。司法制度在保障人权上作出的努力，是现实地推动中国政治在人权事业上不断进步的制度化力量。

第二，2012 年司法制度的发展中注重强化监督，推动中国政治中"权力监督制约"的制度进步。

《刑事诉讼法》和《民事诉讼法》在 2012 年分别通过了修改。其中在对加强审判权力的监督制约方面设置了一系列的内容，特别是发挥法律监督机关的作用来加强审判监督。修改后的《刑事诉讼法》提出了加强简易程序公诉案件的法律监督的要求，规定"适用简易程序审理公诉案件，人民检察院应当派员出席法庭"，随后最高人民检察院下发《关于进一步加强适用简易程序审理的公诉案件出庭工作的通知》，提出落实该项规定的量化目标：在 2012 年 10 月 1 日前，对简易程序公诉案件出庭率达到 50%，在 2012 年完成出庭率 100%。公诉人从"可以不出庭"到"应当出庭"，成为程序监督上的又一次改革，"法官在简易程序中将不再承担既'控'又'判'的双重任务，公诉人'控方'角色的归位，将保障审判监督的常态化"。① 修改

---

① 《应对简易审挑战，多地已经探索》，检察日报多媒体数字报刊平台：http：//newspaper.jcrb.com/html/2012－05/02/content_ 98151. htm。

后的《民事诉讼法》将"人民检察院有权对民事审判活动实行法律监督"修改为"人民检察院有权对民事诉讼实行法律监督",将作用于民事案件的法律监督从审判活动扩充到了诉讼的全过程,并明确规定了人民检察院有权对民事执行活动的法律监督;将再审检察建议和诉讼违法监督检察建议规定为法定的监督方式,检察建议从检察监督实践中的一种工作方式转变为检察监督的一种法律措施;对民事执行的法律监督工作也由零星探索转向试点和规范。可见,对于审判权力的法律监督,范围得到了扩大,方式和手段也得到了增加。

对检察权力的监督,则主要体现在一系列权力公开的措施上。2012 年 1 月,《人民检察院刑事申诉案件公开审查程序规定》开始施行,根据新规定,对于案件事实、适用法律存在较大争议,或者有较大社会影响等刑事申诉案件,人民检察院可以适用公开审查程序,在立案前审查、立案后复查以及复查决定的执行落实等阶段均可采用公开审查方式办理。各地检察机关对申诉处理结果有较大争议的案件、重信重访案件、存在较大争议且具有较大社会影响的拟不起诉案件实行公开听证制度。同月,最高人民检察院下发《关于加强侦查监督说理工作的指导意见(试行)》,要求各级检察院侦查监督部门在依法就监督事项送达相关决定或者进行答复时,应视具体情况分别向侦查机关(部门)说明理由或者向犯罪嫌疑人、被害人、投诉人等相关人员阐明法理、释疑解惑,将检察院依法作出说理的对象扩大到当事人及其法定代理人或者近亲属、委托的诉讼代理人、辩护人,并增加了对逮捕决定可以向犯罪嫌疑人及其法定代理人、近亲属、委托的律师说理的规定。除了一系列权力公开措施之外,2012 年,通过继续落实和完善讯问全程同步录音录像制度,全面推行检务督察制度,完善巡视工作制度,也进一步强化了检察权力内部监督的刚性和力度。

司法制度的发展中对于"权力监督制约"的注重,不仅是司法权力自身健康运行的需要,也是中国政治权力结构进步发展的需要。司法权力通过监督达到制衡,通过公开达到透明,在提高司法公信力的同时,也会增强政治制度的公信力。司法制度内部关于"权力监督制约"的进展,是体现中国政治进步的重要方面。

二 2012 年司法制度发展的主要方面

通过上述对 2012 年司法制度发展与中国政治的考察，我们对政治结构中司法制度发展的情况有了一个整体性的、宏观性的把握，从中可以看出司法制度发展与政治发展之间的互动关系。接下来，我们通过考察 2012 年司法制度发展的重点情况，对司法制度的发展作一详细考察。

（一）继续发挥能动司法理念以服务大局

最高人民法院院长王胜俊曾指出，"我们所讲的能动司法，简而言之，就是发挥司法的主观能动性，积极主动地为大局服务，为经济社会发展服务"，"法院系统提出能动司法是新形势下人民法院服务经济社会发展大局的必然选择"。① 也就是说，中国法院系统的"能动司法"是在以"服务大局"为价值目标的背景下提出的。通过发挥司法的主观能动性来为大局服务，为经济社会发展服务。最高人民法院在 2012 年 3 月召开的全国两会上所作的工作报告中指出，2012 年法院系统的工作主题是"为大局服务、为人民司法"。检察系统虽然没有像法院系统一样明确提出"能动司法"的概念，但是"紧紧围绕经济社会发展大局"也是检察制度发展的一个重要理念。在 2012 年召开的全国两会上，最高人民检察院所作的工作报告中对 2012 年工作部署的首要方面就是"积极服务和保障经济社会科学发展"。以"能动司法"来推动社会矛盾化解、社会管理创新、公正廉洁执法成为司法系统在 2012 年延续以往强调实施的三项重点核心工作。具体来看，在 2012 年的司法制度发展中发挥"能动司法""服务大局"的理念主要表现在以下几方面。

1. 要求司法治理积极参与社会管理创新

2011 年底，最高人民检察院下发《关于充分发挥检察职能参与加强和创新社会管理的意见》，强调完善检察机关参与加强和创新社会管理的机制、措施，充分运用打击、预防、监督、教育、保护等手段，着力解决影响社会和谐

---

① 《什么是能动司法？为什么能动司法？》，《光明日报》2010 年 5 月 13 日。

稳定的突出问题，促进完善中国特色社会主义社会管理体系，努力为经济社会又好又快发展营造良好的社会环境和法治环境。2011年11月，最高人民法院下发《关于充分发挥审判职能作用加强和创新社会管理的若干意见》，要求各级人民法院认真总结多年来参与社会管理的成功经验，按照新形势、新任务的要求，找准结合点和切入点，及时研究新办法，采取新措施，更好地发挥审判职能作用，推动中国特色社会主义社会管理体系建设。要拓展人民法院的服务职能，大力推进中国特色社会主义社会管理体系建设。在通过执法办案参与社会管理的同时，要注重发挥司法的能动作用，积极推进社会管理制度体系不断完善。这两份文件也是2012年指导和要求司法系统积极参与社会治理的重要文件。

2. 鼓励通过司法建议和检察建议发挥作用

司法建议是法院系统坚持能动司法，加强和创新社会管理，依法延伸审判职能的一条重要途径。据统计，各级人民法院通过结合审判执行工作中发现涉及改革、发展、稳定、民生的突出问题，及时向地方党委、政府及相关部门提出改进和完善工作的司法建议，几年来已经累计达到数万条。[①] 2012年3月最高人民法院下发了《关于加强司法建议工作的意见》，作为鼓励和指导全国各级法院司法建议工作的重要司法文件，要求各级法院充分认识司法建议工作是人民法院坚持能动司法，依法延伸审判职能的重要途径，要求进一步增强司法建议工作的主动性和积极性，将司法建议工作纳入人民法院的整体工作部署，推动司法建议工作依法有序开展。并对司法建议的对象、发送主体作了要求，明确规定人民法院可以向相关党政机关、企事业单位、社会团体及其他社会组织提出司法建议，拟向上级党委、人大、政府及其他部门提出的司法建议书，必要时可以提请上级人民法院发送，同时规定了司法建议书样式，为各级人民法院在司法建议书格式规范等方面提供了明确指引。2012年5月最高人民法院还组织了"第一届全国法院优秀司法建议"评选工作，并将"全国法院优秀司法建议"和"全国法院十大司法建议"印发全国各级法

---

① 《坚持能动司法的典范　完善社会管理的良策——"第一届全国法院优秀司法建议"评选活动综述》，http：//www.chinacourt.org/article/detail/2012/05/id/517857.shtml。

院，以鼓励法院系统增强司法建议的积极性、主动性，不断提高司法建议工作的水平。

检察建议指人民检察院结合执法办案发现的问题，建议有关单位健全制度，改进工作，正确实施法律法规，完善社会管理、服务，预防和减少违法犯罪的一种工作措施。检察机关除了根据 2012 年新修订的《民事诉讼法》的规定，针对法院系统积极提出"再审检察建议"和"诉讼违法监督检察建议"之外，人民检察院也通过结合办理案件中发现的问题，特别是在预防职务犯罪方面对相关社会单位及机关发出检察建议，以积极参与社会管理。2012 年 1 月，最高人民检察院组织了第三届预防职务犯罪检察建议"百优双十佳"评选活动，通过优秀检察建议的评选来鼓励检察系统继续发挥检察建议对于预防犯罪的工作水平。检察建议与司法建议一样，也是司法权影响力得以延伸的一种方式，是检察系统主动参与社会管理的重要途径。

3. 配合国家具体政策出台司法解释及其他相关司法文件

司法系统坚持能动司法、服务大局，还表现在通过出台司法解释及其他相关文件来直接响应中央出台的一些具体的政策需要，积极参与社会管理。2012 年 2 月 21 日，最高人民法院发布《关于人民法院为防范化解金融风险和推进金融改革发展提供司法保障的指导意见》（以下简称《指导意见》），这是法院系统围绕中央经济工作会议和第四次全国金融工作会议提出的以后一个时期我国金融工作的总体要求而出台的司法文件。《指导意见》的主旨内容是"防风险、护安全、保发展、促创新"，明确要求对中央政策的贯彻提供司法保障，回应国家推行金融改革的政策需要。2012 年 4 月，全国关注的吴英非法集资案件二审被判死刑后上报最高人民法院进行死刑复核，最高人民法院未核准吴英死刑，最终吴英被改判死缓。虽然这一结果与社会公众对案件的广泛关注有关，但从一定程度上说，也是司法处理金融案件时支持金融改革政策的表现。2012 年 4 月，最高人民法院发布《关于办理申请人民法院强制执行国有土地上房屋征收补偿决定案件若干问题的规定》（以下简称《规定》），这是 2011 年《国有土地上房屋征收与补偿条例》中将"行政强拆"修改为所谓的"司法强拆"之后，最高人民法院出台的规范法院系统如何办理国有土地上强制执行房屋征收案件的司法文件。"强制拆迁"一直是社会矛盾多发的集中领域，诸多恶性冲突案件不断发生，"司法强拆"的规定是国家期望司法系统在办理相关案件中能够降低矛盾冲突、达到相关社会管理良好效果的一个举措。司法系统出台《规定》，明确法院办理强拆案件的具体原则，细化工作规范，增强可操作性，减少法律、法规适用中的争议与分歧，是法院系统有效参与社会管理的又一表现。2012年7月，最高人民法院、最高人民检察院、公安部、国家安全部、司法部联合制定《关于建立犯罪人员犯罪记录制度的意见》，这也是司法机关会同其他国家机关为贯彻中央关于"建立犯罪人员犯罪记录制度"的政策要求，出台相关司法文件以在司法领域加强和创新社会管理的又一项重要改革举措。

综合来看，司法系统通过各种方式积极参与社会管理、回应中央政策需要，正是出于司法系统对于"能动司法"理念的坚持。"能动司法"是与"服务大局"的价值目标紧密联系在一起的。虽然社会公众对于"能动司法"褒贬不一，但毕竟司法的本质属性是中立性与被动性，这是司法制度发展应当遵循的规律，对"能动司法"理念的贯彻应当以不影响司法的中立形象、不妨碍司法的公正性、不损及司法权威为前提。如果不能坚持中立、公正的司法底线，"司法能动"就有可能变成有的学者所说的"司法盲动"。正如有学者提出的那样："对当前中国而言，维护司法权的底线远比盲目扩展司法权重要得多。"① 只有在坚持司法公正和司法中立的前提下提倡的能动司法，才具有正当性，才能够被社会公众所接受。

（二）修改"两法"推动司法体制改革

诉讼法是规范诉讼活动、发展司法制度的基本法律。2012年《刑事诉讼法》《民事诉讼法》先后通过了修改草案，一批规范诉讼活动的新规则得以公布，引起社会的广泛关注。经过对"两法"的修改，一系列在司法改革中确定的行之有效的新规则得以法律化，一些在司法过程当中凸显的问题得到了回应式的解决，一系列旨在推动司法发展的新制度得以确立。"两法"修正案的通过，将在未来一个时期对司法制度的发展产生重要影响。

---

① 董茂云：《从废止齐案"批复"看司法改革的方向》，《法学》2009年第3期。

1. 《刑事诉讼法》的修改对刑事司法制度的发展

2012 年 3 月 14 日，十一届全国人大五次会议表决通过了《全国人民代表大会关于修改〈中华人民共和国刑事诉讼法〉的决定》，新的《刑事诉讼法》将于 2013 年 1 月 1 日起开始正式实施。这是继 1996 年首度大修的十六年后，《刑事诉讼法》完成的二次大修。随着司法改革的逐步推进，诸多通过司法改革所修改或者确立的刑事司法的新内容需要通过立法的形式予以制度化、法律化，同时刑事司法制度存在的一些突出现实问题需要通过对《刑事诉讼法》的修改予以修正；党的十六大、十七大提出关于深化司法体制和工作机制改革的要求，其中很多事项也都要通过修改完善《刑事诉讼法》来完成。因此，修改《刑事诉讼法》是落实深化司法体制改革任务的客观需要。此次《刑事诉讼法》的修正案共计 111 条，涉及对原法修改补充之处有 140 多个，分别涉及任务原则、证据制度、强制措施、辩护制度、侦查措施、审判程序、执行程序等多个方面，是一次中国特色社会主义刑事司法制度的重大发展和健全完善。

第一，人权原则被写入《刑事诉讼法》总则，保障人权的内容得到进一步充实。新修订的《刑事诉讼法》明确规定了尊重和保障人权是中国《刑事诉讼法》的任务，并且在辩护制度、证据制度、侦查措施、强制措施、审判程序和特别程序等各个方面都有完善人权保障的重要修改内容，具体表现为依法保障犯罪嫌疑人、被告人的辩护权，获得法律援助权，不受强迫证实自己有罪权，不受任意逮捕权，获得公正审判权，上诉权，申诉权，依法保障被害人的案件处理知情权，意见表达权，获得赔偿权，获得法律援助权等，较大幅度地强化了刑事司法制度中的人权保障。

第二，强调程序公正，特别是在涉及人身自由的强制羁押制度上规定了程序义务，并建立羁押必要性审查制度。修正案对强制羁押程序明确了"除非无法告知"的普遍告知义务，要求适用强制措施时注意与犯罪嫌疑人的人身危险性程度和犯罪的轻重程度相适应，规定"犯罪嫌疑人、被告人被逮捕后，人民检察院仍应当对羁押的必要性进行审查。对不需要继续羁押的，应当建议予以释放或者变更强制措施"。此外，强制羁押措施中对"监视居住"规定作出了新的细化规范，在提倡限制逮捕措施的同时，规定了更明确的适用监视居

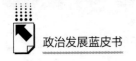

住的条件，明确了实施监视居住的场所，丰富了采取监视居住的方式，增加了"指定居所监视居住"的规定，扩大了监视居住措施的可适用空间。

第三，建立非法证据排除制度，健全了我国刑事证据规则体系。针对近年来刑事司法中出现的引起社会广泛关注的一些冤假错案，《刑事诉讼法》的修改着力在证据制度上下工夫，以防止刑讯逼供现象，促进刑事司法公正。其中明确规定了非法证据排除的具体情况和程序，并设置了"应当将被拘留、逮捕人立即送交看守所羁押""应当在看守所进行讯问"以及"讯问过程录音录像"等配套制度，从具体制度设计上进一步有效遏制刑讯逼供和其他非法取证行为。非法证据排除制度的完善进一步强化了司法机关排除非法证据的义务。此外，《刑事诉讼法》中对刑事证据种类的修改和完善也对司法系统审查证据的水平提出了更高要求。

第四，在确保公正的前提下规定了提高司法效率的相关规则。修订后的《刑事诉讼法》扩大了简易程序的适用范围，但要求人民检察院对于简易程序案件也派员出庭。为此，最高人民检察院下发《关于进一步加强适用简易程序审理的公诉案件出庭工作的通知》，贯彻落实修改后的《刑事诉讼法》的要求，强化对适用简易程序审理的公诉案件的出庭支持公诉和诉讼监督工作。为了在2013年《刑事诉讼法》正式实施之前做好相关准备工作，各级检察院也已经开始了制度先试，比如北京市海淀区检察院就筹划实施了"专职出庭公诉人制度"，设立两名专职公诉人专司案件出庭工作，平衡司法公正与诉讼效率。

第五，在死刑复核制度中增加了最高审判机关的"讯问"义务，以增加死刑案件审判的慎重性。新《刑事诉讼法》规定："最高人民法院复核死刑案件，应当讯问被告人。"这项规定增加了被告人的申诉机会，也有利于审判机关办理死刑复核时全面掌握真实情况作出决定。此项新规定体现出对刑事司法中办理死刑案件的要求应是慎之又慎，以实现司法公正。

第六，强化了人民检察院的诉讼监督职能。修改中把原法中关于"人民检察院依法对刑事诉讼实行法律监督"这一抽象规定予以具体化，增加了诉讼监督的具体内容。比如规定："辩护人、诉讼代理人认为公安机关、人民检察院、人民法院及其工作人员阻碍其依法行使诉讼权利的，有权向同级或者上一级人民检察院申诉或者控告。人民检察院对申诉或者控告应当及时进行审查，情况属实的，通知有关机关予以纠正。"以及我们上面提到的检察院负责的羁押必要性审查等制度，都对检察院诉讼监督职能有所强化。

第七，根据《刑事诉讼法》的修改，最高人民检察院修改了《人民检察院刑事诉讼规则》。2012 年 11 月，人民检察院按照新修改的《刑事诉讼法》，下发了新修改的《人民检察院刑事诉讼规则》。为保证各级检察机关准确理解、正确执行修改后的《刑事诉讼法》，最高人民检察院组织力量清理和修改相关的司法解释文件，对《人民检察院刑事诉讼规则》进行系统修改是其中最重要的一项。一是对修改后《刑事诉讼法》中涉及检察工作的概念、条文的含义根据立法精神加以准确界定，包括界定特别重大贿赂犯罪、非法证据排除制度中的"其他非法方法""有碍侦查"的情形、逮捕条件中"社会危险性"的具体情形等；二是对修改后《刑事诉讼法》设定的制度进行细化，包括设立专章规定辩护制度、证据制度，确保辩护人在检察环节的各项辩护权利和非法证据排除制度得以有效贯彻落实，规范讯问录音、录像的调取情形和审查方式，规定庭前会议的主要内容，进一步明确简易程序的适用范围和条件及办案程序，细化特别程序的办案流程，明确羁押必要性审查的具体程序和职责部门等；三是对检察机关执行修改后《刑事诉讼法》的工作程序、操作程序作出规定，包括检察机关新增职责的内部分工、对办案流程的监控和质量管理的具体程序等。

综合来看，此次《刑事诉讼法》修改是完善我国刑事司法制度的重要举措，在许多重要方面回应了近年来我国刑事司法制度发展中出现的需求，将中央部署的刑事司法制度改革中的一系列重要成果予以法律化、制度化，特别是在着力保障犯罪嫌疑人、被告人相关权利方面作出了中肯的努力，也为未来刑事司法制度发展中实现人权保障这一基本价值提供了法律支撑。但是，真正要在刑事司法中落实保障人权，还需要司法机关出台切实贯彻《刑事诉讼法》的具有可操作性、可追责性的细化规定。同时，本次《刑事诉讼法》修改，基于国家惩治犯罪和维护稳定的现实需要，对于刑事司法公权力作了相应的扩充。但如果对公权力的实际监督无法达成，那么扩充的公权力也许更容易与保障人权和司法公正的价值目标背道而驰，这将是《刑事诉讼法》修改后我国

刑事司法制度发展中需要更加关注的重要方面。

2.《民事诉讼法》的修改对民事司法制度的发展

2012 年 8 月，十一届全国人大常委会第二十八次会议通过了《关于修改〈中华人民共和国民事诉讼法〉的决定》，新的《民事诉讼法》将于 2013 年 1 月 1 日起开始实施。此次修改《民事诉讼法》虽然算不上"大修"，但是也基于近年来民事司法制度中出现的新情况和新问题作出了回应，反映了我国民事司法制度的新发展。其中较为典型的包括建立公益诉讼制度、完善民事诉讼证据的规定、强化民事诉讼法律监督，特别是将检察监督的范围扩充到了执行程序这一备受关注的诉讼环节等，后续司法系对这些新规定的操作落实将进一步推动民事司法制度的发展与完善。

第一，规定诚实信用原则，规范当事人的诉讼行为。《民事诉讼法》修改中规定进行民事诉讼应当遵循诚实信用原则，并将此内容与当事人处分原则予以合并规定，以强化对当事人诉讼行为的诚信规制。将诚实信用原则纳入民事诉讼的基本原则主要是为了回应近年来民诉中频繁出现的恶意诉讼、虚假诉讼、故意拖延诉讼等违反诚信、浪费司法资源的行为，为提升诉讼公正和效率，通过将这一原则的纳入，作为法院相关裁判的解释基础和根据。同时新法针对通过恶意诉讼等手段，侵害案外人合法权益的情况，第 112 条和第 113 条规定了法院可以根据情节轻重予以罚款、拘留；构成犯罪的，依法追究刑事责任。同时新法第 56 条增加了对案外被侵害人的救济程序。但是，诚信原则在民事诉讼中的实际适用依然面临着一些问题，如何遵循诚信原则、实现诚信规制具有相当的灵活性，既需要以司法解释等形式将其进一步细化，也需要有足够的司法权威提供稳定的支撑。

第二，设立公益诉讼制度，发挥民事司法维护公益的作用。此次《民事诉讼法》中关于公益诉讼的规定被誉为中国公益诉讼制度"破冰"的第一步。新的《民事诉讼法》第 55 条规定："对污染环境、侵害众多消费者合法权益等损害社会公共利益的行为，法律规定的机关、有关组织可以向人民法院提起诉讼。"近些年来随着重大侵害公共利益事件时有发生，社会对如何通过司法程序追究侵害人的责任以维护公益颇为关注，发达国家也基本都对此有相关的制度建设。此次新《民事诉讼法》设立公益诉讼的规则，既是回应社会的需要，也是民事司法制度自身进一步发展的体现。但是，法律中并没有具体界定提起公益诉讼的主体，具体谁才有权利提起公益诉讼，还需要法律进一步明确，同时也未规定有起诉资格的主体未履行义务时的责任与救济。所以，公益诉讼制度的实际运行还需要相关制度对此进一步细化。

第三，针对小额民事诉讼规定一审终审制，以提高司法效率，降低诉讼成本。修改后的《民事诉讼法》规定："基层人民法院和它派出的法庭审理符合本法第一百五十七条第一款规定的简单的民事案件，标的额为各省、自治区、直辖市上年度就业人员年平均工资百分之三十以下的，实行一审终审。"此项修改旨在解决当前司法实践中案多人少的问题，提升此类小额纠纷解决的效率。2011 年 4 月，最高人民法院下发《关于部分基层法院开展小额速裁试点工作的指导意见》，开展了对小额诉讼一审终审制的试点，此次修法将其纳入法律确定下来。据法院系统的介绍，全国法院小额诉讼案件将占到全部民事案件的 30% 左右，总数将超过 120 万件，对人民法院的民事审判工作格局将产生重大影响。[①] 此项规定公布后引起了社会的广泛讨论，针对小额诉讼实施一审终审对于当事人来讲就丧失了提起上诉发动二审的权利，是否会损及司法公正也引起了一些质疑。如何在好的制度动机下达到好的实际效果，避免出现新的问题，还需要一审终审中对小额诉讼的审判和处理在从快从简的同时不牺牲公正价值。

第四，完善了民事诉讼证据规则。《民事诉讼法》的修改在完善和发展证据制度方面，主要体现在：明确将电子数据规定为新的法定证据种类，以适应当代民事事实中的实际情况；明确规定举证时限制度以及举证迟延的法律后果，在法律上确立了举证时限制度；完善了证人制度，规定了证人可以不出庭的具体情形，并明确规定证人因履行出庭作证义务而支出的交通、住宿、就餐等必要费用以及误工损失，由败诉一方当事人负担；新增设了诉前和仲裁前证据保全制度，进一步完善了证据保全制度；此外，还明确规定了证据签收制度，避免证据材料的不当遗失以及由此发生的争议。

---

① 谢勇：《要认真做好小额诉讼实施准备工作》，人民法院网：http：//www.chinacourt.org/article/detail/2012/10/id/605319.shtml。

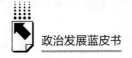
　　第五，扩大了检察监督的领域，强化了检察监督的职能。一是将检察监督从对民事审判活动的检察监督扩大到整个民事诉讼领域，包括民事执行阶段。执行领域是司法腐败的高发领域或高危领域，检察监督领域扩展不仅是检察监督理论的落实，也是司法现实的需要。但新的《民事诉讼法》对如何具体实施执行监督并没有细致规定，因此，如何让检察监督在民事执行领域发挥作用还需要"两高"进一步地协调。二是吸收了"两高"会签文件和近年来检察监督探索创新的成果，在修改中增加了检察建议的监督方式。法定的检察建议包括再审检察建议和诉讼违法监督检察建议。三是赋予检察机关以调查权，保障民事检察监督权的正确行使，保证其监督权威和监督功能的发挥。实际操作中则应当注意调查权的规范运用，如何防止调查权力的滥用是民事司法制度中需要进一步解决的问题。

（三）继续发展司法解释与案例指导制度

1. 司法解释制度的发展

　　司法解释制度是中国特色社会主义司法制度的重要组成部分，在我国法治建设过程中发挥了重要的作用。司法系统利用司法解释制度，将原则性的法律规定予以细化，正确适当地处理在审判实践和检察实践中出现的具体问题。2012年出台了一些规范司法解释制度的文件。一是规范了出台司法解释的资格主体。2012年1月出台了《最高人民法院、最高人民检察院关于地方人民法院、人民检察院不得制定司法解释性质文件的通知》，规定地方人民法院、人民检察院一律不得制定在本辖区普遍适用的、涉及具体应用法律问题的"指导意见""规定"等司法解释性质文件，制定的其他规范性文件不得在法律文书中援引。地方人民法院、人民检察院对于制定的带有司法解释性质的文件，应当自行清理。清理工作应当于2012年3月底以前完成。二是开展了司法解释清理工作。2012年6月公布了《最高人民法院、最高人民检察院关于废止1979年底以前制发的部分司法解释和司法解释性质文件的决定》，决定废止1979年底以前制发的13件司法解释和司法解释性质文件，并且公布了废除理由，明确废止的司法解释和司法解释性质文件自该决定施行之日起不再适用，但过去依据下列司法解释和司法解释性质文件对有关案件作出的判决、裁定仍然有效。

2012 年最高人民法院、最高人民检察院还发布了一系列直接处理司法实践具体问题的重要司法解释。除了我们在本文中分类别叙述的制度建设中涉及的司法解释之外，还包括：2012 年 5 月最高人民法院发布《关于审理因垄断行为引发的民事纠纷案件应用法律若干问题的规定》，明确了起诉、案件受理、管辖、举证责任分配、诉讼证据、民事责任及诉讼时效等问题，这是最高人民法院在反垄断审判领域出台的第一部司法解释。建立了反垄断民事诉讼的基本框架，使诉讼程序更加规范，适当降低了原告的证明难度，为案件审理提供了理性的程序指引。[①] 同月，最高人民法院、最高人民检察院还发布了《关于办理内幕交易、泄露内幕信息刑事案件具体应用法律若干问题的解释》，这是"两高"针对证券、期货犯罪出台的第一部司法解释，于 6 月 1 日起正式施行，其中明确划定了"内幕信息知情人员"范围。2012 年 5 月最高人民检察院、公安部印发《最高人民检察院公安部关于公安机关管辖的刑事案件立案追诉标准的规定（三）》，对公安机关毒品犯罪侦查部门管辖的 12 种毒品犯罪案件的立案追诉标准作出了规定。2012 年 6 月最高人民法院会同最高人民检察院、公安部发布了《关于办理走私、非法买卖麻黄碱类复方制剂等刑事案件适用法律若干问题的意见》，对实践中较为突出的走私、非法买卖麻黄碱类复方制剂等行为的定性作出明确规定，明确制毒物品数量认定办法和定罪数量标准，并确定了共同犯罪的认定范围，等等。

司法解释制度在我国司法制度的运行和发展过程中发挥着重要的作用，但是也必须认识到，司法解释也有其局限性。在积极发挥司法解释细化法律规定、弥补操作性的同时，有必要对司法解释的权限和范围予以明确化、规范化，使其扬长避短，特别是要明确相关规则以避免解释权过分扩张，保证其在法治化的轨道上良性发展。

2. 案例指导制度的发展

早在 2005 年最高人民法院发布的《人民法院第二个五年改革纲要（2004—2008）》中，就提出了要"建立和完善案例指导制度，重视指导性案例在统一

---

① 参见《反垄断司法解释：回归理性维权》，《光明日报》2012 年 6 月 7 日。

法律适用标准、指导下级法院审判工作、丰富和发展法学理论等方面的作用"。随后，各地法院开始陆续出台具体的案例指导规则，在各自系统内发布"指导性案例"予以适用。但是，规范统一的案例指导制度究竟该如何建立还没有具体的、成型的内容。2009年2月，中央政法委下发《关于深入学习实践科学发展观解决政法工作突出问题的意见》，其中要求加快构建符合中国国情的案例指导制度，这成为在司法制度中建立案例指导制度的直接政策依据，同时也极大地加快了相关制度建设的步伐。2010年最高人民检察院、最高人民法院分别出台了《最高人民检察院关于案例指导工作的规定》和《最高人民法院关于案例指导工作的规定》，其中系统规定了案例指导制度的具体规则，具有中国特色的案例指导制度得以正式建立。

2011年底最高人民法院发布第一批四个指导性案例后，2012年4月最高人民法院发布了第二批指导性案例（分别编号为指导案例5号、6号、7号、8号），此次发布的四个指导性案例中行政和民事案例各占两个。指导案例5号是一个规范工业盐管理的案例，该指导案例进一步明确了地方政府规章违反法律规定设定许可、处罚的，人民法院在行政审判中不予适用。这不仅对工业盐管理，对其他方面的行政管理也有参照意义。指导案例6号从立法本意出发，将法律没有明文列举的"没收较大数额财产"的行政处罚也列入必须举行听证的范围，充分保障了行政相对人的权益，对于促进依法行政意义重大。指导案例7号涉及抗诉、当事人撤诉和《民事诉讼法》第140条裁定适用范围等法律适用问题，对尊重和保障当事人合法民事权益和诉讼权利，维护生效裁判的稳定性，实现案结事了人和，促进和谐社会建设具有重要意义。指导案例8号是准确适用《公司法》第183条、妥善处理公司僵局问题的典型案例，既严格限定了公司解散的条件，又依法保护了股东权利，有利于规范公司治理结构，促进市场经济健康发展。[1] 2012年9月最高人民法院又发布了当年的第三批指导性案例（分别编号为指导案例9号、10号、11号、12号），四个指导性案例中民事和刑事案例各两个。指导案例9号上海存亮贸易有限公司诉蒋志

---

[1] 参见《最高人民法院发布第二批指导性案例》，最高人民法院网站：http://www.court.gov.cn/xwzx/fyxw/zgrmfyxw/201204/t20120414_175938.htm。

东、王卫明等买卖合同纠纷案，旨在为如何认定公司的清算义务人提供指导；指导案例10号李建军诉上海佳动力环保科技有限公司公司决议撤销纠纷案，旨在为明确公司决议撤销之诉的司法审查范围提供指导。两个民事案例均涉及《公司法》具体适用问题，进一步明确了公司决议撤销之诉的司法审查范围和股东清算责任问题。指导案例11号杨延虎等贪污案，涉及新形式、新手段贪污犯罪的法律适用问题，旨在为处理新类型贪污案件提供指导；指导案例12号李飞故意杀人案，旨在为正确适用死缓限制减刑提供指导。

继2010年底最高人民检察院发布检察机关的第一批指导性案例后，2012年11月最高人民检察院也发布了第二批指导案例。本次发布的指导性案例一共是五个，分别涉及对渎职罪的主体认定、造成社会恶劣影响的滥用职权罪的处理、不移交刑事案件构成徇私舞弊罪的诉讼监督、渎职犯罪因果关系的认定以及渎职犯罪同时受贿的处罚原则。

建立案例指导制度、发布指导性案例是充分发挥司法社会功能的重要方式，有利于沟通司法与社会、联结法律与现实，对于司法处理同类案件具有重要的指导作用。最高司法机关权威发布的指导性案例具有引导性、示范性、典型性，对于统一法律适用、提高审判质量具有重要意义。自《关于案例指导工作的规定》出台后，最高人民法院用了一年多才公布第一批四个指导性案例。而2012年当年就公布了两批指导性案例共八个，分别涉及刑事、民事、行政案件的处理。最高人民检察院也加大了公布指导性案例的力度。案例指导制度在2012年得到了有效推进。可预见的未来，案例指导制度也将走上常态化的轨道。但是，该制度如果想要健康良性地发展，需要严格设置相关规则以避免"司法造法"侵犯立法权力的现象发生，同时需要明确如何规范地发挥指导案例的作用，明确司法系统对于指导性案例应如何参照，并设置指导性案例的存废机制，这些都需要司法实践在制度的运行中逐渐予以探索解决。

（四）推动减刑、假释制度的改革发展

作为重要的刑罚变更制度，减刑、假释制度有利于激励罪犯改造、维护监管秩序、缓和社会矛盾、促进社会和谐。但近年来，减刑、假释的司法实

践中的新情况、新问题开始不断出现，减刑、假释制度中暴露出的一些问题也受到了社会的关注和质疑，比如案件审理程序透明度不高，监督机制无法发挥应有作用，"重罪多减、轻罪少减"的现象有违公平，假释适用率普遍偏低，等等。减刑、假释制度改革也是中央司法体制和工作机制改革以及人民法院"三五纲要"中确定的重要任务之一，制度改革的目标是"建立减刑、假释审理程序的公开制度，严格重大刑事罪犯减刑、假释的适用条件"。2012 年司法系统出台了相关文件，对减刑、假释工作予以规范，以期推动制度的改革进程。

1. 出台《最高人民法院关于办理减刑、假释案件具体应用法律若干问题的规定》

为依法正确审理减刑、假释案件，最高人民法院 2012 年 1 月发布了《最高人民法院关于办理减刑、假释案件具体应用法律若干问题的规定》（以下简称《规定》），自 7 月 1 日起正式施行。针对社会对减刑、假释审理工作"暗箱操作"的质疑，《规定》中加大了审理减刑、假释案件的司法公开力度，明确要求人民法院审理减刑、假释案件应当一律予以公示并明确了公示的内容。鉴于目前人民法院普遍存在案多人少的矛盾，要求所有减刑、假释案件一律开庭审理是不切实际的，《规定》选取了现阶段人民群众反映较为强烈、社会关注度较高、司法实践中也容易出问题的六类减刑、假释案件，明确要求必须开庭审理。此外，对《刑法修正案（八）》所规定的死刑缓期执行的限制减刑制度也作了细化的规定，积极配合《刑法修正案（八）》关于刑罚结构调整的制度落实。其中明确规定："被限制减刑的死刑缓期执行罪犯，缓期执行期满后依法被减为无期徒刑的，或者因有重大立功表现被减为二十五年有期徒刑的，应当比照未被限制减刑的死刑缓期执行罪犯在减刑的起始时间、间隔时间和减刑幅度上从严掌握。"并规定被限制减刑的罪犯一律不可以假释，旨在推动改变"死刑过重、生刑过轻"的刑罚轻重不平衡现象。同时，区分不同情况，对减刑和假释制度分别规定了从宽和从严的情况。此外，《规定》中还明确了减刑、假释标准，以推动与社区矫正的顺利对接；建立了罪犯财产刑执行和附带民事赔偿义务履行情况与其减刑、假释的关联机制；加强了程序监督的内容。

2. 通过指导性案例进一步明确了死缓限制减刑假释规则

2012 年最高人民法院发布的第三批指导性案例中的指导案例 12 号"李飞故意杀人案",是依据《刑法修正案（八）》以及《最高人民法院关于办理减刑、假释案件具体应用法律若干问题的规定》中关于死刑缓期执行罪犯限制减刑规定的司法适用,旨在为正确适用死缓限制减刑提供具体指导。该指导案例中,被告人由于具备一些酌定从宽的情节,对其酌情从宽处罚,可以不判处死刑立即执行,但鉴于其故意杀人手段残忍,又系累犯,故依法判处被告人李飞死刑,缓期二年执行,同时决定对其限制减刑。该指导性案例旨在为正确理解和适用刑法修正后的第 50 条规定的"死缓限制减刑制度"提供具体性的指导,着眼于贯彻落实宽严相济刑事政策和死刑政策,既依法严惩重大刑事罪犯,又有效限制死刑立即执行的适用。根据《最高人民法院关于案例指导工作的规定》,法院系统在处理类似案件时就如何对死缓罪犯限制减刑"应当"参照该指导性案例。通过指导性案例的具体指导进一步明确死缓限制减刑的适用,有利于更具体地体现如何贯彻宽严相济刑事政策,更好地做到罚当其罪。

（五）继续改进国家赔偿制度

2010 年全国人大常委会通过了《国家赔偿法修正案》,一系列新的关于国家赔偿的实体规则和程序规则得以出台。2011 年,为贯彻新《国家赔偿法》,最高人民法院颁布《关于适用〈中华人民共和国国家赔偿法〉若干问题的解释（一）》和《关于人民法院赔偿委员会审理国家赔偿案件程序的规定》,进一步明确、细化和补充立法规定。2012 年司法系统又针对国家赔偿案件中的程序规则作了进一步的完善,对国家赔偿案件的立案工作以及国家赔偿文书样式作了统一的规范,以便利群众依法诉求权利。

1. 出台《关于国家赔偿案件立案工作的规定》,改进国家赔偿案件的立案程序

2012 年 2 月,最高人民法院发布了《关于国家赔偿案件立案工作的规定》,贯彻落实《国家赔偿法》修改后关于立案条件的新规定。新修改的《国家赔偿法》取消了确认前置的环节,规定赔偿请求人认为国家机关及其工作人员有法定违法侵权情形且造成损害的，可以向赔偿义务机关申请赔偿。最高人民法院出台《关于国家赔偿案件立案工作的规定》就是依据该项新规定对国家赔偿案件的立案工作重新作出了规范，以便与修改的法律相适应。主要涉及三方面的内容：一是统一规范了人民法院审查处理的国家赔偿案件的立案机构。规定"赔偿请求人向作为赔偿义务机关的人民法院提出赔偿申请，或者依照国家赔偿法第二十四条、第二十五条的规定向人民法院赔偿委员会提出赔偿申请的，收到申请的人民法院的立案部门统一负责审查立案"。二是对收到申请的人民法院出具收讫凭证予以统一要求。将《国家赔偿法》第12条要求赔偿义务机关出具收讫凭证的规定加以延伸，规定不论是赔偿请求人向作为赔偿义务机关的人民法院提出赔偿申请，还是依照《国家赔偿法》第24条、第25条的规定向人民法院赔偿委员会提出赔偿申请，收到申请的人民法院均应向赔偿请求人出具收讫凭证。三是对国家赔偿案件的审查立案条件分别予以规定。四是对不予受理的情形加以限定和给予程序救济。

2. 发布《人民法院国家赔偿案件文书样式》，便利群众诉求

2012年10月，最高人民法院发布了《人民法院国家赔偿案件文书样式》，根据修改后的《国家赔偿法》对人民法院办理本院作为赔偿义务机关的国家赔偿案件文书样式和人民法院赔偿委员会审理国家赔偿案件文书样式予以统一规范。最高人民法院发布此项文件，是贯彻修改后《国家赔偿法》的又一举措，其确定的文书样式既是国家赔偿审判人员制作裁判文书的规范，也是指导赔偿请求人申请国家赔偿的文书样本。该文件按照立案、审理（审查）、决定、支付赔偿金的工作顺序和环节予以制定，主要包括国家赔偿申请书、赔偿申请收讫凭证、受理案件通知书、不予受理案件决定书、听取意见通知书、参加质证通知书、审理报告、中止审理决定书、终结审理决定书、驳回申请决定书、指令受理决定书、国家赔偿决定书、驳回申诉通知书、司法建议书等38个样式。该文件的发布有利于人民群众依法诉求，也有利于规范国家赔偿案件文书的制作以提高文书质量。

国家赔偿作为制约国家权力和救济公民权利的一项重要制度，是体现一国法制建设程度和人权保障水平的窗口。最高人民法院发布相关司法解释和相关司法文件，推动相关国家赔偿案件的规范、有效办理，以保障公民、法人和其他组织依法行使请求国家赔偿的权利，有利于将修改后的《国家赔偿法》加大人权保障力度的精神落到实处。

（六）规范和优化司法职权

优化司法职权是完善司法制度的重要内容，也是中央确定的司法改革的关键任务之一。2012 年关于优化司法职权的制度发展可以归纳为三个方面：一是出台相关文件规范司法自由裁量权的行使，保障司法职权对法律的统一适用；二是铁路司法管理体制改革得到了重大推进；三是出台司法解释，推动人民法院司法警察体制和工作机制改革。

1. 规范司法自由裁量权

如何规范司法自由裁量权是司法行为的重点，也是决定司法公正的关键环节。加强自由裁量权的规范化水平，既是司法改革的重要任务之一，也是司法制度发展的现实要求。2012 年，最高人民法院出台的《关于在审判执行工作中切实规范自由裁量权行使保障法律统一适用的指导意见》（以下简称《意见》）正式开始实施。《意见》要求各级人民法院强化法律统一适用，正确运用司法政策，规范行使自由裁量权，充分发挥自由裁量权在保障法律正确实施、维护当事人合法权益、维护司法公正、提升司法公信力等方面的积极作用。针对如何规范自由裁量权的行使，保障法律得以统一适用提出了十七个方面的要求，将合法原则、合理原则、公正原则、审慎原则确定为行使自由裁量权的基本原则。特别是明确了自由裁量权的行使条件，列举了可以行使自由裁量权的情形：一是法律规定由人民法院根据案件具体情况进行裁量的；二是法律规定由人民法院从几种法定情形中选择其一进行裁量，或者在法定的范围、幅度内进行裁量的；三是根据案件具体情况需要对法律精神、规则或者条文进行阐释的；四是根据案件具体情况需要对证据规则进行阐释或者对案件涉及的争议事实进行裁量认定的；五是根据案件具体情况需要行使自由裁量权的其他情形。[①] 此次《意见》的出台，有针对性地对司法权力在审判执行过程当中的

---

① 《最高人民法院印发〈关于在审判执行工作中切实规范自由裁量权行使保障法律统一适用的指导意见〉的通知》，http：//www.court.gov.cn/spyw/mssp/201203/t20120314_174989.htm。

自由裁量作出了规范，对自由裁量的原则、条件，以及对自由裁量权的法律监督、自身监督都设置了相关要求，旨在通过司法文件从程序和实体上为法官的自由裁量权提出要求，以统一司法尺度，提升司法公信与权威。但该《意见》中的大部分规定仍是较为概括的原则性规定。在现有改革的基础上，还需要继续总结司法经验，建立较具体的规则标准，特别是建立科学严格的程序规则对自由裁量权予以规制，可操作性的司法技术也需及时跟进，才能在司法过程当中真正达到对自由裁量权的有效规范，促进同案同判，保障司法统一。

2. 铁路司法管理体制实现重大改革

铁路司法改革大幕开启多年却一直阻力重重。2004 年，中央司法体制改革领导小组就提出要改革铁路、交通、民航等部门和企业管理公检法的体制，将其纳入国家司法管理体系。但是因各方利益牵制，这一改革方案到 2009 年才进入试探性操作阶段，2012 年，这一改革终于进入实质性攻坚阶段。1 月 12 日，山西省政府、省检察院和太原铁路局签订太原铁路检察机关移交协议，拉开了铁路司法移交地方的序幕。2 月，最高人民法院和最高人民检察院向各地下发通知，要求各地在 6 月底之前完成铁路检、法两院向地方移交的工作。2 月之后，陆续有铁路法院、检察院被移交地方。进入 5 月，更是出现了"扎堆"移交的现象。7 月 30 日，最高人民法院发布了《关于铁路运输法院案件管辖范围的若干规定》，确定了改革后的铁路法院的案件管辖范围，将原来铁路法院的刑事案件管辖范围扩大至刑事自诉案件，民事案件管辖范围也有所扩大，除了涉及铁路运输、铁路安全、铁路财产的民事诉讼，由铁路运输法院管辖之外，省、自治区、直辖市高级人民法院还可以指定辖区内的铁路运输基层法院受理其他第一审民事案件。10 月，最高人民法院审判监督庭、最高人民检察院铁路运输检察厅、铁道部公安局在最高人民检察院机关召开了第一次联席会议。会议就铁路公检法管理体制改革特别是铁路法院、检察院移交后，铁路公检法加强相互间的协作配合、情报信息共享和涉铁案件管辖等事项进行了探讨，正式建立了最高人民法院审判监督庭、最高人民检察院铁路运输检察厅和铁道部公安局三方联席会议制度，以建立沟通长效工作机制，推动执法办案工作的科学发展。

此番规模浩大的改革行动，涉及 30 多个铁路运输中级法院和铁路运输检察分院，以及100多个基层两院和数千名法官、检察官。由这场改革所引发的热议亦不绝于耳。铁路司法改革的必要性和意义，改革何以突然提速，司法部门移交的方式以及移交后职工身份的变化等均成为舆论热衷探讨的话题。应该说，推进铁路司法管理体制改革是中央推动司法管理体制改革的重要决策，也是法治化的必然要求。此次铁路司法管理体制改革的重大推进是2012年中国司法制度发展的一个亮点。虽然经过了长久的进程，但铁路司法改革是大势所趋、不可逆转。以各级铁路运输法院于2012年6月底全部移交地方管理为标志，全国铁路司法站在了一个新的发展起点上。但是，铁路司法机关划归国家司法体制只是铁路司法体制改革的一个开端。表面上看，改变铁路检法"两院"的管理机关，将其移交给地方司法机关管理并不困难。但实质上，后续仍有一系列问题需要解决，一系列关系需要厘清。铁路检法机关划归国家司法体系之后，全国各地经济社会发展状况相差悬殊，覆盖数千人编制和经费保障，牵涉地方财政能力和人事安排等种种问题，需要司法机关、铁道部以及中央和地方的编制、组织、人事、财政等部门反复协调，最终的问题落实和解决只能在各地有关部门复杂的博弈中逐渐形成。① 更核心的问题是，如何保证铁路司法剥离铁道部划归地方之后就能清除在铁路司法中曾经因司法企业化而产生的问题，新的管理框架需要磨合，新的司法理念需要培养，新的独立职权需要巩固，铁路司法痼疾的祛除还将需要长时间的努力。

3. 人民法院司法警察体制和工作机制改革

作为对中央提出的"明确人民法院、人民检察院司法警察职责与职权，规范人员管理机制"的司法体制改革任务的回应，2012年12月1日，《人民法院司法警察条例》（以下简称《条例》）正式实施，1997年颁布的《人民法院司法警察暂行条例》（以下简称《暂行条例》）废止。该《条例》的出台是人民法院司法警察体制和工作机制改革的成果之一。新《条例》共分为总则、职权、组织管理、警务保障、附则等五章三十四条，相较于原先的《暂行条例》，重点对人民法院司法警察的职责职权、组织管理、警务保障等方面进行了较为全面的修订、规范。在职责职权方面，《条例》根据《刑事诉讼法》

① 徐昕：《司改观察（二）：铁路司法改革：艰难的破冰之旅》，《南方周末》2012年2月24日。

《民事诉讼法》《人民警察法》等有关法律，取消了司法警察送达法律文书的职责；在组织管理方面，根据《条例》规定，人民法院司法警察必须是使用国家专项编制的人员担任，并实行警官、警员职务序列；在警务保障方面，《条例》对司法警察履行职务过程中对于错误的决定和命令如何处理作出了规定。《条例》的出台，回应了新形势下人民法院司法警务工作科学发展的要求，是今后一个时期人民法院司法警察履行职能和队伍管理的重要依据。下一步，最高人民法院还将根据《条例》适时出台《人民法院司法警察执法细则》，以确保人民法院司法警察体制和工作机制改革继续推进，使司法警务工作走上更加规范化的轨道。

三 司法制度发展中存在的问题及前景展望

2012 年，中国的司法制度发展在尊重保障人权、规范司法行为、优化司法职权等方面都取得了成绩，例如《刑事诉讼法》和《民事诉讼法》的修改、铁路司法改革、案例指导制度的进展等都成为年度发展的亮点。司法体制改革在总体的规划和实施中稳步推进。2012 年是本轮司法改革的收官之年，也是下一轮司法改革的筹划之年。对于如何评价这一年的司法制度发展以及司法体制改革，官方、社会以及民众，可能会有不同的标准和感受。长期以来，"出台文件"成为官方评估司法改革任务是否完成的标志。[①] 但是，社会及民众对司法制度取得的发展及司法体制改革的成果，是从具体的司法行为是否规范、案件处理是否公正、司法体制是否高效、司法权力运行是否公开透明等具体的实实在在的事实中予以评价的。我们要承认，2012 年司法制度取得了一些发展的同时，许多更深层次的问题并没有解决。目前的制度发展措施，一方面大多尚停留在"纸面"上，更多的是原则性的宣示，贯彻落实之后发生的实际改变还不多。文件的出台、领导讲话中的高频强调、系统内不断的会议和学习，这些都不能代表制度的实际运行取得了进步。2012 年作为本轮司改的评估年，关于司法公正、公开、公信的状况还不能说有了实质性的较大进展，因

---

① 徐昕：《中国司法改革年度报告 2011》，《政法论坛》2012 年第 3 期。

此民众对司法权力的一些不信任和失望的情绪也没有切实地转变。另一方面，即使出台了一系列措施和制度，也存在着不能回避的问题。

1. 司法的政治属性与独立行使司法权如何调和

独立行使审判权、检察权是我国宪法中的明确规定，坚持党的领导是我国宪法确立的根本原则。在我国的政治结构中，司法机关独立行使司法权并不等同于西方的司法独立，我国的司法权力在政治上要服从党委结构的领导，在法律上要对人民代表大会机关负责，在财政上要从属行政机关的影响。这种政治结构所决定的司法权力空间中，必然会发生如何保证司法机关独立行使司法权力的同时处理司法机关与党、与人大、与行政的关系的问题，目前来看，还没有探索出一个妥善处理司法与其他方面关系（党领导、人大监督、行政干预等）的适当模式。而且就司法制度的整体发展来看，更多地依赖其政治属性，中央的部署和推动是司法制度发展的核心力量。就 2012 年的经验来说，比如最高人民法院一直高调坚持的"能动司法"理念来源于"服务大局"的政治需要；强调审判管理、推行案件管理主要是对中央关于社会管理机制创新的回应；全体审判系统强调实施的"调解优先"原则来源于中央关于建立诉讼与非诉讼相衔接的矛盾纠纷解决机制的要求；司法系统中开展的防治涉诉信访工作则来源于中央一直以来关于信访工作的要求，特别是关于 2012 年召开十八大维稳安保的要求；等等。我们应该承认，司法领域内这些对政治要求的回应，有时忽视了司法的技术逻辑和法治逻辑，也就是说，这种回应的模式主要不是依靠司法在法律框架内适用法律的技术过程来实现，而是延续简单便利的"政治化"的方式，通过上级下达各类内部文件、集体学习中央精神、细化各类工作指标、改进工作管理机制和工作方法等来响应和服从政治需求。

在未来的司法制度发展中，如何实现独立行使审判权、检察权，使司法在形象上保持稳重被动，在技术上保持客观敏锐，在价值上保持中立公正，这是摆在司法制度发展乃至政治体制改革面前的一项重大课题。我们认为，司法的政治属性的实现，除了直接涉及政治利益的案件可以对政治需求予以直接回应以外，应主要依靠在法律技术下对案件的公正处理，以维护其所代表的政治结构的正当性。在执政党以及政治领导层深谙司法规律的基础上，应明确政治话语权在司法中的运行模式不是"上传下从""你唱我和"，政治对司法的影响

应该是间接的，司法对于政治的回应应该是有技巧的。当然，我们不能否认，在当前中国，政治发展对于司法制度发展的巨大的推动作用，很多成绩都是在中央的直接"保驾护航"下实现的，透过政治推行法治是转型社会和中国特色背景下的现实路径，但是这种现象和模式，应该在未来随着政治体制改革的逐步推进有所改观，需要决策层在认同司法规律的基础上积极策划、稳步改进。

2. 相关发展措施大多涉及工作机制，深层次的体制问题没有触及

比如司法公开制度，尽管有各种各样的公开措施，但是直接影响司法公正的权力运行仍然存在"暗箱操作"的空间。比如权力追责制度，近年来，冤假错案不断发生，人们对司法公正的质疑情绪有增无减。如果说，所有案件的真相不能得到百分之百的还原，但至少应保证对产生冤假错案的权力责任人予以百分之百的追究与问责，这是弥补已经缺失了的公正正义的关键途径。比如职权管理制度，司法系统广为诟病的"行政化""地方化"倾向一如既往。法院内部的权力配置不科学而导致司法行政化，上下级法院关系、法院内部决策过程、法官之间的行政化色彩浓厚。法院与地方机关的关系不合理而导致司法地方化，法院受制于地方行政，"司法权威"不断流失，人事和财政体制改革近年来均被搁置。在这些方面，司法制度的发展所谓"举步维艰"。但恰恰是这些制度改革决定着司法制度能否切实取得进步、司法改革能否切实收获成效。

2012年11月，党的十八大召开。十八大报告中"司法公信力""公正司法""司法体制改革""司法公开""司法基本保障"等多个关键词反映了对司法制度发展的要求和期待。正如报告中所强调的，（要）"全面推进依法治国"，"进一步深化司法体制改革，坚持和完善中国特色社会主义司法制度，确保审判机关、检察机关依法独立公正行使审判权、检察权"。我们期望2013年启动的新一轮司法体制改革将为司法制度带来更大的实质性的发展和进步，司法公正、司法公信、司法权威、司法独立行使职权能够被社会及民众所感受、所认同，有力推动中国特色社会主义司法制度的完善。

B.5
民族区域自治制度的建设与发展

周庆智*

摘 要：

本文从民族立法权的完善与发展、少数民族经济社会建设与发展、少数民族文化建设与发展、少数民族干部队伍建设与发展、民族团结进一步巩固与发展等几个方面，对 2012 年以来民族区域自治制度的建设与发展作了比较全面和系统的整理、归纳和分析。

关键词：

民族区域自治制度　民族自治立法　建设与发展

2012 年，民族区域自治制度进一步发展。五大自治区和各自治地方为贯彻、实施"十二五"规划，集中力量抓好如下几个方面的工作：（1）加强民族立法工作；（2）推进"三个国家级专项规划"① 实施工作；（3）创建民族团结进步活动，使其制度化；（4）集中精力搞好少数民族文化发展工作；（5）抓好少数民族牧区扶贫开发工作；（6）支援少数民族自治地方集中连片特殊困难地区工作；（7）促进城市民族工作；（8）为民族教育事业的长远发展打下基础。②

2012 年以来，民族区域自治制度在民族立法、社会经济、教育卫生、科技文化、少数民族干部队伍建设、民族团结等方面继续不断完善和发展，并扎实稳步地向前推进。

---

* 周庆智，中国社会科学院政治学研究所研究员，法学（社会学专业）博士，主要研究领域为中国基层政权组织、政治社会学、宪政与民主理论。

① 一是实施扶持人口较少民族发展规划；二是全面落实兴边富民行动规划；三是积极加快少数民族事业"十一五"规划的实施。

② 2012 年 1 月 5 日~6 日，全国民委主任会议在北京举行，研究部署 2012 年的工作。

一 民族立法权的完善与发展

民族立法权是宪法和法律赋予民族自治地方人大及其常委会的一项重要职权，民族立法是我国社会主义法律体系的重要组成部分。

经过六十多年特别是改革开放三十年的努力，在全国范围内普及了民族区域自治制度的基本知识，提高了各族干部群众遵守和执行这一制度的法律意识和法制观念。调动了上级国家机关和民族自治地方民族立法的积极性，制定了一大批民族区域自治配套法规。

2012 年，国务院法制办按照全国人大常委会的立法规划和国务院的立法工作计划，积极配合国家民委等有关部门进一步做好民族法制工作，要求民族立法工作主要在如下三个方面扎实而稳步地向前推进。

（一）继续做好民族立法工作

一是做好《民族区域自治法》的配套立法工作。国务院法制办会同全国人民民委、国家民委等部门探索推动《民族区域自治法》的配套立法工作。同时，推动更多的中央部门出台具体的规章措施，将《民族区域自治法》的有关规定落到实处。

二是做好在法律、行政法规草案审查中对少数民族权益的维护工作。例如，2009 年 5 月国务院公布的《广播电台电视台播放录音制品支付报酬暂行办法》（以下简称《办法》）就充分考虑了民族地区的实际情况。该《办法》第 10 条第 2 款规定："西部地区的广播电台、电视台以及全国专门对少年儿童、少数民族和农村地区等播出的专业频道（频率），依照本办法规定方式向著作权人支付报酬的数额，自本办法施行之日起 5 年内，按照依据本办法规定计算出的数额的 10% 计算；自本办法施行届满 5 年之日起，按照依据本办法规定计算出的数额的 50% 计算。"

三是做好《城市民族工作条例》《民族乡行政工作条例》的修订工作。国务院法制办在征求中央有关部门和地方政府意见的基础上，会同国家民委对《城市民族工作条例（修正案送审稿)》作了研究、修改。2012 年，国务院法制办继续会同国家民委做好该条例的修订审查工作。2012 年，国家民委启动了《民族乡行政工作条例》的修订论证工作，国务院法制办积极参与前期调研，为下一步的审查工作作准备，力争在"十二五"期间完成该条例的修订工作。

四是做好相关立法项目的论证工作。国务院法制办继续做好《清真食品标志使用管理办法》草案的研究论证工作，配合全国人大民委做好《少数民族语言文字法》等法律草案的研究论证工作，配合国家民委对《少数民族文化遗产保护条例》等法规草案的起草进行前期论证研究。

（二）继续做好涉及民族方面的法规规章备案审查工作

国务院法制办依照《立法法》和《法规规章备案条例》的规定，遵循法律、法规的基本原则，同时注意尊重民族习惯，体现民族自治地方特色，统筹城乡、区域、经济社会的协调发展，做好对自治条例，单行条例，涉及民族事务的地方性法规、地方政府规章和部门规章的备案审查工作，积极推动民族地区经济社会发展。

（三）继续做好涉及民族方面的行政复议工作

国务院法制办继续积极配合国家民委等有关部门做好涉及民族方面的行政复议工作，依法受理行政复议申请，严格依法办案，不断提高案件办理质量，努力实现法律效果和社会效果的统一，充分保护少数民族人员的合法权益，切实搞好民族团结，维护社会稳定。[1]

（四）具体的民族立法工作

2012 年，自治区和各自治地方在上述三个方面进一步完善和推进民族立法工作，主要集中在相关政策规定、地方性法规、规章及相关条例等方面，其中比较重大的立法活动有：

---

[1] 《国务院法制办：加强民族法制建设为少数民族和民族地区加快发展提供法制保障》，国家民委网站：http://www.seac.gov.cn/art/2012/116/art_ 53。

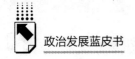

2012 年 11 月 29 日,《内蒙古自治区农村牧区扶贫开发条例》获得内蒙古自治区十一届人大常委会第三十二次会议第二次全体会议表决通过,将于2013 年 1 月 1 日起正式施行。此条例共设六章五十条,对扶贫标准、对象、范围、措施、项目与资金管理、法律责任等作了明确规定,有效期为《中国农村扶贫开发纲要(2011—2020 年)》的实施期限。

2012 年,新疆维吾尔自治区人大及其常委会根据自治区多民族聚居、多层次自治、各民族各地区发展存在差异的实际情况,出台了许多符合新疆实际情况的地方性法规、单行条例。如就双语教育、畜禽屠宰管理、传承新疆各民族传统文化等问题,分别制定相应的法规条例。2008～2012 年,新疆维吾尔自治区十一届人大常委会共制定地方性法规82 件,法规性决议决定 5 件,批准乌鲁木齐市和各自治州、自治县报批的地方性法规和单行条例31 件,地方立法工作取得显著成就,为促进和保障全区经济社会又好又快发展发挥了重要的法制保障作用。

2012 年,广西壮族自治区出台了《广西落实〈扶持人口较少民族发展规划(2011—2015 年)〉实施意见》(以下简称《实施意见》)。《实施意见》提出,广西"十二五"时期人口较少民族聚居区计划以基础设施建设和改善群众生产生活条件为重点,在 160 个人口较少民族聚居行政村重点安排乡村道路、农田水利设施、人畜饮水、文化教育、卫生体育、危旧房改造、特色村寨、特色产业、培训、基层政权建设等一大批扶持人口较少民族发展建设项目。对"十二五"期间,扶持京族、毛南族和仫佬族三个人口较少民族经济社会发展作出了明确规划,为广西壮族自治区认真贯彻落实《扶持人口较少民族发展规划》,不断加快京族、毛南族和仫佬族的经济社会发展提供了明确的目标、任务和工作机制。

2012 年 3 月 30 日,西藏自治区九届人大常委会第二十七次会议审议通过并颁布了《西藏自治区城乡规划条例》(以下简称《条例》),并于 2012 年 6月 1 日起施行。《条例》将西藏自治区城乡规划管理工作中一系列行之有效的经验上升为法律规范,使之更具操作性和时代性,由此,西藏自治区各级政府统筹安排城乡发展建设空间布局、保护生态和自然环境、合理利用自然资源有了重要依据。

此外，各民族自治地方的立法活动也非常积极，例如：

2012年2月，云南省大理白族自治州南涧彝族自治县人大常委会作出关于制定《云南省南涧彝族自治县跳菜艺术传承与保护条例》的决议，该县利用民族立法工作，保护和促进跳菜艺术的传承和发展。立法保护非物质文化遗产的传承和发展，这在该县建县46年历史上尚属首次。

2012年5月31日，云南省少数民族及民族地区为加快民族自治地方法制建设，结合实际制定了当地民族自治地方条例草案。云南省十一届人大常委会第三十一次会议表决通过了《云南省红河哈尼族彝族自治州哈尼梯田保护管理条例》《云南省维西傈僳族自治县殡葬管理条例》《云南省玉龙纳西族自治县矿产资源保护管理条例》《云南省江城哈尼族彝族自治县畜牧业发展条例》《云南省西双版纳傣族自治州社会治安综合治理条例（修订）》等五个民族自治地方单行条例，并分别由所在州市人大常委会公布施行。

2012年11月27日，云南省十一届人大常委会第三十五次会议审议通过《云南省新平彝族傣族自治县民族民间文化保护条例》（以下简称《条例》），同意由新平县人大公布施行。该《条例》分别从民族民间文化的保护目的、范围、指导方针、原则、保护管理、开发利用、法律责任等方面，对新平县优秀民族民间文化的保护工作进行了较为全面系统的规定，将为推动新平县加强民族民间文化保护，实现经济社会又好又快发展提供法律保障。

2012年9月，甘肃省新修订的《甘肃省积石山保安族东乡族撒拉族自治县自治条例》（以下简称《自治条例》）正式颁布实施。该《自治条例》对总则、自治机关及审判和检察机关、经济建设、工业发展、扶贫工作、财政金融、社会事业以及民族关系和宗教事务管理等方面的部分内容作了进一步完善和修订。《自治条例》的贯彻落实对依法保障该县各族人民群众的合法权益、推进经济社会转型跨越发展具有重大而深远的意义。

2012年12月，天津市人大常委会法工委召开了2013年度立法建议项目论证会。天津市民委承担的《天津市少数民族权益保障规定》是第一个论证的立法项目。通过立法解决的主要问题有三方面：一是思想认识问题；二是宣传教育问题；三是基本权益保障问题。立法设定了四个方面的制度，包括保障少数民族的基本权利，发展少数民族经济，发展少数民族教育、文化、卫生、

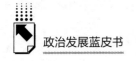

体育事业，保持和改革风俗习惯等方面的制度。

2012年12月，贵州省人民政府为配合贵州省深化财税体制改革和完善省直管县改革，促进民族地区加快发展，批准省财政厅印发了《贵州省民族地区转移支付办法》（以下简称《转移支付办法》），要求各市（州）、县（市、区、特区）财政部门遵照执行。《转移支付办法》要求，各市（州）、县（市、区、特区）在实施过程中，一是要公平规范；二是要适度激励，资金分配既有利于均衡少数民族地区间财力差异，促进基本公共服务均等化，又适当考虑相关地区的财政贡献因素，调动少数民族地区科学发展的积极性；三是要注重平稳，采用统一规范的方式，力求各地分享的转移支付额较上年度有所增长，促进少数民族地区财政平稳运行。《转移支付办法》还明确了民族地区转移支付补助资金的使用方向。

2012年12月，江西省政府出台《江西省民族地区经济和社会发展"十二五"规划》（以下简称《规划》）。按照《规划》，到2015年江西民族乡将建设成为"绿色产业基地，生态文明样板，特色文化乡村，民族团结模范"，民族地区农民人均纯收入和社会基本公共服务基本赶上或超过全省平均水平，所有民族乡村实现整体脱贫，进入全面建设小康社会新阶段。《规划》同时提出了"十二五"期间江西民族地区经济和社会发展主要任务：一是推进产业优化升级，促进民族地区农民收入增长；二是着力改善保障民生，提高民族地区公共服务水平；三是完善基础设施条件，构筑民族地区发展支撑体系；四是加强环境保护建设，发挥民族地区生态资源优势；五是发展民族文化事业，丰富民族地区精神文化生活；六是注重人力资源开发，增强民族地区自我发展能力；七是巩固新型民族关系，维护民族地区社会和谐稳定。《规划》还确定了"十二五"期间江西民族地区要建设的12个重点项目，明确了保障规划实施的具体办法和措施。

2012年6月，安徽省人大常委会正式审议通过了《安徽省民族工作条例》（以下简称《条例》）。《条例》明确规定将于2012年10月1日正式实施。这是安徽省第一部民族工作地方性法规。

2012年12月，安徽省民委和省民政厅联合为贯彻落实国家民委、民政部《关于加强新形势下社区民族工作的意见》，加强安徽社区民族工作，推进和谐社区建设，出台安徽省《关于加强新形势下社区民族工作的实施意见》，就安徽社区民族工作的指导思想、工作目标、工作内容等提出明确要求。

有关民族立法的学术研究活动也比较活跃。

2012 年 11 月 24 日～25 日，中国民族法学研究会第一次会员代表大会暨学术研讨会在四川省成都市成功举办。来自高校、科研机构和民族工作部门的 53 位中国民族法学研究会会员代表和 30 多名非会员专家学者参加了会议。会议选举产生了中国民族法学研究会理事，表决通过了《中国民族法学研究会章程》和《关于中国民族法学研究会会费标准的决议》。

2012 年 10 月 26 日，湖南省民族立法工作座谈会在长沙召开。会议强调，要突出推动加快发展、促进生态文明建设、科学行使变通权、加强立法队伍建设"四个重点"，做好新形势下湖南省民族立法工作。近年来，湖南省人大及其常委会、各自治地方人大加强《民族区域自治法》配套法规建设，不断完善民族立法工作机制，共修订与《民族区域自治法》相配套的地方性法规 1 件，制定民族自治地方单行条例 7 件，修改自治条例 1 件，修改单行条例 3 件，废止单行条例 2 件，为民族地区科学发展提供了有力的法制保障。

概括起来，上述自治区和各自治地方民族立法活动使民族区域自治制度得到了不断的完善和发展，但是，《民族区域自治法》的规定还是比较原则的，而将其原则性条款具体化的立法仍然显得滞后，在这个方面，还有大量工作要做。①

二 少数民族经济社会建设与发展

2012 年 1 月 5 日，中共中央政治局委员、国务院副总理回良玉在国家民委委员会议上强调指出，2012 年既要立足当前，解决民族地区和少数民族群众最关心、最直接、最现实的问题，又要着眼长远，增强民族地区自我发展能力。同时要高度重视散杂居地区少数民族群众的工作，针对少数民族群众物质和精神上的特殊需要和特殊困难，采取特惠措施，使少数民族群众能够共享经济社会发展的成果。②

---

① 和牟：《当前民族区域自治状况分析》，《人民论坛》2011 年第 29 期。
② 《回良玉强调：促进少数民族和民族地区加快发展》，中央政府门户网站：http://www.gov.cn/ldhd/2012－01/05/content_ 2037713. htm。

　　在 2011 年自治区和各民族自治地方经济社会建设和发展的基础上，2012
年，国家继续增加对民族自治地方基础设施建设的资金投入，重视民族自治地
方的生态建设和环境保护，加大对少数民族贫困地区的扶持力度。同时，加大
对民族自治地方卫生事业的投入力度，提高少数民族地区人民群众的医疗保障
水平。大力发展少数民族文化事业，积极开展少数民族特色文化活动；加强少
数民族文化的对外宣传、交流与合作；加大对民族自治地方教育、科技、资源
开发等的援助和扶持力度，大力培养少数民族干部和知识、技术人才。尊重少
数民族的风俗习惯，适应和满足各少数民族生产生活特殊用品的需要，实行特
殊的民族贸易和民族特需用品生产供应政策。加大国家的投资建设力度是民族
区域自治的基本保障，能够真正实现社会主义的目标，实现民族平等和繁荣。

　　根据民族地区的实际，坚持国家帮助、发达地区支援、民族地区自力更生
相结合，党和国家制定和出台了一系列重大政策，在一系列优惠政策支持下，
民族地区的经济社会建设得到了有力的推进。2012 年自治区和各自治地方较
重大的推进经济社会建设政策和措施列举如下：

　　2012 年 2 月，国务院为推进实施《兴边富民行动规划（2011—2015）》，
批复成立兴边富民行动协调小组。国家民委为协调小组组长单位；国家发展改
革委、财政部为副组长单位；外交部、教育部、科技部等 27 个部门为成员
单位。

　　将珞巴族、高山族、赫哲族、塔塔尔族等人口在 30 万以下的 28 个民族列
入《扶持人口较少民族发展规划（2011—2015）》扶持范围。2012 年 8 月 21
日~23 日召开的全国扶持人口较少民族发展经验交流会上提供的数据显示，
仅 2011 年，各省区已启动实施项目 1800 多个，安排扶持资金 23.4 亿元。

　　2012 年 7 月，国务院办公厅印发《少数民族事业"十二五"规划》，提
出了"十二五"时期民族地区经济发展主要指标增速高于全国平均水平、民
族地区人民生活水平大幅提高、民族地区基本公共服务能力显著增强等目标。

　　2012 年 5 月 30 日，国务院常务会议讨论通过了《全国游牧民定居工程建
设"十二五"规划》。"十二五"时期，要深入推进游牧民定居工程，基本解
决尚未定居的 24.6 万户、115.7 万游牧民的定居问题。

　　2012 年 5 月 30 日，第三次全国对口支援新疆工作会议在北京召开。这次

会议的主要任务是深入贯彻落实中央新疆工作座谈会和前两次全国对口支援新疆工作会议精神，总结新一轮对口支援新疆工作全面实施以来取得的成绩和经验，研究解决存在的困难和问题，部署当前和今后一个时期对口支援新疆工作，进一步推进新疆跨越式发展和长治久安。

2011 年底国务院批准实施《武陵山片区区域发展与扶贫攻坚规划（2011—2020 年）》，明确国家民委为武陵山片区扶贫攻坚工作联系单位。国家民委决定，从 2012 年至 2016 年，在国家民委系统选派约 380 名优秀干部和高级专业技术人员，到武陵山片区相关市州和县市区开展工作。2012 年 3 月 20 日，首批 77 名联络员奔赴武陵山片区各地开展工作。① 相关工作也陆续展开：召开武陵山 4 省市民委负责人会议，研究部署联系工作；成立国家民委武陵山片区区域发展与扶贫攻坚试点联系工作领导小组；开展武陵山片区经济社会发展统计监测和干部培训；研究制订武陵山片区推进民族团结进步创建活动方案；等等。②

2012 年 6 月 28 日，在贵州省黔西南布依族苗族自治州兴义市，国务院扶贫开发领导小组召开滇桂黔石漠化片区区域发展与扶贫攻坚启动会。国务院扶贫开发领导小组组长回良玉强调指出：一要抓好片区内各级规划的编制和实施，落实资金来源和项目安排；二要保障和改善民生，确保贫困群体优先受益；三要大力恢复林草植被，探索石漠化综合治理和扶贫开发相结合的途径；四要加快建设一批特色农产品生产基地，开拓一批旅游精品线路，加强劳动力就业培训与服务，提升贫困地区自我发展能力；五要加强边境地区扶贫开发，在政策和资金方面给予特殊支持。

2012 年 4 月 20 日～21 日，7 月 17 日～18 日，第二届全国民族自治县（旗）科学发展经验交流会分别在云南省石林彝族自治县（南方片会）和吉林省前郭尔罗斯蒙古族自治县（北方片会）召开。③ 会议分析了自治县（旗）发展面临的新形势新任务，交流了各县（旗）近年来在科学发展中形成的共

---

① 《第一期国家民委派驻武陵山片区联络员培训班在京举行》，中国经济网：http://district. ce. cn/zg/201203/15/t20120315_ 23160879. shtml。

② 《逾 300 亿资金将投向武陵山片区》，《中国民族报》2012 年 5 月 25 日。

③ 《第二届全国民族自治县（旗）科学发展经验交流会（南方片会）召开》，http：//www. seac. gov. cn/art/2012/4/21/art_ 38_ 153329. html；《第二届全国民族自治县（族）科学发展经验交流会（北方片会）在吉林召开》，http：//www. seac. gov. cn/art/2012/7/18/art_ 5962_ 161507. html。

识，研究了"十二五"期间推动自治县（旗）科学发展经验交流工作，促进各民族共同团结奋斗、共同繁荣发展的思路和举措。会议指出，民族自治县（旗）的科学发展，对民族地区乃至整个民族工作都有着举足轻重的影响。会议认为，民族自治县（旗）要实现科学发展，就要做到底数清，把握县情、准确定位；做到思路明，科学规划、发挥优势；做到平台优，用好政策、整合资源；做到抓手实，打造品牌、依托项目；做到人心齐，民族团结、社会和谐；做到队伍强，建设班子、培养干部。只有这样，民族自治县（旗）的科学发展事业才能不断前进，才能永葆生机和活力。

2012 年 8 月 21 日 ~ 23 日，全国扶持人口较少民族发展经验交流会在黑龙江省佳木斯市召开。这次会议的主要任务是，总结交流一年多来实施扶持人口较少民族发展"十二五"规划的情况和经验，进一步明确任务和责任，研究部署工作，推动扶持人口较少民族发展工作深入开展。人口较少民族所在的13 个省区以及新疆兵团民委、发改委、财政厅、人民银行分支机构、扶贫办，上海市民宗委，黑龙江省、佳木斯市政府有关负责同志，国家民委、国家发展改革委、国务院扶贫办有关司局负责同志，参加了这次会议。会议要求，有关省区和有关部门进一步提高认识，正确把握扶持人口较少民族发展面临的新形势、新任务；进一步加强组织领导，明确责任，围绕规划提出的目标和任务，突出重点，狠抓落实；进一步坚持因地制宜，全面加强对人口较少民族发展的分类指导；进一步抓好综合协调和督促检查，确保各项扶持政策和资金项目落到实处，切实抓好扶持人口较少民族发展"十二五"规划的各项工作。①

2012 年 9 月 11 日 ~ 12 日，全国社区民族工作经验交流会在江苏省南京市召开。会议认为，改革开放以来，我国工业化、城镇化快速推进，少数民族人口分布格局和各民族交往格局发生了深刻变化，民族工作格局也随之变化调整，呈现出少数民族聚居地区和散居地区及城市并重的局面。特别是随着社区这个基本社会单元的发展壮大，民族工作的基础和重心日益向基层延伸，社区民族工作的地位和作用愈加凸显。会议要求，加强和改进社区民族工作，以巩

---

① 《全国扶持人口较少民族发展经验交流会在佳木斯市召开》，国家民委政府网：http：// www. seac. gov. cn/art/2012/8/22/art_ 31_ 163903. html。

固和发展平等、团结、互助、和谐的社会主义民族关系为目标，以保障少数民族平等权益为核心，以加强基层基础工作、健全体制机制为保障，结合实际，努力走出一条具有中国特色的社区民族工作之路。

2012年12月24日，国务院副总理回良玉在国家民委委员全体会议上强调，要认真学习贯彻落实党的十八大精神，牢牢把握重要战略机遇期，进一步加快少数民族和民族地区发展，坚持走中国特色解决民族问题的正确道路，不断开创民族团结进步事业新局面。当前，国内外形势发生深刻变化，民族工作的极端重要性进一步凸显。要坚持和完善民族区域自治制度，着力加快少数民族和民族地区经济社会发展，进一步加大保障和改善民生力度，切实维护民族团结和社会稳定。要进一步建立健全民族工作领导体制和工作机制，形成推动民族工作的强大合力。

2012年11月，少数民族地区农村贫困监测结果发布（2011年）。根据国家统计局报告，民族八省区（内蒙古、广西、西藏、宁夏、新疆五个自治区和贵州、云南、青海三省）农村扶贫对象为3917万人，占八省区农村户籍人口的比重为26.5%，占全国农村扶贫对象的32%。从农村扶贫对象占户籍人口比重看，八省区高于全国13.8个百分点；从八省区农村扶贫对象和农村户籍人口分别占全国比重看，八省区农村扶贫对象占全国的比重（32%）是其农村户籍人口占全国比重（15.3%）的1倍多。在扶贫开发的新阶段，少数民族地区仍是我国扶贫开发工作的重点和难点地区，西南少数民族地区的扶贫开发任务更为繁重。[1]

三　少数民族文化建设与发展

少数民族文化是中华文化的重要组成部分。新世纪以来，国家进一步加大了保护和传承少数民族文化的力度。[2]

---

[1] 《国家民委：2011年少数民族地区农村贫困监测结果》，人民网：http：//politics. people. com. cn/n/2012/1128/c70731 - 19730097. html。

[2] 2012年5月17日上午10时，国务院新闻办举办主题为"中国少数民族文化的发展与成就"新闻发布会，国家民委副主任丹珠昂奔介绍我国少数民族文化保护与传承的新进展。

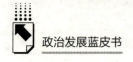

（一）采取的重要举措

1. 立法保障

如《国务院实施〈中华人民共和国民族区域自治法〉若干规定》（2005）和《中华人民共和国非物质文化遗产法》（2011）的颁布，对继承和发展少数民族传统文化、保护民族地区的非物质文化遗产，作出明确规定和部署。

2. 纳入国家发展规划

国家编制、实施的扶持人口较少民族发展、兴边富民行动、少数民族事业等专项规划，都把保护和发展少数民族文化列为重点工程。

3. 制定专项政策

2009 年以来出台一系列优惠政策，这些政策包括：加快和发展少数民族和民族地区公共文化基础设施建设、少数民族新闻出版和广播影视事业，加大对少数民族文艺院团和博物馆建设、少数民族文化遗产等的扶持和保护力度，促进少数民族文化对外交流，等等。

4. 加大资金投入

大多数省、自治区、直辖市都设立了少数民族文化工作专项经费，如云南省级财政每年专列少数民族文化保护经费 2000 万元，重庆市本级及 5 个民族县区财政共设立专项资金近 2 亿元。

5. 加强人才培养

从中央到地方开办了许多艺术院校，为少数民族和民族地区培养了大量人才。

（二）取得的成就

2012 年，少数民族文化发展方面取得了很大成就。

2012 年 1 月 6 日，国家民委民族语文辅助翻译软件成果发布会暨赠送仪式在北京国家会议中心举行。中国民族语文翻译局成功研发了《彝文电子词典及辅助翻译软件》《壮文电子词典及辅助翻译软件》《壮文校对软件》《藏文编码转换软件》和《维哈柯文编码转换软件》等五款民族语文辅助翻译软件，填补了我国民族语文辅助翻译软件研发领域的空白。

2012 年 6 月 7 日~7 月 6 日，第四届全国少数民族文艺会演在北京举行。

2012 年 9 月 19 日，第十届全国少数民族文学创作"骏马奖"举行颁奖典礼，25 部作品获奖。这些获奖作品既有对各民族历史命运的关怀，也有对各族人民现实生存尤其是对农牧民生活的多维度观察和展现。

2012 年 12 月，国家民委印发《少数民族特色村寨保护与发展规划纲要(2011—2015 年)》（以下简称《纲要》），提出"十二五"期间在全国重点保护和改造 1000 个少数民族特色村寨。①

少数民族特色村寨是指少数民族人口相对聚居，且比例较高，生产生活功能较为完备，少数民族文化特征及其聚落特征明显的自然村或行政村。《纲要》提出，重点扶持村寨少数民族人口比例不低于 30%、总户数不低于 50 户、特色民居不低于 50%。重点扶持村寨同时须具有较浓郁的民族风情和较高的文化保护价值，具有较好的区位条件和一定的工作基础。《纲要》提出的保护与发展目标包括：人居环境明显改善，试点村寨的水、电、路、通讯等基础设施基本完善，其中村内道路实现硬化，饮用水安全率达到 100%，广播电视入户率达 90% 以上，特色民居占 80% 以上，环境综合治理机制基本建立；群众收入大幅提高，基本形成"一村一品"的特色产业，且对收入的贡献率不低于 60%，村民人均收入稳步增长，年收入超过所在县平均水平，生活水平不断提高，民生状况进一步改善，自我发展能力进一步增强；村寨基本公共服务体系进一步完善，适龄儿童入学率达到 95% 以上，60% 以上的劳动力享受到相应适用技能培训服务，社会保障实现全覆盖，有条件的村寨建有标准卫生室。

《纲要》强调：（1）加强对民族文化的抢救与保护。积极做好本地区民间文化遗产的普查、搜集、整理、出版和研究，并归类建档、妥善保存。重点抓好民族文化的静态保护、活态传承。通过文化室静态展示传统生产工具、生活用具、民族服饰、乐器、手工艺品，保存民族记忆。鼓励、引导村民将民族语

---

① 《国家民委关于印发少数民族特色村寨保护与发展规划纲要（2011—2015 年）的通知》，国家民委政府网：http://www.seac.gov.cn/art/2012/12/10/art_ 32_ 172694. html。

言、歌舞、生产技术和工艺、节日庆典、婚丧习俗融入日常生活，活态展示民风、民俗，传承民族记忆。（2）加强民族文化的传承与发展。要重视发现、培养乡土文化能人、民族民间文化传承人特别是国家级和省级非物质文化遗产代表性传承人；鼓励民族文化进校园、进课堂；鼓励少数民族文化工作者和社会各界人士参与村寨文化建设和群众文化活动。积极推动民族文化产品开发，通过市场推动文化传承。发挥传统乡规民约在传承民族文化中的作用，提高村民的文化保护自觉性。

自 2009 年国家民委与财政部开始实施少数民族特色村寨保护与发展项目三年来，中央财政投入少数民族发展资金 2.7 亿元，同时吸引多方面资金，在全国 28 个省区市 370 个村寨开展试点，取得了明显成效。

2012 年 5 月 9 日，"春雨工程"全国文化志愿者边疆行在浙江省宁波市启动，40 多支文化志愿团的 1500 多名文化志愿者将奔赴 12 个边疆民族省（区），以及新疆生产建设兵团和湖南、湖北、四川的 5 个少数民族自治州，为当地提供文化服务，各地的文化志愿服务项目将正式组织实施。

"春雨工程"全国文化志愿者边疆行，是由文化部与中央文明办自 2010 年起共同实施的一项文化惠民活动。该活动由内地文化部门组织招募文化志愿者，深入边疆民族地区为当地群众提供文艺演出、讲座培训和文化展览等公益性文化服务。同时，内地文化部门还邀请边疆民族地区的基层文化工作者到内地培训、考察和巡演。

总之，2012 年，少数民族文化发展取得了很大进步，但是，也必须重视少数民族文化发展所遇到的困难和存在的问题。这些困难和问题主要包括：对少数民族事业的基本投入不足，民族地区的公共文化服务体系不健全、不完善；少数民族文化艺术专业的人才缺乏；少数民族文化艺术作品，尤其是高质量的作品供应不足；少数民族文化机构竞争力不强。这些困难和问题，有一些是由于民族地区经济社会发展相对滞后造成的，有一些是属于体制机制层面的问题。①

① 国家民委副主任丹珠昂奔在 2012 年 5 月 17 日国务院新闻办举办的主题为"中国少数民族文化的发展与成就"新闻发布会上，对我国少数民族文化保护与传承的新进展的介绍。

四 少数民族干部队伍建设与发展

加强各民族的团结，促进少数民族和民族地区的加快发展，关键是大力培养造就一支高素质的少数民族干部队伍，这是解决民族问题的关键。少数民族干部在维护民族团结、促进民族发展方面起着特殊的、不可替代的作用。少数民族干部的状况是衡量民族区域自治制度建设和发展水平的重要标志。

大力培养少数民族干部，是党和国家一以贯之的民族政策。在中华人民共和国成立之初，毛泽东同志就在《关于西北少数民族工作的指示》中强调指出："要彻底解决民族问题，完全孤立民族反动派，没有大批从少数民族出身的共产主义干部是不可能的。"这是新中国成立后少数民族干部工作的主要指导方针。邓小平同志多次强调，办好中国的事情，关键在党，关键在人。改革开放后，国家进一步完善少数民族干部培养选拔制度。1992 年江泽民同志在中央民族工作会议上提出，少数民族干部状况是衡量一个民族发展水平的重要标志，完善民族区域自治，全面贯彻落实《民族区域自治法》的关键，在于大力培养少数民族干部，加强民族地区的干部队伍建设。2005 年胡锦涛总书记在中央民族工作会议上强调，培养、选拔、使用少数民族干部对加快少数民族和民族地区经济社会发展、推进我国民族团结进步事业、维护祖国统一和社会稳定，具有决定性意义。要把这项工作作为管根本、管长远的大事来抓。2009 年胡锦涛总书记在中央民族工作会议上再次强调，要大力培养少数民族干部和各类人才，为我国社会主义物质文明、政治文明、精神文明与和谐社会建设全面发展作出贡献。

2012 年，在加强少数民族干部队伍建设上，自治区和各民族自治地方的做法不尽相同，但都把培养和选拔少数民族干部作为促进经济发展、增强民族团结、维护社会稳定的重要工作。2012 年，这方面比较突出的事例有：

青海省海西蒙古族藏族自治州都兰县坚持"选派储培"并重，一批政治素质高、工作能力强、群众基础好、有发展潜力的优秀少数民族干部进入了各级领导班子。截至 2012 年 2 月，全县所有乡镇领导班子少数民族干部配备率为 100%，科级领导干部中少数民族干部占 48%，89% 的县直部门（单位）

领导班子配备了少数民族干部，其中 19 个部门（单位）的主要领导由少数民族干部担任。①

其"选派储培"的具体做法是："选"，即不拘一格选人才。坚持群众公认和竞争择优原则，把选人视野从党政机关向事业单位和学校等部门和单位延伸。在 2011 年乡镇换届中，全面推行在乡镇和县直部门分别进行全额定向民主推荐的"二次推荐"工作，发现和选拔了一批能力强、素质好、威信高、有发展潜力的"双语"型优秀少数民族干部。2008 年以来，共开展 4 次、14 个职位公开选拔科级领导干部工作，有 6 名少数民族年轻干部通过竞争走上领导岗位，占公选领导干部的 43%。"派"，即下派上派外派。按照《都兰县关于选派乡镇机关干部到村任职管理办法》，将 32 名有发展潜力，但缺乏基层工作经验的优秀少数民族乡镇干部选派到一些重点村、问题村及班子软弱乏力村任职，在提高他们处理和解决复杂矛盾问题能力的同时，也缓解了部分村村干部队伍日益老化、"双强"支部书记来源不足、后继乏人的问题。近年来，先后选派 42 名少数民族大学生村官到村任党支部副书记或村委会主任助理，为村干部队伍注入新鲜血液。近两年选派 8 名少数民族干部到省直机关、州直机关挂职锻炼。另外，有 3 名科级少数民族干部赴浙江嘉兴经济开发区实地挂职锻炼。"储"，即储备少数民族后备干部人才。以机关、乡镇为单位，建立全县科级少数民族后备力量资源库，实行动态管理。目前，共储备科级少数民族后备干部 240 名，并通过跟踪摸底、动态管理、定期考察的机制不断更新人才库，保证科级少数民族干部的"源头活水"。同时，以 2011 年乡镇换届中开展的"全额定向民主推荐"结果为依据，将崭露头角的优秀少数民族人才纳入科级少数民族后备干部人才库，并从中选择有一定基础和潜力的"双语"型优秀人才作为乡镇领导班子成员的后备人选，进行重点培养。"培"，即加强少数民族干部人才培养。将少数民族干部教育培训工作纳入全县干部教育的总体规划，保证乡镇少数民族领导干部每年培训 1 次，村党支部书记和村委会主任每年至少在县委党校培训 1 次，争取三年内将全县少数民族后备干部全部

---

① 《青海省海西州都兰县着力加强少数民族干部队伍建设》，中国民族宗教网：http: // www.mzb.com.cn/html/Home/report/277758 - 1.htm。

轮训一遍。采取"订单式"等培训方式，着力提高少数民族干部的整体素质。在各类培训中，优先考虑和挑选政治素质好、发展潜力大的优秀年轻少数民族干部。两年来，共培训少数民族干部780人次，选派少数民族干部参加各类培训班120人次。

黑龙江省巴彦县（人口由汉族、朝鲜族、回族、蒙古族、壮族等15个民族组成）始终把培养选拔少数民族干部，造就一支适应县域经济发展的干部队伍作为各级领导班子建设的一个重要方面来抓。（1）少数民族干部队伍情况。2012年全县干部总数为563人，其中少数民族干部11人，占干部总数的1.95%。目前，全县有少数民族乡科级领导干部11人，占同级干部数534人的2.1%。少数民族县级党代表11人，占代表总数294人的3.74%，县级人大代表17人，占代表总数253人的6.72%，县政协委员中少数民族13人，占委员总数256名的5.08%。（2）少数民族干部培养选拔的主要做法。第一，高度认识少数民族干部工作的重要性。近年来，巴彦县委高度重视少数民族干部工作，坚持把这一工作作为增强民族团结，维护社会稳定，促进经济社会发展的战略任务来抓。充分认识培养选拔少数民族干部的重要性和必要性，以高度的历史责任感和使命感，加强对少数民族干部培养选拔工作的领导，进一步建立和完善培养选拔机制，加大少数民族干部选配工作力度。第二，继续加大少数民族干部选拔的倾斜性。以深化干部人事制度改革为着力点和突破口，制定培养、选拔规划，建立培养、选拔少数民族干部工作长效机制，进一步落实倾斜措施。坚持德才兼备标准的同等条件下，对少数民族干部实行优先培养深造，优先推荐提名，优先选拔使用。2012年提拔的52名干部中，少数民族干部1名，占提拔人数的1.9%。第三，继续加强少数民族干部培训的普遍性。以党校为培训教育主阵地，全面提高少数民族干部的整体素质。2012年以来，共举办各类培训班9期，培训干部1227人次，其中，少数民族干部15人次。第四，充分利用少数民族干部储备的区域性。进一步健全和完善少数民族后备干部制度，按一定比例储备少数民族后备干部，充分利用少数民族人口区域性集中的特点，把少数民族干部培养重点放在洼兴镇、巴彦港镇，在后备干部选拔上对少数民族干部进行单独推荐。（3）少数民族干部培养选拔工作存在的不足。第一，少数民族干部来源不足。由于少数民族人口少，底子薄，虽然在招录公务员和招聘事业单位人员时给予了政策倾斜，但进入公务员队伍和事业干部队伍的人数依然不多。第二，少数民族干部的培养机制不完善。少数民族干部的教育培训缺乏系统和针对性，大都以党校短期培训为主，脱产学习等长期培训的人数不多，在内容上重政治理论培训，轻专业技术培训，教育培训效果不明显。第三，少数民族干部自身素质存在差距。部分少数民族干部平时不注重提高自身素质，进取心不足，工作无新意。一些少数民族干部到基层锻炼少，工作经验不足，虽担任一定职务，但能力有待提高。①

贵州省黔东南州榕江县为全面了解掌握本县少数民族干部现状，加强少数民族干部队伍建设，开展了少数民族干部培养与选拔工作调研活动。

榕江县有侗、苗、水、瑶、布依、壮、土家等17个世居少数民族，少数民族占全县总人口的84.63%。据统计，全县少数民族干部510人。按职级划分：有副科级以上干部511人，其中县处级35人（党委9人，其中苗族6人，侗族2人，布依族1人；政府班子7人，其中苗族3人，侗族1人，布依族1人；人大班子7人，其中苗族2人，侗族4人，水族1人；政协班子8人，其中侗族5人，苗族1人，瑶族1人，水族1人），乡科级475人。按照年龄划分：45岁以下公务员259人，45岁以上公务员251人。按照性别划分：男性429人，女性81人。按照文化程度划分：具有研究生学历10人，大学本科学历280人，大专以下学历220人。按照政治面貌划分：中共党员440人，无党派70人。榕江县加强培养选拔少数民族干部的具体做法：一是领导重视，县委、县政府先后下发了《关于进一步加强培养选拔少数民族干部工作的实施意见》《关于进一步加强民族工作，加快少数民族和民族地区经济社会发展的实施意见》，明确提出要大力培养选拔少数民族干部，要求各级组织、统战、民族、人社部门要共同制定规划、共同组织实施、共同教育培养、共同考察选拔、共同督促检查，推动少数民族干部队伍建设制度化、规范化。二是强化培训，不断提高少数民族干部队伍综合素质。对少数民族干部要按照"缺什么补什么"的原则进行重点培养，建立少数民族后备干部队伍储备库。2010年

---

① 《巴彦县2012年少数民族干部培养选拔工作情况报告》，中共巴彦县委组织部巴彦县党员干部现代远程教育网：http://www.cc.ccoo.cn/webdiy/854-83681-21505/newsshow.asp?id=83681&cateid=723793&nid=982423。

以来共培训少数民族干部 100 余人次。采取下派挂职、外派锻炼、轮岗训练等办法，培养了一批政治强、业务精、素质好的少数民族干部。三是政策倾斜，为少数民族干部施展才干创造条件。在公开选拔、竞争上岗和配备领导干部时，适当放宽少数民族干部条件，事业单位考录工作人员时，在同等条件下优先录取少数民族考生。同时调研中也发现存在的问题：一是少数民族干部储备数少，水族、瑶族干部更少，水族、瑶族干部储备少直接影响到民族乡的换届选举工作；二是科级干部交流程度低，因主体民族干部储量少，所以 6 个民族乡的乡长基本上是在民族乡之间轮流打转，到县级机关部门轮岗的极少；三是来源渠道狭窄，主要表现在大中专毕业生毕业就业与社会就业并轨之后，几乎阻断了少数民族干部的主要来源渠道。①

甘肃省天祝藏族自治县为了认真贯彻落实《武威市中长期少数民族人才队伍培养发展实施方案》和《天祝县中长期人才发展规划（2011—2020年）》，结合实际，制定了《天祝县中长期少数民族人才队伍培养发展方案》（以下简称《方案》）。《方案》提出，到 2016 年，全县少数民族人才总量达到5015 人，年均增长 8.76%，到 2020 年达到 6435 人，年均增长 6.43%；少数民族人才素质大幅度提高，人才工作体制机制健全完善，人才使用效能明显提升；少数民族人才培养开发力度显著加大，工业经济、特色产业方面的少数民族人才总量大幅度增长，努力把该县建设成全省少数民族人才培养开发的先导区和示范区。《方案》从大力引进少数民族急需紧缺人才、加强少数民族干部选拔使用、提升少数民族人才整体素质、争取人才智力援助力度、完善少数民族人才政策机制等五个方面提出了具体措施。《方案》从建立少数民族干部挂职锻炼和人才培养基地、建立民族院校大学生社会实践基地、完善少数民族干部选拔使用机制、鼓励少数民族人才提升学历层次等方面入手，进一步补充完善了各类制度，明确了牵头部门和责任单位的具体职责，对定期分析、评估、监测、考核等提出了相关要求。②

① 龙见岩：《关于榕江县少数民族干部培养与选拔工作调研报告》，黔东南州民族事务委员会黔东南州宗教事务局网：http：//www. qdnzmw. gov. cn/plus/view. php？aid = 1081。

② 《甘肃天祝藏族自治县制定中长期少数民族人才队伍培养方案》，国家民委政府网：http：//www. seac. gov. cn/art/2012/11/30/art_ 36_ 172068. html。

五 民族团结进一步巩固与发展

民族团结是我国处理民族关系的基本原则之一，是坚持民族平等的客观要求，是实现各民族共同繁荣的前提条件。民族团结、民族凝聚力是衡量一个国家综合国力的重要标志之一，是社会稳定的前提，是经济发展和社会进步的保证，是国家统一的基础。

2009年，胡锦涛总书记在国务院第五次全国民族团结进步表彰大会上的讲话强调指出，民族团结进步事业是全社会的事业，需要全社会共同努力，需要全体人民积极参与。全国各级党政机关、乡村、企事业单位、社区、学校、军队等都要自觉地把促进民族团结进步贯穿于自身工作。

在深刻认识民族团结重要性的前提下，2012年，民族团结工作得到了进一步加强。

2012年1月，国家民委会同民政部、国资委相继印发了《关于加强新形势下社区民族工作的意见》和《关于进一步做好新形势下国有企业民族工作的指导意见》，推动民族团结进步创建活动进社区、进企业。

2012年6月27日，在银川召开了全国民族团结进步创建活动经验交流会，对近年来民族团结进步创建经验进行了系统总结和梳理。中共中央政治局常委、全国政协主席贾庆林作出重要批示。中共中央政治局委员、国务院副总理回良玉出席会议并讲话。

贾庆林在批示中指出，民族团结进步创建活动，是在实践中逐步探索形成的推进民族团结进步事业的重要举措和有效载体。要牢牢把握各民族共同团结奋斗、共同繁荣发展的民族工作主题，以这次经验交流会为契机，认真总结各地区、各部门开展民族团结进步创建活动的经验做法，切实推动民族团结进步创建活动广泛深入开展，推进民族团结进步事业繁荣发展，为不断巩固和发展平等团结互助和谐的社会主义民族关系作出新的更大贡献。

回良玉强调，做好民族工作是事关国家团结统一和长治久安的重大任务。各地区、各有关部门要进一步增强开展创建活动的责任感和紧迫感，推动创建活动更加广泛、深入、持久地开展。一要把创建活动与激发少数民族和民族地区加快发展的积极性紧密结合起来，推动国家支持民族地区发展的政策、相关规划的贯彻落实和创新发展。二要把创建活动与保障和改善民生紧密结合起来，大力发展教育、卫生、文化等社会事业，促进各族群众的就业，让各族人民进一步共享改革发展成果。三要把涉及民族因素的矛盾纠纷化解作为创建活动的重要任务，建立推进民族团结的长效机制。四要把加强民族团结宣传教育作为创建活动的重要抓手，促进各民族互相信任、互相尊重、互相学习、互相帮助。五要把创建活动作为民族工作创新发展的重要契机，大力推进民族领域的社会管理创新。回良玉要求，各地要为创建工作提供更加坚实的组织保障，健全组织领导、协调配合、监督检查、考核评价、经费保障等机制，不断把创建活动引向深入。

2012 年 6 月 27 日，国家民委政法司与国家公务员局考核奖励司在成都市联合召开起草《全国民族团结进步模范评选表彰办法》征求意见会，交流各地开展民族团结进步表彰和创建活动的情况，讨论《全国民族团结进步模范评选表彰办法（征求意见稿）》。会议认为，制定出台《全国民族团结进步模范评选表彰办法》，进一步完善民族团结进步激励机制，推动民族团结进步表彰活动制度化、规范化，十分必要，非常及时。会议从进一步细化评选表彰条件、完善操作程序、明确表彰内容和模范个人待遇等几个方面，对《全国民族团结进步模范评选表彰办法（征求意见稿）》提出了具体的修改建议和意见。

2012 年，在加强民族团结方面，自治区和各自治地方主要在如下两个方面展开工作：一是深入开展民族团结宣传教育，切实打牢民族团结进步创建的思想基础和群众基础。把民族团结的内容纳入村规民约、文明家庭和文明村民评选标准，增强各族群众珍惜和维护民族团结的自觉性。二是深入开展民族政策、民族知识和民族法律法规的宣传教育，强化各族群众的法制意识、公民意识，依法维护其合法权益，及时妥善处理影响民族团结的矛盾纠纷。一些比较有代表性的措施和做法如：

2012 年 11 月，云南各州市为深入贯彻落实党中央、国务院对云南民族工作的决策部署和省委、省政府第九次党代会精神，加紧制定《建设民族团结进步边疆繁荣稳定示范区实施意见》。

一是及时传达、认真学习，准确把握示范区建设的精神实质。各州市采取召开常委会、民族宗教工作领导小组会、民族工作部门会和参加全省视频动员会等形式，及时传达学习全省示范区建设会议精神，将各级思想统一到省委省政府的决策部署上来。

二是广泛调研、反复论证，抓紧制定出台示范区建设实施意见。成立由州市统战部、民族工作部门组成的调研组负责工作调研、文件起草、征求意见、审核报批等工作。丽江市、楚雄州已出台《建设示范区实施意见》；文山州、红河州、西双版纳州、德宏州、玉溪市、临沧市、昭通市、曲靖市经反复征求有关单位和部门意见，已将《建设示范区实施意见（送审稿）》报州市委常委会或政府常务会审批；普洱市民宗局已将《建设示范区实施意见（征求意见稿）》印发各有关单位和部门；昆明市已完成调研报告阶段，并代市委起草了《示范区主要任务分工细化方案》。年内，各州市将制定出台《建设示范区实施意见》。

三是明确目标，推进示范区建设发展。各州市制定或即将出台的《建设示范区意见》具有符合实际、明确目标、明确责任、突出重点、彰显特色、措施具体的特点。丽江市提出：从 2013 年起至 2020 年，每年由市财政安排910 万元建设资金，突出丽江民族工作特色，深入开展示范区建设。楚雄州提出：公开选拔、任用领导干部时，少数民族干部不得少于三分之一，力争到2016 年全州建设 5 个州级民族团结进步示范县，50 个民族团结进步示范乡镇，150 个民族团结示范村和一批民族团结进步示范单位。

2012 年 12 月，中共大理州委、大理白族自治州人民政府制定出台了《关于建设民族团结进步繁荣稳定幸福示范区的意见》（以下简称《意见》），明确了建设示范区的重要意义、总体思路和目标，突出抓好的六项工作重点和四条保障措施，全面系统规划了大理州示范区的建设蓝图，具有三个鲜明的特点：

一是符合云南省委、省政府文件精神。《意见》贯穿了《云南省委省政府关于建设民族团结进步边疆繁荣稳定示范区的意见》和省委、省政府召开的建设云南民族团结进步边疆繁荣稳定示范区动员大会精神，是省委、省政府决策部署在大理州的具体贯彻和落实。

二是体现了大理州的实际。提出了"抓样板、带中间、强帮扶"的思路。

抓样板，每年打造50个示范区建设样板村，到2020年实现400个样板村和永建地区"五好八高"，即经济发展好、村容整洁好、民主管理好、村风民俗好、邻里和睦好，群众生活水平高、居民综合素质高、人居环境质量高、社会文明程度高、民生保障能力高、生产组织层次高、服务管理效率高、特色文化活力高，培育示范区建设样板，发挥辐射带动作用，推动中间村加快发展。强帮扶，采取上级补助、群众投工投劳的方式，2013～2015年突出大理州9个世居人口较少民族和周边结合部、县与县结合部1225个自然村，全面夯实发展基础，全部实现"五通八有"，即通水、通电、通路、通广播电视、通信息，有安居房、有高稳产基本农田、有增收致富产业、有村内道路硬化、有乡村亮化设施、有公共卫生厕所、有垃圾收集处理池、有综合活动中心；2016～2020年加快发展步伐，力争边远、山区和少数民族地区农民人均纯收入达到全州平均水平。突出抓好基础设施建设、培育发展特色经济、保护发展民族文化、推进生态家园建设、加快民族人才培养、巩固团结和谐局面六项重点工作，实现发展基础、对外开放、群众生活、民族和谐四大跨越。

三是体现了大理州委、州政府的决心和信心。大理州加大对示范区建设的财政投入力度。2013～2015年，积极争取和整合资金努力打造"五好八高"样板村。投入9个世居人口较少民族、周边结合部和县与县结合部自然村"五通八有"建设资金11亿元（不包括通电和通信专项费用），其中，向上级争取资金5亿元，全州财政投入资金2亿元左右，部门整合资金3亿元，群众自筹1亿元，专项用于示范区基础设施建设。2016～2020年，计划投入示范区建设资金18亿元，主要用于培植支柱产业、加快发展步伐。建立完善民间投入激励机制，鼓励和支持民营企业参与示范区建设，动员全社会力量广泛参与，充分发挥群众建设主体作用，形成加快发展的强大合力。

2012年9月，青海省委办公厅转发青海省民族团结进步工作领导小组拟定的《关于进一步加强民族团结进步宣传教育工作的意见》（以下简称《意见》），就进一步加强民族团结进步宣传教育工作提出意见。① 《意见》提出，

---

① 《青海出台〈关于进一步加强民族团结进步宣传教育工作的意见〉》，国家民委政府网：http：//www.seac.gov.cn/art/2012/9/27/art_36_166951.html。

民族团结进步宣传教育要紧紧围绕"建设民族团结进步示范区，创造更加幸福美好新生活"的主题。按照因地制宜、分层施教的原则，全面加强对各级干部、各族群众、青少年学生、社会从业人员、宗教教职人员的宣传教育。《意见》明确了宣传教育的主要内容。深入开展爱国主义，社会主义法制，维护社会稳定，党的民族宗教理论，民族宗教政策，各民族团结友爱、相互尊重风俗习惯，民族地区经济社会发展巨大成就和青海省第十二次党代会关于建设民族团结进步示范区战略部署的宣传教育。

2012年10月，湖南省为贯彻落实《国家民委关于推进武陵山片区创建民族团结进步示范区的实施意见》精神，拟定了《推进武陵山片区创建民族团结进步示范区的实施意见》（以下简称《意见》）。[①] 该《意见》力争使湖南省武陵山片区创建民族团结进步示范的工作走在全国前列。《意见》中明确了推进武陵山片区创建民族团结进步示范区的主要任务：

一是要认真贯彻执行党和国家的民族政策法规。始终坚持和完善民族区域自治制度，支持自治地方完善自治条例和单行条例，加快少数民族权益保障、民族文化传承与保护等方面的立法和政策制定。

二是大力推动武陵山片区经济社会发展。认真贯彻落实有关民族优惠政策，推动社会事业全面进步。

三是不断繁荣少数民族文化事业。加大少数民族特色村寨保护与建设力度，加大少数民族文化资源保护和传承力度。

四是积极开展民族团结进步创建工作。推动民族团结进步表彰活动制度化、规范化，有计划、有步骤地创办国家、省、市、县级民族团结进步示范点；各级民族团结进步示范点要制定切合实际的示范点建设规划和特色鲜明、具体可行的创建工作主题，广泛、深入地开展民族团结进步创建工作。

五是努力促进区域民族关系和谐发展。强化民族关系监测评估，妥善处理矛盾纠纷，加强少数民族流动人员服务管理。着力加强基层社会管理平台建设，认真做好社区、乡镇和国有企业的民族工作。

---

① 《湖南出台〈推进武陵山片区创建民族团结进步示范区实施意见〉》，《民族论坛》2012年第23期。

六是切实加强少数民族干部人才培养。按照有关要求合理配备少数民族干部人才，进一步优化少数民族干部人才结构。加大教育培训、交流力度，进一步提高少数民族干部人才的工作能力。

《意见》中强调了推进武陵山片区创建民族团结进步示范区的六项保障措施，包括组织领导机制、宣传教育机制、协调配合机制、应急维稳机制、监督检查机制和经费保障机制。同时，要求充分发挥民委委员单位、武陵山片区联络员和民族联谊会的作用，确保各项工作顺利开展。

2012 年 12 月，丽江市为贯彻落实中共云南省委、云南省人民政府《关于建设民族团结进步边疆繁荣稳定示范区的意见和贾庆林主席调研云南时的重要讲话精神》，在全省率先制定出台了《中共丽江市委丽江市人民政府关于把丽江建设成为云南省民族团结进步共同繁荣发展示范区的实施意见》（以下简称《实施意见》），明确了"做出十二大示范，实现三大跨越，2015 年初步建成示范区，2020 年全面建成示范区"的建设目标。

《实施意见》提出：从 2013 年起至 2020 年，每年由市财政安排 910 万元建设资金，突出丽江民族工作特色，深入开展示范区建设。一是民族团结进步创建活动专项经费 600 万元，每年建成一批民族团结进步示范基地。二是民族特色村寨保护与发展经费 100 万元，每年打造 2 个民族特色村寨，使每个世居民族都有一批具有本民族特色、地域特点及时代特征的村寨。三是城市民族工作专项经费 100 万元，打造丽江特色城市民族工作路子。四是少数民族劳动者素质提高工程专项经费 50 万元，开展少数民族劳动技能培训，增强群众自我发展能力。五是少数民族干部培训专项经费 30 万元，组织开展少数民族干部的对外交流培训，组织少数民族参观考察团赴发达地区和少数民族地区交流学习，组织开展民族宗教知识、民族宗教政策和法律法规的培训，进一步提高少数民族干部的综合素质和自身能力。六是宗教工作三支队伍建设经费 30 万元，加强分管宗教工作的党政领导干部、宗教工作干部、宗教界人士三支队伍建设，提高宗教工作科学化水平。①

---

① 《丽江出台建设民族团结进步共同繁荣发展示范区实施意见》，国家民委政府网：http：//www. seac. gov. cn/art/2012/10/10/art_ 36_ 167556. html。

B.6
共产党领导的多党合作制度的
建设与发展

张献生 肖照青*

摘 要:

　　本文对2012年我国多党合作制度的建设与发展进行系统分析,着眼中国共产党地方党委换届和民主党派的政治交接,着重就树立和践行社会主义核心价值体系、巩固多党合作共同思想政治基础、合理配置政治资源以及加强党外代表人士队伍建设等方面进行描述,反映了我国社会主义和谐政党关系的巩固和拓展。

关键词:

　　共产党的领导　多党合作　政党关系

　　2012年是我国政治发展进程中具有重要意义的一年。中国共产党胜利召开第十八次全国代表大会,在新的历史起点上继续推进中国特色社会主义伟大事业,为我国多党合作制度的改革与发展注入了新的内涵,提出了新的要求。中国共产党省、市、县、乡四级党委进行换届,一大批优秀党员干部走上新的领导岗位;部署开展"基层组织建设年"活动,在创先争优活动中突出加强基层组织建设,确立了未来五年党的建设的组织基础。各民主党派中央和地方组织进行换届,在新老交替基础上实现政治交接,形成了政治坚定、结构合理、团结合作、工作高效的新一届领导班子;深入开展践行社会主义核心价值主题教育活动,民主党派的思想建设、组织建设和制度建设得到全面加强。思

---

* 张献生,中央统战部副秘书长、四局局长,主要研究领域为统一战线和多党合作理论;肖照青,中央统战部研究室副处长,主要研究领域为统一战线理论。

想上同心同德、目标上同心同向、行动上同心同行，成为新时期多党合作的重要思想政治基础；从理论政策上对多党合作中政治资源合理分配进行研究探讨；深入贯彻中共中央关于加强党外代表人士队伍建设的意见，全面加强党外代表人士的培养、使用和管理，我国和谐的社会主义政党关系得到巩固和发展。

一　中国共产党的建设与发展

中国共产党是中国特色社会主义的坚强领导核心，在我国多党合作和国家政治生活中处于领导和执政地位。办好中国的事情，关键在党；推进多党合作事业蓬勃发展，关键也在党。目前，中国共产党已从最初的50多名党员发展到8200多万党员，党的队伍空前壮大，面临的考验也更加突出。在我们这个十几亿人口的发展中大国，党在推进改革开放和社会主义现代化建设中肩负任务的艰巨性、复杂性、繁重性世所罕见。2012年，中国共产党着眼"确保党始终成为中国特色社会主义的坚强领导核心"，以改革创新精神全面推进党的建设新的伟大工程。

（一）高标准做好地方党委换届工作

根据中央统一部署，全国省市县乡四级党委从2010年12月到2012年7月初，自下而上进行集中换届。到中共十八大召开之前，全国31个省（自治区、直辖市）、374个市（州）、2789个县（市、区、旗）、33368个乡镇党委全部顺利完成换届。

这次换届，是在加快转变经济发展方式、推进科学发展的关键时期进行的，是党和国家政治生活中的一件大事。为做好这项工作，中共中央多次召开会议进行专题研究，并下发了《关于全国省、市、县和乡四级党委换届自下而上、适当集中安排的通知》。中组部专门召开全国省、市、县、乡党委换届工作座谈会，并会同中纪委等单位，切实做好指导和监督工作。各级党委和纪检机关、组织部门发扬民主、推进改革、严肃纪律，形成了一个"好报告、好班子、好风气"。这次换届有四个鲜明特点。

1. 坚持重点配备，优化班子结构

选好配强领导班子，是换届工作的重要环节。在换届考察中，围绕建设善于领导科学发展的坚强领导集体，既注重优化班子结构，又注重班子成员能力素质的要求，着力增强领导班子的整体功能与合力，大力选拔政治坚定、实绩突出、作风过硬、群众公认的干部。

换届后，新一届地方党委班子面貌一新、特点鲜明：一是"一把手"素质过硬。省级党政正职均担任多年省部级领导职务，具有多岗位工作经历，政治立场坚定，工作经验丰富，领导能力突出，群众认可度高；市级党政正职中，66.8%的干部具有下一级党政正职经历；县级党委正职中，86.4%的干部具有县级班子或乡镇领导工作经历。二是有基层经历的干部增多。省级新提名常委中，担任过市县党政正职的占63%，从基层成长起来的占61.6%；市、县两级常委中，具有基层工作经历的分别占51.7%、66.1%；乡镇党委班子中，有1658名大学生村官、2897名村干部。三是干部交流力度加大。省级班子中，交流干部约占一半；市、县、乡党政正职和关键岗位干部，也多数由交流干部担任。四是领导班子结构合理。省级党委班子均配备了50岁以下的干部、45岁左右的干部；市级班子中43岁以下干部占11.9%；县级班子中40岁以下干部占20.3%；乡镇班子中，35岁以下干部占32%。省、市、县党委班子中，女干部的数量分别比上次换届增加了12.1、3.3、12.2个百分点；少数民族干部分别增加8.7、11.5、7.3个百分点；充实了一批熟悉党务、经济、社会管理等方面的干部，班子整体合力增强。①

2. 坚持改革精神，增强干部队伍活力

坚持五湖四海、任人唯贤，坚持德才兼备、以德为先的用人标准，坚持民主、公开、竞争、择优的原则，坚持走群众路线，进一步提高选人用人的公信度和人民群众的满意度。

德为官之魂。首要考察干部的德，通过各种方式和途径，努力把干部的德考核准、考察实。全面、历史、辩证地评价干部的德，重点是看能否遵守党的

---

① 徐京跃、周英峰：《全国省市县乡四级党委换届圆满完成》，《人民日报》2012年7月31日，第4版。

政治纪律，在思想上政治上行动上与党中央保持高度一致，对党的理论路线方针政策和中央决策部署认真贯彻执行，在大是大非面前清醒坚定，对人民群众满怀真情，在急难险重任务面前挺身而出，对个人名利淡泊处之，在道德操守上模范遵守。科学考察干部的才，树立正确的政绩观，把科学发展实绩作为考核主要内容，避免简单地把 GDP、发展速度等作为评价干部政绩的主要依据。注重考察干部的廉，每个干部的廉洁从政情况都要有纪检监察机关提出具体意见。

巩固领导班子配备改革成果。全国共精简市委常委 111 职、副书记 16 职，县委常委 886 职、副书记 168 职。引入竞争择优机制，采取公开选拔等方式集中选拔优秀干部，坚持把最优秀、最适合的干部选配到关键岗位。加强后备干部队伍建设，储备了一批年轻干部、女干部、少数民族干部等结构需要的人选。

3. 坚持发扬民主，保障党员权利

把换届作为进一步推进党内民主建设的实践，全面提高党员和代表民主参与程度。既充分发扬民主，认真落实群众对干部选用的知情权、参与权、选择权、监督权，防止和纠正"一把手"和少数人说了算，又针对一些单位干部推荐中的拉票和简单以票取人等问题，采取更加有力的预防和纠正措施，做到尊重民意与正确集中相统一，使干部选拔任用过程既体现科学的民主程序又体现组织的遴选把关作用。

一是扩大干部考察中的民主。在坚持以往好做法好经验的基础上，进一步增强民主推荐、民主测评的科学性、真实性。特别是"对新一届班子成员人选进行全额定向推荐，对现任班子成员进行民主测评、民主评议，合理确定参加人员范围，科学分析和运用推荐测评结果。确定换届人选既考虑民主推荐结果，又注意干部的一贯表现，防止简单以票取人。对新提名人选实行差额提名、差额酝酿、差额考察"。① 市、县党委换届中，大多数地方还在媒体上对考察对象进行了公示。

---

① 徐京跃、周英峰：《全国省市县乡四级党委换届圆满完成》，《人民日报》2012 年 7 月 31 日，第 4 版。

二是扩大代表产生中的民主。注重增强代表的先进性和广泛性，坚持自下
而上、上下结合，反复酝酿、逐级遴选。逐步扩大差额选举比例，"省级党代
表选举的差额比例由上次换届的26.4%提高到28.7%，市、县党代表差额比
例平均为22.3%、21.7%，均高于'不少于20%'的规定。来自一线的代表、
女代表分别由31.2%、22.4%提高到33.4%、25.8%，少数民族代表占到
14.2%"。①

三是扩大党代会报告形成中的民主。报告形成前，通过专题调研、召开座
谈会等多种形式，到各级领导干部、基层党组织以及社会各界中广泛征求意
见；会议期间，组织与会代表对报告进行充分讨论审议，认真做好代表提案受
理和答复工作。

四是扩大选举中的民主。适当提高党委委员、候补委员候选人差额比例，
"省、市、县平均差额比例分别为11.9%、14.9%和11.3%，均高于'不少于
10%'的规定"。② 为加深代表、委员对候选人的了解，各地认真做好人事安
排说明，创造有利于他们充分表达意愿的条件。

4. 坚持正风肃纪，树立正确导向

2010年底，中央纪委、中组部联合下发《关于严肃换届纪律保证换届风
清气正的通知》，明确提出"5个严禁、17个不准、5个一律"的纪律要求。
2012年2月份，中央纪委、中央组织部专门组织召开视频会议，对严肃换届
纪律深入整治用人上不正之风进行再推动、再部署，要求严格执行组织人事工
作纪律特别是换届纪律，坚决整治跑官要官、买官卖官、拉票贿选和换届前突
击提拔干部等问题，坚持做到：严明纪律毫不松懈，公开监督毫不松懈，从严
查处毫不松懈，推进改革毫不松懈。中组部会同中纪委先后派出16个督导组，
到31个省区市对换届风气进行督导。加大查处力度，实行违反换届纪律举报
查核专办制度，发现一起、查处一起、通报一起，先后向全国通报了11起违
反换届纪律的案例。各级领导干部发挥表率作用，带头遵守换届纪律，带头抵

① 徐京跃、周英峰：《全国省市县乡四级党委换届圆满完成》，《人民日报》2012年7月31日，
第4版。
② 徐京跃、周英峰：《全国省市县乡四级党委换届圆满完成》，《人民日报》2012年7月31日，
第4版。

制歪风邪气，为换届营造了良好环境。

省区市党代会代表对换届风气普遍表示满意，认为"很好""好"的分别占94.1%、5.4%。2012年全国组织工作满意度调查结果表明，选人用人公信度和组织工作满意度明显提高，分别为78.30分、79.96分，比2011年分别提高了2.20分、1.43分，比2008年分别提高了11.36分、6.39分，防止和纠正用人不正之风为78.08分，比2011年提高了2.06分。

（二）加强换届后领导班子思想政治建设，提高推动科学发展、促进社会和谐能力

在新的形势下，中国共产党面临着执政考验、改革开放考验、市场经济考验、外部环境考验，存在精神懈怠的危险、能力不足的危险、脱离群众的危险、消极腐败的危险。领导干部是否具有坚强的思想政治素质，关系到我们党能否经受考验、战胜风险。换届后，一大批干部特别是年轻干部走上新的岗位，给各级班子增添了新鲜力量，但也有不少同志缺乏严格的党内生活锻炼和复杂环境的考验，欠缺领导科学发展的经验。因此，换届后，各级党委把提高成员的思想政治素质作为班子建设的重点，采取了一些具体措施。

一是切实加强党性教育。加强中国特色社会主义理论体系学习教育，引导党员干部坚持立党为公，执政为民，树立正确的世界观、权力观和政绩观，特别是要正确对待是与非、公与私、真与假、实与虚，着力解决这四个方面存在的问题，努力做到克己奉公、一心为民，对党忠诚老实，对事业高度负责。

二是加强能力建设。2012年3月，中组部专门下发了《关于加强换届后领导干部任职培训的通知》，这是中组部首次专门就换届后领导干部的任职培训下发文件，强调要突出抓好新一届党政正职培训和新进领导班子成员任职培训。各地各部门按照通知要求，围绕科学发展主题和加快转变经济发展方式主线开展专题培训，围绕岗位责任、岗位知识和岗位规范抓好履职能力培训，提高领导科学发展、驾驭复杂局面、维护社会稳定的能力。

三是加强作风建设。深入开展马克思主义群众观教育，大兴调查研究之风，推动各级领导干部下基层、察民情、听民意、解难题，密切党同人民群众的血肉联系。江苏省委在全省开展领导干部下基层了解民情民意、破解发展难

题、化解社会矛盾，促进干群关系融洽、促进基层发展稳定、促进机关作风转变，推动各级干部科学发展向上攀登、联系群众向下扎根。

四是加强民主集中制建设。领导班子要健全集体领导和常委分工负责制，完善新一届全委会、常委会议事规则和决策程序，提高领导班子议事决策水平。领导班子主要负责同志要当好"班长"，以宽阔的胸襟发扬民主，以科学的方法进行集中，以负责的态度实施监督。加强领导班子自身建设，自觉运用团结—批评—团结的方式，进一步提高解决自身问题的能力。

（三）积极稳妥推进干部人事制度改革，提高选人用人公信度

深化干部人事制度改革，是坚持和完善中国特色社会主义政治制度的内在要求，是提高选人用人公信度目标的根本举措。在中央精神指导下，各地干部人事制度改革破浪前行，在出科学发展导向、出先进生产力、出干部积极性、出群众满意度上产生了显著效应。

1. 选人用人导向更明确

甘肃省提出，把最优秀最适合的干部用在最关键的岗位，用在最能出生产力的地方，用在最重要的增长极和新的增长点，用在最复杂和困难的部位。山西则注重"赛场选马"，注重在科学发展主战场，在急难险重任务面前，在应对复杂局面、处置疑难问题的关键时刻，在新形势下群众工作的现实考验中，识别和选拔干部。河南省强调，重群众公认但不简单以推荐票取人，重干部"四化""德才"但不简单以求全和年龄文凭取人，重干部政绩但不简单以一时一事的数字取人，重公开选拔但不简单以笔试和面试取人，重干部资历但不简单以任职年限取人，真正把那些政治坚定、有真才实学、实绩突出、群众公认、履职尽责的干部选拔上来。

2. 素质要求更具针对性

湖南省高度重视提高各级领导做意识形态工作的能力，尤其是同媒体打交道、运用和应对网络媒体的能力，做到善待善用善管媒体。内蒙古、新疆等省区要求，增强党员干部新形势下依法办事和应急管理、舆论引导、新兴媒体运用等工作的能力。黑龙江省强调，要加强干部能力培养和实践锻炼，选派干部到重点建设工程、艰苦边远地区、复杂工作环境和基层一线接受锻炼。广东省

着力完善从优秀工农群众中选拔公务员和培养领导干部的机制，推进以重视基层导向、加强基层历练为主要内容的"双基建设"，把长期驻村驻企作为培养锻炼干部的重要方式。

3. 培养选拔年轻干部备受关注

江苏省综合运用定向选拔、破格使用和关键岗位锻炼等举措，促进优秀年轻干部脱颖而出。湖北省从2011年开始实施"年轻干部成长工程"，工程实施周期为五年，计划培养各类各层级优秀年轻干部7.6万名，其中，省级1000名，市（州）级5000名，县（市、区）级2万名，乡镇（街道）一级选拔培养村（社区）主职后备人选5万名左右，畅通了年轻干部成长"快车道"。青海省实行年轻干部一线成长计划，搭建年轻干部干事创业平台，鼓励和引导年轻干部扎根基层、服务基层、奉献基层。

（四）深化创先争优活动，全面加强党的基层组织建设①

抓基层、打基础是关系巩固党的执政根基的大事。为深化创先争优活动，中央确定2012年为基层组织建设年，中组部专门下发了《关于在创先争优活动中开展基层组织建设年的实施意见》，要求以"创先争优迎十八大"为主题，着力解决基层党组织建设中的突出问题，把基层组织建设年办成群众满意工程。

1. 明确总体要求和主要目标

基层组织建设年按照"抓落实、全覆盖、求实效、受欢迎"的工作要求，坚持因地制宜，分类指导，有序推进。主要实现以下目标：基层党组织战斗力进一步提升，转化一批后进党组织，提升一批一般党组织，巩固扩大一批先进党组织。基层党组织书记素质进一步提升，选任渠道不断拓宽，教育培训得到加强，服务发展、服务民生、服务群众的能力不断增强。党员队伍生机活力进一步提升，发展党员质量得到提高，教育培训和管理服务得到加强，激励关怀帮扶机制逐步完善，党员党性观念和党员意识不断增强。基层基础保障水平进

---

① 杜榕：《在创先争优活动中开展基层组织建设年——中央组织部负责人答记者问》，《人民日报》2012年2月8日，第2版。

一步提升，党务工作力量不断壮大，报酬待遇有稳定保障，经费投入力度进一步加大，活动场所建设得到加强，基层党建工作信息化深入推进。基层党建制度化水平进一步提升，现有制度得到落实，新兴领域党建工作制度逐步健全，基层党组织工作规范化、活动经常化、决策科学化水平不断提高。

2. 全面提升各领域党建工作

抓住基层组织建设年的有利契机，以农村、社区、非公有制经济组织和社会组织为重点，加强分类指导，使各领域基层党建工作全面提升。在农村，全面落实"一定三有""四议两公开"，抓好后进村集中整顿，提升村级组织建设水平。深入推广"文建明工作法"，加强乡镇党委书记队伍和领导班子建设，健全乡镇党委科学化运行机制。加强大学生村官工作，完善培养、管理、使用政策，促进作用发挥。加强农民专业合作社党建工作，助推农业产业化和农民增收致富。在社区，深入推进"三有一化"建设，巩固提高直辖市、计划单列市和省会城市区域化党建成果，突出抓好省辖市、县城社区党建工作。重视加强村改社区、新建小区党建工作。推进高校毕业生进社区工作。推行网格化管理、组团式服务，不断提高社区党组织社会管理能力和服务群众能力。在非公有制经济组织和社会组织，着力完善党建工作领导体制，不断扩大党的组织和工作覆盖，探索开放式党组织活动，推进党群共建，开展"双强六好"非公有制企业党组织创建活动，促进党组织作用有效发挥。认真抓好其他领域基层党建工作。深入开展国有企业"四强四优"创建活动，进一步完善发挥党组织政治核心作用的工作机制。完善高校党委领导下的校长负责制，突出抓好青年教师队伍思想政治建设。以事业单位分类改革为契机，全面推进科研、文化、卫生、体育和中小学等事业单位党建工作。继续开展"三亮三比三评"，深入推进窗口单位和服务行业为民服务创先争优。

3. 总结表彰、大力推动

基层组织建设年活动开展，涌现了一大批先进典型。江苏把薄弱村党组织转化提升作为基层组织建设年的重要着力点，从2012年5月起，集中开展"百日攻坚千村升级"行动，省级机关抽调182名干部到薄弱村进行挂钩帮扶，南通、徐州等地从市县乡机关选派1250名政治素质强、发展能力强的优秀干部到薄弱村任书记或"第一书记"，帮助抓班子、带队伍、促发展，扎实推进全省1516个薄弱村党组织整改提高，取得积极成效，至当年9月已有1241个实现晋位升级。① 湖南省常德市在推进基层组织建设年活动中，选派1万余名熟悉党务工作的党员进入非公企业，帮助组建党组织，开展党的活动。按照"谁负责组建，谁负责选派"的原则和"自主申报、双向选择"的方式，确保每个非公企业至少有1名党建指导员联系指导。截至2012年4月，全市新建非公企业党组织1458个，符合组建条件的非公企业党组织组建率达100%。6月28日，全国创先争优表彰大会隆重召开，表彰了1000个基层党组织、100名共产党员、100个县（市、区、旗）党委，进一步推动了基层创先争优活动的深入开展。

二　我国民主党派的建设与发展

我国多党合作事业的巩固和发展，既取决于中国共产党领导水平和执政能力的提高，也取决于民主党派自身建设和综合素质的增强。中国共产党的领导和执政水平，在多党合作中具有决定性的意义，不仅决定着多党合作的发展方向、兴衰成败，也决定着多党合作制度功能作用的充分发挥。特别是多党合作是以民主党派的存在发展为前提和基础的，民主党派的自身素质如何，对我国多党合作的整体水平和事业发展至关重要。民主党派只有跟上时代前进的步伐，大力加强自身建设，提高参政党履职能力，才能真正体现和发挥共产党领导的多党合作和政治协商制度的特点和优势。

中共中央高度重视民主党派自身建设，以构建和谐政党关系为主线，以巩固多党合作的政治共识为根本，大力支持和协助各民主党派加强自身建设。结合2012年民主党派工作实际，中国共产党协助各民主党派着力做好中央和省级组织换届，深入开展学习践行社会主义核心价值体系活动，努力建设一支有较高政治素质、有广泛代表性、有较大社会影响、有较强参政议政能力的代表人士队伍，为多党合作事业发展奠定坚实的思想和组织基础。

---

① 《树高千尺扎厚土——江苏省基层组织建设纪实》，中国共产党新闻网：http://dangjian.people.com.cn/n/2012/0906/c1。

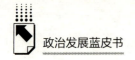

（一）民主党派中央和地方组织完成换届，在新老交替基础上实现政治交接

各民主党派省级组织和中央先后于 2011 年下半年和 2012 年进行换届。这次民主党派换届工作，是在我国经济社会发展处在新的历史起点、改革发展进入关键时期进行的换届，是在国际形势继续发生深刻变化、我国对外开放不断扩大条件下进行的换届，也是在统一战线和多党合作事业蓬勃发展、同时面临许多新情况新问题形势下进行的换届，是民主党派又一次重要的组织更替和政治交接，对于巩固多党合作的政治格局至关重要。

为搞好这次民主党派换届，明确换届的指导思想是：坚持以邓小平理论和"三个代表"重要思想为指导，深入贯彻落实科学发展观，着眼多党合作事业的可持续发展，按照《中共中央关于进一步加强中国共产党领导的多党合作和政治协商制度建设的意见》精神，继续推进制度建设，深化学习践行社会主义核心价值体系活动，切实加强民主党派领导班子建设，健全完善民主党派后备干部队伍建设的工作机制，进一步巩固和发展社会主义和谐政党关系。在换届过程中，坚持德才兼备、以德为先，代表性强、公认度高的标准，注重年龄、知识、阅历的合理搭配和优势互补，进一步优化民主党派领导班子结构，保持各自特色，增强班子整体功能。重点选好配强领导班子正职，统筹考虑人选代表性和选拔任用的资格条件，把政治坚定、专业突出、群众认可的合适人选选拔出来。注重搞好政治交接，不断增进政治共识，确保新一届领导班子成员始终与中国共产党思想上同心同德、目标上同心同向、行动上同心同行。

截至 2012 年 11 月，全国 30 个省区市的 210 个民主党派省级组织换届任务全部完成。换届后的民主党派省级组织，领导班子结构更加优化，综合素质显著提升，成员结构进一步改善，在积极稳妥地进行新老交替的同时，进一步巩固和发展了政治交接成果。主委、副主委中，具有大学以上文化程度的均达到 98% 以上；年龄构成更趋合理，基本形成了以 50 多岁同志为主体的领导班子，主委的平均年龄为 54.7 岁；界别分布更加均衡，较好地体现了各党派的界别特色，主委中在高校、科研单位中任职的占 38.8%，担任人大、政府、政协领导职务的占 49.8%，专职从事民主党派工作的占 3.8%；履职经验丰富、参政能力强，新一届省级主委中，很多人拥有丰富的从政经历，曾经或现任当地政府部门实职或正职。

中共十八大后，各民主党派中央相继召开全国代表大会进行换届。为做好换届工作，各民主党派坚持把政治思想教育放在首位，深入开展学习践行社会主义核心价值体系、"重温历史、同心同行"等学习教育活动，集中宣传老一辈民主党派领导人的崇高风范，打牢换届的思想政治基础；着力推进后备干部队伍建设，各民主党派省级组织加大对民主党派骨干成员的培训，充实后备干部队伍为换届提供充足的优秀人才储备；充分发扬民主，各民主党派新提名副主席人选民主推荐中，各民主党派中央主席、副主席和常委均参加投票推荐，有关党派中央常委参加推荐谈话，扩大了人事酝酿的民主参与，提高了人选的公信度；严肃换届纪律，发挥民主党派内部监督机制的作用，为换届工作营造风清气正的环境。

2012 年 11 月下旬 ~ 12 月中旬，各民主党派召开全国代表大会进行换届，中共中央分别向各民主党派发了贺信，政治局常委分别出席会议。换届后产生的民主党派中央新一届领导班子，党派特色鲜明，补充了一批符合各党派特色的高层次专家学者；综合素质提高，有两院院士 11 人，具有博士学位的 57 人，并遴选了一批复合型人才；结构比较合理，有专家学者、行政领导干部和党务工作者；平均年龄 58 岁左右；地区分布适当。

这次民主党派换届，依据民主党派章程有关规定，首次实行"任期制"，即"各级领导干部在同一职务上连任一般不超过两届，最多或者特殊情况下不超过三届"。任期制的实行，是民主党派民主建设的重要举措，是推进民主党派组织干部制度改革的又一重要探索，对建立健全民主党派中央和地方组织领导班子成员正常退出机制，加强参政党自身建设，实现多党合作事业可持续发展具有重要意义。

第一，有利于实现民主党派领导干部与党政领导干部在人事制度上的衔接。实行党政领导干部任期制是干部人事制度改革的一项重要内容。中共十六大报告指出："实行党政领导干部职务任期制……对实现干部队伍的新老交替和新陈代谢，对提高干部队伍整体素质具有十分重要的作用。"新中国成立以来，民主党派组织内部的干部制度经历了从实际存在的领导职务终身制到废除

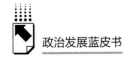

领导职务终身制，再到逐步推行任期制的过程。从 2002 年开始，领导职务任期制被正式写入各民主党派章程。2007 年，各民主党派在章程中重申了这一规定。这次换届中"任期制"的具体实践，既是对各民主党派章程规定的落实，也实现了与中共领导干部任期制的对接。

第二，有利于形成正常的进退机制。实行任期制后，民主党派领导班子成员有了一条制度化的正常进退渠道。有助于在民主党派内部形成一种共识：进是对代表性人物能力的承认和肯定；退是给更有能力优势和年龄优势的成员施展才能的机会。进与退，都是正常现象，都有利于事业发展。从而使长期存在的领导班子成员能上不能下的问题有效化解，按制度进退的工作机制逐步形成。

第三，有利于民主党派组织内部新陈代谢。实践证明，民主党派领导班子成员任职时间过短，不利于其领导作用的充分发挥；民主党派领导班子成员任职时间过长，容易造成惰性心理，使一些有能力有作为的年轻干部没机会走上领导岗位。实行任期制，可以为更多的民主党派骨干成员、代表性人士发挥作用提供舞台，使民主党派领导层面不断吐故纳新，始终保持生机活力。

（二）树立和践行社会主义核心价值体系

社会主义核心价值体系以马克思主义指导思想为灵魂，以坚持中国特色社会主义共同理想为主题，以坚持中国特色社会主义道路为根本，集社会主义价值理念之大成，是社会主义制度的精神内核，是党和国家事业发展的方向指引，是引领社会文明进步的精神动力。树立和践行社会主义核心价值体系，是民主党派光辉历程的昭示，是参政党长远发展的呼唤，是关系多党合作事业发展的基础工程、灵魂工程。民主党派在树立和践行社会主义核心价值体系中，既遵循普遍要求，又体现党派特色，努力做到"坚持道路、同舟共济、参政为民、传承进步"。①

1. 坚持道路，就是坚定走中国特色社会主义政治发展道路

发展道路问题是一个国家、一个民族最根本的问题，选择什么样的发展道

① 杜青林：《深刻领会和把握民主党派树立践行社会主义核心价值体系的基本内涵》，《人民日报》2010 年 8 月 27 日，第 8 版。

路，就选择了什么样的未来。中国特色社会主义道路，既是中国共产党和各民主党派共同探索的道路，也是要共同坚持的道路。各民主党派通过深入了解近代中国发展的曲折历程和新中国成立后的巨大变化，引导广大成员始终坚定社会主义共同理想，努力做到在纷繁复杂的形势下，在各种风险和严峻挑战面前，信仰坚定，立场鲜明，无论在任何时候、任何情况下都坚持中国特色社会主义，不迷惘、不动摇；通过回顾总结多党合作的历史道路，结合改革开放特别是我国成功应对国际金融危机的实践，深刻认识我国社会主义政治制度和政党制度的特点和优势，深刻认识我国社会主义政党制度与西方资本主义议会制和多党制的本质区别，自觉维护中国共产党与各民主党派团结合作的政治格局。

2. 同舟共济，就是与中国共产党同心同德、团结奋斗

团结合作、荣辱与共、肝胆相照，是各民主党派与中国共产党在长期合作中形成的优良传统和弥足珍贵的政治财富。在民主革命时期，各民主党派与中国共产党同奋进、共担当，共同经历血与火的考验；在改革开放中，各民主党派与中国共产党同呼吸、共命运，共同致力于现代化建设和祖国和平统一大业。在新的历史条件下，各民主党派与中国共产党共同推进中国特色社会主义伟大事业，形成了深化改革开放、促进科学发展、维护和谐稳定的强大合力。在帮助中国共产党加强党的建设的同时，全面加强参政党思想、组织和制度建设，使执政党建设与参政党建设相互促进，在国家富强、人民幸福、民族振兴中合作共赢。

3. 参政为民，就是把实现人民利益作为发挥参政党作用的根本出发点

人民利益是党和国家的最高利益，无论是中国共产党还是各民主党派，都要把维护、实现和发展人民利益作为根本出发点和落脚点。各民主党派作为参政党，始终把为国利民、服务社会作为价值追求，在政治协商中，充分反映社情民意，使其在党和国家方针政策与法律法规中得到合理体现。在参政议政中，通过考察调研、建言献策，推动科学发展，促进社会和谐，自觉维护广大人民群众利益。在民主监督中，着眼中国共产党更好地执政为民，积极提建议、作批评，密切党与人民群众的联系，巩固人民政权的群众基础。

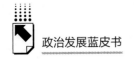
4. 传承进步，就是弘扬优良传统、不断与时俱进

民主党派既是具有悠久历史和优良传统的政党，只有注重传承，才能薪火永续，也是具有现代性的社会主义参政党，只有顺应时代，才能发展进步。各民主党派在传承中巩固团结和谐的政党关系，努力发扬爱国、民主、团结、创新的优良传统，使之成为与中国共产党团结合作的精神动力，在共同推进中国特色社会主义事业、共同建设人民幸福的美好家园中，不断巩固多党合作健康发展的根基；在发展中赋予优良传统时代特色，用实现政治交接的要求来诠释老一辈的高尚风范，用社会主义核心价值体系来升华优良传统的内涵，用实现"中国梦"的目标来深化多党合作的实践，不断开创多党合作的新局面。

在实践活动中，各民主党派坚持思想教育与发挥作用相统一，坚持继承传统与弘扬时代精神相结合，坚持典型示范与整体推进相统筹，取得了显著成效。

一是把开展学习践行活动的过程作为服务科学发展和提升自身素质的过程，在提高思想认识中更好地履职尽责。各民主党派领导班子率先垂范、带队宣讲，环环紧密衔接，层层广泛参与，使活动不断向深度和广度拓展。两年多来，共举办报告会、座谈会2700多场，各层次培训班2100多个，发表文章、学习体会5200多篇，共同思想政治基础更加巩固。台盟紧紧围绕国家中心工作和两岸关系发展大局，发挥自身特点和优势，在着力推动两岸交流方面下工夫，加强了与岛内中南部专业人士和基层民众的联络。以中华文化为切入点，通过参与举办"海峡论坛""海峡两岸闽南文化节"等品牌活动，增强两岸同胞文化认同，共同弘扬中华优秀文化传统。

二是发挥好老一辈留下的宝贵政治资源，着眼新时期民主党派成员的特点，增强精神感召的针对性和实效性。通过纪念中国共产党成立90周年和民盟成立70周年、农工党成立80周年，组织开展"重温历史·同心同行"主题教育。民建中央在孙起孟同志逝世后，召开了追思会，制作了《追思起孟》专题片，举办了《纪念孙起孟同志诞辰100周年》展览。民进把学习缅怀雷洁琼同志，作为学习践行社会主义核心价值体系的重要内容，通过多种形式，寄托哀思和敬仰，缅怀和弘扬老一辈的优秀品质和崇高风范，进一步增强坚持中国共产党领导、走中国特色社会主义政治发展道路的主动自觉。

三是从身边人、身边事中发现树立典型，以鲜活的事例促进情感共鸣、实现激励带动，推动学习践行活动全面深入开展。组织"身边的榜样"先进事迹报告会，宣传代表性人物，特别是开展向杨佳同志学习活动，召开 23 场座谈会、报告会，2 万多人现场聆听，社会反响强烈。民盟注意总结学习宣传广大盟员中的先进代表人物，如国家最高科学技术奖获得者吴征镒、徐光宪、谷超豪、吴良镛院士。全国范围内共树立民主党派先进人物 4600 多名、先进集体 1800 多个，极大激发了广大成员学行并进、参政为民的热情。充分利用中央主流媒体和统一战线媒体，开辟"民主党派树立和践行社会主义核心价值体系"专栏，制作专访、拍摄专题片，形成宣传的集群效应，营造良好的舆论氛围。学习践行活动已成为各民主党派唱响主旋律、扩大影响力的重要窗口。

（三）加强民主党派代表人士队伍建设

　　民主党派代表人士，主要是指自觉接受中国共产党领导，坚持走中国特色社会主义政治发展道路，政治品质和道德品行好，在本领域本专业造诣深、实绩突出或担任一定领导职务，热爱民主党派工作，在民主党派成员中和社会上具有较高的认同度和影响力，能够发挥团结引领作用的民主党派人士。其涵盖范围主要包括：民主党派各级组织领导班子和领导机构成员，在人大、政府、政协及政府工作部门、司法机关、民主党派机关、国有企事业单位担任县处级（或相当于县处级）以上领导职务的民主党派成员，在人民团体和有关社会团体担任一定职务并发挥较大作用的民主党派成员，省辖市级以上人大代表、政协委员，以及有其他代表性的专家学者、社会知名人士等。

　　加强民主党派代表人士队伍建设，是坚持和完善中国共产党领导的多党合作和政治协商制度的基础工程，是推进党外代表人士队伍建设的重要组成部分。做好这项工作，对于加强参政党建设、巩固和发展社会主义和谐政党关系、保证多党合作事业持续发展具有重要战略意义。为深入贯彻《中共中央关于进一步加强中国共产党领导的多党合作和政治协商制度建设的意见》，全面落实中央关于加强党外代表人士队伍建设的部署，中央统战部于 2011 年下发了《关于加强民主党派代表人士队伍建设的实施意见》，就加强民主党派代

表人士队伍建设提出明确要求。坚持党管干部与尊重民主党派自主权利相统一，既要贯彻党的人才工作、干部工作方针政策，坚持德才兼备、以德为先的选人用人标准，又要尊重民主党派参政党地位和独立处理内部事务的权利，充分发挥民主党派组织在代表人士队伍建设中的作用。坚持教育培训与实践锻炼相促进，既要把增强政治共识作为教育培养的核心贯穿于民主党派代表人士队伍建设的全过程，又要树立以人为本的理念，通过多渠道、多层次、多岗位特别是关键岗位的历练，提高代表人士的能力素质。坚持体现特色与优化结构相结合，既要支持民主党派发展和培养符合各自特色的代表人士，又要适当发展其他方面的高层次人才，不断优化队伍结构，努力做到数量充足、素质优良、结构合理，充分发挥作用。

在民主党派代表人士队伍建设中，各级党委和统战部门着眼多党合作的长远发展积极协助，各民主党派中央认真筹划、研究举措、合力推进，民主党派代表人士队伍建设有了一个良好开局。

一是积极推荐和物色优秀人才。针对目前民主党派代表人士队伍中高层次人才匮乏，有的代表性不强的问题，有关部门在统筹配置党外人才资源中，有意识、有计划地把一些优秀人才留在党外发挥作用，充实民主党派代表人士的来源。在党外人士比较集中的高校、科研院所、国有大中型企业及政府部门、社会团体等，建立民主党派代表人士工作联系点，积极向民主党派推荐优秀人才，重点是两院院士、国家特聘专家、长江学者、省（部）级以上重点学科带头人、省（部）级以上重大奖项和荣誉称号获得者，以及有发展潜力的中青年骨干。支持民主党派从新的社会阶层、海外留学归国人员等新领域发展符合本党派特色的代表人士。充分发挥无党派人士作为民主党派组织发展蓄水池的作用。关注各类高层次的人才计划项目，协助民主党派物色、吸纳优秀人才。

二是强化教育培训。突出政治共识教育，将中国特色社会主义理论体系、社会主义核心价值体系、统一战线和多党合作方针政策、多党合作优良传统，作为教育培训的主要内容，提高代表人士的政治把握能力，巩固共同思想政治基础。党委统战部与民主党派组织联合举办重点培训班，实行联合调训。支持民主党派结合实际开展自主培训。民主党派代表人士每五年内，参加教育培训累计不少于一个月，后备干部至少参加一次重点班次的培训，各级领导班子成员参加任职培训。近五年来，共举办民主党派骨干培训班、专题研讨班50多期，培训代表人士3000多人。

三是健全工作机制。在党外人士比较集中的单位和领域，建立民主党派代表人士联系和推荐机制。在研究制定民主党派代表人士队伍建设等具体政策措施时，建立党委统战部与组织部和政府人事部门定期沟通、协同配合的工作机制。同时，建立中央统战部、各民主党派中央、省级党委统战部的三方协调机制，分析人才状况，统筹资源配置，形成整体合力。研究创新民主党派代表人士的系统培养、综合评价、有序推荐、合理使用的工作机制，加强代表人士队伍数据库建设，形成培养、储备、使用有机结合的工作格局，提高民主党派代表人士队伍建设的科学化水平。

三　多党合作制度的建设与发展

中国共产党领导的多党合作和政治协商制度，作为中国特色社会主义政治发展道路的重要体现，在长期的发展过程中，不断得到巩固、完善和发展。2012年，中国共产党和各民主党派以深入践行"同心"思想，不断巩固多党合作的思想政治基础；研究探讨多党合作政治资源合理配置，巩固发展多党合作的政治格局；大力加强党外代表人士队伍建设，努力建设一支数量充足、结构合理、素质优良、作用突出的党外代表人士队伍。多党合作稳步有序发展，显示出蓬勃生机和旺盛活力。

（一）以"同心"丰富和深化团结合作的政治基础

2011年1月30日，中共中央在中南海召开党外人士迎春座谈会，胡锦涛同志在会上明确指出："中国共产党成立以来90年波澜壮阔的历史和实践充分证明，思想上同心同德、目标上同心同向、行动上同心同行，是中国共产党领导的多党合作和政治协商制度最鲜明的特质，是我们不断夺取革命、建设、改革事业胜利的有力保证。"这是第一次鲜明提出"同心"的重要价值和深刻内涵，是对多党合作理论的深刻总结和最新发展。

　　"同心"深刻揭示了多党合作的本质。中国共产党和民主党派的性质、构成和角色不同，之所以能够在革命、建设和改革不同历史时期始终团结合作，共同携手奋斗，经历了各种考验，根本就在于中国共产党始终与各民主党派、无党派人士同心同德。同心不是简单的同一，不是在各个方面都完全一致，而是在多党合作中，思想认识虽有差异，但目标始终如一，团结牢不可破；在政治参与中，政治意见虽有不同，但坚持平等协商，始终保持和谐。"同心"是我国多党合作制度的"中国品格"和社会主义民主的"中国气派"的集中体现。

　　"同心"凝结了多党合作的基本方针。长期以来，中国共产党和各民主党派、无党派人士在团结合作中，始终遵循长期共存、互相监督、肝胆相照、荣辱与共的基本方针。这个基本方针，体现了中国共产党与各民主党派、无党派人士在命运上始终生死与共，在事业上始终共存共荣，在利益上始终相互依存，在情感上始终水乳交融。"同心"思想集中体现了多党合作基本方针的精髓，从根本上回答了长期共存的根基所在，互相监督的目的所系，肝胆相照、荣辱与共的保障所依。只有真正做到"同心"，多党合作基本方针才能长期坚持，才能收到实效。

　　"同心"体现了多党合作的政治优势。广泛民主与集中领导的统一，尊重多数与照顾少数的统一，团结稳定与充满活力的统一，是我国多党合作制度的独特优势，也是与西方多党竞争政党制度的显著区别。这一政治优势的形成和发挥，都建立在"同心"的基石上。因为"同心"，中国共产党才有宽阔的胸怀和雅量，听得进不同意见甚至是尖锐批评和逆耳之言；因为"同心"，各民主党派、无党派人士才有真诚的态度和胆量，敢于说真话、讲实话，使中国共产党和各民主党派在多党合作中，各展其长形成叠加优势，各得其所积蓄更大潜力。

　　"同心"明确了多党合作的目标方向。我国多党合作中的"同心"，不仅是思想上的共识、认识上的一致，而且具有目标上的共同、行动上的协同。"同心"既基于历史，更着眼未来，还立足于现实，从理念到实践层层深入，从认识到行动步步推进。思想上同心同德，就是要以中国特色社会主义理论体系、政治制度和发展道路为最大共识，增进团结合作的思想政治基础；目标上同心同向，就是要以全面建设小康社会和实现中华民族伟大复兴为奋斗事业，始终沿着中国特色社会主义道路前进；行动上同心同行，就是要在坚持科学发展、促进社会和谐、维护民族团结、实现祖国统一的进程中，民主党派与中国共产党共同推进、共同进步。

"同心"对巩固多党合作政治基础具有重大实践意义。面对改革的不断深化，转变经济发展方式、实现科学发展的新形势新任务，更需要各民主党派、工商联和无党派人士按照"同心"的要求，在围绕中心、服务大局中，深化共识，凝心聚力，发挥作用。

坚定在中国共产党领导下走中国特色社会主义道路的信念。这是中国共产党和各民主党派在长期合作中形成的政治共识，也是践行"同心"思想的根本遵循。在回顾历史中把握"同心"，以纪念中国共产党建党90周年为契机，加强中国革命史、建设史、改革开放发展史和多党合作史教育，充分认识中国共产党的先进性；组织各民主党派中央领导同志赴重庆特园开展"重温历史、同心同行"实地教育，坚定始终与中国共产党携手共进的信念。在主题教育活动中展示"同心"，以社会主义核心价值体系为导向，深入挖掘和学习宣传参政为民、服务社会的先进典型，展示多党合作的新气象新风貌。在科学认识国内外形势中坚定"同心"，正确认识改革过程中出现的新情况新问题，客观分析国际形势发展变化，尤其要认清西亚、北非部分国家社会持续动荡的实质，进一步增强在中国共产党的领导下战胜一切艰难险阻的信心和决心。

着力推动"十二五"规划实施。努力实现"十二五"规划提出的各项任务，推动全面建成小康社会，是当前多党合作的重大任务，也是践行"同心"的题中应有之义。各民主党派找准履职重点，围绕主题主线，就经济结构战略性调整、保障和改善民生、加强和创新社会管理等重大问题，调查研究、建言献策；体现履职特色，围绕"同心"品牌，大力开展助推发展、改善民生、智力支持、生态建设和示范带动五大工程，不断扩大受益面和影响度；提升履职水平，以科学发展观为指导，紧紧抓住改善民生、造福人民这个重点，不断提升推动经济社会发展的水平和能力。民盟的灾害与社会管理专家论坛、海洋经济论坛、民盟高等教育和基础教育研讨会等，已成为民盟持续多年的参政议政工作品牌。台盟密切关注两岸经济合作框架协议签订后两岸经贸合作状况，

协助政府落实好各项决策部署，维护广大台胞的合法权益。民进以"同心·彩虹行动"为品牌，集聚全会的智慧和力量，积极参与智力支边和社会服务工作。

推进协商民主的制度化建设。胡锦涛同志在中共十八大报告中指出："社会主义协商民主是我国人民民主的重要形式。要完善协商民主制度和工作机制，推进协商民主广泛、多层、制度化发展。"① 通过协商的方式实现民主是中国共产党和中国人民对民主形式的伟大创造，这是多党合作的鲜明优势和显著特色。在多党合作和政治协商中，着眼体现协商民主的广泛性，最大限度地包容和吸纳各种利益诉求，使社会各群体中的个别分散的意见、愿望和要求，通过协商渠道得到系统综合地反映，使统一战线成为党团结人民和更加有效地治理国家的重要领导方式和执政方式；着眼提升协商民主的有序性，即通过制度化规范化建设，健全完善运行机制和工作机制，坚持协商于决策之前和决策过程之中，努力使协商民主更加有章可依、有序可循；着眼提升协商民主的有效性，更加注重深入实际、深入群众，更加注重集思广益、群策群力，更加注重发挥专业优势、深入研究问题，以建言献策的高质量和有用性，提升参政议政的水平。民革中央 5 年来共向中共中央、国务院报送重要专题书面建议 40 余件，20 多件得到中共中央领导同志的批示，有些还被吸纳到相关文件政策中；向全国政协提交集体提案 180 多件，大会发言 20 多篇，反映社情民意信息报送近 2000 件，产生了良好的社会影响。民建《积极推进武陵山区经济协作区建设，促进民族地区经济社会发展》《关于六盘山集中连片特困地区的情况与建议》等调研报告得到中央领导批示，很多方面的建议被采纳。"两会"期间，民建与农工党、全国工商联《关于发展实体经济联合提案》，被列为全国政协"一号提案"。

自觉承担构建和谐社会的重要责任。政党关系和谐是"同心"在多党合作中的重要体现，也是推动社会和谐的重要力量。中国共产党和各民主党派以"同心"深化和谐的内涵，不断巩固民主团结、生动活泼的政治局面。深入进

---

① 胡锦涛：《坚定不移沿着中国特色社会主义道路前进，为全面建成小康社会而奋斗》，人民出版社，2012，第 26 页。

行和谐理论研究，以"同心"思想为指引，正确认识共产党与民主党派在政治上领导与接受领导、政权中执政与参政、在中国特色社会主义事业中团结合作的关系；深入推进促进和谐实践，结合在政权中的合作共事，正确处理党外领导干部与中共党组的关系。无党派人士陈竺同志担任卫生部部长期间，自觉贯彻执政党的方针政策，制定实施了《党政班子工作规则》，部务会负责行政领导工作，党组负责政治组织工作，两项工作相辅相成，卫生部形成了党政紧密合作、互相配合支持的领导体制。着眼新形势下加强和创新社会管理，各民主党派就改善民生的社会建设、改革流动人口管理体制、完善信访工作制度、发挥宗教界及社会组织在促进社会和谐中的作用等，深入调查研究，有针对性地提出意见建议，为协调关系、化解矛盾、促进公正、保持社会和谐稳定积极贡献力量。

（二）对多党合作的政治资源合理配置进行研究

政治资源配置，是指一个社会中政治资源总量在各个政治行为主体、各个不同的政治使用方向之间的分配。合理配置，主要着力解决系统增长的无限性与资源供给的有限性矛盾，其任务是在系统平衡的前提下，实现组织的持续发展和资源的永续利用。合理配置多党合作政治资源，有利于发挥参政党作用，提高多党合作效能，发展社会主义民主政治，进一步提升我们党和国家在国际政治舞台上的影响和形象。

经过六十多年的不断探索和发展，我国形成了"共产党领导、多党派合作，共产党执政、多党派参政"的政治格局。新中国成立以来，特别是改革开放后，中国共产党的历史方位发生了深刻变化，由领导人民为夺取全国政权而奋斗的革命党转变为领导人民掌握着全国政权并长期执掌政权的执政党，由受到外部封锁状态下实行计划经济领导国家建设的党转变为全面改革开放条件下实行市场经济领导国家建设的党。这既对作为执政党的中国共产党所掌握的政治资源以及对政治资源配置的理念、方式、途径等有直接影响，也对作为参政党的民主党派所拥有的政治资源以及合理配置产生重要影响。需要执政党立足于世界政党政治发展趋势，从人民民主专政的国体、多党合作政治格局和民主政治发展的高度，多维度来思考和研究我国多党合作政治资源合理配置

问题。

2011 年以来，中央统战部组织民主党派、部分省区市和高等院校，就我国多党合作政治资源合理配置问题进行研究，并针对目前存在的重点难点问题提出了相关政策建议。

1. 把握我国多党合作政治资源配置的原则和特征

多党合作政治资源合理配置，是推进中国特色社会主义事业的必然要求，必须把握四条原则：有利于巩固人民民主专政的国家政权，有利于维护多党合作的政治格局，有利于提高多党合作效能，有利于发展社会主义民主政治。

人民民主专政的国体和多党合作的政治格局，从根本上决定了我国多党合作政治资源配置与西方国家有着本质的区别，具有主导性、包容性、共生性、边界性。

主导性，就是在我国政党制度格局中，共产党是执政党，处于领导地位，不仅占有绝对优势的政治资源，而且在政治资源配置中，具有主导权。因此，政治资源配置必须坚持共产党的领导，体现"党管干部""党管人才"的原则。

包容性，就是人民民主专政国体的本质要求，巩固多党合作政治格局的战略需要，决定了执政党要广泛包容和尊重各民主党派，不仅要"照顾同盟者的利益"，更要充分尊重民主党派的参政党地位，保证民主党派作为参政党的政治权利，合理配置与参政党地位相适应的政治资源。

共生性，就是中国共产党和各民主党派在多党合作中相互依存、合作共赢，"长期共存、互相监督、肝胆相照、荣辱与共"的方针，决定了我国政治资源配置具有共生性的特点，参政党在多党合作政治格局中通过享有一定的政治资源，行使政治权利，履行参政党职能，与执政党团结合作，支持执政党全面提高执政能力；执政党主动考虑民主党派合理的政治资源需求，主动接受民主党派的监督。参政党与执政党互动共生，推动政党关系和谐发展。

边界性，是由我国政党制度的显著特征决定的。主要指多党合作中达成的中国共产党和民主党派配置政治资源的相应范围和界限，具体体现在多党合作中相关的政策规定。如，中国共产党对民主党派的领导，主要是政治领导，即政治原则、政治方向和重大方针政策的领导，同时尊重民主党派的组织独立、政治自由和法律地位平等。民主党派的组织发展，明确了"三个为主"，即以协商确定的范围和对象为主，以大中城市为主，以有代表性的人士为主。民主党派的参政议政，明确了"一个参加，三个参与"，即参加国家政权，参与国家大政方针和国家领导人选的协商，参与国家事务的管理，参与国家方针政策、法律法规的制定和执行。民主党派等党外干部在人大、政府、政协的安排，明确了相应比例和要求，如县级以上人大、政府、政协和司法机关，都要配备党外干部，全国政协委员中党外人士占60%等。①

2. 完善民主党派组织发展的相关政策

民主党派的组织发展政策，是多党合作中政治资源配置的基础，政策性、政治性很强。要继续坚持"三个为主"的发展方针，注重政治素质，坚持发展与巩固相结合，不断完善相关政策。

一是丰富民主党派组织发展"三个为主"的内涵。"三个为主"是中国共产党和各民主党派依据民主党派参政党的性质和定位共同商定的，体现了多党合作制度长期发展的内在要求和政党格局稳定的客观需要，必须长期坚持。在新的时期，应适应时代要求，赋予"三个为主"新的内涵。适当调整民主党派组织发展的界别分工。与国家人才发展趋势相适应，在参考各民主党派目前主体界别分工和长期发挥作用方面形成的传统优势基础上，及时将一些新兴领域的人才纳入到民主党派组织发展范畴，择优发展。重新界定"大中城市"的概念。鉴于改革开放以来，"大中城市"与行政区划级别的关联度越来越小，一些地区县域经济十分发达，经济总量远远超过传统的中等城市，聚集了很多较高层次的专业人才。应以经济发展水平来定位"大中城市"，根据经济社会发展水平和人才分布的实际状况，着眼知识分子向经济发达地域流动的状况，可以考虑民主党派在一些经济文化较发达、知识分子集中的县域有计划有步骤地发展成员。

二是完善发展新社会阶层人士的有关政策。目前，各民主党派都发展了一些新社会阶层人士，包括私营企业出资人。从对他们抽样调查的情况看，80%

---

① 关于我国多党合作政治资源配置的几个特点，主要参考了中国统一战线理论研究会多党合作理论研究小组课题组承担的2011年全国统战理论研究重点课题"民主党派政治资源的合理配置问题"研究的相关成果。

以上的人认同中国特色政党制度，认同中国特色社会主义道路。要进一步完善考察程序，把好"入口关"，避免以经济标准和企业规模代替政治标准和代表性的倾向。要研究安排使用的相关政策。由于新社会阶层人士特别是私营企业出资人政治诉求、经济实力和活动能力较强，部分人政治参与具有功利性。要坚持正确的选人用人标准，在逐步完善相关制度和法律法规的前提下，引导他们有序政治参与。要注意合理分布，继续强调体现特色的原则，主要发展与本党派原有重点分工相关的新社会阶层人士，并明确各自的进一步分工。

三是继续把一部分优秀人士留在党外。中国共产党作为执政党，政治资源相对充足，民主党派作为参政党，也需要相应的政治资源。把一部分优秀人士留在党外，是统一战线的优良传统，也是坚持和完善中国共产党领导的多党合作和政治协商制度的需要。新民主主义革命时期到社会主义现代化建设的新时期，我们党始终坚持把一部分优秀人士留在党外，研究制定了一系列具体政策。当前，民主党派数量增加，总体素质提高，但与中国共产党相比，还显得比较弱。要继续贯彻执行把一部分优秀人士留在党外的政策规定，特别是在高校、科研院所等知识分子比较集中的地方，对一些政治素质好、发展潜力大的优秀人才，有意识地让民主党派去发展，为加强民主党派参政党建设、提高多党合作水平奠定组织基础。

（三）推进党外代表人士的实践锻炼

党外代表人士主要指与中国共产党团结合作、作出较大贡献、有一定社会影响的非中共人士，主要包括民主党派代表人士、无党派代表人士、少数民族代表人士、宗教界代表人士、非公有制经济代表人士、港澳台海外代表人士等。党外代表人士特别是民主党派成员和无党派人士，大多是各领域的专家学者，专业造诣高，整体素质较好，但在成长中普遍缺乏行政岗位锻炼，管理、协调和领导能力相对较弱。这一方面导致推荐任用党外代表人士时缺乏合适人选特别是正职人选，另一方面导致党外代表人士到岗后一时难以适应、认可度不高，从而成为长期制约党外代表人士队伍建设和党外干部安排的"瓶颈"。强化实践锻炼，增强党外代表人士的综合能力，已经成为加强党外代表人士队伍建设的迫切要求和关键环节。为此，2012 年颁布的《中共中央关于加强新形势下党外代表人士队伍建设的意见》明确指出，党外代表人士队伍建设坚持理论培训与实践锻炼相结合，以坚持政治培训为主，把系统开展中国特色社会主义理论体系和社会主义核心价值体系教育作为培训的首要任务。同时，注重强化实践锻炼，使党外代表人士在投身中国特色社会主义事业伟大实践中更好凝集共识，增强合作共事意识，提高服务经济社会发展的素质能力。

为加强党外代表人士实践锻炼，早在 2010 年，中央统战部就专门下发了《关于加强党外代表人士实践锻炼的意见》，在规范已有的考察调研、社会服务、挂职锻炼等行之有效的实践锻炼形式的基础上，积极探索党外代表人士实践锻炼新形式，推动建立党外干部实践锻炼基地，推荐更多的党外代表人士到实践基地挂职锻炼，全面提高党外干部的素质。从 2011 年开始，中央统战部在总结一些省区市探索建立党外干部实践锻炼基地经验的基础上，大胆探索，先试先行，先后在上海、贵州、甘肃、北京、重庆等地试点建立全国党外代表人士实践锻炼基地，创造了党外代表人士培养新模式，拓宽了党外代表人士成长新渠道，在加强党外代表人士队伍建设方面发挥了独特的功能作用。2012 年 6 月，中央统战部召开全国党外代表人士实践锻炼基地试点工作总结会暨第二批挂职干部启动仪式，制定下发了《全国党外代表人士实践锻炼基地管理办法》，进一步推动这项工作开展。

1. 提升了整体素质

实践锻炼基地的根本目的就在于全面提高党外代表人士的能力素质。针对许多党外干部一直从事高校、科研院所教学研究工作和民主党派、工商联等机关工作，专业优势强、行政管理经验相对缺乏的状况，实践锻炼基地给党外干部提供了各种行政岗位的锻炼机会。如 2011 年以来上海、贵州、甘肃、北京、重庆 5 个实践锻炼基地，共向挂职锻炼的党外干部提供了 31 名副市长、副区长和副局长岗位。在实践锻炼中，党外干部挂实职、行职权，深度参与行政管理，深入了解政府部门的运行程序、工作机制，极大地锻炼了组织协调和管理能力；牵头组织落实重要工作任务，在承担急难险重工作中独当一面，有效增强了科学决策和处理复杂问题能力；积极处理正职与副职、党内与党外、团队与个人的关系，进一步提高了与中共领导干部合作共事的能力水平。

2. 锤炼了务实作风

挂职锻炼是对党外干部品格修养的一次检验,是磨炼意志、培养作风的难得机会。通过深入基层、深入实际开展调研,问政于基层、问计于群众,了解群众需求、反映群众愿望,总结实践经验,培养了关注民生、心系群众,立足实际、不尚空谈的作风,增进了与人民群众的深厚感情;通过到条件艰苦的地区接受锻炼,自觉克服自然环境、生活环境等方面的困难,发扬吃苦耐劳、艰苦朴素的优良传统,进一步提升了精神境界;通过树立既要干事、又要干净的理念,在重要岗位上更加注重自省、自警,严格遵守廉洁从政规定,在实践中经受了重要考验,树立了良好形象。

3. 发现了优秀人才

真正的人才要经得起不同岗位的考验,经得起时间的检验。实践锻炼基地为培养人才提供了平台,也为发现考察人才创造了机会。在挂职锻炼实践中,有关部门既重视大胆使用,充分发挥专业特长;又注重实践检验,既考察行政能力又考察关键时刻能力,既重视履职情况又考察合作共事能力,客观、全面、辩证地考察党外干部,及时发现和使用优秀人才。目前,第一批挂职锻炼的 10 名党外干部,已经有 3 位走上了民主党派省级组织主委的领导岗位。

4. 发挥了示范带动作用

党外代表人士实践锻炼基地建设作为一项创新性举措,利用不同地区、不同部门的力量和资源,集中探索党外代表人士实践锻炼的有效途径方式,形成了加强党外代表人士实践锻炼的规模效应。通过科学总结经验、推广有效做法,规范实践锻炼形式和运作方式,健全实践锻炼的工作机制和管理制度,进一步提高了实践锻炼工作的层次和水平,推动了党外干部实践锻炼工作的深入开展。截至 2012 年 9 月,全国共建有不同层次、不同类型的党外代表人士实践锻炼基地 207 个。31 个省(区、市)共安排党外代表人士挂职锻炼 2328 人,较 2011 年同期增加 600 多人,增幅达 35.9%。北京、上海等地明确提出,每年安排党外干部挂职锻炼的人数,应达到挂职干部总数的 10%。重庆构建了"1+7+38"(1 个全国性基地、7 个市级基地、38 个区县基地)基地体系,形成了多层次、广覆盖、规范化的党外干部实践锻炼格局。

（四）加大党外干部选拔使用力度

中国共产党同党外人士合作共事，是我国人民民主专政的国家政权的鲜明特色，是建设中国特色社会主义事业的客观需要，也是坚持和完善中国共产党领导的多党合作和政治协商制度的内在要求。中共中央高度重视党外干部的培养使用，新中国成立后特别是改革开放以来，中共中央颁布《关于坚持和完善中国共产党领导的多党合作和政治协商制度的意见》《关于加强中国共产党领导的多党合作和政治协商制度建设的意见》和《关于加强人民政协工作的意见》，都对加强党外干部推荐使用提出明确要求。《中共中央关于加强新形势下党外代表人士队伍建设的意见》进一步强调，要加大党外代表人士的选拔任用力度，不断健全选拔任用工作机制，切实搞好党与党外代表人士的合作共事。随着文件精神的贯彻落实，党外干部选拔使用取得了新的进展。

一是对选配符合条件的省级民主党派主委、工商联主席、无党派代表人士进入同级人大常委会、政府、政协领导班子提出明确要求。强调根据领导班子建设和工作需要，选配符合条件的省级民主党派主委、工商联主席、无党派代表人士进入同级人大常委会、政府、政协领导班子，不是单纯的人事安排，而是我国政治制度、政党制度的内在要求，是我们党同党外人士合作共事基本政策的重要体现，是巩固人民民主专政国家政权的组织保证，对参政党更好履行职能、构建和谐政党关系，巩固多党合作的基本政治格局，都具有重大意义。各省（区、市）在具体实施意见中作了进一步明确。有的省在如何落实党外代表人士在人大、政府、政协安排的政策要求上规定，党外代表人士在省、市（州）、县（市、区）人大代表中不少于35%，在各级人大常委会中不少于30%。省、市（州）、县（市、区）政府领导班子中要配备党外干部。各民主党派主要负责人、工商联主席、无党派主要代表人士一般应在同级人大常委会或政府、政协担任领导职务。重庆市在这次省级换届中，8个民主党派主要负责人全部进入人大、政府、政协领导班子。

二是在政府部门选配党外干部担任领导职务取得进展。党外集中了一大批各领域、各行业的优秀人才，在政府各职能部门广泛选拔、大胆使用党外干部，发挥他们的专长和优势，能够最大范围调动各方面人才投身中国特色社

主义事业的热情，最大程度为社会主义经济建设、政治建设、文化建设、社会建设以及生态文明建设提供人才支持。按照《中共中央关于加强新形势下党外代表人士队伍建设的意见》精神，各省（区、市）进一步明确需要配备党外干部工作部门的适当比例，加大配备力度。截至 2012 年 9 月，省（区、市）政府工作部门分别安排党外干部 382 人，增加 17 人，增幅 4.7%；市地政府工作部门安排党外干部 4047 人，增加 179 人，增幅 4.6%。普遍达到政府部门配备党外干部不低于 1/4 的要求，一些省市达到 40% 以上，最高的达到70%。

三是在各级法院、检察院选配党外干部担任领导职务明显增加。在法院、检察院选配党外干部担任领导职务，与党外人士合作共事，是推进社会主义民主政治建设和法治建设的重要内容。按照《中共中央关于加强新形势下党外代表人士队伍建设的意见》要求，各级人民法院、人民检察院要加大力度选配符合任职条件的党外干部担任领导职务，数量进一步提高。截至 2012 年 9 月，31 个省（区、市）级法院、检察院中分别配备党外领导干部 44 人、347人。有的市明确提出，市（区、县）两级法院、检察院领导班子中都要配备党外干部，本级没有合适人选的，全市范围内交流选配。有的市规定，市级人民法院、人民检察院领导班子中要各配一名党外干部，区（县）人民法院、人民检察院领导班子中要加大党外干部的选配力度，配备数量 5 年内争取达到10 名左右。有的省市县三级法院、检察院领导班子中配备党外干部达 266 人，配备面达 97.8%。

四是符合条件的党外干部担任正职力度不断加大。选拔符合条件的优秀党外干部担任行政正职是中共中央的一贯要求。这不仅有利于充分体现我国政治制度和政党制度的优越性和社会主义民主的真实性，还能够为党外干部成长提供必要平台，全面提升他们的能力素质，更好地激发他们投身改革开放和社会主义现代化建设的积极性。按照《中共中央关于加强新形势下党外代表人士队伍建设的意见》关于加大党外正职推荐使用力度的要求，各地组织、统战部门密切协作，合力推进党外干部正职的选拔任用工作。

B.7
基层民主政治的建设与发展

赵秀玲 *

摘　要：

本文在对十六大以来基层民主建设成就进行回顾和总结的基础上，分析了 2012 年基层民主政治建设的新理念、新发展。这主要包括日趋平等、开放的民主选举，民主治理机制的健全和完善，自治主导下政府和社会的协同治理，等等。报告还就当前基层民主建设中存在的突出问题及其突破，进行了理论探讨与展望。

关键词：

基层民主　平等参与　协商民主　协同治理

在中国改革开放三十多年的历史发展中，政治体制改革功不可没。而在政治体制改革中，基层民主政治建设成为重中之重，它撬动了长期以来封闭甚至僵化的中国社会板块，从而为三十多年的改革开放注入了一股新鲜的活力。当历史进入新世纪，尤其是进入新世纪第二个十年的 2012 年，中国基层民主政治建设更上层楼，成效显著。当然，也应看到，2012 年是个特殊年份，它正处于新的转折与发展进程中，基层民主政治建设有许多方面需要总结、分析和瞻望，以凸显其特殊地位、价值、成效、趋势。

一　深化与创新：十年来的基层民主政治建设

要更好地理解 2012 年中国的基层民主政治建设及其发展，不能不回顾和

---

* 赵秀玲，中国社会科学院政治学研究所研究员，主要研究领域为政治学理论、中国基层民主、乡村治理。

总结过去尤其是近十年来的成就。只有这样，才能溯本探源、借往鉴今、立足长远，使基层民主政治获得更大的发展空间和机遇。也是从此意义说，2012年只是改革开放以来整个基层民主政治发展的一环，是动态、丰富和复杂系统中的一个转折点和闪光点。概言之，新世纪以来中国基层民主政治建设主要有以下成就。

（一）村民自治由"广度拓展"向"深度掘进"转变

早在20世纪末，有人就将村民自治称为"静悄悄的革命"，认为："发生于80年代农村的这场革命，则是静悄悄地进行的，甚至都没有引起国内的各大媒体应有的关注。没有暴风骤雨，没有暴烈的行动，没有社会的广泛关注。但这也丝毫改变不了这一革命性质的深刻性。这场革命虽然也以农民为主体，但它是发生在农民自身、以'自我'为核心内容的一场革命。在这场革命中，农民失去了几千年来形成的传统习惯，获得的是一个民主自治的制度。"① 然而，时至今日，村民自治家喻户晓，它不仅深入到广大农村村民的心中，而且牵扯着各级领导包括中央领导的神经，任何对村民自治的忽略甚至低估都是不可思议的。

1. 直接选举的制度化、常态化是十年来村民自治的第一大进展

如果将村民自治看成一个不断成长的过程，那么，自20世纪80年代开始至1998年《中华人民共和国村民委员会组织法》（以下简称《村组法》）正式颁布，这段时间基本上属于建章立制，即建立村委会和制定各种村民自治法规制度，这是村民自治得以制度化和常态化的基础和前提。而进入新世纪，尤其是2002年党的十六大以来，村民自治进入了"有序参与"的选举之中，这与十六大精神是一致的。如十六大报告明确指出："丰富民主形式，扩大公民有序的政治参与，保证人民依法实行民主选举。"因之，在1998年《村组法》正式颁布后的三多时间里，各省相继推出了自己的"实施办法"和"选举办法"，而多次换届选举也是以此为基础顺利展开的。如2002年度

---

① 米有录、王爱平主编《静悄悄的革命——中国村民自治的历程》，中国社会出版社，1999，第207页。

浙江省宁海县进行了第六届村委会换届选举，具体方案是借鉴 1998 年吉林梨树县的"海选"经验，实行无候选人的村委会成员直接选举。在 2005～2007 年的村委会换届选举中，"海选"（选民一人一票推荐候选人的直接选举）在全国范围内得以普及和推广，在此基础上，天津、山西、辽宁、吉林、黑龙江、上海、浙江、福建、湖北、湖南、广东、重庆、贵州、甘肃、宁夏等省市还探索和实行了新的选举形式——"无提名候选人选举"（又称"一次选举"），其中，浙江省 49% 的村采用"无候选人选举"方式。[1] 截至 2008 年底，全国共有村委会 60.4 万个，村民小组 480.9 万个，村委会成员 233.9 万人。全国 95% 以上的村委会依法实行了直接选举，绝大多数村进行了七次以上村委会换届选举，各地平均参选率达到 90.7%。[2] 总体而言，虽然各省、地的村委会选举进度不同，但有序、及时、民主、依法进行，这是具有普遍性、统一性和有效性的共同特点，也是新世纪以来十多年村民自治选举值得肯定和自豪之处。

2. 法律体系不断完备是十多年村民自治的另一重大收获

从中国悠久的历史文化传统来看，中国是一个更重"人治"的国家，然而，随着新中国的成立，"法治"建设逐渐受到重视，尤其是改革开放以来更是如此。如 1999 年，在九届全国人大二次会议上，通过了《宪法修正案》，其中有这样的规定："中华人民共和国实行依法治国，建立社会主义法治国家。"到 2009 年，中国特色的社会主义法律体系已基本形成。[3] 作为中国法律和法规体系的一部分，村民自治的法律和法规建设不仅没有例外，反而备受重视。早在 1980 年，广西果作村成立第一个村委会，并于 7 月 14 日制定了村规民约和封山公约，这是迄今为止保存下来的第一份村民自治规章制度文献。最有代表性的是 1987 年 11 月 24 日由六届全国人大常委会第二十三次会议审议通过的《中华人民共和国村民委员会组

① 詹成付主编《2005—2007 年全国村民委员会选举工作进展报告》，中国社会出版社，2008，第 31 页。
② 申保珍：《全国 95% 以上的村委会实行了直选》，《农民日报》2010 年 7 月 8 日。
③ 王逸吟：《国家经济、政治、文化、社会生活各个方面基本做到有法可依》，《光明日报》2009 年 9 月 23 日。

织法（试行）》（以下简称《村组法》），这是经过四年时间酝酿和修改而成的，是中国历史上第一个全国性的村级自治法律，具有里程碑的重大意义。此法于1988年开始实施，至1998年又由"试行"变为"正式"颁布，这为村民自治获得更大的发展提供了重要的法律保障。可以说，对于村民自治的法律和法规建设，1998年是个十分重要和关键的年份，至此之后，各式各样的法律和法规层出不穷，且变得较为完备、细致、科学和有效。

从名目分类来说，现在除了有《村组法》外，还有村民自治章程、条例、规约等；从层级范围来说，不仅有中央和地方出台的村民自治法规，还有镇、乡制定的村民自治规章，更有村委会乃至村民小组自定的村民自治规定；从内容范畴来说，不只是有关于村民自治的总体法规，还有关于民主选举、民主决策、民主管理和民主监督的具体规则，也有关于村务公开、工作考核、升迁罢免等限定。比较而言，在当前中国民主政治的法规中，像村民自治这样包罗万象、丰富具体、细致严密和科学实用的法规，还是不多见的。如针对1998年颁布的《村组法》，各省都出台了相应的"实施办法"，还对某些具体问题制定了专门的制度规定，其中对村务公开等民主管理和监督最为重视。比较典型的有：甘肃、广东等省的《村务公开条例》，青海省的《青海省村（牧）民议事规则（试行）》，陕西省的《村务公开民主管理办法》（2006年），河北省的《农村干部规范化管理试行办法》（2004年），安徽省的《村干部规范化管理暂行办法》（2005年），广西壮族自治区的《村务公开实施办法》（2003年），山东省的《村务公开民主管理工作规范》（2004年），西藏自治区的《关于2003年进一步推行政务公开、村务公开制度工作方案》（2003年），广东省的《违反政务公开、厂务公开、村务公开条例责任追究的暂行办法》（2006年），福建省的《村务决策听证办法》（2005年），浙江省的《村级组织工作规则（试行）》（2005年）、《关于村级财务管理规范化建设意见》（2006年）和《关于实施村级重大事务民主决策制度的意见（试行）》（2006年），辽宁省的《集体经济组织财务管理暂行办法》和《村级筹资筹劳管理暂行办法》（2003年），北京市的《关于健全和完善村党组织领导的村民自治机制的意见》（2004 年），等等。①

不仅如此，一些市、区、县也相继制定了关于村务公开、民主管理的规定，像河南漯河市的《村级民主建设实施纲要》、山东莱西市的《村级管理十项制度规范》、新疆昌吉回族自治州的《农牧区村务公开暂行办法》、湖南娄底地区的《村务公开和民主管理工作规定》、福建南靖县和溪镇的《村务规范化管理工作规定》、山西运城地区的《村务公开民主监督工作规定》、浙江宁波市的《全市农村统一实行村务财务公开日制度》、吉林梅河口市的《村务公开工作方案》、湖北潜江市的《村务公开民主管理操作细则》、安徽泗县的《全县农村推行"3331"公示制的意见》② 等。应该说，上述这些规定不论在广度还是深度上，都是值得重视的，它既反映了对《村组法》的进一步落实和深化，又是各省、市、地结合自己的实际情况，创造性地贯彻执行中央法规的生动、具体和科学的体现。

最能反映十年来村民自治法制建设成就者，是 2010 年 10 月通过的《村组法》修改稿。这个自 2005 年始，历经五年才完成和通过的修改稿，在不少方面都有调整、深化和细化，而最突出的表现在完善选举制度、规范民主管理、强化民主监督等方面。如将流动人口有条件者纳入选民登记的范围，更尊重户籍在本村但不居住于此者的选举权和选择意愿；对提出罢免人员的数量、表决罢免票数和缺额补选亦有了详细规定。又如，进一步完善了村务公开制度，在原来条款的基础上，增加了"一般事项至少每季度公布一次；集体财务往来较多的，财务收支情况应当每月公布一次；涉及村民利益重大事项应当随时公布"的内容。再如，在民主监督方面进行了强化，进一步完善了民主评议、增设了村务档案制度、强化任期和离任时的经济责任审计等。还值得一提的是，修改后的《村组法》加入了"农村社区建设"，并作出如下规定："村民委员会应当支持服务型、公益性、互动性社会组织依法开展活动，推动农村社区建设。""驻在农村的机关、团体、部队、国有及国

---

① 詹成付主编《全国村务公开民主管理工作进展报告》，中国社会出版社，2009，第 198～287 页。

② 第一个"3"指乡、村、组三级，第二个"3"指政务、事务、财务三项，第三个"3"指建立党员议事会、村民代表会、民主理财会三会，而这个"1"是指实行农民负担一卡到户。

有控股企业、事业单位及其人员不参加村民委员会组织，但应当通过多种形式参加农村社区建设，并遵守有关村规民约。"① 这些规定都是适应变化的新形势和新情况，所作的科学、合理、实际的修正和补充，是法律和规章制度不断完善的典型事例。

3. 治理机制的不断完善是近十多年来村民自治的伟大创造

众所周知，随着村民自治走向深入，我们所遇到的困难越来越多，所面临的矛盾愈加尖锐，所要解决的新问题也层出不穷。关于这一点，在近十多年来的民主决策、民主管理、民主监督方面表现得尤其突出。为走出这一困境，2004 年 6 月 20 日，中共中央办公厅、国务院办公厅下发了《关于健全和完善村务公开和民主管理制度的意见》（以下简称《意见》），6 月 28 日，民政部下发了关于学习贯彻中共中央办公厅、国务院办公厅《意见》的通知（民函〔2004〕159 号），以此为契机，全国各地进行了一系列大胆探索和创新，可谓成绩斐然。一是理顺和优化村级治理结构。长期以来，村两委一直存在着关系不顺、责权不明的状况，而村民代表会议等组织在有些地方不受重视，难以有效发挥作用。为此，一些地区探索了新的治理模式。如浙江省衢州市柯城区石梁镇于 2004 年 6 月，制定出台了《关于完善"一支两委两会"村级组织架构推进农村基层民主政治建设试点工作实施方案》，其主旨是在现行村治制度的框架内，建立村民代表议事监督委员会，与村党支部、村委会以及村民会议和村民代表会议，共同构成"一支两委两会"的村级组织新的权力架构，以切实解决村级治理问题。② 比较而言，河北的"青县模式"影响最大，其具体做法是：村民会议是村庄的权力组织，对村庄重大事务有终决权；村民代表会议是议事组织，负责村务决策和监督，村党支部书记可通过选举担任村民代表会议主席；村民委员会是办事组织，负责执行村民会议和村民代表会议决议及日常管理的工作；村党支部是领导核心，负责组织、协调村民代表会议、村民委员会的正常运行。这是一种全新的村民自治组织结构，即由"党

---

① 参见民政部基层政权和社区建设司干部陈圣龙解读《修订后的〈村民委员会组织法〉凸显五大亮点》，《村委主任》2010 年第 11 期。
② 何显明主编《浙江现象：优化地方治理的探索》，中共中央党校出版社，2006，第 297～298 页。

支部领导，村民代表会议做主，村民委员会办事"的责权明晰的村级治理结构。①二是健全民主管理和民主决策运行机制。如浙江省温岭的民主恳谈会②、福建省等地的民主决策听证制、浙江省的"村务大事民决制度"和"重大村务村民代表票决制"、河北省的"一制三化"③、河南省的"四议六公开"和重庆市麻柳乡的"八步工作法"即是此方面的代表。三是在民主监督方面大胆突破，创建了村务监督委员会制度。最早在这方面作出探索的是浙江省武义县。2004 年 6 月 18 日，为解决村内财务管理混乱和干群关系紧张的矛盾，浙江武义县后陈村经选举产生了 3 名村民监督委员会成员，组成了村民监督委员会。村民监督委员会与村党支部、村委会脱钩，独立开展监督工作，村两委委员及其亲属不得担任村民监督委员会成员。为更好地发挥村民监督委员会的作用，后陈村注重配套制度建设，同时制定了《后陈村村务管理制度》和《后陈村村务监督制度》。截至 2005 年 4 月底，武义县 558 个村有 339 个村成立了监督委员会，198 个小村也因地制宜成立了村务监督小组。④ 与此相关的还有江苏省的太仓市、山东省的昌乐县、河南省的渑池县、山东省日照市的东港区等，都设立了独立的村务监督委员会，在完善村级民主监督机制，加强对村干部权力监督和制衡方面发挥了重要作用，这一经验被 2010 年修改后的《村组法》第 32 条所吸收。据统计，到 2011 年初，全国有 8 个省份专门制定了村务公开条例，90% 以上的县（市、区）编制了村务公开目录，91% 以上的村建立了村务公开栏，村务监督委员会、村民理财小组等不同形式的村务监督机构基本建立。⑤

---

① 参见詹成付主编《新农村民主管理制度创新》，中国社会出版社，2008，第 2 ~ 3 页。
② "民主恳谈会"是指自 1999 年以来，在浙江温岭逐渐形成的一种新的民主治理形式，这是以公民主体参与的多元化、平等性，交流方式的协商性，讨论话题的公众性，为其特征和标志的。这一形式开始被运用于村、乡（镇）实行重大决策的先行程序，后来逐渐向城市社区、企业管理等领域不断拓展深化，并与人大制度、党内民主相结合。
③ 所谓"一制三化"是指：支部工作规范化、村民自治法制化和民主监督程序化，完善村党组织领导的村民自治运行机制的制度探索。
④ 参见赵秀玲《浙江基层民主政治建设：多元模式与跨越发展》，载房宁、贠杰主编《浙江经验与中国发展——科学发展观与和谐社会建设在浙江》（政府管理卷），社会科学文献出版社，2006，第 171 ~ 172 页。
⑤ 李丽：《中纪委：村委监督机构基本建立》，《中国青年报》2011 年 1 月 4 日。

（二）城市社区自治的民主化和多元化发展态势

与20世纪80年代开始的村民自治不同，城市社区自治最早可追溯到20世纪50年代。1953年，彭真指出："街道的居民委员会的组织是必须建立的，它是群众自治组织，不是政权组织。"① 可见，新中国的城市社区自治要比村民自治早得多。不过，由于当时的特殊情况，尤其是赶上后来的"文化大革命"，社区自治远未得到重视和发展。1989年，七届全国人大常委会第十一次会议通过并颁布了《中华人民共和国城市居民委员会组织法》（以下简称《居组法》），从此，居民委员会正式步入制度化、法制化的发展轨道，成为中国基层民主政治建设的重要组成部分。

不过，社区民主自治在20世纪并不显目，到21世纪才开始获得较大的发展。有人这样概括："社区自治的制度建设在时间上有两个阶段，2000年以前（包括2000年）属于试验探索阶段，从2001年开始进入统一的规范运作阶段。"② 十六大以来，社区自治的发展首先表现为居民委员会选举制度的突破。比如，宁波市海曙区在2003年2月开始进行居民委员会直选试点，并于下半年将直选范围扩大到全区的47个社区，这是在中国一个大城市的区级范围内，首次实现全部社区的直接选举。③ 到2009年，全国30个省份安排了社区居民委员会选举，居民直接选举社区居民委员会的范围得以继续扩大。④ 除了选举，社区民主管理、民主决策、民主监督等方面也获得长足发展。这既与国家层面的指导和推动有关，又得益于各地的大胆探索。自2000年11月民政部下发《关于在全国推进城市社区建设的意见》以来，又有不少关于社区建设的文件相继出台。而2009年由民政部下发的《关于进一步推进和谐社区建设工作的通知》和2010年由中共中央办公厅、国务院办公厅印发的《关于加强和改进城市社区居民委员会建设工作的意见》较有代表性。这些文件都为社区民主政治建设指明了方向、确立了基调和原则。另一方面，各地的制度创新也

① 《彭真文选》，人民出版社，1991，第241页。
② 参见徐勇、陈伟东《中国城市社区自治》，武汉出版社，2002，第135页。
③ 李凡主编《中国选举制度改革》，上海交通大学出版社，2005，第38页。
④ 史卫民等：《中国社区居民委员会选举研究》，中国社会科学出版社，2009，第245页。

雨后春笋般出现，比较突出的是青岛模式、江汉模式、杭州模式、深圳模式、沈阳模式、上海模式、宁波模式等。这些模式虽各有特点，但都在社区的民主治理方面发挥了巨大的推手作用。如青岛模式和上海模式都注重政府推动，而前者比后者更注重服务体系建设。江汉模式和沈阳模式都强调组织建设，但前者比后者更偏向转变政府职能。杭州模式和深圳模式都强化重心下移的社区治理功能，但前者更强调"和谐发展"与"文化制导"，而后者则多赋予其实用性功能，即强调"搭建社区治理综合信息平台，构建以社区党建为龙头、社区服务为核心、社区管理为保障、社区自治为方向的社区治理综合体系"，初步形成了综合性、智慧型、立体式的社区治理模式。① 宁波市海曙区则通过实行"选聘分离"创新，构建新型的社区自治体系。②

（三）党内基层民主政治建设力度进一步加大，创新意识明显增强

党内民主是我们党的一贯方针和政策。早在 20 世纪 70～80 年代，邓小平就明确指出："没有民主就没有社会主义，就没有社会主义的现代化。"然而，在具体实践中，民主的实施又并非一帆风顺，所以，邓小平表示："在民主的实践方面，我们过去作得不够，并且犯过错误。""现在我们已经坚决纠正了过去的错误，并且采取措施继续努力扩大党内民主和人民民主。"③ 这一理念和思路在其后的改革开放进程中，得以很好地展现，这也是党内民主进程不断加快和向纵深拓展的关键。到十六大，党内民主政治建设的重要性更加凸显，并被放在"生命"高度进行强调。十六大指出："党内民主是党的生命，对人民民主具有重要的示范和带动作用。要以保障党员民主权利的基础，以完善党的代表大会制度和党的委员会制度为重点，从改革体制机制入手，建立健全充分反映党员和党组织意愿的党内民主制度。"④ 也是在这样的背景下，党内基

---

① 《加强社会治理助推社会建设（调查与思考）——关于深圳市创新社区治理机制的调查》，《人民日报》2012 年 7 月 20 日。

② 参见赵秀玲《浙江基层民主政治建设：多元模式与跨越发展》，载房宁、负杰主编《浙江经验与中国发展——科学发展观与和谐社会建设在浙江》（政府管理卷），社会科学文献出版社，2006，第 173～174 页。

③ 《邓小平文选》第 2 卷，人民出版社，1994，第 168 页。

④ 中共中央文献研究室编《十六大以来重要文献选编》（上），中央文献出版社，2006，第 39 页。

层民主政治建设得以顺利推进。

十多年来，党内基层民主政治发展最直接的动因是城乡基层自治的启示和推行，首先在党组织的产生方式上，逐渐改变以往自上而下的"行政任命"方式，通过扩大党员群众参与的"公推直选"等渠道，产生村、乡（镇）、城市社区甚至县（市）党组织，这是一个根本性变化。其中，一些影响较大的模式值得给予充分肯定。如早在 2001 年，四川省平昌县在灵山乡进行了党员"公推直选"党委领导班子的试点，到 2004 年 1 月，平昌县笔山乡、岩口镇、涵水镇等全县三分之一乡镇的党委领导班子通过"公推直选"产生。[①] 2004 年四川成都市新都区在全区范围开始进行差额直选村支书，到 2005 年全部完成任务。又如，山东省乳山市率先在全省公推直选镇党委书记、村党支部书记，2004 年 4 月在 3 个镇进行党代表直选镇党委领导班子试点，在代表产生、选举方式等方面都有创新。这具体表现为：由基层党员直接选举党代表；市委不提名候选人，由党代表直接差额选举镇党委书记、副书记和委员；增设一名农村和企业委员，参加党委会议，履行委员职责，以增强委员的代表性，提高决策的科学性。从 2008 年初开始，乳山市又进一步扩大基层党组织成员公推直选范围，向机关、企业、学校、医院、社会组织等延伸拓展。在选举的制度化、程序化和规范化方面均取得实质进展。[②] 再如，南京市自 2004 年开始进行社区党委干部的公推直选试点，并于 2009 年在全市范围的城市社区党组织中实行公推直选，从而在全国率先实现城乡村（居）党组织"公推直选"的双覆盖。[③] 此外，2008 年，贵阳市四个区县党委书记的拟任人选，都是通过公推直选产生的。

总之，在村、乡镇、城市社区及县市内，通过公推直选的方式产生党组织，其具体内容、程序、方式都与以往大为不同，这不仅增强了基层党组织的民意基础，也密切了党群关系，而且更有利于提升党组织的公信力和执政能力。

此外，在党务公开和民主管理方面也有明显的进展。十六届四中全会在总

---

① 《四川省平昌县"公推直选乡镇党委领导班子"》，中国政府创新网：http://www.chinainnovations.org/Item.aspx? id =24099。

② 中共山东省委乳山组织部：《山东乳山：党内基层民主的"乳山模式"》，人民网：http://theory.people.com.cn/GB/40537/10648216.html。

③ 参见《公推直选覆盖南京城市农村 为大范围民主提供思路》，中国新闻网：http://www.chinanews.com/gn/news/2010/06 - 10/2335200.shtml。

结各地经验的基础上，提出"逐步推进党务公开"。十七大明确把"推进党务公开"作为党内民主政治建设的一项重要举措。在此方面，一些地区也有探索，如浙江嘉善县实行的"阳光决策""阳光工程"和"阳光人事"较有代表性。作为 2010 年浙江省委确定的"全省县委权力公开透明运行工作"的唯一试点县，嘉善县的具体做法是：政府常务会议和县委常委会会议分别邀请"两代表一委员"和专家列席，实行有序的对外开放，推进"阳光决策"；通过创新科（局）级领导干部提名推荐方式，推行重要职位空缺预告和初步人选民主推荐提名工作等，推行"阳光人事"；制定了一把手"五个不直接分管"制度，全县 95 个单位党政主要领导不直接分管干部人事、财务管理、工程建设、行政审批和物资采购工作等，实行"阳光工程"。① 2009 年，在中共中央政治局第十四次集体学习时，胡锦涛强调，要积极推进党内民主理论创新、实践创新和制度创新，推动党内民主建设，最根本的是要认真落实党员的知情权、参与权、选举权、监督权。这其中当然也包括基层党员的民主权利。不过，比较而言，这十年的基层党内民主多表现在公推直选的创新和突破上，而在民主决策和民主监督等方面还较为滞后，这也是胡锦涛重点强调之处。

　　除以上谈到的村民自治、城市社区自治和基层党内民主政治建设三个方面，基层政府的民主建设也不容忽视，因为受村民自治等的影响，近年来的民主选举也在基层政府层面展开。在十六大之前，乡镇和县市公推直选就已开始，但数量有限，仅限于四川遂宁、深圳大鹏镇、湖北咸宁等地；十六大之后，这一状况有扩大之势，像云南红河州、江苏徐州、四川成都、重庆市各区都进行了乡镇长和县市长的公推直选，大大提高了基层民主政治的水平。2007 年，全国已有 300 多个乡镇实行了乡镇领导班子的直选试点，到 2011 年，在全国 31 个省份中，只有 9 个未出现过公推直选，其他 22 个在此方面都有不同程度的推进和发展。② 此外，基层政府的民主管理、民主决策和民主监督也迈出了坚实步伐。如不少地方政府在立法和决策中开始注重和吸纳公民参与，杭州市实行的"开放式决策"就是其中的典型。所谓的"开放式决策"，指的是政府在公共管理决策和公

---

① 《十年党内民主党务公开健全完善——民主增活力公开显自信》，《人民日报》2012 年 10 月 29 日。
② 参见马得勇、王正绪《竞争与参与——中国乡镇民主发展评估》，《政治学研究》2012 年第 4 期。

193

共服务中，从草案的提出、方案的讨论、决策会议的举行、决策的实施等全过程向市民与媒体开放，并依法组织公众有序参与的决策制度。① 特别是对于关涉民生的重大工程项目建设，杭州市始终坚持"四问四权"，即"问情于民、问需于民、问计于民、问绩于民"，充分落实人民群众的知情权、参与权、表达权和监督权。到 2009 年，杭州市及所辖 13 个区、县（市）政府全部推行开放性决策，在深化和创新基层政务公开和民主管理方面走在全国前列。

其他层面的基层民主政治建设也取得一定进展，以企业工会（尤其是非公企业）的民主政治建设尤为突出。这主要表现在工会组织创建②、工会主席直选和工资集体协商制度等方面。以工会直选为例。1986 年，自广东蛇口出现第一个工会主席直选试点，到 2005 年，在民营经济繁荣的浙江省杭州市余杭区，900 多个基层工会中，已有半数以上直选产生了工会主席。广东、福建、山东等省出现了外资企业直选工会主席的试点。通过直选产生的工会主席多能更好地对职工负责，保护职工合法权益。企业直选工会主席，是继中国农村普遍推行基层民主选举后，中国民主政治领域很有意义的事情，这是中国基层民主政治建设从农村向城市的延伸，从农民到工人的突破。③ 另外，企业职工的维权制度也得以建立，如职工工资的平等协商制度、集体合同制度在许多地区和企业建立起来。有的地区还探索了社会化的维权模式。④ 在 2006 年 12 月召开的全国总工会十四届十一次主席团（扩大）会议上，中华全国总工会主席王兆国首次提出"以职工为本，主动依法科学维权"的维权观，从此，

---

① 俞可平主编《中国地方政府创新案例研究报告（2009—2010）》，北京大学出版社，2010，第23 ~ 24 页。

② 各地从实际出发，采取各种形式发展工会组织，如在乡镇、街道及经济技术开发区、工业区、高新技术产业园区一级的工会组织建设，采取工会联合会、联合基层工会、村级工会、"大楼工会""市场工会""一条街工会""社区工会"等形式，有效推进工会的组建工作。工会组织从 2002 年 6 月底的 165.8 万多个，发展到 2009 年底的 184.5 万个，涵盖法人单位 395.9 万个，全国工会会员总数达到 2.26 亿人，连续六年平均每年净增 1000 万人以上。中工网：http://acftu. workercn. cn/c/2010/08/30/100830153843214718397. html。

③ 《基层工会主席直选成为中国工会"新政"》，新华网：http://news. xinhuanet. com/newscenter/2005 - 05/07/content_ 2926600. htm。

④ 如浙江义乌市探索的"社会化维权模式"，主要指：建立跨地区、纵向到基层的维权组织网络，"专、兼、群相结合"的维权队伍，政府与公、检、法、司有关领导共同组成维权顾问，工会加强与人民法院和律师事务所的横向联合，形成维权合力。

工会维权开始进入科学化、民主化和法治化轨道。①

概括起来，近十多年来的基层民主政治建设是全方位的，也是一个循序渐进、不断深化的发展过程，更是一个以城乡基层自治为基础，向基层党政组织拓展和推进的过程。虽然从局部和时间线性的发展来看，有些制度还不够完善，实践效果也有待于检验，但放在更大的背景、以宏观的眼光进行审视，中国基层民主政治建设所取得的成就显然是不容忽视的。

二 2012 年基层民主政治的跨越式发展

严格意义上说，2012 年中国基层民主政治建设与之前尤其是 2011 年不可分割，它们有着内外的相互关联性。如许多地方的村（居）民自治换届选举都是跨年度的，2011～2012 年又成为不少省份村（居）委新的换届选举年。又如一些出台的文件往往具有跨年度和超年度特点，是以五年甚至更长时间进行制度规划的。以 2011 年底国务院办公厅印发的《社区服务体系建设规划（2011—2015）》为例，其时间跨度为五年，属于第十二个五年计划，2012 年包含于其间。再如不少制度的建立和实施往往不以年份为标志，而是一个循序渐进的过程，像大学生做村官就是近几年备受关注的一项制度安排，2012 年继续助推这一制度。不过，2012 年中国基层民主政治建设毕竟又有自己的特点、优势和价值，这是以往包括 2011 年不能涵盖和代替的。

2012 年基层民主政治建设是在党的十八大背景下展开的。其内容、任务、目标都有了新的变化和要求。在此，既有对基层维稳政治大局的考虑，更有立足基层、长治久安的规划，还有着眼于未来的科学发展设计。如中央将 2012 年确定为"基层组织建设年"，其中明确要求，各地干部要深入基层，做大量辛苦、细致和富有成效的工作，以迎接十八大的召开。又如，在 2012 年 2 月 21 日下发的《关于印发〈全国村务公开协调小组 2012 年工作要点〉的通知》中，称 2012 年是承上启下的关键的一年，所以说"进一步加强村务公开和民主管理工作，

---

① 《全总发布〈2006 年中国工会维护职工合法权益蓝皮书〉》，新华网：http://news.xinhuanet.com/fortune/2007-05/15/content_6102660.htm。

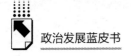

对于切实保障广大人民群众民主权利、促进农村经济社会发展、维护农村和谐稳定，以卓有成效的工作业绩迎接党的十八大胜利召开具有十分重要的意义"。在党的十八大报告中，基层民主受到了前所未有的重视，它与人民代表大会制度、政治协商制度并列，成为今后中国政治体制改革的重要内容。可以说，2012年整个基层民主政治建设，都是围绕"十八大"这个中心展开，其涉及的范围、重点和要点则是维护基层经济社会的和谐发展，保障广大人民群众的民主权利。

与此相关的是，2012年出台了一系列制度和法规文件，也开展了一些重要活动，这对基层民主政治建设产生了很大的推动作用。比如，2011年底国务院办公厅印发了《社区服务体系建设规划（2011—2015）》，这是包括2012年在内的关于社区服务体系建设的重要文件；2012年1月4日民政部出台了《关于促进农民工融入城市社区的意见》，这是从国家层面就农民工融入社区问题下发的第一个专门性政策文件；2月20日，中共中央组织部下发了《关于在创先争优活动中开展基层组织建设年的实施意见》（中组发〔2012〕6号），将"基层组织建设年"作为一项重大事情来抓；7月3日，全国村务公开工作会议在山西省运城市召开，会议以建立健全村务公开、民主管理长效机制为主线，要求进一步完善乡村治理机制；8月27日～10月20日，"2012年第二届全国基层党建典型案例评选"在网上举行投票，后选出多家制度创新典型；10月5日，中央纪委、中央组织部、民政部等十二部委联合印发了《关于进一步加强村级民主监督工作的意见》（民发〔2012〕162号），对村级民主监督工作提出了总体要求，这包括指导思想、基本原则、目标任务等，也对建立健全村务监督机构和进一步规范村级民主评议提出了具体规范。很显然，这些文件和活动将重点放在制度建设尤其是民主决策、民主管理、民主监督上，放在基层民主权利的保障上。

最值得注意的是，2012年基层民主政治建设在治理理念和治理方式上的重大转变。从基层民主政治的发展进程来看，制度建设固然重要，但观念更新和方式转变更为重要，因为这具有内在的根本的性质和意义。从2012年两会、十八大等领导讲话及其各地的创新活动中，可见基层民主政治理念与方法的突破。如在十八大报告中，胡锦涛直接提出"完善基层民主制度"："在城乡社区治理、基层公共事务和公益事业中实行群众自我管理、自我服务、自我教育、自我监督，是人民依法直接行使民主权利的重要方式。要健全基层党组织领导的充满活力的基层群众自治机制，以扩大有序参与、推进信息公开、加强议事协商、强化权力监督为重点，拓宽范围和途径，丰富内容和形式，保障人民享有更多更切实的民主权利。”“发挥基层各类组织协同作用，实现政府管理和基层民主有机结合。”[①] 在此，加强城乡社区治理的“议事协商”，强化“权力监督”，以及发挥政府与社会的“协同”作用等提法，都是颇有新意的，也显示了理念的突破和跨越。又如，习近平在2012年11月19日学习和宣传十八大报告时指出：“坚持以实践基础上的理论创新推动制度创新，坚持和完善现有制度。从实际出发，及时制定一些新的制度，建构系统完备、科学规范、运行有效的制度体系，使各方面制度更加定型。”这一表述虽不是针对基层民主而言的，但理念的转变是明显的：一是理论创新和制度创新的关系。强调理论创新是制度创新的前提和基础。二是制度创新和制度定型的辩证关系。以往的基层民主政治往往过于强调制度创新，却忽略制度的坚持和定型，这就导致已有制度缺乏稳定性、长久性和科学性，习近平辩证地理解二者的关系，尤其是提出“使各方面制度更加定型”，这对于为创新而创新、有制度而不遵守的情况，是一个观念突破。三是强调制度体系建设，突破以往制度单一、狭窄和无效的瓶颈，以实现系统完备、科学规范、运行有效的发展。因为即使成功的单一制度的效用都是有限的，而科学、规范和有效体系的时空与效能则是广阔和无限的。

在这一大背景和总体格局中，2012年基层民主政治建设在许多方面都出现新的亮点，也显示了在新的一年所达到的高度、广度和深度。概括起来，有以下几个主要方面应给予充分的重视和肯定。

（一）日趋平等和开放的基层民主选举

在基层民主自治中，选举开展得较早，制度也较为完备，所取得的成效也是较为显著的。开始是村民自治选举，进而是居委会、乡镇政府和基层党组织选举，时至今日，选举在基层以广泛、多元、稳健、有序的方式

① 胡锦涛：《坚定不移沿着中国特色社会主义道路前进为全面建成小康社会而奋斗——在中国共产党第十八次全国代表大会上的报告》，人民出版社，2012，第27页。

展开。不过，2012 年的基层民主选举较前又有了明显的推进，这主要表现在更加注重选民的权利保障，更充分体现了城乡、男女、干群间的公正、平等性参与。

1. 首次实行"城乡同比"选举人大代表

关于人大代表的选举，农村与城市每个代表所代表的人口比例，随着我国经济社会结构的发展而经历了一个长久的变化。1953 年制定第一部《选举法》时，我国的城镇人口比重较低，只有 13.26%。但"考虑到我国当时工人阶级主要集中在城市的具体情况，为了体现工人阶级在国家政治生活中的领导地位和工业化发展方向，选举法对农村和城市选举每一代表所需的人口数作了不同的规定。比如，规定全国人大代表的选举，各省按每 80 万人选代表 1 人，直辖市和人口在 50 万以上的省辖市按每 10 万人选代表 1 人"。[1] 此制度在 1979 年修订的《选举法》中基本得到延续。改革开放后，随着工业化、城镇化进程的不断推进，我国的经济社会和城乡人口比例也发生了很大变化，到 2009 年，城镇人口比重已达到 46.6%。这反映在自 1982 年、1995 年和 2010 年修改的《选举法》中，"城乡按不同人口比例选举人大代表"的规定随之发生调整。如 1982 年的《选举法》规定：农村与城市每一代表所代表的人口比可以小于 4∶1。到 1995 年，《选举法》将农村与城市每一代表所代表的人口比统一修改为 4∶1。2007 年的十七大报告提出："建议逐渐实行按城乡相同比例选举人大代表。"2010 年 3 月 14 日，第十一届全国人大第三次会议表决通过了《关于修改〈选举法〉的决定》，提出"城乡按相同人口比例选举人大代表"，"全国人民代表大会代表名额，由全国人民代表大会常务委员会根据各省、自治区、直辖市的人口数，按照每一代表所代表的城乡人口数相同的原则，以及保证各地区、各民族、各方面都有适当数量代表的要求进行分配"，[2] 充分保障选举的人人平等、地区平等和民族平等。2011 年 5 月 7 日，县乡两级人大

---

① 参见全国人大常委会副委员长王兆国《关于〈中华人民共和国全国人民代表大会和地方各级人民代表大会选举法修正案（草案）〉的说明——2010 年 3 月 8 日在第十一届全国人民代表大会第三次会议上》，新华网：http://news.xinhuanet.com/politics/2010－03/08/content_13123672.htm。

② 《全国人大关于修改各级人民代表大会选举法的决定》，中央政府门户网站：http://www.gov.cn/2010lh/content_1555480.htm。

换届选举全面启动，此次选举首次实行城乡按相同人口比例选举人大代表。①
2012 年 3 月 8 日，第十二届全国人大代表名额和选举问题的"决定（草案）"
被提交给第十一届全国人大第五次会议审议通过。草案规定：十二届全国人大
代表的名额不超过 3000 人。其中，按人口数分配的代表名额为 2000 名。省、
自治区、直辖市根据人口数计算的名额数，按城乡约每 67 万人分配 1 名。②
这是在选举实践中真正落实按"城乡同比"选举人大代表的法律规定，也是
城乡在迈向选举权平等道路上具有关键性的一步。据统计，到 2012 年 8 月，
全国已有 26 个省、自治区、直辖市完成县乡换届选举工作。③ 截至 2013 年 1
月，全国 31 个省（自治区、直辖市）的县乡人大换届选举全部完成，共选出
两级人大代表 254 万名。一次选举成功选区分别占选区总数的 99.27% 和
99.29%。④

2. 加大妇女参与村委会的比例

长期以来，中国的民主政治一直重视妇女参与，这在基层民主建设中也不
例外。如 1998 年在《村组法》第 9 条中有"村民委员会成员中，妇女应当有
适当的名额"的规定；1999 年民政部发出了《关于努力保证农村妇女在村委
会成员中有适当名额的意见》（民发［1999］14 号），督促各省地要采取切实
措施，以确保《村组法》中这一规定的落实。2010 年 10 月 28 日修订的《村
组法》第 6 条中又明确规定，村委会要有妇女的名额，即"村民委员会成员
中，应当有妇女成员"。表面看来，修改前后《村组法》这两种说法比较接
近，但"应当"二字的由"后"提"前"，表明对妇女进入村委会的高度重
视和强调。在新修改的《村组法》基础上，各省份都作出相应规定，加大了
妇女参与和当选村委会成员的比例和力度。如 2011 年 7 月，《湖北省村民委员

① 《全面县乡两级人大换届选举工作全面启动》，新华网：http://news.xinhuanet.com/politics/2011-05/07/c_121389580.htm。
② 《全国人大代表名额：将城乡同比分配》，http://finance.sina.com.cn/nongye/nygd/20120309/150211553195.shtml。
③ 这 26 个省份中有 6 个省份（北京、天津、河北、吉林、湖北、广东）是在 2011 年底前完成换届的。
④ 《全国县乡两级人大换届完成》，中国人大网：http://www.npc.gov.cn/npc/zt/qt/2011qgxxljrdnjxj/2013-01/23/content_1751709.htm。

会选举办法》出台，其中对妇女当选作出具体规定："直接提名的候选人应当有适当数量的妇女候选人。""正式候选人按照得票多少从高到低依次确定，其中至少有一名妇女候选人。没有妇女候选人的，以提名得票最多的妇女为候选人。""主任、副主任的当选人中没有妇女，但委员的候选人或参选人中有妇女获得过半数选票的，应当首先确定得票最多的妇女当选委员；如果这其中没有妇女获得过半数选票的，应当从应选名额中确定一个名额另行选举妇女成员，直到选出为止，其他当选人按照得票多少的顺序确定。"① 如此明确、细致而又带有倾斜性的规定，对于妇女参政议政是一种促进，对于 2012 年展开的村委会选举意义重大。《广东省村民委员会选举办法》中有"村委会至少要有一名女性"的规定，通过专职专选、专票专选、职位预留、定位产生等办法，从各环节保障妇女当选，被外界称为"保女条款"。② 新疆在 2011 ～ 2012 年第八次村委会换届选举中，为确保村妇代会主任 100% 进入"两委"，还出台了《关于下发〈在新疆村"两委"换届中进一步推进妇女进村"两委"工作的实施方案〉的通知》，可见其力度之大。③ 河北省正定县于 2011 年底开始进行第九届村委会换届选举，为确保妇女当选村委会成员作了更加具体的制度安排，如细化了"三个举措"：一是在提名确定候选人时，提名票设妇女栏，让群众提名，实行妇女委员专职专选；二是在正式选举时，至少要有一名女候选人，无女候选人的不能启动正式选举；三是正式选举后如无妇女当选，必须留出一个职位另行选举，且至少要确定两名以上的女候选人，以便实行差额选举。截至 2012 年 1 月 30 日，在全县 154 个村中，有 148 个村完成村委会换届选举任务，完成的村委会占全县总数的 96.1%。在选出的 517 名村委会干部中，妇女干部为 154 名，所占比率为 29.8%，基本实现了每村"应当有一名妇女委员"的目标。④ 河北宽县共有 205 个村，到 2012 年 1 月 16 日前，全部完成了村两委的换届选举工作。其中，86 名女性进入支委会，占支部成员总

① 《湖北省村委会换届选举新变化，村民民主意识越来越强》，《湖北日报》2011 年 7 月 14 日。
② 《广东村委会选举办法"保女条款"有创新》，《中国妇女报》2010 年 12 月 7 日。
③ 《新疆妇联全力推进农村女性参与民主政治建设》，人民网 - 中国妇联新闻：http://acwf. people. com. cn/GB/16862869. html。
④ 《河北正定县四措并举确保妇女进村委》，中国妇女网：http://www. women. org. cn/allnews/0704/1766. html。

数的14.1%，3名女性为书记；209名女性进入村委会，占村委会成员总数的33.4%，超额实现了每村"应有一名妇女成员"的目标。① 以上变化说明，随着国家法律制度的不断完善，妇女在村委会选举中的平等权利将得到充分保障，这对于进一步提升村民自治的质量有着非同寻常的意义。

3. 进一步增强城市社区选举的开放性

一是保障农民工的选举权利。长期以来，由于农民工身份的特殊性，从而使其成为具有两栖性的社会群体。对于广大农村来说，他们身居城市，远离家乡，所以很难参与村民自治选举；对于城市来说，他们又是乡下人，没有城市户口和居委会的选举权。随着党和国家对于农村的重视，尤其是城乡一体化观念的更新，农民工的权利越来越受到重视和得以彰显。如2006年国务院提出"要建设开放型、多功能的城市社区，构建以社区为依托的农民工服务和管理平台。鼓励农民工参与社区自治，增强作为社区成员的意识，提高自我管理、自我教育和自我服务能力。发挥社区的社会融合功能，促进农民工融入城市生活，与城市居民和谐相处"。到2010年，国务院办公厅又提出："探索社区流动在居住区参加社区居民委员会选举的方式方法，保障其民主政治权利。"

不过，最能体现农民工民主权利的是，2012年1月4日由民政部出台的《关于促进农民工融入城市社区的意见》，这是第一个从国家层面制定农民工参与社区自治的文件，与之前的笼统、简略和含糊规定不同，它对农民工融入城市社区拥有平等的选举权利进行了具体明确的规定，有利于改变农民工在城市社区治理中缺席和尴尬的地位。该文件要求："进一步完善社区民主选举制度，探索农民工参与社区选举的新途径，在本社区有合法固定住所、居住满一年以上的符合《中华人民共和国城市居民委员会组织法》选民资格条件的农民工，由本人提出申请，经社区选举委员会同意，可以参加本社区居民委员会的选举。鼓励符合条件的农民工经过民主程序担任居民委员会成员、居民小组长、居民委员会下属委员会成员、楼栋长和居民代表。"此外，文件还保障农民工的参与社区治理权："凡拟订社区发展规划、兴办社区公益事业、制定社

---

① 《河北宽城实现女性100%进村委》，中国农村村民自治信息网：http://cmzz.mca.gov.cn/article/jdgc/zttj/ncfncx/201203/20120300285277.shtml。

区公约和居民自治章程等涉及农民工切身利益的重要事项，都应听取农民工或农民工代表的意见。在农民工聚居的社区，召开社区居民会议或居民代表会议应有一定数量的农民工或农民工代表参加，保障农民工参与管理社区公共事务和公益事业的民主权利。积极探索社区听证会、社区评议会、民情恳谈会、网上论坛等有效形式，鼓励支持农民工广泛参与，引导农民工理性、合法地表达自己的诉求，提高自我管理、自我约束的能力。"① 2012 年初，广东省委书记汪洋和河南省委书记卢展工还表示，要取消"农民工"的提法，因为这一称谓含有歧视和不平等的内容。如果说，取消农业税是中国农村的一项创举，它打破了数千年农民交粮纳税的历史；那么，让农民工融入社区参与选举，无疑又是一次革命性的举措，它在消除城乡二元对立的困局，保障城乡公民的平等参与权等方面真正迈出了坚实的一步。

二是进一步拓宽选举范围。除了农民工外，2012 年有些地区还将更多的人群纳入选举范围，如北京市规定：党政机关在职干部、企事业单位领导、社会精英人物、社会知名人士、社区民警、社会组织负责人、大学毕业生、社区工作者以及复转军人等，经过民主程序后，都可以竞选社区居委会成员。而且，参选的地域条件也有所放宽，上述人员即使不在社区居住，只在社区长期工作，也具有参选资格。如很多长期在社区工作的大学生社工，他们并不住在社区，但经过社区居民同意也可担任居委会成员。②

4. 基层一线人大代表和党代表所占比例明显增加

在以往的人大代表和党代表大会中，基层代表所占比例是有限的，而政府官员所占比例为 50% 以上。在 2007 年第十届全国人大通过的《关于十一届全国人大代表名额和选举问题的决定》中，要求十一届人大"来自一线的工人和农民代表数应高于上一届"，"在农民工比较集中的省、直辖市，应有农民工代表"。这样，在 2008 年的第十一届全国人大中，首次出现 3 位农民工人大代表。在 2010 年的《选举法》修改中，规定各级人大"应当有适当数量的基层代表，特别是工人、农民和知识分子代表"。

---

① 《民政部关于促进农民工融入城市社区的意见》，民政部网：http://www.mca.gov.cn/article/zwgk/fvfg/jczqhsqjs/201201/20120100249568.shtml。

② 《北京改革选举方式流动人口可参加居委会选举》，《京华时报》2012 年 1 月 13 日。

2012 年 3 月通过的《关于第十二届全国人大代表名额和选举问题的决定》中规定："本届代表中，基层代表要比上届有所上升，农民工代表人数要比上届有较大幅度增加，党政领导干部的比例要比上届有所降低。"2012 年 11 月，党的十八大报告明确提出："提高基层人大代表特别是一线工人、农民、知识分子代表比例，降低党政领导干部代表比例。"① 据中组部介绍，在党的十八大代表选举中，生产和工作在一线的党员代表数量明显增加。在当选代表中，党员领导干部为 1578 名，占总数的 69.5%，比十七大时降低了 2.1 个百分点；生产和工作一线的党员为 692 名，占总数的 30.5%，比十七大时提高了 2.1 个百分点。而在工人党员代表中，有 26 名是农民工。农民党员代表中，有 4 名是大学生村官。② 这在以往的历届代表大会中从未有过，是高度重视基层和农民等一线党员的重大改革和伟大实践。

就全国各省、市、县来说也是如此，这次十八大的党代表选举都明确了基层一线的党员参与力度。如重庆市参加十八大的党员领导干部不得超过 68%，生产在一线的党员不得低于 23%，其中，工人、农民和技术人员党员的比例不能低于十七大。这样，在重庆市参加十八大的 41 名党员代表中，领导干部不超过 27 人，生产和工作在一线的不低于 14 人。③ 四川省则改变以往的"定额定向"选举人大代表的方式，而改为对生产和工作在一线的优秀党员实行"全额定向"，这样，像王顺友、文建明等基层先进代表人物出现在推荐名单中。④

总之，2012 年的基层民主选举实现了历史性突破及其跨越，这既表现在对于城乡二元对立思想和观念的巨大突破，又表现在对于城乡、男女平等拥有选举权利的关键性调整，还表现在对于基层一线代表具有自己话语权的充分肯定。如果不考虑城乡、性别和干群权利的不平等，甚至一味强

① 胡锦涛：《坚定不移沿着中国特色社会主义道路前进为全面建成小康社会而奋斗——在中国共产党第十八次全国代表大会上的报告》，人民出版社，2012，第 26 页。
② 《十八大代表领导干部比例降低一线党员比例提高》，中国新闻网：http://www.chinanews.com/gn/2012/08 - 14/4105751.shtml。
③ 《重庆将选 42 名党的十八大代表一线党员不少于 14 名》，《重庆日报》2012 年 2 月 15 日。
④ 《四川"全额定向"推荐十八大生产和工作第一线代表人选》，新华网：http://news.xinhuanet.com/politics/2012 - 02/20/c_111544149.htm。

化和拉大这种不平等，那就势必形成社会的不公、对立、矛盾和分化，影响社会稳定和民主政治发展。诚如吉登斯所概括的："一个极度不平等的社会，由于未能使其公民最充分地发挥天赋和能力而损害了社会自身。"① 事实上，近些年来，党和政府一直在探索缩小这种容易"损害社会自身"不平等的路径和方法。可以设想，如果将来的城乡、男女和干群等真正实现了政治权利上的公平与平等，那么2012年的基层民主选举是个很好的开端，具有不可忽略的价值和意义。

（二）进一步健全和完善民主治理机制

对比基层民主选举，近十年来，民主决策、民主管理和民主监督得到了高度重视，也获得长足的发展，这是基层民主政治不断走向深入的关键。因为后三个民主与民主选举虽具有各自不同的特点和地位，但它们同样重要，不可偏废，一如国际共和协会理事会理事理查德·威廉姆逊所认为的，"尽管选举是民主体制的核心，可单凭它不足以构成民主"。② 不过，由于基层民主建设的特殊性，也由于民主治理的复杂性、变动性和差异性，致使其在发展过程中不断遇到新情况和新问题，甚至出现难以逾越的瓶颈问题。最突出的例子是，有的村干部往往独断专行、贪污成风，从而使村民自治精神难以发挥。这就为基层民主治理提出了较高的要求，也必须有适合基层民主政治建设行之有效的措施和制度创新。2012年，基层民主治理更注重协商民主和民主监督，更强调机制的建立、发展和完善，力求在体系化、规范化、科学化等维度上向前推进。

1. 建立和健全基层协商民主制

在以往的基层民主治理中，一直存在着一种行政管理甚至命令的方式，这严重干预和影响基层民主政治的发展。自20世纪末温岭民主恳谈会以来，民主协商的机制和声音渐渐扩大，到2011年已有燎原之势，像听证会、咨询会、理财会等协商民主都产生了很大的影响。

---

① 吉登斯：《第三条道路：社会民主主义的复兴》，郑戈译，北京大学出版社，2000，第45页。
② 转引自刘军宁编《民主与民主化》，商务印书馆，1999，第43页。

2012 年，"协商民主"更成为一个影响全国尤其是基层民主政治的关键词。在十八大报告第五部分专设"健全社会主义协商民主制度"一节，提出："要完善协商民主制度和工作机制，推进协商民主广泛、多层、制度化发展。通过国家政权机关、政协组织、党派团体等渠道，就经济发展重大问题和涉及群众切身利益的实际问题广泛协商，广纳群言，广集民智，增进共识、增强合力……把政治协商纳入决策程序，坚持协商于决策之前和决策之中，增强民主协商实效性。深入进行专题协商、对口协商、界别协商、提案办理协商。积极开展基层民主协商。"① 这是关于协商民主机制比较系统、细致、科学的表述。如此重视民主协商，并将之制度化、体系化、程序化、科学化，尤其强调开展"基层民主协商"，这在包括十七大之前的制度中还未曾出现过，它是十八大报告的理论创新和重大收获。

　　十八大之后，政协主席贾庆林根据十八大精神，大力倡导协商民主，尤其强调基层民主协商的重要性。他说："目前全国不少地方都大力推进多种多样的民主协商实践，正在全社会形成一种重视协商、崇尚协商的民主氛围，有效地保障了人民群众的民主权利。"② 如浙江温岭于 2012 年实行公共财政预算的民主恳谈，试图在精英、民众和乡镇人大代表中进行。在这种协商民主决策中，参与者可通过分组，参与当地的年度预算、资源分配、政府支出等决策，这种参与式预算是协商民主的又一形式。2012 年，浙江省委书记赵洪祝要求将这一"参与式预算改革"在全省推广。与此相关的是，广州市于 2012 年 11 月底也召开会议，讨论并通过了《中共广州市委关于加强人民政协工作的决定》和《中共广州市委政治协商规程》，强调要健全社会主义协商民主制度，推进协商民主广泛、多层和制度化发展。特别是推进"政协下基层"，开展基层民主协商，其主要做法是依托街道（镇）"两代表一委员"工作室，在街（镇）建立政协委员工作组，充分发挥政协在群众工作和社会服务管理中的重

---

① 胡锦涛：《坚定不移沿着中国特色社会主义道路前进为全面建设小康社会而奋斗——在中国共产党第十八次全国代表大会上的报告》，人民出版社，2012，第 26～27 页。

② 贾庆林：《健全社会主义协商民主制度为全面建成小康社会广泛凝聚智慧和力量》，《求是》2012 年第 23 期。

要性。① 此外，江苏盐城市于 2012 年也发布了相关文件，"以深化工资集体协商为抓手，以规范民主制度运行为标准，以构建和谐劳动关系为目标，大力推进以职代会为主要形式的企业民主管理制度体系建设，促进民主管理工作在更高层次发展"，② 这也是强调基层"协商民主"的一个典型事例。据统计，截至 2012 年 10 月，全国有 57.5 万个村推行"四议两公开"工作法，即所有村级重大事项都在村党组织领导下，按照党支部会提议、"两委"会商议、党员大会审议、村民代表会议或村民会议决议，决议公开、实施结果公开的程序决策实施，党领导的村级民主自治机制进一步完善。③

2012 年是基层协商民主得以推行的最重要的一年，它会承接以往的东风，在不远的将来吹向中国广大基层的各个角落，也必将全面推动中国基层民主政治的快速发展。因为协商民主与行政命令大相径庭，它"是通过自由而平等的公民之间的讨论进行决策"④ 的，同时，它还具有温和、柔性、互动、和谐、双赢等特性，是一种春风化雨、润物无声的沟通交流方式，有利于民主政治的良性发展。

2. 不断加大基层民主监督的力度

自党的十六大以来，基层民主监督的建设力度不断加强，党的十七大和十八大对之又有所强调。不过，与十七大的"对干部实行民主监督"⑤ 的笼统提法不同，十八大明确提出要以"强化权力监督为重点"，⑥ 这就更有针对性，即将监督重点放在"权力"上。因为，某种程度上说，权力最具危险性、腐蚀性和异化作用，具有"使人类腐化堕落和道德败坏的因素"，因而"权力导致腐败，绝对权力导致绝对腐败"。⑦ 与此相关的是，在 2012 年，中央和地方出台了一系列关于基层民主监督方面的文件和规定，也有不少实践创新，这对

---

① 曾妮：《穗拟推政协下基层镇街建委员工作组》，《南方日报》2012 年 11 月 30 日。
② 盐城市总工会：《2012 年企业民主管理工作意见》（盐工发 [2012] 19 号），2012 年 2 月 15 日。
③ 盛若蔚：《党内基层民主铿锵前行》，《人民日报》2012 年 10 月 31 日。
④ 参见 JonElster, *Deliberative Democracy* (Cambridge University Press, 1998), "Introduction"。
⑤ 《中国共产党第十七次全国代表大会文件汇编》，人民出版社，2007，第 29 页。
⑥ 胡锦涛：《坚定不移沿着中国特色社会主义道路前进为全面建设小康社会而奋斗——在中国共产党第十八次全国代表大会上的报告》，人民出版社，2012，第 27 页。
⑦ 阿克顿：《自由与权力》，侯健、范亚峰译，商务印书馆，2001，第 342 页。

基层民主政治建设起到了很好的推动作用。

（1）继续推行村务监督委员会制度

中纪委、民政部和中央组织部等 12 部委于 2012 年 9 月 12 日下发了《关于进一步加强村级民主监督工作的意见》（以下简称《意见》）。《意见》指出：在当前农村经济社会发生深刻变化的背景下，有的地方因民主监督流于形式导致了村干部滥用职权，甚至出现贪污腐败等损害农民利益的情况。为进一步完善农村基层群众自治机制，促进农村基层党风廉政建设，加强和创新农村基层社会管理，维护农村社会和谐稳定，需要"进一步加强村级民主监督工作"。与以往相比，此《意见》有以下特点：第一，明文规定全国农村须建立村务监督机构；第二，确立 2020 年实现村级民主监督制度完善目标；第三，监督委员会进行财务监督，可否决不合理的开支；第四，健全村务档案管理制度和加强村级公务信息化建设；第五，进一步规范民主评议活动，对民主评议的对象、时间、内容、形式、程序、结果都作出了详细的规定。如规定民主评议"每年至少开展一次。对同一评议对象，两次民主评议间隔时间不得少于 6 个月"，"任何组织或者个人不得变更、撤销民主评议结果，评议结果要与评议对象的使用和补贴待遇等直接挂钩。涉及村民或村集体利益的民主评议奖惩办法，须经村民会议或者村民代表会议审议通过。村民委员会成员连续两次被评议不称职的，其职务终止；其他评议对象连续两次被评议不称职的，一年内不得参与村内相关工作"。如此详细、系统和严谨的制度规定，可以说是前所未有。最值得注意的是，《意见》还进一步强化了村委会成员离任经济责任审计制，对责任审计的对象、主体、程序和处罚等都作了明文规定：审计对象如存在违规违法行为应给予处罚的，由审计机关在法定范围内作出决定；对有侵占集体资产、资金和资源等情况的，村务监督机构要责令有关人员如数退赔；因期满、罢免、职务终止等原因离任的村委会成员，未经审计不得解除任职期间的经济责任。①

除了上述有关规定外，全国各地也加大了民主监督制度建设的力度。比

---

① 《中央纪委　中央组织部等十二部委印发〈关于进一步加强村级民主监督工作的意见〉》，民政部网站：http://www.mca.gov.cn/article/zwgk/tzl/201211/20121100373290.shtml。

如，截至 2012 年 3 月，山东省共有 73095 个村建起村务监督委员会，占应建数的 98.07%，共选举产生村监委会成员 27.97 万人，平均每村 3.8 万人，共举办村务监督委员会成员培训班 3393 期，培训 39.8 万人次。[1] 北京从去年开始在一些郊区农村试点建立村务监督委员会，目前全市 3943 个村已全部建立村务监督委员会，它们负责监督村级重大事项、村级财务收支等 7 个方面，可受理村民投诉，并督促村民委员会整改等。[2]

（2）创设城市社区居务监督委员会：杭州经验

与村务监督委员会的建立和发展相比，城市社区居务监督委员会出现较晚，发展也比较滞后。不过，近些年，借鉴村务监督委员会制度的经验，一些地区在城市社区基层民主治理中，也探索和建立了社区居务监督委员会。在这方面，杭州市表现得比较突出。

早在 2007 年，杭州市下城区就在长庆街道新华坊社区建立了全区首个社区居务监督委员会，2011 年又在武林街道的 7 个社区全部建成居务监督委员会。这一举措产生了很好的社会效果，居务监督委员会参与监督社区事务 65 件次，收集反映居民建议和意见 114 条，提出合理化建议 53 条，监督财务收支情况 18 次，完善制度 14 项，尤其在群众比较关注的低保户审校、廉租房上报、征兵入伍等社区重大事项的监督上发挥了重要作用。[3] 2012 年，下城区的居务监督委员会建设更上一层楼，形成了自己鲜明的特点。这主要表现在：第一，制度建设配套、系统、完备、细致。2012 年 8 月，下城区召开社区居务监督委员会建设推进工作会议，下发了《关于加强社区居务监督委员会建设的实施意见》（区委发 [2012] 38 号）和《下城区社区居务监督委员会工作规定》（试行），要求在一个多月的时间内，在全区的所有社区建立居务监督委员会。与此同时还出台了相关制度，这包括《社区居务监督委员会主任工作职责》《社区居务监督委员会成员工作职责》《社区居务监督委员会工作例会制度》《社区居务监督委员会学习培训制度》《社区居务监督委

---

① 王凯：《村里有了监委会——我省创新农村民主管理的探索》，《大众日报》2012 年 3 月 10 日。
② 陈荞：《全国农村须建立村务监督机构》，《京华时报》2012 年 11 月 6 日。
③ 《探索居务监督工作打造"廉洁杭州"》，中国网：http://news.china.com.cn/live/2012 - 08/24/content_ 15839929. htm。

员会工作报告制度》《社区居务监督委员会工作台账制度》《社区居务监督委员会保障奖励制度》《社区居务监督委员会工作考评制度》《社区居务监督委员会责任追究制度》等，这不要说在城市社区居务监督委员会制度中，就是在其他区级制度规定中也是少见的。如《关于加强社区居务监督委员会的实施意见》指出："要因地制宜，开拓创新，积极探索社区居务监督委员会的工作机制，强化社区居务监督委员会的组织建设，完善配套，落实保障，做到办公有场所、对外有牌子、工作有制度、监审有印章、活动有记载、经费有保障，使居务监督委员会的学习培训、工作报告、工作台账、业绩考评、责任追究、经费保障等各项工作有章可循、有据可依。"第二，以重大决策、资产和资源为监督重点。杭州下城区是经济发达地区，也是城建城改的重点，所以一个区往往就拥有数百万、千万甚至过亿的资金，这就要求决策监督、公开透明。因此，下城区规定居务监督主要集中在以下方面：重大决策部署的落实情况，居务民主决策情况，居务公开和财务公开情况，资金、资产、资源管理使用和处置情况，工程建设项目情况，工作人员情况。第三，定期、跟踪和全程参与的监督方式。下城区一方面强调定期有序监督，另一方面又注重全程的整体监督，力求做到无遗漏、无缝隙、无暗角、无疑点。所以在《关于加强社区居务监督委员会建设的实施意见》中规定："加强对社区资金、资产、资源管理使用和处置的监督。重点是对社区各类经费收支，社区停车位、房产及社区公共财产的管理、使用和处置等情况进行监督；对财务收支账目、使用情况等进行定期审核；对社区资产、资源的使用和处置情况实行全过程监督。""加强对社区工程建设项目的监督。对社区建设工程的立项、施工单位的选择、工程施工、质量验收、资金预决算及支付等进行全过程监督。"这一规定全面而又具体，具有较高的规范化和程序化程度。同时，在《下城区社区居务监督委员会工作规定》中还有"跟踪监督"的规定："对社区工作人员的监督。社区居务监督委员会对社区工作人员的履行职责和坚守社会公德等情况进行监督，并利用'66810'为民服务绩效追踪管理系统，对居民事务的办结率、走访率及满意率开展调查监督。同时，会同社区纪委，加强对党员干部遵守党纪党规的监督。"第四，建立考核和激励机制。对居务监督委员会的工作考评，由居民（代表）会议进行，并公布测评结果。社区居务监督委员会成员享有一定报酬，有条件的可根据考核情况，给业绩突出者一定奖励。而对不认真履行职责或不按规定履行职责者，可责令其限期整改，对于不整改或整改不到位者，可通过居民（代表）会议终止其资格。① 截至 2012 年 10 月，杭州下城区 72 个社区已全部建立居务监督委员会，其组织形式是，一般由 5～7 名成员组成，主任由社区纪委书记兼任，其他成员多由社区居民担任，另要求其中有一位成员熟悉财务知识。②

2012 年 10 月 26 日，杭州市召开社区居务监督委员会议，要求在全市所有社区建成居务监督委员会，让居民群众全程监督各项居务活动，这是杭州市推进基层民主监督的一项新举措，也是城市社区发展的一个"阳光工程"。另外，杭州市下发了《关于加强城市社区居务监督委员会建设的实施意见》，对居务监督委员会的工作职责、监督内容、工作流程等都作了相应规定。这一做法在全国属于率先的尝试。

除杭州外，还有一些地区也在探索居务监督委员会制度建设。比如，自 2012 年开始，云南省昆明市率先在全省探索建立居务监督委员会制度，在全市 603 个社区，按照"一会三组三站"模式，逐步设立社区居务监督委员会。所谓"一会"，指的是成立以纪检委员为主任的居务监督委员会；所谓"三组"，指的是居务公开监督小组、民主理财监督小组、社区干部勤廉评议小组；所谓"三站"指的是为民服务站、居情民意信息站、廉政文化站。居务监督委员会其他成员由居民大会或居民代表大会选举产生。"一会三组三站"在社区党委（总支、支部）领导下开展工作，独立行使监督权，居务监督委员会主任列席社区两委会议。此举是昆明市实施"幸福乡村"建设工程，推进社区党风廉政建设的一项重大举措。③

---

① 石桥街道：《关于转发区委〈关于加强社区居务监督委员会建设的实施意见〉的通知》（石工委 [2012] 57 号），杭州下城区政府门户网站：http://app. hzxc. gov. cn/mh_template/catalogtemplate/sqjd/content_template/detail. jsp? article_id=20121122000246。

② 《杭州将在全市社区推行"居务监督制" 请居民代表来监督》，http://news. enorth. com. cn/system/2012/10/27/010192438. shtml。

③ 李丹丹等：《昆明将在 603 个社区逐步建立社区居务监督委员会》，《昆明日报》2012 年 5 月 22 日。

（三）坚持自治导向下政府与社会的协同治理

在中国改革开放初期，往往比较注重单一制度的建设以及部门的各司其职。然而，随着改革开放的深入，尤其是进入新世纪，当许多问题变得越来越复杂时，就需要打破以往的模式和方式，进行制度创新和观念更新。因此，以联系的、系统的、合作的、互动的方式进行协同治理，就变得愈加重要。像杭州市的"复合主体"就是如此，它将政府、企业、高校、媒体、协会等协同起来，共同参与、互为主体、相得益彰，从而产生了"合力远远大于多力相加"的巨大效应。近年来，将"协同"理念运用到社会治理尤其是基层民主政治建设，更成为一个引人注目的突出现象。有学者还提出"协同治理才能实现社会善治"这样的看法，即"要实现善治，必须保持权力和权利的协调性，政府与社会的合作，让所有利益相关者共同参与、共管共治，以实现公共选择和公共博弈的有效性，政府与民间的互动性"。①

在十七大报告中，胡锦涛曾提出："要健全党委领导、政府负责、社会协同、公众参与的社会管理格局，健全基层社会管理体系。"② 在十八大报告中，他又指出："发挥基层各类组织协同作用，实现政府管理和基层民主有机结合。""加快形成党委领导、政府负责、社会协同、公众参与、法治保障的社会管理体制。"③ 很显然，加强"协同治理"成为当下乃至今后中国基层民主建设的重要内容和发展方向。与此相关，2012 年的基层民主政治建设始终贯穿着"自治导向下政府与社会的协同治理"这一主线。

1. 自治主体和自治能力的进一步彰显和提高

美国政治家杰弗逊曾表示："我们政府的基础是人民的意见，首要目标应当是保持这一正确基础。"④ 他将"人民的意见"当成政府治理的基础和首要目标，而中国政府更应当如此，即将人民群众的主体性和自治能力看成基层民

---

① 《协同治理才能实现社会善治》，《新华日报》2012 年 9 月 12 日。
② 《中国共产党第十七次全国代表大会文件汇编》，人民出版社，2007，第 39 页。
③ 胡锦涛：《坚定不移沿着中国特色社会主义道路前进为全面建设小康社会而奋斗——在中国共产党第十八次全国代表大会上的报告》，人民出版社，2012，第 27、34 页。
④ 转引自宋惠昌《切忌权力异化》，中国共产党新闻网：http://theory.people.com.cn/n/2012/0924/c49154 = 19091429 - 2.html。

主建设和社会主义政治发展的基础，这在改革开放以来表现得较为突出。

近几年，尤其是到了 2012 年，这一趋向更为明显，对人民群众主体性和自治能力有了更为清醒的认识，许多提法也变得更为明确。如温家宝指出："要在认识上和感情上端正对农民的态度，无论做决策还是抓工作，都要设身处地为农民着想，认真听取群众意见。要切实转变思想和工作作风，不要擅自替农民做主、代农民决策，更不能搞强迫命令。即使是为农民办好事，也要允许农民有一个认识和接受的过程，不要追求整齐划一、一步到位。"① 2012 年 2 月 4 日，温家宝在广东考察时又说："村里的事务，不是总理做主，也不是村长做主，要坚持由村民做主。"他还说，要一切相信农民，一切依靠农民，依靠村民自治搞好农村社会管理，这是唯一正确的道路。农村办事要广泛听取农民意见。这是大道理，要管一切小道理。② 3 月 5 日，温家宝在政府工作报告中又明确指出："提高城乡基层群众性自治组织的自治能力。发挥社会组织在社会管理中的积极作用。" 3 月 14 日，温家宝在回答外国记者时说："我至今还这样认为，群众能够管好一个村，就能够管好一个乡的事情；能够管理好一个乡，就能够管好一个县的事情。我们应该按照这条道路鼓励群众大胆实践，并且在实践中使他们受到锻炼。我相信，中国的民主制度会依照中国的国情循序渐进地得到发展。这也是任何力量所阻挡不住的。"在此，温家宝对基层广大人民群众充满信心、期望，希望他们在实践中受到锻炼，提高自治能力和水平。重庆市大渡口区区委书记盛娅农曾说："最好的社会管理模式，就是让群众参与其中，让群众有能力、有动力参与基层管理。"③

需要说明的是，为了提高基层民主自治能力，2012 年全国各地也出台了一系列政策规定。如浙江省于 2012 年 3 月底重修了《浙江省实施〈中华人民共和国村组法〉办法》和《浙江省村民委员会选举办法》，其中明确强调了通过"四大通道"，让村民自治成员"庸者下"，从而极大地优化了村民自治的生态。这"四大通道"包括：规定职务自行终止、降低罢免门槛、规定辞职

---

① 温家宝：《中国农业和农村的发展道路》，《求是》2012 年第 1 期。

② 徐林雷：《温家宝广东谈村民自治：村里的事务，不是总理做主》，《南方日报》2012 年 2 月 7 日。

③ 张洋等：《从"管字当头"到"服务为先"》，《人民日报》2012 年 3 月 7 日。

承诺、健全辞职程序。又如，广州市注意乡镇、村社会管理服务人员的培训与培养，努力提高他们的政治、业务、道德和服务水平，充分调动其积极性。另如，在杭州市下城区2012年下发的《关于进一步加强村级民主监督工作的意见》中，有"提高村民特别是村民代表的民主素质和议事能力，引导村民理性表达诉求"的规定。再如，在2012年天津市居委会换届选举中，明确提出"本市鼓励大学生等高等学历的年轻人参加选举，并对社工师、政工师等高素质专业人员给予政策优惠"。同时还要求，"社区'两委'班子应体现精干高效、结构优化的原则"，"要通过换届，努力在全市形成以45岁左右、大专以上文化为骨干的社区党务干部队伍"，"居委会成员中离退休人员比例原则上不超过30%，应大力提倡高学历的年轻人参加居委会选举，进一步提高居委会成员的整体素质"。① 这是天津市对于基层民主自治组织提出的一个较高要求，也反映了党和国家对于基层自治组织人才的重视程度。

可以说，2012年全国上下都十分重视基层民主自治能力和水平的提升，这为今后基层民主政治发展注入了强大的动力和活力。

2. 加大干部下乡的力度

严格意义上说，干部下乡是我们党一贯的传统。近些年，党和政府又强调干部下乡，并将之称为新一轮干部"上山下乡"运动。最突出的是2011年，各省份相继提出"到基层去，到群众中去"的口号，于是山西、河北、广东、湖北、新疆和甘肃等省份开始行动起来。河北省于2012年2月10日始，有15000名干部下乡进驻到5010个村。9月，贵州省启动了"万名专家服务基层"活动。从2011年10月始，西藏将在之后三年选派2万多名干部，组成5451个工作队，进驻西藏所有的行政村和居委会开展工作。应该说，干部下乡既是党和政府与人民群众血肉相连的方式，更是服务基层，提升基层经济、政治、文化等的加速器，还是维护广大农村稳定的平衡器。像河北省干部下乡规定，8个月脱产与农民同住、同吃、同劳动，要在做好维稳工作的情况下，帮助建设基层党组织、培训基层党员干部、建好农村基础设施、发展特色产

---

① 《天津市民政局召开"2012年社区居委会换届选举动员部署会"》，陕西民政网：http://shaanxi. mca. gov. cn/article/mtjj/201202/20120200275421. shtml。

业。^① 值得一提的是，在这次干部下乡潮中，不只是普通干部，还包括许多高级干部。如山西省委记袁纯清于 2012 年来到山西武乡砖壁村，他自称是此村"第 431 个村民"。与许多干部一样，他干农活、睡土炕、吃土菜、聊家常、出主意，与村民打成一片，共同探讨村庄的政治、经济和文化发展。^② 通过干部下乡，政府转变了职能，了解了民意，将政府的资源优势与基层群众的主体能动性有机结合起来，既有效解决了农村存在的问题，又促进了政府与社会的互动合作。这也是新形势下，推进基层民主建设的一个新途径。

3. 还权于民：广东"乌坎事件"

2012 年，在广东乌坎发生了轰动一时的大事，这就是"乌坎事件"。事件的起因是 2011 年 2 月的换届选举，因当时乌坎村没有召开村民会议和村民代表会议，只是经村两委干部等 50 人开会产生村干部，村党支部书记薛昌再次当选，当时他已连任了 41 年。加之近二十年来，乌坎村村务管理混乱，村务不公开，干群关系紧张，特别是在当地居民不知情的情况下全村 3200 亩土地陆续被村干部盗卖，卖地款项达 7 亿多元人民币，而村民得到的补助款只有 500 元。2011 年 9 月 21 日～11 月，乌坎村 400 多名村民因不满土地问题、财务问题、选举问题以及政府处理事件的方式等，多次到陆丰市政府非正常上访，并发生了打砸警车、民警受伤和村民薛锦波狱中猝死等事件，矛盾进一步激化，引起国内外震动。12 月 20 日，由中纪委委员、广东省委副书记朱明国带队的省工作组进驻陆丰市乌坎村，表示以最大的努力，了解和解决广大村民的诉求。工作组通过广泛深入的调查，作出如下决定：因为原第五届村委会换届选举中存在违法行为，导致群众的不满和抗争，因此选举被认定为"整体无效"；同意由乌坎村村民重新进行村委会换届选举。^③ 2012 年 1 月 15 日，乌坎村召开党员大会，曾在事件中当带头人、一度被列入嫌疑犯的林祖恋，被选为村党支部书记；而参与示威，被拘捕的洪睿超，被选为选举委员会成员。2

---

① 《河北 15000 名干部下乡吃住 8 个月帮助发展经济维稳》，《新京报》2012 年 2 月 29 日。
② 韩闻：《干部下乡潮——一位省委书记的"住村"实验》，《中国经济周刊》2012 年第 24 期。
③ 如原《村民选举委员会》非按《村组法》有关规定由村民直接选举产生，而主要是由村"两委"干部和村民小组成员推选产生。参见《广东乌坎村委会换届选举被认定为违法》，《广州日报》2011 年 12 月 29 日。

月 11 日，乌坎村通过无记名投票方式推选出村民代表，并选出 7 位村民小组组长。3 月 3 日，乌坎村在村党总支领导下举行第五届村委会重新选举，此次选举采取不设候选人、由本村登记参选的村民无记名投票方式进行。据统计，全村有登记选民 8363 人，发出选票 6899 张，收回 6812 张，投票率达81.45%，最后，林祖恋获 6205 张赞成票，以得票率 91.09% 当选为乌坎村的村委会主任。[①] 于是，由基层权力腐败和治理方式简单引起的一场风暴，因政府坚持了民主和自治原则，也因政府和村民的协同合作，被化解于无形。[②]

"乌坎事件"说明，政府如何处理与社会的关系至关重要。一些农村地区，干部腐败现象严重，长期实行行政命令式的粗暴管理，导致干群关系紧张，这也是乌坎村前期、中期产生暴力甚至死亡事件的主因。而"9·21"事件发生后，广东各级政府以协同、民主、包容甚至理解的方式，充分尊重、听取和吸收民意，并赋予村民以真正的自由选举权，这种重视"自治"精神和"与民协同"的做法，成为成功解决"乌坎事件"的关键。

4. 政经分离的基层民主治理变革

在中国的广大基层尤其是农村，党支部、村委会和村经济组织之间一直处于复杂的关系纠葛中。有人主张"一身兼"，这样就可充分发挥党的领导作用；也有人主张它们要各司其职，互相独立。《村组法》主要强调村党支部在村级组织中的领导作用，村民委员会应当"尊重并支持集体经济组织依法独立进行经济活动的自主权"。而实际上，由于国家大力提倡村主要干部"一身兼"，所以，有的村党支部书记同时也是村主任和经济组织的主要负责人，这就容易导致权力过于集中，滋生腐败。近些年的违法和犯罪案件不断增多，就很能说明问题。广东佛山市南海区的农村集体经济高度发达，到 2011 年，该区村（居）集体经济组织经营性资产高达 260 亿元，集体经济组织可支配收入 51 亿元，社员股东当年的人均分红超过 3100 元。然而，长期以来，南海区的不少村主任兼任集体经济组织的负责人，所以出现"谁当上村主任，谁就控制了集体经济的话语权"的状况。而围绕村委会选举和集体经济分配的矛

① 参见《乌坎村推出村民代表》，《南方日报》2012 年 2 月 12 日；《广东乌坎村 3 月 3 日举行村委会重新选举》，新华网：http://news.xinhuanet.com/local/2012-03/03/c_111599226.htm。

② 参见龙飞《乌坎事件非创新　村民自治路漫漫》，《中国经营报》2012 年 3 月 31 日。

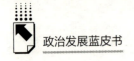
盾冲突也不断发生。

2010 年 7 月，新任佛山市委常委、南海区委书记的邓伟根，在经过长期调研后，得出这样的结论：农村集体经济组织绑架了自治组织，农村体制改革势在必行。于是，2011 年初，南海区出台《关于深化农村体制综合改革的若干意见》等 8 个文件，开始进行大胆改革。改革的第一步是"政经分离"，即将村（居）基层的自治职能（包括社会服务职能）与集体经济管理职能分离，这包括选民资格分离、组织功能分离、干部管理分离、账目资产分离、议事决策分离。村（居）委会成员不得兼任村（居）集体经济的负责人，村（居）集体经济负责人的任期也由三年变为五年，以与村（居）委会三年一届的任期相区别。与此同时，南海区还建立了"农村财务监管平台"和"集体资产管理交易平台"，以规范和监督集体资产的运营和资金使用。有数据表明，自村集体资产到交易平台交易后，总收益增加 20%，而新的争议几乎为零。到 2011 年上半年，南海区顺利完成了村（居）委会换届选举，全区 2000 多个集体经济组织的负责人也大都由股东选举产生。改革的第二步是"政社分离"，提高社会自治组织的能力。尽管南海区较早实行自治，但因社会自治组织担任较多行政职能，所以难以发挥自治作用。"政社分离"就是要将原来由社会自治组织承担的行政职能分离出去，确保其自治职能。为了更好地实现这一目标，南海区设立了村（居）社区服务中心，以承担各镇（街道）的行政审批和管理事项，大大减轻了社会自治组织的负担。①

2011 年 5 月初，广东佛山市南海区出台了《关于加强和创新基层社会管理工作的意见（征求意见稿）》，明确规定：在基层"政经分离"的同时，建立村党组织、自治组织、经济组织、社区服务中心、社会组织等社会管理载体，这样就形成了"党委领导、政府负责、社会协同、公众参与"的社会管理新格局。

2012 年 9 月 12 日，广东推广南海综合改革试点会在佛山举行，汪洋在会上充满信心地说，如果管理得好，"政经分离"可让基层党组织站得更高，也

---

① 参见郭建光《捍卫基层——佛山南海区改革破题记》，《中国青年报》2012 年 8 月 28 日。

发挥最大的作用。① 这既是一种探索，又是一种推广，它必会对基层民主政治
发展起到示范和推动作用。

5. 协同治理的浙江"慈溪模式"

2012 年 1 月 8 日，在第六届"中国地方政府创新奖"颁奖大会上，慈溪
市的"基层组织和社会组织协同治理模式"获得大奖。这次创新奖的获奖标
准有创新程度、参与程度、效益程度、重要程度、节约程度和推广程度，从中
可见此奖的难度和价值。通过这次获奖，既表明了慈溪模式的重要突破与意
义，又反映了国家对地方政府和基层创新的高度重视，还折射出"协同治理"
理念的未来前景。②

早在 2005 年，浙江慈溪因劳资纠纷引发了外来人口参与"火烧横河相土
地村委"事件。③ 为协调和解决城镇化过程中外来人口涌入带来的矛盾，保障
农民工尽快融入当地的社会生活，2006 年，慈溪市率先在坎墩镇五塘新村创
设了"村级和谐促进会"，这是以人际和谐为目的，以村（社区）为单位，由
市镇两级党委引导推动、村级组织直接领导、当地群众和外来人口共同参与，
有着民间性、共建性、互助性特点的民间组织。2008 年，在"村级和谐促进
会"的基础上，慈溪又将其原来以融合为主的功能，发展成多方互动的协同
治理，逐渐形成以村（社区）党支部为核心，村（民）委员会为主体，村
（社区）经济合作社为支撑，和谐促进会为依托，企事业单位和社会各界群众
广泛参与，基层组织和社会组织协同治理的基层社会管理新机制。这一协同治
理的模式从根本上解决了棘手的问题，也提高了基层民主治理的能力。截至
2011 年底，慈溪 347 个村（社区）都建立了和谐促进会。④

由于慈溪协同治理的独特性、有效性、前瞻性，2008 年它荣获省级"创新
枫桥经验"优秀成果奖，2011 年被评为"浙江省公共管理创新案例优秀奖"。

---

① 《汪洋：在广东农村推广"政经分离"改革》，中国新闻网：http://www.chinanews.com/gn/
2012/09-12/4179233.shtml。

② 《慈溪"基层组织和社会组织协同治理模式"荣获"第六届中国地方政府创新奖"》，《慈溪日
报》2012 年 1 月 9 日。

③ 参见《浙江慈溪：外来工融入当地社区样本调查》，《南方都市报》2011 年 7 月 6 日。

④ 《浙江省慈溪市委市政府：基层组织和社会组织协同治理模式》，中国政府创新网：http://
www.chinainnovations.org/Item/33595.aspx。

2012 年，又获得第六届地方政府创新奖，其"协同治理模式"产生更大反响。

6. 江苏省太仓市的"政社互动"

太仓市的"政社互动"经历了一个从试点到逐步推广的过程。2008 年 5 月 12 日，国务院提出："要增强社会自治功能"，"建立政府行政管理与基层群众自治有效衔接和良性互动的机制"。① 以此为契机，2010 年 3 月，江苏省选择在经济较发达、基层民主建设基础较好的太仓市城厢镇进行"政社互动"治理试验。其主要做法有：一是合理划分和界定政府行政与基层自治的权责范围，政府放手还权，依法行政，基层组织回归自治功能。为此，太仓市成立了"清理办"，出台了《基层群众组织协助政府工作事项》和《基层群众自治组织依法履行职责事项》两项规定，经过清理，最终确定了治安、计生、社保等 27 项需要自治组织协办的事务，其余的全部退出村民自治组织。二是政府通过与基层社会组织签订《政府购买服务协议书》，在任务、目标、经费等方面明确了双方的权利和义务，保证"权随责走、费随事转"。如太仓市卫生局与城厢镇社区卫生中心签订的《政府购买服务协议书》规定：中心承担学龄前儿童的疫苗接种等任务，卫生部门依据社区工作情况进行考核。经权责分工，卫生服务中心、村（社）和卫生部门通过互动实现了"协同治理"。三是积极培育和发展社会组织，为基层实现自治提供内在动力。"在中国特色社会管理体制形成过程中，由于社会发育和发展明显滞后，加快社会发育、提高社会自我管理能力尤为重要和迫切。"② 太仓市将培育社会组织作为推进"政社互动"的重要社会基础，据统计，2012 年 6 月，太仓市共有 310 多家各类登记的社会组织，其数量以每年 10% 的速度递增。预计到 2015 年，太仓市的社会组织数量将增加一倍。政府通过权力下放，实行委托服务等治理创新，从而实现了政府与基层组织的互动，这样既提高了政府治理的效能，也增强了基层社会组织的自治能力。如 2010 年，城厢镇因城乡一体化建设需要拆迁，镇政府把决定权交给当地村民。村干部根据村民的诉求，与政府积极协商，从而确定了有关补偿办法，在短短数月内，就确

---

① 国务院：《关于加强市县政府依法行政的决定》，载中共中央文献研究室编《十七大以来重要文献选编》（上），中央文献出版社，2009，第 421 页。
② 李培林：《创新社会管理是我国改革的新任务》，《人民日报》2011 年 2 月 28 日。

保了数百农户的顺利拆迁。①

2011年4月，"政社互动"在试点一年后，向太仓市各镇、区全面推开。2012年6月，又在苏州全市推广。与此同时，"政社互动"也向纵深发展，如实行平等主体间的"双向评估"考核制，使"行政管理与群众自治在协商签约的过程中完成了衔接，在双向评估的过程中实现了互动"。②

总之，通过以上分析可见，2012年基层民主治理越来越由一元走向多元，越来越强调自治主体和自治能力，越来越趋于多层次的协调合作，越来越注重社会组织的培育和发展。因为以科学发展的眼光看，基层民主自治不再是一个单一和孤立的事情，而必须将之放在一种互动关系中进行审视和理解。就如同有人所言："治理是政治国家与公民社会的合作、政府与非政府的合作、公共机构与私人机构的合作、强制与自愿的合作。"③ 而建立于自治主体和自治能力之上的政府与社会协同治理，更应该如此。

三　问题与挑战：未来基层民主政治建设瞻望

以客观标准和发展的眼光来看，目前中国的基层民主建设还处于初级阶段，有不少重要工作要做，也有一些瓶颈问题亟须突破和解决。因此，如何在2012年的基础上，继续开拓创新，找到问题的症结，深化改革和更新观念，是未来中国基层民主政治发展的方向。

（一）继续推进基层民主政治建设的法治化进程，是今后的首要任务

以村民自治为开端的基层民主政治建设，至今已逾三十年，其伟大成就有目共睹，不可低估。但另一方面，其中存在的问题也不可忽略，有的还是

---

① 参见《太仓以政社互动促和谐善治》，新华报业网：http://js.xhby.net/system/2012/06/26/01326。

② 《"政社互动"创新社会管理太仓"实验田"引关注》，http://news.feng.com/gundong/detail_2012_12/07/19956492_0.shtml。

③ 张勤：《中国公民社会组织发展研究》，人民出版社，2008，第102页。

令人震惊的。最突出的主要有以下几点：一是贪污腐化和违法乱纪的情况较为严重，这严重影响了基层民主政治的健康发展，影响了干群关系和农村社会的稳定。以村民自治为例，近年来基层干部违法现象呈上升趋势，其严重程度也有所加重。比如，2008年以来，吉林省查处了几起村官腐败案件，有的案件涉案金额达数百万元，这些案件都与征地补偿款有关。其中，吉林省桦甸市永吉街道大城子村支部书记、村主任、出纳员和治保主任采取虚报土地数量和土地用途，冒领钱款等一系列弄虚作假手段，在一年多时间里，诈骗并贪污土地补偿款共计450多万元。河南省新密市人民检察院一项针对村官犯罪现象的调研显示，村支书、村主任占到农村基层组织人员职务犯罪总数的46%。① 二是政府干预自治的现象仍然存在。不少基层政府无视《村组法》，强行干预村民自治。据调查，在2008、2009年进行的村委会换届选举中，仍存在乡镇政府直接任命村委会成员的现象。② 三是基层组织不依法自治或有法不依。《村组法》规定："村民委员会每届任期三年，届满应当及时换届选举。村民委员会成员可以连任。"然而，到2009年，据一项对167个村子的调查，竟有28.5%的村延期换届，时间长达十年之久；13.3%的村则是提前进行换届，甚至出现一年换届两次的情况；另有5个村从未进行村委会选举；有2个村在2000年进行了一次换届选举，但未有下一次换届计划。③ 以上事实表明，农村基层民主政治建设的法治化之路还很漫长，今后还必须采取切实有效措施加以推进。

1. 要重视加强法制教育，提高农村民主政治建设的法治化水平

早在2006年，胡锦涛就在省部级领导干部建设社会主义新农村专题研讨班上指出："建设社会主义新农村，要加强民主法制建设，搞好村民自治，要采取多种形式，广泛宣传基层民主选举的法律知识、方法步骤，广泛宣传农村基层民主选举同农民群众切身利益的关系，引导农民增强民主意识，珍惜自身权利……要加强同保障农民群众切身利益紧密相关的法律法规的宣传教育，使农民群众增强法制观念、增强依法行使权利的能力和履行义务的自觉性。要积

---

① 王春：《村官治理仍存监督盲点》，《廉政瞭望》2011年3月7日。
② 李小云等主编《2009中国农村情况报告》，中国农业出版社，2010，第147页。
③ 李小云等主编《2009中国农村情况报告》，中国农业出版社，2010，第147页。

极引导农民群众以理性合法的形式表达利益诉求，提高基层干部运用法律手段管理基层事务、处理矛盾纠纷的能力，逐步形成政府主导、社区参与、农民群众自主维权的农民权益保障机制。"从当前农村法制教育的现状来看，农民的法治观念和权利意识离依法自治的要求还有很大差距，有学者指出："农民心中的法律往往是惩戒性的，农民对于法律的保护性认识不足，这导致了农民更多关注政策而较少关注法律"。① 这无疑会妨碍农民运用法律保障其合法权益，也不利于他们遵纪守法。因此，继续加强对农民的法制教育、法律服务，仍是当前以至今后基层民主建设的核心任务。

2. 进一步建立健全基层民主政治的法律体系

十八大报告提出要"全面推进依法治国"，"完善中国特色社会主义法律体系，加强重点领域立法，拓展人民有序参与立法的途径"，这为基层民主政治的法治化建设指明了方向。从现有的基层民主法制建设状况来看，法律缺位和法律滞后的现象都相当突出，比如，《村组法》自 1988 年试行，先后经过1998 年、2010 年两次修改，无论是内容还是具体程序都有很大改进，可操作性不断增强，有力地推动了村民自治的健康发展，然而，与更合理和操作性更强的理想相比，仍有较大的距离。相比之下，规范和保障城市社区自治的《居组法》，自 1989 年颁布和施行至今，二十多年一直没有修订，随着中国现代化、城市化进程的加速，城市社区管理变得愈加复杂，因此，对《居组法》加以完善就显得更为迫切和必要。还有，近些年来，城乡社会组织有不断发展壮大之势，而相关的法律建设却很滞后，这也亟待进一步加强。当然，基层民主法制建设要从实际出发，既要坚持"立新法"又要坚持"改旧法"，避免重复立法、有法不依和有法不行。

（二）民主制度和民主文化建设并举，使基层民主政治建设获得健康发展的动力

应该承认，自村民自治以来，基层民主政治制度建设备受重视，不论是全国颁布和不断修改的《村组法》，还是各省、市甚至是乡镇和村庄制定的各项基

---

① 李小云等主编《2008 中国农村情况报告》，社会科学文献出版社，2009，第 349 页。

层民主规章，都呈现越来越丰富、全面、科学与细致的特点，这也是基层民主政治快速向前推进的杠杆和支点。但也应认识到，相对于丰富、复杂而又多变的中国广大基层，现有制度又是远远不够的，尤其是在后三个民主（即民主决策、民主管理、民主监督）上更是如此。这一方面表现在数量上，另一方面表现在质量上，更表现在因缺乏国情、地方特点而导致的制度类同化和模式化，从而产生严重低效和失效的情况。民政部 2005 年在全国 130 个县（市、区、旗）的村民自治抽样表明：民主选举村民委员会成员成为村民最熟悉，也是参与度最高的内容。民主决策无论在决策机构的完善程度还是在决策过程的村民参与度上，都未能引起村民足够的重视。特别是民主监督，在村民自治中是相对薄弱的一环，无论是机构设置还是实践形式都不理想。① 全国村务公开小组于 2007 年 7 月组织有关机构对村务公开和民主管理工作进行督查，结果发现：有些地方村务公开制度不落实，有的长期不公开，有的假公开、半公开，形式主义严重。有的地方民主决策制度不落实，重大事务依然由少数人或个别人说了算。有的地方在"村改居"过程中，操作不规范，不遵守法定程序，不尊重群众意见，甚至把村委会翻牌为居委会，规避土地征用及补偿过程中的民主程序，侵犯了村民的合法权益。② 虽然时间已过数年，但至今上述状况依然存在。这就要求各地在遵守国家相关法律的情况下，有针对性地制定后三个民主的制度，尤其要制定适合本地特色的有关细则，以便更有效地解决实际问题。从这个角度来说，未来基层民主制度建设任重道远，还有许多制度亟须建立、修订、完善和细化。

基于此，党的十八大报告提出："要特别重视制度建设"，"健全权力运行制约和监督体系。坚持用制度管权管事管人，保障人民的知情权、参与权、表达权、监督权"，"坚持科学决策、民主决策、依法决策，健全决策机制和程序"，"推进权力运行公开化、规范化，完善党务公开、政务公开、司法公开和各领域办事公开制度，健全质询、问责、经济责任审计、引咎辞职、罢免等制度"，"让人民监督权力，让权力在阳光下运行"。但仅有制度还是远远不够的，如果没有与制度相配套的其他方面，尤其是民主文化建设，那么再好的制度也会成为

---

① 詹成付主编《全国村民自治状况抽样调查报告》，中国社会出版社，2009，第 3~4 页。
② 詹成付主编《全国村务公开民主管理工作进展报告》，中国社会出版社，2009，第 709 页。

一纸空文。以发生于 2012 年广东的乌坎事件为例，作为改革开放的排头兵和基层民主自治的重点省份，广东省并不缺乏制度建设。然而，也就在离广州仅有数百里的乌坎村却发生了区区怪事，即 2011 年的选举并没召开村民会议或村民代表会议，只由村原"两委"干部、村民小组组长、会计、企业代表等 50 人举行会议产生。而村党支书已连续任职 41 年，在这期间，乌坎村从未举行过一次全村选举，但每次村干部都是高票当选。这与《村组法》明确规定的"村民委员会主任、副主任和委员，由村民直接选举产生"的条文是相悖的。何以会产生这一情况？其主因是制度的执行情况出了问题，自上而下都缺乏法律意识和民主与自治精神。因此，在基层民主政治发展中，制度建设固然重要，但与之相关的法治观念、公民意识、道德水平等文化民主建设更不可或缺。美国社会学家英格尔斯指出："如果一个国家的人民缺乏一种能赋予这些制度以真实生命力的广泛的现代心理基础，如果执行这些现代制度的人，自身还没有从心理、思想、态度和行为方式上都经历一个向现代化的转变，失败和畸形发展的悲剧的结局是不可避免的。再完美的现代制度和管理方式……也会在一群传统人手中变成废纸。"[①]可见，民主政治要获得可持续发展，离不开民主政治制度建设，更离不开民主文化的培育，二者是相辅相成、不可偏废的。

（三）重视和发展农村基层自治性社会组织，充分发挥其自治作用与功能

如果从中国基层民主政治发展的历程看，它基本上走的是一条政府推动下的民主自治道路。这一方式的优势在于运动化、高效性、模式化、规范化，其明显的不足则是广大人民群众参与的被动性。换言之，中国的基层民主自治是被带动和推动着成长和发展起来的，其自动性、自主性、自足性和发展性明显不足。尤其与美国等国发达而有效的农村组织相比更是如此。这也是当前中国政府和基层面临的双重困境。如何走出当下基层人民群众的被动局面，除了党和政府的指导和服务外，基层社会组织的觉醒和能力提高至关重要。因为基层社会组织的发展程度往往与民主政治发展水平直接相关，也会从根本上推动基

---

① 〔美〕英格尔斯：《人的现代化》，殷陆君译，四川人民出版社，1985，第 4 页。

层民主政治建设的快速发展。如近年来的社区自治中，更多的自愿者加入其中，这与义工联盟为代表的自愿组织的发展壮大不无关系。又如浙江杭州的"和事佬协会"是个民间组织，但它对于处理和解决基层社会矛盾有着重要作用，极大地促进了村（居）组织中各种关系的良好沟通与和谐。

就目前情况看，城市社区的社会组织发育程度较好也较快，但农村基层社会组织的建设则相当薄弱，这样就成为制约农村基层民主政治发展的瓶颈问题。具体来说，农村基层组织发展的薄弱主要表现在几个方面：一是社会组织的发展不均衡。据有关调查，中国农村的社会组织状况除政权组织外，大体上还存在着具有政治性的维权组织、经济性的合作组织和公益性的社会服务组织三大类。这些组织都具有自组织性质。[1] 但整体而言，除了经济类外，其他的社会服务、政治类组织就相对匮乏。特别是以维护土地和妇女权益为主要内容的维权类组织所占比重更少。[2] 二是在这些农村组织中，农民的参与度不高，也缺乏参与意识，甚至还有不少"空壳"组织。三是社会组织在不同地区分布极不平衡，有的地方较多，也有的地方为"零组织"。四是社会组织运作的制度化、规范化程度较低，运作效果也不理想，难以适应快速发展的基层民主政治诉求。[3]

农民是农村基层民主政治建设的主体。历史经验证明，农民的组织化程度、参与程度以及自治水平，直接影响到农村民主政治建设的成效和质量，因此，必须给予高度重视。首先要进一步完善城乡基层社会组织的相关政策和法规，为基层社会组织的健康成长提供良好的政策环境和法律保障。改革开放以来，我国针对基层社会组织建设曾出台过一些政策和法规，[4] 但整体而言，农村社会组织的政策和法规建设还比较滞后，特别是社会服务、权益保障类的政策法规更少，难以适应农村社会发展的客观需求。因此，以法制建设为突破

---

① 于建嵘等：《农民组织与新农村建设——理论与实践》，中国农业出版社，2007，第1页。就现有农村社会组织状况看，除上述组织，农村地区还存在一些组织，如庙会组织和宗族组织。
② 李小云等主编《2009 中国农村情况报告》，中国农业出版社，2010，第47页。
③ 李小云等主编《2009 中国农村情况报告》，中国农业出版社，2010，第152~157页。
④ 如农村社会组织的政策法规有：1990年国家科委出台的《农业技术经济服务合作协会示范章程》，1994年农业部和中国科协联合下发的《关于加强对农业专业技术协会指导和扶持工作的通知》，2006年的《社会团体登记管理条例》《中华人民共和国农民专业合作社法》等。

口，推动农村社会组织的发展是十分必要的。其次，积极探索促进农民参与、提升基层自治能力的新途径。"农民合作组织不是村干部组织农民合作，只有发挥农民的主体地位才能建设好可持续发展的农民组织。"① 因此，只有调动农民参与的积极性、主动性，充分发挥其主体作用，农村社会组织才能真正发挥作用。在此，江苏太仓市的"政社互动"经验可为我们提供有益的启示。

---

① 李小云等主编《2009 中国农村情况报告》，中国农业出版社，2010，第 154 页。

B.8

公民权利保障和政治参与

李 梅*

摘 要：

　　本文总结了2012年中国公民权利保障方面的新进展。新的《刑事诉讼法》完善了中国公民权利保障的法律规范。2012年有关劳教制度侵犯公民权利的讨论，为进一步完善公民权利保障的法律规定提供了思路。本报告总结了2012年重要的政治参与事件，论述了中国制度化的政治参与途径。

关键词：

　　公民权利　程序正义　政治参与

　　2012年，修改后的新《刑事诉讼法》经第十一届全国人民代表大会第五次会议通过，在中国公民权利保障方面取得重大进步。也是在这一年，由于重庆大学生村官劳教等案件，劳教制度的改革再次引起全社会的广泛关注，改革劳教制度，保障公民权利在某种程度上成为社会共识。在公民政治参与方面，2012年引人注目的事件包括全国许多城市开展的反日游行、一些地方由于重大工程的环保问题引发群体性事件，以及网络上方兴未艾的各种"围观"。从现象上说，政治参与并非如执政者希望的那样"有序"。实际上，参与中的非制度性、暴力、非理性的因素非常引人注目。如何将政治参与纳入制度轨道，使现有的制度化政治参与渠道发挥作用，任重道远。

---

* 李梅，中国人民大学哲学系博士，中国社会科学院政治学研究所副研究员，主要研究领域为政治理论、民主理论。

一 公民权利保障

在现代社会，公民权利是依靠法律得到保障的。改革开放以来，中国法制建设的历史也是公民权利不断得到保障、拓展和维护的历史。改革开放伊始，1982 年宪法在法律条文上将有关公民权利的规定置于有关国家权力配置的规定之前，通过对立法条文次序的调整扭转了过去重国家权力轻公民权利的观念，凸显了公民权利对国家权力的优先性。1982 年宪法中"公民的基本权利和义务"这部分条文多达 24 条（第 33～56 条），其中规定公民基本权利的有18 条（第 33～50 条），使曾被破坏到面目全非的公民权利体系得以重新确立。当然宪法作为一国的根本大法，其对公民权利的规定是比较原则和抽象的，需要通过具体法律予以细化，从而围绕宪法逐步建立起一个完备的公民权利保障的法律体系。1997 年 10 月和 1998 年 10 月，中国政府先后签署《经济、社会和文化权利国际公约》和《公民权利和政治权利国际公约》。2004 年，十届全国人大二次会议通过了宪法修正案，明确将"国家尊重和保障人权"写入宪法。这标志着中国公民权利保障进入新时代。

三十多年来，通过制定各项法律，中国公民的人身权利、财产权利、政治权利和其他权利都不断得到具体的保障。例如，刑法通过罪刑法定、人人平等和罪刑相适应三大法则，保护公民的各项合法权利；刑事诉讼法，保障按法定程序追究犯罪，无罪的人不受追究；通过民法通则、合同法、民诉法、商标法、专利法、著作权法、物权法、侵权责任法等一系列民事法典，公民的财产权、债权、知识产权等范围广泛的民事权利得到了较为明确、系统的界定，公民和法人作为市场主体进行市场活动的自由空间得到扩展；通过行政诉讼法、国家赔偿法，为公民权利抵抗国家权力的不当侵害提供了权利救济渠道；通过劳动法、劳动合同法、社会保险法等，保障公民的劳动和社会保障权利等。2010 年，重新修改的人大代表选举法首次实现了城乡公民同票同权的原则，即城乡公民按相同比例选举人大代表——"每一代表所代表的城乡人口数相同"，从最基础的层面改变了中国城乡公民长期政治权利不平等的现实；在技术上，选举法规定选举时应当设有秘密写票处，此规定能够大大减少选举中的人为因素，相比过去，提高了选举

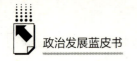

的竞争性。这是中国公民政治权利保障上的重大进展。

改革开放以来，中国的发展很快，中国的法律随着时代的发展也处于一个不断完善的过程中，许多重要法律在颁布实施一段时间后，都经过了重新修订，一般而言，重新修订的法律都在不同程度上扩大了公民权利的保护范围，细化了相应的保障程序。2012年经过重新修改通过的新的《刑事诉讼法》就是这方面的典型代表。另一方面，公民权利要得到切实保障，需要有制定良好的法律，在实践中不利于公民权利保障的法律必须得到纠正，2012年围绕劳教制度的讨论就反映了民众的这一需求。

（一）新的《刑事诉讼法》：公民权利保障的新进展

《中华人民共和国刑事诉讼法》于1979年颁布实施后，在1996年经过一次修订。2012年是该法第二次修改，本次修法涉及法律条文110条之多，占原有内容一半以上，是一次名副其实的"大修"。新的《刑事诉讼法》将于2013年1月1日起实施。

《刑事诉讼法》是一部非常重要的部门法，它在司法权力划分和保护公民人权方面发挥着重要作用，常被法律界称为"小宪法"。《刑事诉讼法》是一部打击犯罪的程序法，它规定了侦查机关、检察机关和审判机关在办理刑事案件的过程中各自承担的职责以及它们需要遵循的各项基本程序和规则，通过这些规定，它将公检法机关的行为纳入法治轨道，使犯罪嫌疑人以及相关诉讼参与人的权利得到保障，使他们免受非人道待遇或酷刑威胁。因此，《刑事诉讼法》不仅是一部打击犯罪、维护社会秩序的重要法律，更是一部事关人权的法律，它在保障人权方面的作用仅次于宪法。

《刑事诉讼法》承载着打击犯罪和保障人权的双重功能。长期以来，中国的实践是，重打击犯罪而轻保障人权。此次《刑事诉讼法》的修改，在保障人权方面取得了重大进展，其中具有标志性意义的是，"尊重和保障人权"继2004年写入宪法后首次写入部门法，被明确规定为《刑事诉讼法》的立法任务之一："中华人民共和国刑事诉讼法的任务，是保证准确、及时地查明犯罪事实，正确应用法律，惩罚犯罪分子，保障无罪的人不受刑事追究，教育公民自觉遵守法律，积极同犯罪行为作斗争，维护社会主义法制，尊重和保障人权，保护公民的人身权利、财产权利、民主权利和其他权利，保障社会主义建设事业的顺利进行。"

本来，部门法都是依据宪法而制定，既然在宪法中已经规定了"尊重和保障人权"，为什么还要将它写入部门法呢？其主要的原因就在于《刑事诉讼法》在保障人权方面发挥着极为重要的作用。国家公权力机关在打击犯罪、维护社会稳定方面享有巨大权力，有可能在追究犯罪过程中侵犯公民的合法权利，如刑讯逼供、过期羁押等，因此在立法任务中写入"尊重和保障人权，保护公民的人身权利、财产权利、民主权利和其他权利"实际上体现了立法的宗旨，也为本次修订确立了方向。对犯罪嫌疑人的权利保障不仅涉及他个人，实际上关系到整个社会。一个国家犯罪嫌疑人的权利得到保障的状况通常被认为反映了一国人权的基本状况。此次修订的宗旨，总起来说是限制警察权、检察权，从立法的各个细节保护公民权利，特别是其中有关证据制度和辩护制度部分的调整，意义重大。

首先，修改后的《刑事诉讼法》完善了证据制度，明确规定了"不能强迫任何人证实自己有罪"，规定了非法证据必须加以排除。证据是刑事诉讼的灵魂，如何收集证据，审查、判断证据是刑事诉讼中的核心问题。过去，在重打击犯罪轻保护人权的思想指导下，采用刑讯逼供等非法手段获得证据屡见不鲜，并由于爆出佘祥林、赵作海等案件为全国舆论所瞩目，引起强烈不满。新《刑事诉讼法》第50条规定了必须依照法定程序收集证据，"严禁刑讯逼供和以威胁、引诱、欺骗以及其他非法方法收集证据，不得强迫任何人证实自己有罪"，其中"不得强迫任何人证实自己有罪"是本次修订增添上去的。

采用刑讯逼供等非法手段收集证据的目的是为了定罪，因此，为了从源头上杜绝用刑讯逼供等非法手段收集证据，必须有法律上的规定将非法收集来的证据予以排除，对此学界早有定论，实务上在2010年也发布了两个规定，即最高法、最高检、公安部、安全部、司法部联合发布的《关于办理刑事案件排除非法证据若干问题的规定》和《关于办理死刑案件审查判断证据若干问题的规定》。这两个规定中有关非法证据排除的规定基本上被新的《刑事诉讼法》所吸收。新的《刑事诉讼法》第54条列举了应当加以排除的非法证据，包括"采用刑讯逼供等非法方法收集的犯罪嫌疑人、被告人供述和采用暴力、

威胁等非法方法收集的证人证言、被害人陈述"，"收集物证、书证不符合法定程序，可能严重影响司法公正的，应当予以补正或者作出合理解释；不能补正或者作出合理解释的，对该证据应当予以排除"。

对侦查机关的侦查活动加以监督是检察机关的一项重要职责，新的《刑事诉讼法》增加了这样一条规定（第55五条）："人民检察院接到报案、控告、举报或者发现侦查人员以非法方法收集证据的，应当进行调查核实。对于确有以非法方法收集证据情形的，应当提出纠正意见；构成犯罪的，依法追究刑事责任。"在法庭审理过程中，审判人员如果认为可能存在非法收集证据情形的，可以进行法庭调查，而"当事人及其辩护人、诉讼代理人有权申请人民法院对以非法方法收集的证据依法予以排除"（第56条）。这些新补充的内容对以合法手段收集证据的要求大大提高了，有利于切实维护犯罪嫌疑人和被告人的合法权益，防止由于刑讯逼供导致冤假错案的发生。

其次，新的《刑事诉讼法》吸收了2007年通过的《律师法》的重要成果，将律师作为辩护人介入刑事案件的时间由审查阶段提前到了侦查阶段。原《刑事诉讼法》第33条规定："公诉案件自案件移送审查起诉之日起，犯罪嫌疑人有权委托辩护人。"2007年通过的《律师法》第33条规定，"犯罪嫌疑人被侦查机关第一次讯问或者采取强制措施之日起"，受委托的律师凭相关证明、委托书或者法律援助公函，"有权会见犯罪嫌疑人、被告人并了解有关案件情况"。新《刑事诉讼法》第30条吸纳了《律师法》的成果，规定"犯罪嫌疑人自被侦查机关第一次讯问或者采取强制措施之日起，有权委托辩护人。在侦查期间，只能委托律师作为辩护人"。而且，"侦查机关在第一次讯问犯罪嫌疑人或者对犯罪嫌疑人采取强制措施的时候，应当告知犯罪嫌疑人，有权委托辩护人"。这里，明确了在侦查阶段，律师的身份为"辩护人"，可以会见当事人，提供法律帮助，并以第36条的内容作为补充，"辩护律师在侦查期间可以为犯罪嫌疑人提供法律帮助；代理申诉、控告；申请变更强制措施；向侦查机关了解犯罪嫌疑人涉嫌的罪名和案件有关情况，提出意见"。

传统观念普遍认为，在侦查阶段就让律师介入，会干扰侦查机关办案。这种观点明显将《刑事诉讼法》的重心放在"打击犯罪"的一面，而忽视了

"保障人权"的另一面。实际上，在侦查阶段，如果没有律师以辩护人的身份出现，犯罪嫌疑人与侦查机关之间的诉讼地位是不平等的。犯罪嫌疑人只有在侦查阶段就聘请委托律师，才能获得及时有效的法律帮助。只有在侦查阶段让律师回归其"辩护人"的身份，才可以从程序上和实体上维护犯罪嫌疑人的合法权益。比如，当犯罪嫌疑人受到刑讯逼供或超期羁押的时候，律师有权向办案机关提出交涉，要求依法纠正，也可以受委托代理犯罪嫌疑人对刑讯逼供提出控告。再如，当确有证据证明犯罪嫌疑人没有作案时间，不可能到过案发现场，律师有权向侦查机关及侦查人员指出有关事实和证据，要求依法释放犯罪嫌疑人。

由于与原《刑事诉讼法》的规定冲突，2007 年《律师法》有关律师在侦查阶段会见当事人等权利往往得不到落实，本次《刑事诉讼法》大修，与《律师法》衔接起来。把律师介入诉讼的时间提前到侦查阶段，等于正式确立了侦查阶段律师"辩护人"的地位，意义重大。从总体上看，这一规定是我国改善司法人权状况的重要成果。根据新《刑事诉讼法》的规定，除危害国家安全、恐怖犯罪和重大贿赂犯罪，律师会见当事人的要求要取得侦查机关同意外，一般律师会见在押嫌疑人、和他们通信的要求都要予以满足，并要求在会见时不被监听（第 37 条）。这一规定如果得到切实执行，在侦查阶段采用刑讯逼供等非法手段收集证据的情形将大大减少，有助于切实维护犯罪嫌疑人的合法权利。

近年来，所谓"律师伪证罪"引起了很大的关注，包括李庄案、北海四律师案①使刑事律师的执业环境有所恶化。有鉴于此，新《刑事诉讼法》对近年来饱受诟病的"律师伪证罪"制定了回避条款，有助于维护律师的合法权利，这就是第 42 条所规定的，"辩护人涉嫌犯罪的，应当由办理辩护人所承办案件的侦查机关以外的侦查机关办理"。这条规定有助于避免由于立场上的不同，侦查机关有可能采取的针对律师的不当措施，有助于维护法律的公平公

---

① 北海四位律师分别是广西中龙律所律师罗思方、广西青湖祥大律所律师梁武诚、广西通诚律所律师杨忠汉、广西百举鸣律所律师杨在新，他们于 2010 年 9 月介入一宗伤害致死案，为几名被告辩护。2011 年 6 月，继 3 名证人被拘留后，四名律师也被北海市公安局刑事拘留。这一事件在中国律师界引起极大反响。

正。实际上，对律师权利的保护也就是对公民权利的保护，作为辩护人，律师的权利并不属于个人，而是一种职业权利。

第三，此次《刑事诉讼法》修改，规定了保障证人出庭的相关制度。新《刑事诉讼法》首次确立了证人保护制度，在此基础上确立了强制证人出庭的规定，确立了对证人拒绝出庭的惩罚措施。第187条规定："公诉人、当事人或者辩护人、诉讼代理人对证人证言有异议，且该证人证言对案件定罪量刑有重大影响，人民法院认为证人有必要出庭作证的，证人应当出庭作证。""人民警察就其执行职务时目击的犯罪情况作为证人出庭作证，适用前款规定。"对鉴定意见产生异议的，鉴定人也应当出庭作证。这些规定有助于改变目前中国刑事审判中证人几乎不出庭的现状，有助于增强庭审过程中的质证过程，体现了我国刑事司法的发展方向。实际上，证据在整个刑事司法过程中都至关重要，无论是侦查、起诉阶段，还是到了法院审判阶段，都是以证据作为工作对象，证据对于确定犯罪嫌疑人、被告人有罪与否、定罪量刑起着决定性作用，如果某个人作出了书面证言，进入法庭审理阶段，证言被当事人予以否认，此时，证人就应当出庭参与质证。

第四，新《刑事诉讼法》最大限度地平衡了"通知家属"与"侦查需要"间的矛盾，严格限制"不通知家属"的情形。采取强制措施客观上会限制公民的人身自由，及时通知家属是对犯罪嫌疑人合法权益的保障，是刑事诉讼中人权保障的重要内容。原《刑事诉讼法》第67条规定，"除有碍侦查或无法通知的情形以外"，要在24小时内将拘留的原因和羁押的场所通知家属或单位，但对"有碍侦查的情形"并未作出具体规定，在实践中不利于犯罪嫌疑人合法权益的保护。新法采用排除法规定了不通知家属的例外情形，包括"无法通知或者涉嫌危害国家安全犯罪、恐怖活动犯罪通知可能有碍侦查的情形"（第83条），以上例外情形也适用于指定场所监视居住的情况（第73条），规定有碍侦查的情形消失之后应立即通知家属。

在《刑事诉讼法》修订过程中，有关不通知家属的情形曾经被媒体过度解读，称为"秘密羁押"条款而饱受争议，实际情况是新法缩小了现行法不通知家属的案件范围，算是一种进步。

另外一种引起广泛质疑的情况是所谓"指定居所监视居住"。指定居所监视居住，严厉程度较高，是一种"与外界切断联络"的措施，相当于准羁押措施。本来拘留、逮捕后要第一时间押送看守所，是为了杜绝在看守所外办案，防止刑讯逼供。一旦有了"指定居所监视居住"，上述制约就有可能失去作用。对此，立法者的辩护是，一方面"指定居所监视居住"只适用于"涉嫌危害国家安全犯罪、恐怖活动犯罪、特别重大贿赂犯罪"的情形；另一方面"指定居所监视居住"要接受检察机关的监督，律师作为辩护人可以提供法律帮助，这从制度设计上能保证法律制度有效实施，防止法律执行过程中出现违法现象。

此外，新《刑事诉讼法》在未成年人权利保护方面也有一些新规定。由于未成年人罪犯一般主观恶性小，尚未形成反社会人格，且未成年人可塑性强，极易回归社会，这就要求社会要为违法犯罪的未成年人提供宽松的环境和继续发展的空间。修改后的《刑事诉讼法》设立"少年犯罪"专列程序，对办理未成年人刑事案件的各个诉讼环节均设计了特别程序，设置了附条件不起诉应用于未成年人的制度，对犯罪比较轻的未成年人犯罪记录进行封存，除法律规定、司法机关办案外一律不可查询。对未成年犯罪的犯罪记录设置封存制度，对预防未成年人重新犯罪有着积极作用。

《刑事诉讼法》修订的宗旨，实际上是在社会形势发生变化、法制观念深入人心的情况下，满足整个社会对程序公正的追求，使新的《刑事诉讼法》成为约束刑事诉讼行为、规范执法行为的准绳，为公民权利提供有效的保护。立法过程中所发生的争议点，基本都是有关被告人权利界线应当保护到哪里；争议背后是警察权、检察权和律师权的争夺。律师权代表着潜在嫌疑人的基本权利，并不是律师自己的权利，律师只是公民权利的代言者。会见权、阅卷权、调查权、取证权、质证权、抗辩权、控告权、违法证据质疑和排除权，都体现了公民权利同犯罪侦查权、检察控告权这种公权的交锋。目前的法案是各方协调的结果，在确立保护人权优先的意图下，力图在打击犯罪和保护人权方面取得某种平衡。从另外一个方面说，律师的辩护权也是在帮助公权查明真相，防止失误，实现不枉不纵，两者总体目标是一致的。同时，警察、检察官、法官也是公民，律师权其实也代表着他们的个人权益——现在公检法人员卷入犯罪的比例也很高。因此，保护公民权利实际上也符合公检法人员的长远利益。

（二）围绕劳教制度的讨论

2012 年，随着湖南唐慧案①和重庆任建宇案②的曝光和大量报道，劳教制度的存废与改革再次成为社会关注的焦点。2012 年 10 月 9 日，国务院办公厅发表《中国的司法改革》白皮书，在当天举行的记者会上，当被问及有关劳教制度的问题时，中国司法体制改革领导小组办公室负责人姜伟指出，劳教制度是由中国立法机关批准的法律制度，为维护社会稳定发挥过积极作用，但劳教制度的一些规定和认定程序存在问题，国家立法机关正在研究具体的改革方案，可见，改革劳教制度已经成为社会共识。就在发布会后第二天，重庆第三中级人民法院取消对任建宇的劳教决定，同时以超过诉讼时效为由驳回任建宇对重庆劳动教养委员会的起诉。值得注意的是，法院行政裁定书中这样的一句判词："尤其是采取限制人身自由的严厉处分措施时，应遵循目的与手段相适应的原则，即使面对公民的过激不当言论，公权机关也应该给予合理宽容。"

劳教制度是在新中国成立初期法律制度不完善的特定历史条件下创立的，实施五十多年来，在维护社会治安秩序，预防和减少犯罪等方面发挥过一定的作用，但是随着社会的发展和时代的变迁，劳教制度的弊端越来越明显，它在法理依据、规定内容和程序方面都存在重大缺陷，已经引起社会各界的诟病和强烈非议。实际上，自 2003 年孙志刚事件导致 1982 年国务院制定的《城市流浪乞讨人员收容遣送办法》被废止后，劳动教养制度的存废或改革一直受到

---

① 唐慧是一位母亲，她的幼女遭强奸和强迫卖淫一案曾在全国引起强烈关注。在案件审理期间和判决后，唐慧为指控永州公安机关民警包庇犯罪嫌疑人、要求判处 7 名被告人全部死刑、赔偿 184 万元等目的，多次上访，在 2012 年 8 月 2 日被永州劳动教养委员会以危害社会秩序为由判处劳教一年六个月，消息一经公布就引起全国舆论哗然。唐慧不服劳动教养决定，于 8 月 7 日向湖南省劳动教养管理委员会提出了书面复议申请。湖南省劳动教养管理委员会经审查决定受理，并依法启动了复议程序。湖南省劳动教养管理委员会认为，鉴于唐慧的女儿尚未成年且身心受到严重伤害，需要特殊监护等情况，对唐慧依法进行训诫、教育更为适宜，可以不予劳动教养。决定撤销永州市劳动教养管理委员会对唐慧的劳教决定。

② 任建宇是一位大学生村官，2011 年 4～8 月因在 QQ 空间和新浪微博转发或发表时政评论被重庆劳动教育委员会判决劳教两年。2012 年 10 月 10 日经重庆第三中级法院裁定，劳教决定被撤销。央视《面对面》栏目于 2012 年 11 月 25 日以"任建宇：被劳教的村官"为题播出了对任建宇的采访。

法学界和人大代表的严重关注。从 2003 年开始，每年的人大会上都有代表提出有关改革劳教制度的立法建议。

中国劳教制度的法律依据是 1957 年国务院颁布的、经一届全国人大常委会第七十八次会议批准的《关于劳动教养问题的决定》，这个《决定》的初衷是为了管理"游手好闲、违反法纪、不务正业的有劳动力的人"，主要针对对象是"不够逮捕判刑而政治上又不适合继续留用，放到社会上又会增加失业的"人员，当时的人们认为这主要针对的是划为右派的人，实际上也确实有许多右派被劳动教养。

劳教制度由于"文化大革命"而中断，1979 年恢复。1979 年 12 月，经全国人大常委会批准，国务院公布了《关于劳动教养的补充规定》，1980 年 2 月，国务院重新发布了 1957 年颁布的《关于劳动教养问题的决定》，1980 年 2 月 29 日，国务院发布《关于将强制劳动和收容审查两项措施统一于劳动教养的通知》，1982 年，国务院转发公安部《劳动教养试行办法》，2002 年，公安部又发布《公安机关办理劳动教养案件的规定》（公通字［2002］21 号）。其中影响较大、规定比较详细的是《劳动教养试行办法》和《公安机关办理劳动教养案件的规定》。

劳动教养制度恢复以后，随着社会环境的变化，特别是由于治安问题突出，它的功能也发生了变化，主要针对的对象是情节轻微、不构成刑事犯罪的违法人员，并且范围逐步扩大。2002 年公安部出台的《公安机关办理劳动教养的案件规定》中，规定劳动教养的适用对象分为十类，基本包括了轻微违法的各种类型。

综合起来，人们对劳教制度的批评主要集中在下面几点：

1. 劳教制度的法律依据不足，与现行《宪法》《立法法》和《行政处罚法》的规定相违背

《宪法》第 37 条规定："中华人民共和国公民的人身自由不受侵犯。任何公民，非经人民检察院批准或者决定或者人民法院决定，并由公安机关执行，不受逮捕。禁止非法拘禁和以其他方法非法剥夺或者限制公民的人身自由。"2000 年通过的《立法法》第 8 条规定，"对公民政治权利的剥夺、限制人身自由的强制措施和处罚"只能由法律规定。1996 年通过的《行政处罚法》第 9

条规定，"限制人身自由的行政处罚，只能由法律设定"，第 10 条规定，"行政法规可以设定除限制人身自由以外的行政处罚"，也就是说，行政法规不能直接设定限制人身自由的行政处罚。中国的立法机关是全国人大及其常委会，只有全国人大及其常委会制定的法律才能限制公民的人身自由，并且要经过检察院或法院的批准，由公安机关执行。现有有关劳动教养的法律依据，除了1957 年国务院颁布的《关于劳动教养问题的决定》具有法律的性质外，此后的补充规定多是由国务院、公安部制定的行政法规，有些甚至是以"通知"命名的政策性文件，法律依据不足。

2. 劳教制度违反了"罪罚相当"的原则

众所周知，在一个法治国家的法律体系中，刑事处罚应该是所有法律处罚当中最严厉的。本来劳动教养制度所针对的人员是情节轻微、不构成刑事犯罪的违法人员。但劳动教养的期限一般为一到三年，有时甚至长达四年，从限制人身自由的角度说，这样的处罚强度显然超过了刑罚中的管制、拘役和一些刑期较短的有期徒期。比如，刑罚规定拘役的期限仅仅是一个月至六个月，远远低于劳教，而且刑罚中还有适用于缓刑的情况。之所以如此，根本原因在于劳教制度混淆了行政处罚和刑事处罚这两种性质不同的惩罚措施。一般而言，行政处罚不得限制公民人身自由，即使有所限制，也只限于短期，如《治安管理处罚法》中规定的 15 天之类；刑事处罚则是对公民人身自由的严重剥夺，因而必须辅之以严格的司法程序保护。劳教介于行政和刑事之间，实际上非常接近刑罚，而劳教制度却将其界定为公安部门作出的行政处罚，其行政程序又极为简略，导致公安部门在没有法院和检察院监督的情况下作出带有刑事性质的处罚决定，无疑对公民自由构成巨大威胁。不仅如此，由于有关劳动教养的各种规定在细节上比较粗疏，并无根据具体情况的适用规定，使得裁决机关在作出劳教期限的裁决时自由裁量权过大，使根据情节严重程度的裁定完全主观化，缺乏客观依据。如在《劳动教养试行办法》中规定的"危害公共安全，扰乱社会治安秩序"和"扰乱生产秩序、工作秩序、教学科研秩序或者生活秩序"等违法行为界定起来就比较困难，其情节、后果等与劳动教养期限的长短之间，没有明确的对应关系。同样的行为，在不同地方劳动教养的期限可能相差甚远，或者同一个地方同样劳教 1 年，"违法犯罪行为"的程度却有很大的差别。

3. 现有劳动教养制度中，公安机关权力过大

表面上看，各地的"劳动教养管理委员会"拥有劳教的决定权，劳教处罚决定书也是以该委员会的名义作出的。1982 年公安部制定、国务院转发的《劳动教养试行办法》第 4 条规定："省、自治区、直辖市和大中城市人民政府组成的劳动教养管理委员会，领导和管理劳动教养工作，审查批准收容劳动教养人员。劳动教养管理委员会下设办事机构，负责处理日常工作。"玄妙就出在这个委员会下设的办事机构上，实际上，这个机构是设在各级公安机关内的，从报批、审核、决定，到行政复议，以及最后的行政诉讼，都是公安机关一个部门在运作。2002 年公安部制定的《公安机关办理劳动教养案件规定》第 2 条规定："各省、自治区、直辖市公安厅（局）、新疆生产建设兵团公安局和地、地级市、州、盟公安局（处）设立劳动教养审批委员会，作为同级劳动教养管理委员会的审批机构，依照有关法律、行政法规和本规定审批劳动教养案件，并以劳动教养管理委员会的名义作出是否劳动教养的决定。劳动教养审批委员会的日常工作由本级公安机关法制部门承担。"第 39 条规定："地级以上公安机关劳动教养审批委员会应当在收到本级公安机关法制部门提请审议的劳动教养案件之日起的二日内，以同级劳动教养管理委员会的名义作出是否劳动教养的决定。"第 72 条第 2 款规定："被劳动教养人员因不服劳动教养决定提起行政诉讼的，公安机关应当以同级劳动教养管理委员会的名义依法参加诉讼。"可见，"劳动教养管理委员会"只是一个牌子，设在公安机关内部的"劳动教养审批委员会"才是作出决定的机构。

尽管在《公安机关办理劳动教养案件规定》中，以内部行政程序的方式规定了办理劳教案件的程序，如侦办和审批分立，材料上报、审核、聆讯、送达等须遵循相应的程序等，但它们都是一种内部的行政审批程序，主要以书面、间接的方式进行案卷审查，作出决定，其遵守与否很难监督。

可见，在有关劳教的案件中，公安机关集侦查、审查和裁决的权力于一身，显然有违司法正义的原则。

4. 被劳教人员获得司法救济比较困难

与正式的刑事诉讼不同，在劳教案件中，当事者很难获得法律帮助。由于

劳教审批程序简单，被劳教者在事前很难获得律师的帮助。虽然中国法律规定被劳动教养的人可以申请行政复议，但在实践中由于申请行政复议由同一个机构审查因而很难获得改判。被劳动教养的人也可以向法院提出行政诉讼，但由于劳教往往涉及敏感的社会问题，如上访、邪教以及在网上发表不当言论等，实践中被法院受理的案件少之又少。

正是由于公安机关权力太大，使得劳教这一制度程序简便、随意性大，成为地方政府"维稳"的重要手段。近年曝光出来的针对上访者和在网上发表"不当"言论的行为人的各种案件，使这一制度饱受诟病。正如人民日报人民时评专栏针对任建宇案件所发表的评论所指出的，"制度供给应跟上时代脚步"。尽管任建宇通过行政诉讼获得自由，但他当时为何失去自由仍然缺少明确说法。一个人仅仅在网上转发了文字、图片，原创者未被追究，为何转发者却被劳教？如果说任建宇发表"负面言论"涉嫌犯罪，那么当检察院不认为是犯罪，有关部门却通过劳教制度限制其人身自由长达一年，是否合理？在国家多次重申公民表达权、监督权、批评权的背景下，公民的言论自由权利如何得到保障？即便公民表达权利涉嫌违法滥用，作为行政部门的公安机关是否能够单独甄别判定？

显而易见，施行已半个世纪的劳教制度已经不能跟上时代脚步，到了要加以改革的时候了。在中国依法治国的进程中，一方面公民、政府都要遵守法律，另一方面，所遵循的法律必须是符合时代精神的良好的法律。所谓良好的法律，从一个方面看，就是能保障公民权利的法律，在人民法律意识、权利意识日益增强的今天，"只有确保制度供给跟得上时代脚步，确保法律规章不断与时俱进，才能奠定法治国家的前提和基础，才能将一切权力运行纳入法治轨道"。①

二 公民政治参与

经过三十年的高速发展，中国社会迅速从传统社会走向现代社会，在这个过程中，社会各阶层利益分化加剧，产生了多元的权利诉求。原有的以政府控

---

① 范正伟：《制度供给应跟上时代脚步》，《人民日报》2012 年 11 月 22 日，人民时评专栏。

制和管制为目的的管理模式已经不适应社会的发展，而且常常损害公民利益，近年来，城市规划和农村征地中的利益侵占和利益掠夺就是突出的例子。在这个过程中，公民意识逐渐觉醒，为了维护自身的利益，他们要求更多地参与公共事务决策，即参与政策和法律的制定过程，监督政府的行为。

对于处于社会转型期的国家而言，政治参与与政治稳定之间的关系微妙而复杂。一方面，政治参与可以为政治系统提供合法性，为决策提供信息，有助于政治体系适应时代的发展，回应公民的需求，循序渐进地进行制度变革。另一方面，政治参与要限定在政治系统能够承受的水平内，一旦政治制度无法接纳更多的政治参与，就可能因为参与爆炸而导致政治上的不稳定。要想保持政治稳定，政治制度必须作出适当的安排接纳更多的政治参与，使政治参与制度化、法制化，要对非制度性的政治参与保持警惕，以维护社会稳定，保证社会的有效治理。

目前，中国处于社会转型、走向法治的过程中。一方面，改革开放以来随着政府职能转变和法治进程的加快，确立了基本的制度化的政治参与途径。另一方面，由于社会转型期利益分化导致社会矛盾多发，制度变迁相应落后，公民利益表达渠道不畅，缺乏利益协调机制，现有的政治参与渠道不能有效发挥作用，社会公众转向制度外的渠道，通过越级上访、集体上访、"广场散步"甚至群体性事件等方式表达利益诉求，对政治稳定造成了一定的负面影响。当前，由于网络的发达，人们的信息交流往往能够突破政府的管制，使某地发生的事件产生全国性的影响，通过"集体围观"给政府施加强大的压力。这些制度外的政治参与采用实用主义的态度，什么形式有用就采取什么形式，不考虑行为的社会影响和法律责任，其形式兼有合法与非法、暴力与非暴力、胁迫与说服的混合特点。这样的参与对任何一个社会都是危险的，它使原有政治体系的合法性产生危机，导致公共政策扭曲。但是也要看到，在社会转型期，这样的政治参与可以从反面刺激、压迫现有政治体系加快制度变迁的过程，建立更有效的制度参与渠道，成为深化改革的动力。在政治现实中，目前各地也都在探寻鼓励公民有序参与的创新，探索有利于公民行使各项权利和促进公共政策民主化的参与渠道，以形成一种相对成熟的有序参与的框架，提高公民有序参与的效率和有效性。

（一）执政党有关公民政治参与的定位

政治参与是民主政治的重要内容，是公民维护自身权利和利益的重要手段，现代民主政治发展的过程就是公民政治参与不断扩大的过程。中国建设社会主义民主，离不开公民的政治参与。如果说，在过去，公民投票选举领导人被认为是民主的本质属性，如今，范围越来越广，各种层次和领域的公民参与、协商民主已经成为现代民主治理的重要内容，也是政治发展和政治稳定的必要保障。对于处于社会转型期的中国来说，公民日益增强的政治参与需求能否被纳入体制框架内，是社会政治能否保持稳定的关键。中共作为执政党也早已认识到，建设社会主义民主政治离不开公民的政治参与，但这种政治参与必须是有序的，是由各项制度加以保障的。回顾十六大以来的政治发展，总结中共十六大、十七大、十八大报告中有关公民政治参与的论述，我们明显感受到，中共对公民政治参与的认识和定位越来越深入、准确。

在十六大报告中，"健全民主制度，丰富民主形式，扩大公民有序政治参与，保证人民依法行使民主选举、民主决策、民主管理和民主监督，享有广泛的权利和自由，尊重和保障人权"，构成"坚持和完善社会主义民主制度"的基本内涵。"扩大公民有序政治参与"可以说是对十六大以前社会主义民主发展的经验总结，也是当时达成的全党、全社会的共识。十七大报告在此基础上进一步提出要"从各个层次、各个领域扩大公民有序政治参与"，"保障人民的知情权、参与权、表达权、监督权"，"推进决策科学化、民主化，完善决策信息和智力支持系统，增强决策透明度和公众参与度，制定与群众利益密切相关的法律法规和公共政策原则上要公开听取意见"。在社会管理领域，"要健全党委领导、政府负责、社会协同、公众参与的社会管理格局"。

在十八大报告中，有关公民参与的内容更加丰满，对于政治参与的途径作了更明确、具体的规定，更加突出地强调政治参与的法制化、规范化。报告指出，人民代表大会制度是我国的基本政治制度，人民通过人民代表行使自己的权力，因此人大体制机制上的建设，对人民参与国家政治生活至关重要。十八大报告强调"在人大设立代表联络机构，完善代表联系群众制度"。这一制度的建立，就是建立起人民群众通过人大代表参与国家和地方政治生活的正常渠道，也是报告所特别强调的"拓展人民有序参与立法途径"的重要举措。十八大报告将协商民主提到前所未有的高度，"社会主义协商民主是我国人民民主的重要形式。要完善协商民主制度和工作机制，推进协商民主广泛、多层、制度化发展。通过国家政权机关、政协组织、党派团体等渠道，就经济社会发展重大问题和涉及群众切身利益的实际问题广泛协商，广纳群言、广集民智，增进共识、增强合力"。协商需要公民参与，没有公民参与，就没有协商。可以说，协商是公民参与的重要形式。在社会管理体制的建设方面，除继续强调"党委领导、政府负责、社会协同、公众参与"外，十八大报告还特别加上了"法治保障"。

综合《宪法》及十六大以来有关公民政治参与的论述，可以从以下几个方面来定位公民的政治参与。首先，公民政治参与是公民的一项基本权利，公民有序的政治参与是社会主义民主制度的重要内容。中国《宪法》第2条规定："中华人民共和国的一切权力属于人民。人民行使国家权力的机关是全国人民代表大会和地方各级人民代表大会。人民依照法律规定，通过各种途径和形式，管理国家事务，管理经济和文化事业，管理社会事务。"可以说，《宪法》中所规定的公民参与是一种广泛的参与，其实现途径就是依法进行民主选举、民主决策、民主管理、民主监督，保障公民参与权得以实现的正式制度安排，包括人民代表大会制度、政治协商制度、基层自治制度以及信访制度等。

其次，政治参与是实现公民政治权利、维护公民自身利益的主要途径。公民通过政治参与可以表达自己的需求，维护自己的利益，给政府施加压力，使政府决策能够考虑到自己的利益，使自身在社会资源的分配中占据有利地位。

第三，公民参与是实现决策科学化、民主化的必然要求。无论是政策的制定还是有效执行，都离不开公民参与。公民参与可以为政策制定者提供必要的决策信息，提高公共决策质量和可接受度，有利于政策的贯彻执行。十七大报告中已经明确提出，与群众利益密切相关的法律法规和公共政策的制定，原则上要公开听取意见。近年来，各种听证会、咨询会、基层民主建设中的恳谈会、各种公示制度等等，都是公开听取意见和公民参与的有效形式。

第四，公民参与是实现建立有效的社会管理体制的关键因素之一。社会管

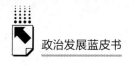
理体制的建设需要政府与社会共同努力，所谓"党委领导、政府负责、社会协同、公众参与、法治保障"，在这个过程中，公众参与是必不可少的。

（二）重要的政治参与事件

2012 年 9 月中旬，日本政府将钓鱼岛"国有化"的举动激怒了国内民众。引起全国包括北京、广州、重庆、西安等十多个城市的反日游行，有些城市，将游行逐渐演变为对同胞的打砸抢行为，一些日本人控制的商场和店铺遭到抢掠，不少行驶或停放在街头的日系车被捣毁。为此，人民日报等媒体纷纷发文提倡理性爱国。

2012 年，发生了多起因重大工程的环境关切而引发的群体性事件。第一个引起群众与政府严重对峙的是四川什邡由宏达集团计划投资超百亿兴建的钼铜多金属综合利用项目。2012 年 6 月 29 日该项目举行开工仪式，由于担心项目对环境造成危害，大量群众集会、游行，以示抗议，并爆发了严重的警民冲突，警方甚至动用了催泪弹。消息、现场视频通过微博、播客在网上传播，引起极大关注。2012 年 7 月 3 日，什邡市政府宣布停建该项目。2012 年 7 月 28 日，由于担心日本王子纸业集团准备在当地修建的排污设施会对当时民众生活产生影响，数万名江苏启东市民于清晨在市政府门前广场及附近道路集结示威，散发《告全市人民书》，并冲进市政府大楼。在民众示威过程中，出现了民众掀翻汽车、捣毁市政府办公电脑等暴力行为，在冲突过程中，启东市市委书记孙建华被扒光上衣，市长徐峰被强行套上抵制王子造纸的宣传衣。在此次事件中，负责维护秩序的武警保持了极大的克制，没有发生暴力事件，警方只是抓捕了一些过激分子。当天下午，冲进政府大院的上千民众全员撤出，之后当地警方封锁周边道路，抗议活动基本平息。当天，江苏省南通市人民政府新闻发言人受权发布：南通市人民政府决定，永远取消有关王子制纸排海工程项目。2012 年 10 月 22 日，宁波镇海湾塘等村数百名村民，以镇海炼化一体化项目（PX 项目）距离村庄太近为由，到区政府集体上访，并围堵了城区一交通路口，造成群体性事件。10 月 24 日，宁波市镇海区政府发布说明，但事件并未平息，10 月 28 日晚，宁波市领导作出了"坚决不上 PX 项目；炼化一体化项目前期工作停止推进，再作科学论证"的决定，积极回应了群众呼声。

根据 2002 年通过的《环境影响评价法》，重大项目在实施前都要进行环境影响评估。上面引起群体性事件的几个项目都投资巨大，其中什邡项目前期工作已经准备完毕，举行了开工仪式，镇海项目正在进行前期准备。在进行环境影响评价时，有一定的公众参与途径，要进行相应的公众调查，听取公众意见。然而，这些事件的发生说明这些前期准备工作有可能是"程序性"的，其走过场的意义大于实质意义，政府在做这些工作时高高在上，程序不透明，没有经过公众的广泛讨论，以至于当项目的环境负面消息经过网络、手机传播时，公众由于近年来牺牲环境的经济发展的现状自然而然地倾向于相信这些负面评价，这个时候，政府的说服工作显得苍白无力。从事件本身看，尽管过程含有一些暴力因素，但公众和政府总体上都保持了克制，事件最后经过政府向民意的屈服而平息。表面上看，民众获得了胜利，然而通过街头政治来决定重大项目的命运，这无论如何不会是一个好的方式，有可能利益博弈的各方都是输家。这些事件充分暴露了政府与公民之间沟通渠道不畅，暴露了中国许多地方一旦面临重大的公共难题时几乎束手无策。例如，有报道称，什邡钼铜项目可以做到零污染、零排放和循环利用，如果属实，地方政府应早一些拿出具体的工作数据分析，请相关权威专家向百姓阐明原委，解释清楚，让老百姓去权衡、选择与理解，那样，相信结果会好得多。

2012 年，对于普通公民来说，他们政治参与的主要途径是网络上的"围观"。除了传播各种信息外，由偶然事件而触发的各种舆情引人注目。陕西孕妇大月份引产事件①、唐慧被劳教事件、重庆大学生村官等多人因网络言论被劳教的事件，都在网络上引起了广泛的讨论，并引发对计划生育政策、劳教制度的讨论。与此同时，以"人肉搜索"为主要手段的网络反腐方兴未艾。2012 年 8 月 26 日陕西发生死亡 36 人的重大交通事故，在事故现场，陕西省安监局长杨达才的"微笑表情"引起网友不满，网友开展了大规模的"人肉搜

---

① 2012 年 6 月 3 日，陕西安康市镇坪县曾家镇妇女冯建梅由于违反计划生育，被强行带入医院引产，胎儿当时已经有 7 个月大。6 月 4 日上午，冯建梅丈夫的大姐邓吉梅在医护人员不在场时，将死胎从产房拿到病房拍照，之后冯建梅的家人将图片上传互联网。这个事件导致当地 7 位责任人受处分。参见《陕西大月份引产事件 7 责任人获处分其中 2 人被撤》，《新京报》2012 年 6 月 27 日。

索"活动，通过网上的照片发现杨达才佩戴多款名表，事件越闹越大，最终以杨达才被撤职、接受纪委调查告终。这样的类似事件近年来已经发生过不止一起，最近的一件事，是重庆北碚区委书记因为网上传播的"不雅视频"被解职和调查。

这种网络上的"围观"突出反映出当下中国公民政治参与的一个特点。概括起来说，一般影响较大的公民参与事件，多由某个突发事件或偶然事件引起，事件经过媒体、网络的报道、传播而不断发酵，关注的人越来越多，有些事件能够形成相应的公共议题。这样的政治参与，有偶然性、间断性的特点，公众对某个问题的关注往往只能持续很短的时间，而事件的结果往往只会导致有关当事人受到处理。比如，网络反腐被戏称为"游击战"，其发生完全是偶然性的，某个人因为网友的"人肉搜索"而落马，只能从心理上给予公众某种满足感，实际上这样的做法意义有限，而且很可能侵犯公民的隐私权，有很大的负面影响。对于反腐败来说，制度建设才是最重要的，效果才能持久。对于公民政治参与来说，也是如此。如果政府只是由于公众的外部压力而被动应对，长期看对政府公信力有很大的损害。因此，发挥现有公民政治参与制度化渠道的作用，通过正式的决策与治理程序吸纳公民参与，才是最重要的。

（三）制度化的公民政治参与渠道

一般而言，政治参与可以理解为公民或公民团体为了维护自身利益试图影响政府决策的一切行为。合法、有序的制度内的政治参与的主要形式包括选举、投票、结社、政治表达、政治接触等，政治参与的领域则涉及立法、公共政策和基层治理领域。在中国，制度化的政治参与的主要途径包括选举参与，基层自治组织中的政治参与，通过人大代表、政协委员参政议政，公民还可以通过上访、申请行政诉讼和行政复议进行政治参与，通过组建社团组织进行政治参与，此外，公民还可以通过大众传媒、网络参与政治。

1. 选举参与

选举和投票是经典的政治参与形式。选举主要指选出构成公共机构（立法机关、行政机关）的人员，而投票通常意味着就某一议题进行表决。中国在选举和投票方面的政治参与主要涉及的是县乡两级人大代表选举和基层群众自治组织（居委会、村委会）的选举。目前，这样的选举活动已经制度化开展，选举的各项工作也都有相关的法律规定，选举程序方面的制度规定也已经比较完善。2011年，全国大部分地区完成了县乡两级人大的换届选举工作。从实际情况看，除了村委会选举外，城市居委会选举和县乡两级人大代表的选举在民众的政治意识中并不受重视，仅仅被看成是"走过场"的程序。在相当长的一段时间里，基层人大代表的选举竞争性不强，鲜有没有组织背景的独立候选人出来竞选人大代表。在2011年，曾有一些微博"名人"出来要竞选当地的人大代表，也引起了一些关注，后来也大多无疾而终，这使得县乡人大换届选举的关注度不高。

2. 基层自治组织中的政治参与

我国《宪法》第111条规定："城市和农村居民居住地区设立的居民委员会或者村民委员会是基层群众性自治组织。"社区治理和村级治理作为基层治理是城乡公民进行政治参与的重要场所，参与的主要方式是自治组织的选举过程以及日常的民主决策、民主管理、民主监督。基层自治组织要实行政务和财务公开，让群众参与讨论和决定基层公共事务和公益事业。就村民自治而言，从1987年试行至今已经经过二十多年的发展，其发展曾引起世界范围内的广泛关注。由于村民自治的制度设计中，一方面强调村民的自治权利，一方面要坚持村级基层组织的党的领导，同时又给村级组织增加了"协助"上级机关开展工作的种种任务，使村民自治始终摆脱不了行政化的色彩，很难真正落实群众的自治权利。在实践中，虽然各地在完善村民自治制度上有种种创新，如有关村民代表会议制度的创新，[①] 但从整体情况看，农村公民充分、经常参与村务的渠道和形式还有待进一步拓展。随着城镇化的发展，大量农村劳动力进城务工，对于外出务工的农民工而言，家乡的村级治理已经不能满足他们的参与要求了。另一方面，随着国家惠农政策的落实，特别是随着城镇化的发展，有可能导致乡村社会面临重大公共利益问题，也可能导致村级自治组织在诸如集体土地转让这样的事

---

① 2003年，河北青县通过依法授权、健全运行规则等方式将村民代表会议建成经常性议事组织，广大农民通过村代会这一有效载体，经常化、制度化地参与村政村务的决策、监督，充分反映意愿，表达主张，一些关系群众切身利益的问题得到有效解决，"四个民主"基本得到落实。

情上权力过大，侵犯村民利益，从而引起激烈的利益冲突，甚至发生群体性事件。2011年发生的乌坎事件就是典型的例子。

对于城市社区来说，社区自治组织是社区居民委员会。随着市场经济的发展，城市中单位制社会的社会结构逐步让位于以居住地为纽带结合起来的各个社区，社区成为人们分享公共利益的场所，也成为政府提供公共服务的基本单位。社区中的公共事务管理需要本社区居民的参与。不过，与广大农村地区相比，城市中政府的角色始终更加强势，近年来政府提供公共服务下沉到社区，社区纷纷建立社区服务中心，成为政府神经单元的末梢，在提供公共服务的同时也强化了政府的控制与权力，实际上留给居民自治参与的空间不大，城市居民对于本社区事物参与程度有限，可以说，社区居民的政治参与在重要性上是比较低的。另一方面，在城市中存在大量的企事业单位，单位作为福利共同体的地位没有得到根本改变，因此居民与社区之间仍缺乏明确的利益关系，居民参与社区事务的意愿不强，大量城市社区中的参与是所谓"动员式参与"，以利益的追求和维护为动力的主动性参与除了业主组织之外，并没有其他表现。只有在公民与其居住的社区之间切实建立起利益联结，从而使社区成为一定意义上的利益共同体，城市社区层面的政治参与才能有进一步活跃的空间，社区参与的渠道和相应的制度建设才能通过实践得到丰富与完善。

3. 通过各级人大代表、政协委员参政议政

中国是一个大国，公民不可能直接参与国家的管理和法律的制定，需要委托代议机关——各级人民代表大会——来行使自己的权力。人大代表是民意的代表，需要反映民意。在中国，县乡两级人大代表是直选的，代表与选民之间的联系比较直接与紧密。近年来，一些地方的人大也进行了一些制度创新来增强人大代表与选民直接的联系，如深圳南山区设立了人大代表联络站，加强人大代表与群众之间的联系，取得了良好的效果。由于省、自治区、直辖市以及较大的市的人大代表通过间接选举产生，在现实生活中，普通公民一般并不知道与本单位或选区对应的省市一级或全国人大代表是谁。虽然在《宪法》《地方组织法》《选举法》中原则上规定人大代表要接受选举单位的监督，经常接受人民群众的监督，但现实中人大代表与选民缺乏联系仍然是普遍存在的问题。近年来，随着人大代表参政议政意识和能力的增强，越来越多的代表试图通过个人努力来增强代表与群众之间的联系，以便更好地履行代表职责，其中有代表性的做法包括在大众传媒上征集提案，个人组织一些调研，听取专家学者的意见，等等。这些非制度化的措施增强了代表与群众之间的联系，也使每年的两会期间成为广大群众参政议政最为积极的时期。

政治协商制度是中国特有的政治制度，它本身来源于共产党领导的多党合作制度。一般而言，政协委员集中了各行各业有代表性的人物，汇聚了许多优秀的社会精英。从某种意义上说，政协会议很像一个公共论坛，政协会议上的声音在一定程度上反映了不同公民群体的利益需求。政协委员将各种观点进行梳理和整合，使它们得到决策机构的关注。从这个意义上来说，人民政协形成了了解民情、反映民意、集中民智的重要机制。每年两会期间，政协委员的言论往往引起诸多关注。不过政协的地位、性质和运作方式决定了该渠道政治参与具有间接性，更多地属于政治表达的范畴。

4. 重要法律、政策形成之前的征求意见制度，包括公示制度，各种听证会、论证会、讨论会，专家咨询会等，也是公民政治参与的重要途径

重要法律颁布之前向社会公布征求意见，这是新中国成立以后就开始的做法，1954 年第一部《宪法》就曾在全社会范围内广泛征求意见，1982 年的《宪法》制定过程中也是如此。几乎每一部重要法律都经过这个阶段，最近的一个就是 2012 年通过的新的《刑事诉讼法》。《刑事诉讼法》的修改 2006 年启动，前期修改工作以法律学术界、司法界、律师界征求意见为主，2011 年 8 月修改草案经全国人大常委会讨论后向全社会公布，在一个月的意见征集期内共收集意见 8 万余条，经整理后于 2011 年 12 月将修改后的草案再一次提交全国人大常委会讨论，此后形成的草案才最终交由 2012 年 3 月的全国人大进行讨论和表决。

2000 年通过的《立法法》、2001 年国务院颁布的《行政法规制定程序条例》和《规章制定程序条例》都将举办立法听证会作为制定法律、行政法规或规章时听取意见的一种形式来列举，其他听取意见的方式包括座谈会、论证会等。在社会各界的大力推动下，地方人大和政府在制定地方性法规、规章的过程中，探索采用立法听证会的方式来扩大公民参与立法的途径。各地还纷纷制定了立法听证会的规则，使得与其他听取意见的方式相比，立法听证会的制度、程序更加正式。对于地方立法来说，举行听证会的情形归纳起来有这样几种情况：一是涉及当地经济、社会发展中的重大问题；二是涉及社会公众普遍关注的社会热点、焦点问题；三是涉及公共利益或不同的利益群体间的利益冲突，对相关的组织或个人的正当权益有重大影响的；四是各方分歧较大，需要进一步收集信息、了解民意的；五是需要举行听证会的其他情况。① 举办立法听证会要在媒体上发布公告，公开要听证的法案的主要内容和焦点问题，公开征集听证参加人，公开报名程序。在举办听证会时，各方遵循一定的规则进行陈述，同时安排一定数量的旁听人员，媒体也可以进行报道，有些听证会结束后还在网上公布听证记录和听证报告。从各地举行的立法听证会看，立法听证的范围涉及很广，包括经济管理、市场秩序、交通法规、城市规划与管理、环境保护、劳动与社会保障、教育与权益保护和行政监督等各个方面，可以说包含了经济、社会、文化领域中对公共利益和公民权利有影响的各方面内容。在各地方政府举办的听证会中，价格听证会最为常见。根据《价格法》第23条的规定，制定关系群众切身利益的公用事业价格、公益性服务价格、自然垄断经营的商品价格等政府指导价、政府定价，应当建立听证会制度，由政府价格主管部门主持，征求消费者、经营者和有关方面的意见，论证其必要性、可行性。近年来，公共产品如铁路客票价格、天然气价格、自来水价格的变化都举办过听证会。

从立法听证会的效果看，目前尚处于探索阶段。立法听证只是立法过程中"可以"采取的听取意见的方式，采纳不采纳，立法机关有很大的自由裁量权，听证会本身的规则也还处于完善中。从总体上看，其形式意义大于实质意义。从某种意义上说，价格听证会的效果甚至远远不如立法听证会，由于代表遴选的不透明，实际上很难起到倾听民意的效果，而只起到了一个"走程序"的效果，被百姓戏称为"涨价会"。但听证会毕竟扩展了公民参与的渠道，对于激发公民的参与热情，推动立法民主和公共事业管理领域的治理有很大的意义。

5. 通过信访进行政治参与

信访制度即公民来信来访制度，是公民通过写信、上访等活动向党政机

---

① 张群：《立法听证：公众参与立法的途径》，载蔡定剑主编《公众参与：风险社会的制度建设》，法律出版社，2009，第31~32页。

关、人大、公检法等公共机构表达利益要求和意见的一种制度。信访制度建立之初的主要目的是信息沟通，是党和政府联系群众的纽带，也是中共群众路线的一个体现。随着时代的发展，信访制度的功能逐步发生了变化，由一种信息沟通机制逐步发展为具有中国特色的政治参与和纠纷解决机制。信访制度首先是一种社情民意的上达通道，由于信访所反映的问题都与人民群众的切身利益密切相关，在很大程度上能够反映当前社会所面临的主要矛盾和问题，它是党和政府了解公民需求、调解社会矛盾、维护社会秩序的制度化渠道。信访也是普通群众进行政治参与的重要途径，群众可以通过来信来访方式，对各级人大、政府和司法机关的工作提出建议、意见和批评。这当然是一种利益表达，同时也是一种政治参与。一般而言，公民进行信访活动都是维护自己的特殊利益，但转型期社会矛盾的多发性、问题的同源性和相似性使得人数众多的信访活动集中地反映出社会的焦点、热点问题，使信访的问题在一定程度上具有公共问题的属性，具有了公共政策的意义，也正是在这个意义上，信访活动实际上成了普通公民进行政治参与的重要形式。①

在中国，信访还是普通群众获得权利救济的重要途径。尽管学术界对此有不同看法，认为信访的权利救济功能在实践中对司法公信力是一种损害，但无论如何，通过信访活动获得权利救济往往是上访群众的最后希望，其中凝聚着非常复杂的政治与文化内涵。尤其是，上访者一般都是社会中利益受损的弱势群体，他们政治表达、政治参与的途径有限，常常寄希望于上访来解决自己的问题，发出自己的声音。从某种意义上说，群众通过信访活动解决自身的问题，也是政府不断获得合法性的重要机制之一。信访制度可以在特定条件下，促成局部利益表达，反映群众对政策的态度，通过问题解决强化了政府的合法性。应星在《大河移民上访的故事》中对此曾有这样的诠释："表面上上访移民与地方官员们'水火不容'，但实际上他们都分享着共同的政治文化——对执政党及国家的信任和依恋，移民对公平的传统诉求在使社会利益平衡得以暂时维系的同时，也使权力机制的合法性得到再生产，进一步巩固了执政党及政

---

① 参见王浦劬、龚宏龄《行政信访影响公共政策的作用机制分析》，《中国行政管理》2012 年第 7 期。

权的合法性地位。"① 实际上，信访是国家与公民之间、执政党与人们之间关系的一个缩影，是公民与政府展开博弈的重要场所。从这种关系互动中，可以检验扩大民主、增进公平的改革目标的实现情况，也可以检验公民权利保障制度的建设情况，更能从中体察执政党、政府和人民之间的信任程度。这种关系重要而复杂，只能说是政治性的。

由于信访本身的复杂性，其制度设计的初衷与信访机构的职能之间、信访的职能与人民的期望之间存在着非常大的落差，导致能够通过信访得到解决的问题比重不大。近年来愈演愈烈的重复上访、越级上访、群体上访、进京上访等，在某种程度上反映了信访制度本身的局限性。如果社会矛盾激化或处理不当，就会对政治稳定造成一定负面影响。

6. 行政诉讼与行政复议：通过司法途径参与政治

1989 年，七届人大二次会议通过《行政诉讼法》，设立了中国行政诉讼的程序和基本框架。1990 年《行政复议条例》发布，为公民对行政机关具体行政行为的监督和自身权利的保护提供了与《行政诉讼法》相衔接的另一种选择。1999 年 4 月九届人大九次会议通过《行政复议法》，使行政复议的受理范围、程序和相关法律责任得到更加明确的规定。行政诉讼和行政复议，是公民通过法律手段、维护自身利益的制度化参与途径。同其他政治参与路径相比，提起行政诉讼、行政复议是一种司法程序，具有相对完整的程序和实效性，具有明确的约束力。与行政诉讼相比，行政复议由于不通过法院，只是在行政机关内部运行程序，透明度相对较低，因而社会影响不如行政诉讼大。从整体情况看，行政复议和行政诉讼作为有序政治参与的重要路径，已经在现实生活中对公共机构的行为和相关制度、规则构成了一定的影响。如 2003 年张先著诉芜湖市政府人事局"歧视乙肝患者"的案件取得胜利，对于消除公务员录取以及其他职业中的乙肝歧视发挥了一定的作用。

7. 通过社会中介组织进行政治参与

现代社会公民的政治参与的主体不单包括公民个人，还包括公民组成的各种社会组织。社会组织往往是一定数量的人们基于相同的利益追求而形成的，

---

① 应星：《大河移民上访的故事》，三联书店，2001，第 78 页。

它们是公民参与的组织化基础，公民往往要通过社会组织进行政治参与。改革开放以来，随着经济社会的发展和政府职能的转变，包括社团在内的中国各类社会组织开始全面发展，数量迅速增加，种类大大增多，独立性明显增强。大致说来，目前的社团主要有三大类。第一类是官办社团或高度行政化的社团，如工青妇组织，它们类似于行政机关，有国家核定的编制，有行政级别，并承担一定的行政管理职责。第二类是具有一定行政色彩的半官办社团，如工商联、消费者协会、官办学术团体、行业协会等，它们是国家承认的某些利益群体的法定的代表，在公共政策制定和公共事务管理中有其制度化的参与路径。第三类是各种民间社团，或称非政府组织，这是改革开放以后才逐渐发展起来的介于政府与企业之间的"第三部门"，包括各种志愿性团体、社会组织和民间协会等。据民政部统计，"截至2009年底，全国共有社会组织43.1万个，比上年增长4.1%；这些社会组织业务范围涉及科技、教育、文化、卫生、劳动、民政、体育、环境保护、法律服务、社会中介服务、工伤服务、农村专业经济等社会生活的各个领域"，其中社团类4.9万个，民办非企业单位19万个。①

非政府组织作为政府与市场之外的第三部门，是将公共领域与私人领域联系起来的桥梁。在实践中，有相当多的非政府组织致力于公益事业，在诸如环境保护、维护弱势群体权利方面发挥积极作用，它们的活动推动了社会治理结构的变迁，拓展了公民参与的渠道与领域，调动了公民参与的积极性。公民通过非政府组织进行有组织的参与，在更多的领域参与社会公共事务管理，大大有助于社会自我管理能力的提高。同时，从事社会公益事业的非政府组织倡导自治理念和志愿精神，这对于形成良好的公民文化大有助益。非政府组织还为一定范围内的利益表达、整合提供了平台，通过非政府组织参与"公共协商"比公民单打独斗更有效果，可以说，非政府组织为公民有序政治参与提供了组织基础。

8. 通过网络和大众传媒进行政治参与

现代社会，大众传媒是人们了解政治过程和参与公共事务的重要途径。人

---

① 《2009年民政事业发展统计报告》，见民政部网站：http://cws.mca.gov.cn/article/tjbg/201006/20100600081422.shtml？2。

们从大众传媒中获得各种信息，对发生的事情发表自己的意见和评论，形成某种公众舆论，通过公众舆论来影响决策过程，达到监督权力运行的目的。如果没有媒体的持久、深入报道，某个发生的事件就不可能成为公众议题，话题背后的意义也无法揭示出来。通过大众媒体关注问题、表达意愿、影响决策，是当前最常见的公众参与形式之一。

伴随着信息社会的到来以及互联网的发展，网络成为日益重要的信息平台。根据中国互联网信息中心的统计，截至 2012 年 10 月底，中国网民总数已经达到 5.55 亿。人们通过网络发布信息，交流看法。近年来，以手机短信、微博、QQ 等即时通讯工具为代表的新媒介，已经成为人们进行信息交流和人际交往的重要工具。新媒介以其广泛的覆盖面，以及开放性、多元性、瞬间传遍性、交互性等特点，使信息传播方式和人们接受信息、交流信息的方式产生了很大变化，也日益成为公民表达和参与的重要渠道。常见的网络参与方式包括以各种方式从网络上征集意见、进行民意调查等。近年来网民与政府官员之间频繁的交流互动，人大代表、政协委员通过网络收集网民建议和提案，以及网民自发在网络上发表有关公共问题、公共事件的各种看法，都是网络参与的重要形式。

新的传播技术的发展，极大地促进了信息的交流，为公民获得足够有用的公共信息提供了条件，也为政府信息公开奠定了技术基础。1999 年，中国开始了电子政务的建设，各政府部门设立了相应的网站发布本部门的重要信息、相关规定和办事程序，同时通过网络发布省情、市情、物价信息、环保信息、交通情况等。2007 年《政府公开信息条例》出台，标志着中国政府信息公开进入制度化建设的新阶段。电子政务的建设，各项有关政府信息公开条例的完善，有助于保障公民的知情权，使公民在进行公共事务参与的时候更有底气。

随着以微博为代表的新媒介的发展，政府在发布信息方面应更加注重信息的即时性，加强与网友的互动。根据新浪的统计，截至 2012 年 10 月底，新浪认证的政务微博达 6 万余个，其中包括 5.8 万余个基层政务微博。这些微博在及时发布信息，特别是当面对突发事件时，能起到及时的沟通效果，有助于社会稳定。除了发布信息，政府还可以利用网络进行民意调查，提前透露政策信息，引起公众讨论，试探民意，以检验其政策的公众接受度。

在以网络为基础的新媒体时代，公民参与的主动性更强，设置公共话题的能力更强，采取行动的能力也增强。在网络时代，公民个人的传播能力由于传播技术的进步极大地扩展。公民不仅从网上获得信息，而且能发布信息，以亲历者、目击者的身份发布第一手消息，通过网络论坛、微博转发、手机短信，消息像长了翅膀一样迅速在人群中传播。在这样的情况下，信息控制越来越难。2012 年发生的许多重要事件，网民都第一时间从网络获得消息，王立军案就是个最典型的事例。在这样的情况下，如果官方回应不能及时跟进，会极大地损害政府的公信力。在传统的大众媒体上，话题大多由"媒体人"主导，而在以微博、博客为传播形式的网络上，媒体人、精英的话语权削弱了，公民个人可以以亲历者、内部人等身份就某个话题展开"深度报道"，其及时性、互动性和自由度是传统媒体无法望其项背的。不仅如此，由于微博、QQ、手机短信等即时通讯工具的发展，公民可以迅速组织起来，就某个问题采取集体行动。2012 年发生的反日游行、几次由环境问题引发的群体事件，无不是通过网络在很短时间内就组织了大量群众参与行动，并且将行动的消息在网上发布，引起广泛关注，从而给政府施加了巨大的民意压力。

总的说来，网络时代信息的开放性、共享性及多元化使其不容易受到社会权力结构的控制，能形成较以往更有力的公共舆论监督。近几年，公民以网络、手机等新媒介为主要渠道参与社会公共事务讨论，对政府进行舆论监督的事件已经举不胜举。通过网络所形成的强大民意对政府造成了前所未有的压力，这种压力一般体现在舆论上。如 2012 年，媒体揭露出的上访者被劳教以及在重庆打黑过程中公民因为网上言论而被劳教的事例引起了广泛的讨论，使得改革劳教制度成为社会共识。通过网络暴露出的官员腐败问题，使得官员财产公示日益成为社会共同的愿望。通过网络组织而发生的集体行动事件，又对政府造成了现实的压力，如 2012 年在什邡、启东、镇海发生的事情。这样的事情多了，会促使管理者更多地反思发展与环境的关系问题，更多地思考在政府公共决策的过程中如何引入更多的公众参与，而民众通过参与过程会积累更多的关于如何更理性地表达自己的需求的经验。

网络在给公民参与提供极大便利的同时，其本身固有的局限性、非理性，也可能对其发挥公共领域的作用造成一定的危害，比如在网络上传播的信息鱼

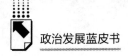

龙混杂，真假莫辨，非理性的极端情绪很可能通过网络"暴力语言"影响公众的情绪，导致网络上的民意失真。网络上以"人肉搜索"为代表的信息发布还可能侵犯公民的隐私权，当某个正处于审判过程中的案件成为公众关注的焦点时，网上巨大的舆论压力很可能干扰正常的司法审判过程。这都需要在保障公民言论自由的同时，加强网络制度建设，培育公共理性。

以上几个方面构成了中国公民有序政治参与的主要路径结构。这些路径结构本身还有需要进一步加以完善的方面，或者有待于增强可操作性，或者在发展的过程中还需要制度性的确认，但它们构成了中国公民政治参与的基本制度框架。

专题报告

Special Reports

B.9
中国的政治体制改革与民主政治建设

周少来*

摘　要：

本文从近代以来的"中国现代化进程"这一历史视角，对当代中国政治体制改革与民主政治建设的历史逻辑和制度空间、基本脉络和现实进程、制度逻辑和路径特征、未来趋向和路径突破四个方面进行了系统梳理和分析，以期对中国政治发展和民主建设的基本规律和路径特征有一个深层认识。

关键词：

政治体制改革　现实进程　路径特征　未来趋向　路径突破

当代中国的政治体制改革，是在波澜壮阔的改革开放历史进程中相伴相生

---

* 周少来，中国社会科学院政治学研究所研究员，政治理论室主任，主要研究领域为民主及民主化理论、中国政治发展。

和拓展深化的。政治体制改革，作为当代中国社会历史发展的客观需要和人民民主权利的迫切要求，是围绕和服务于经济建设中心和现代化事业大局的。政治体制改革为中国现代化事业的全面推进提供了政治保证，也为中国的政治现代化和民主政治建设奠定了制度基础和实现机制。

在不断深化的政治体制改革推动下，通过健全和完善社会主义基本政治制度，创新和丰富民主实现机制和形式，保证民主实现的制度化和法制化，推进社会主义法治国家建设，当代中国的政治体制改革与民主政治建设取得了历史性的进步和成就，并逐步探索和形成了中国特色的社会主义政治发展和民主建设之路。

本文将从"中国现代化进程"这一大的历史视角，对当代中国政治体制改革与民主政治建设的历史逻辑和制度空间、基本脉络和现实进程、制度逻辑和路径特征、未来趋向和路径突破几个方面进行系统的梳理和分析，以期对政治体制改革与民主政治建设有一个基于历史脉络的更深理解。也可以从中看出中国政治发展和民主建设的基本规律和路径特征。

一 政治体制改革与民主政治建设的历史逻辑与制度空间

中国从近代以来追求民族自由和国家富强的现代化进程，为当代中国新时期的全面现代化建设提供了历史场景和社会基础，也为当代中国的政治体制改革与民主政治建设确立了"全面服务于现代化建设"的历史定位和历史逻辑。在中国共产党的领导下，社会主义革命取得成功，各项社会主义基本制度确立，中国走上了社会主义现代化建设的历史发展之路，这就历史性地规定了政治体制改革的现实属性是社会主义政治制度的健全和完善，以及通过社会主义政治发展之路建设中国特色的社会主义民主政治，从而也历史性地决定了政治体制改革与民主政治建设的制度空间。

因此，当代中国的政治体制改革与民主政治建设，是和中国共产党的整个革命、建设和改革的历程紧密相关、相伴而生的。

从中国近代以来的现代化历史进程来看，有两个根本的历史主题和历史定位：一是近代以来中国所面临的内外交困的总体性危机形势，历史性地决定了中国近代以来的历史主题是"救亡图存"。二是共产党的执政理念和政治逻辑，决定了当代中国社会主义现代化的历史命运，决定了当代中国政治改革与民主发展所依存的基本制度形态。①

从以上历史背景可以看出，考察中国政治体制改革与民主政治建设的基本视角和切入点是：现代化的历史逻辑和历史主题决定政治逻辑和民主逻辑，历史空间决定政治空间，政治空间决定民主空间。在当代中国的现代化和政治发展中，并没有撇开历史场景和历史主题的独立建构的政治改革与民主逻辑。这有以下具体解读：

第一，从近代至今的中国历史主题依然是现代化。被迫上路的中国现代化进程，面临的首要任务一直是救亡图存和国家富强，唯一能实现此目的的正途就是现代化发展。中国近代以来发展的过程，就是现代化因素不断增多、现代化内容不断丰富、现代化生活方式不断成长的过程。这是任何民族国家要立于世界之林的无可逃遁的命运，也是中华民族的历史宿命。直到今天，中国的现代化依然"还在路上"，"中国道路"依然漫长。

第二，由中国的现代化"历史主题"所决定，中国的政治和民主建设，只能是服务于现代化发展的保障和手段。紧迫的历史主题和历史任务始终决定了政治制度和政治体系，只是具有手段性和工具性，只是为了服务于国家的生存、发展和现代化。能够实现和胜任这一历史主题的政治制度就能生存和维系。从这一历史逻辑可以说明两个问题：一是为什么近代以来中国政治制度一直倾向于集权和集中的体制，因为这一体制有利于集中和整合国家的有效资源全力实现现代化。二是民主一直是依附于政治制度体系中的一种属性和存在于一定空间。也就是说，政治服务于和依附于现代化，民主服务于和依附于政治。

第三，当代中国政治与民主的社会主义性质和逻辑。由于中国共产党在中国革命逻辑中的胜出，中国现代化进程转向社会主义现代化的轨道，社会主义政治基本制度体系得以建立。所以当代中国的政治与民主发展，就被定位在社会主义的属性上和社会主义政治制度的发展轨道上。

---

① 周少来：《当代中国民主建设的历史逻辑与制度空间》，《中国社会科学报》2012 年 10 月 12日。

第四，当代中国政治与民主有基本的政治制度架构和制度限定。由中国共产党领导和社会主义性质，决定了中国民主所赖以存在和运作的政治制度架构，这就是当代中国的基本政治制度。这些基本政治制度，决定了当代中国民主在基本制度层面是如何运作和如何发展的，也决定了当代中国民主是这些制度架构下所包容和限定的民主，这就是当代中国民主发展的基本制度空间和扩容范围。

第五，当代中国民主发展的基本路径主要有两条：共产党的民主执政制度和以人民代表大会制度为核心的人民民主制度。这就决定了中国民主发展的基本路径，"以党内民主带动人民民主"，这便是未来中国政治体制改革与民主政治建设的根本途径。[①]

中国近代以来的现代化发展的历史逻辑与制度空间，决定了当代中国政治体制改革与民主政治建设的基本视角和逻辑脉络。不论从理论还是现实意义上，如果承认历史过程，面对现实问题，中国的政治改革与民主发展就必须在以上的制度架构和制度空间中前行和开拓。

二 政治体制改革与民主政治建设的基本脉络和现实进程

当代中国的政治体制改革与民主政治建设，是与新的历史时期改革开放的伟大进程相伴相进的，其制度基础是新中国成立以后逐渐建立和完善的社会主义基本政治制度，其基本脉络和现实进程是围绕和服务于改革开放的发展需要和现代化建设的大局。

（一）基本脉络

自近代以来，中国在西方列强的侵入威胁下，被迫走上了图存自强的现代化道路。其中，在国家独立与国家主导下，发展社会生产，推进国家的现代化建设，就成为最大的历史性主题和任务。帝制架构下地主阶级的自强运动和变法新政没有完成这个任务，民主共和下资产阶级的改良和革命也没有完成这个

---

① 周少来：《当代中国民主建设的历史逻辑与制度空间》，《中国社会科学报》2012 年 10 月 12 日。

任务，最终这个任务落到了代表社会最先进生产力的阶级身上。

工人阶级及其先锋队带领中国人民，完成了新民主主义革命，经过社会主义改造运动，社会主义政治制度和经济制度基本建立。我国建成了人民民主专政的社会主义国家，其最主要特征，在政治上是建立了以中国共产党为核心的"一元化"政治体制。这种"一元化"政治体制在一定时期内保障了人民群众的基本权利，促进了国民经济的发展，并且维护了社会主义国家的主权和领土完整。但在其后的社会主义建设探索中遭遇了严重挫折，特别是"文化大革命"的冲击，我国社会生产力遭到严重破坏，社会主义现代化建设举步维艰。在此过程中，一元化的政治制度和集中集权体制也显现了诸多弊端和问题：严重的官僚主义，权力过分集中于中央和党委，家长制现象突出，干部领导任职终身，还有形形色色的特权现象出现。这都严重阻碍了中国的现代化事业发展和政治文明建设。

20 世纪 70 年代末，经过以邓小平为核心的中共第二代领导人的拨乱反正，废止了以阶级斗争为中心的政治路线，确立了以经济建设为中心和改革开放的新的政治路线和基本国策，我国的现代化建设和政治发展走上了新的历史征程。

新时期现代化建设全面推进的历史大局和中心任务，决定了当代中国最主要的历史任务是，进一步解放和发展社会主义生产力，建设社会主义现代化国家，实现中华民族的伟大复兴。我国的现代化建设是"以经济建设为中心"，这就决定了政治体制改革的历史地位和基本脉络。在现阶段的中国现代化建设中，经济建设起着最为重要的基础作用，可以说经济建设是社会主义现代化建设的发动机，经济的发展极大地推动着我国的全面现代化进程。政治建设是围绕和推动现代化建设的不可缺少的政治保证，在现代化事业的建设中，起着最为关键和核心的领导作用。

所以，政治体制改革与民主政治建设的基本脉络是，在现阶段的社会主义现代化中，政治体制改革与民主政治建设，要围绕和服务于新时期的以经济建设为中心的现代化事业发展，要为经济建设和文化建设、社会建设和生态文明建设保驾护航，其根本的目的是围绕和服务于"五位一体"的现代化全面进程和中华民族的伟大复兴。

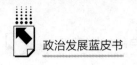

（二）现实进程

1976 年"文化大革命"结束以后，经过两年多的徘徊时期，政治体制逐步从"文化大革命"中的无序混乱状态，恢复到正常稳定的状态。其主要的政治发展是：在粉碎了极左集团后，调整了各级领导班子，清理了混进党内的极"左"分子；平反冤假错案和初步恢复社会主义基本政治制度和经济社会体制。

其中，在这两年中，政治上最大的成果有两项：（1）逐渐恢复了党作为社会主义现代化事业领导核心的地位，中国共产党成为现代化事业的权力、决策和组织中心，并且恢复了党的纪律检查机构。[①]（2）五届人大一次会议修改《宪法》，规定"全国人民代表大会是最高权力机关"，社会主义根本政治制度得以恢复正常运行。[②]

1978 年的党的十一届三中全会全面地、彻底地否定了新中国成立以来的"左"倾错误，实现了党的中心工作从"以阶级斗争为纲"到"以经济建设为中心"的伟大转折，重新确立了党的社会主义现代化建设的基本路线，我国进入了改革开放的新的历史时代，政治体制改革与民主政治建设也由此进入了崭新的改革时期。

1. 第一阶段：1978 年十一届三中全会到 1982 年的十二大

这一阶段是我国的政治体制和民主法制进一步恢复稳定的阶段，并且在这一阶段开始了政治体制和民主建设方面的初步改革。

第一，十一届三中全会在思想上和组织上拨乱反正。1978 年召开的党的十一届三中全会，对政治生活进行了全面的拨乱反正。在思想上，全会强调"坚持实事求是，一切从实际出发，理论联系实际的原则"。这就表明中国共产党果断结束了新中国成立以来一直向"左"转的，到"文化大革命"中"以阶级斗争为纲"而达到顶点的"左"倾路线，确立了"以经济建设为中心"和改革开放的基本政治路线。在组织上，全会改组了当时的中央领导机构，一大批德才兼备的老干部重新出来工作，实质上形成了以邓小平为核心的

---

① 周少来：《制度之规和谐之道——当代中国政党、国家和社会》，世界知识出版社，2010，第 202 页。

② 迟福林主编《中华人民共和国政治体制史》，中共中央党校出版社，1998，第 338 页。

党的第二代中央领导集体。全会在政治体制改革的意义上，重申了对"社会主义民主和法制"的强调。[1] 十一届三中全会在新时期的政治发展和民主建设中，具有扭转乾坤的里程碑式的标志性意义。

第二，改革党的中央领导机关。根据十一届三中全会精神，除了对中央的人事工作进行部署以外，还对中央领导机关进行了调整。1980 年的十一届五中全会，恢复了党的八大所要求设置的中央书记处，理顺了中央机关的关系，改变了过分集权的领导体制。书记处的设置既是拨乱反正，又是保证党的领导和集体领导长期稳定的需要。[2] 书记处的恢复设置，健全了党的四级中央领导机关，保证了集体决策和民主集中制的运行。1981 年的十一届六中全会，党的主席和军委主席人事变更，更加年富力强、富有改革精神的领导人成为党的负责人。

第三，干部人事制度改革。政治路线决定组织路线，十一届三中全会规定了正确的实事求是的政治路线，这就会在组织路线上显示出来。这主要有两点：一是逐步废除领导干部终身制。我国的干部管理制度存在着一个严重的缺点，即"能上不能下，能进不能退"，这就导致大批领导干部年龄偏大，文化水平低和业务水平不高。党中央逐步确立了废除领导干部实际上的终身制，并确立了领导干部的离退休制度，保证了干部新老交替的正常进行。二是确立了管理干部的标准。根据"德、能、勤、绩"的标准，考核和选拔干部，并且规定了干部队伍"革命化、年轻化、知识化、专业化"的方针，用以替代以前的"又红又专"标准。

第四，确立政治体制改革的基本方针。邓小平十分重视政治体制问题与民主法制建设，早在 1979 年的讲话中，他就高度强调："没有民主就没有社会主义，就没有社会主义的现代化。当然，民主化与现代化一样，也要一步一步地前进。社会主义愈发展，民主也愈发展。"[3] 这不但明确了政治体制改革的根本目标是社会主义民主政治，也指明了社会主义民主是中国现代化事业的根本组成部分。在 1980 年的中共中央政治局扩大会议上，

---

① 杨海蛟主编《回顾与展望——改革开放以来的中国政治发展》，人民出版社，2008，第 88 页。

② 迟福林主编《中华人民共和国政治体制史》，中共中央党校出版社，1998，第 375 页。

③ 《邓小平文选》第 2 卷，人民出版社，1994，第 168 页。

邓小平作了《党和国家领导制度的改革》的历史性讲话，这成为指导我国政治体制改革的纲领性文件。邓小平在讲话中指出了当时政治体制存在的问题：权力过度集中、兼职过多、党政不分和人员老化的问题，明确强调在"政治上，充分发扬人民民主，保证全体人民真正享有通过各种有效形式管理国家、特别是管理基层地方政权和各项企业事业的权力，享有各项公民权利"。[①] 并提出自觉地更新各级党政领导机关，逐步实现领导人员年轻化、专业化等诸多方针原则。这一讲话为我国进行政治体制改革指明了基本的方向和改革路径。

在这一时期还改革了地方政权组织和人大代表选举制度，在县级以上人民代表大会设置常务委员会，给予省级地方政权相应的立法权力，等等。

2. 第二阶段：1982 年的十二大到 1992 年的十四大

这十年是我国政治体制改革积极推进的十年，也是出现了波折，甚至反复的十年。在这十年中，党的十二大和十三大的召开，确立了进行政治体制改革的方针和路径。这十年也是以邓小平为核心的党的第二代中央领导集体审时度势，领导我国的现代化建设的关键十年，其间也产生了党的第三代领导集体。这一阶段又可分为两个时期：

第一时期：党的十二大及其确立的政治体制改革的新局面。

1982 年召开了党的十二大，确立了"全面开创社会主义现代化建设新局面"的方针，这一时期的政治体制改革就是在这个方针指导下进行的。

第一，党的十二大加强和改善了党的领导。十二大明确，党是社会主义现代化事业的领导核心，这种领导核心主要体现在党的政治领导、思想领导和组织领导上。要求党必须在宪法和各种法律下活动，党必须保证国家的各种政权机关独立自主地工作。选举出新的中央委员会、中央顾问委员会和中央纪律监察委员会，确立中央委员会领导中央顾问委员会和中央纪律检查委员会的工作。中央不再设主席和副主席职位，设总书记，负责召开政治局会议。并且强调了民主集中制和党的纪律。党的十二大还实现了中央领导集体的新老合作和交替，一大批老同志从第一线退出，一大批年轻的领导干部进入了中央委员会

---

① 《邓小平文选》第 2 卷，人民出版社，1994，第 322 页。

并担负起中央的领导工作，① 极大强化了党中央领导集体的凝聚力和战斗力。

第二，"82 宪法"及其对政治体制改革的影响。根据党的十二大精神，1982 年五届人大五次会议审议和通过了新《宪法》，用国家的根本大法，肯定了政治体制改革。《宪法》要求国家机构实行民主集中制原则，恢复人民民主专政的规定，确认了党必须依法办事的原则。确立了差额选举制度，从人大代表到国家领导人副职都实行差额选举，地方的和中央的正职在法律上也实行了差额选举。加强了全国人大常委会的制度建设，增强了人大常委会的能力建设。全国人大常委会成了主要的立法机关，并设立了专门的委员会。扩大了地方的自主权，设立地方人大的常委会机构。最为重要的是废除了领导干部的终身制，规范了领导干部的权力交接问题。并且设立国家主席和副主席职位，设立中央军事委员会，规定国务院实行总理负责制。

第三，民主和法制建设的新局面。根据党的十二大精神，这一阶段的民主和法制建设也取得了新的进展。人民代表大会制度不断完善，各级常委会也积极发挥自己的作用。进一步推进人民代表的选举工作，完善选举制度，扩大直选的范围。继续完善共产党领导下的多党合作制度，保障各民主党派的民主权利。恢复和完善了民族区域自治制度，保障了各民族人民当家作主的权利。加快立法工作，大力推进建设社会主义法制体系，并且加强了对法律的宣传和普及工作。

在这一阶段，政治体制改革的理论也取得进展。党的十二大提出建设社会主义高度民主，确立了民主建设是社会主义现代化建设的重要组成部分。在1986 年，邓小平连续四次发表重要谈话，着重强调政治体制改革，明确指出：现在经济体制改革每前进一步，都深深感到政治体制改革的必要性，不改革政治体制，就不能保证经济体制改革的成果。邓小平为政治体制改革指出的总体目标，一是巩固社会主义制度，二是发展社会主义生产力，三是发展社会主义民主，调动人民的积极性。② 并为政治体制改革设定了具体的改革内容：首先是党政要分开，解决党如何善于领导的问题，这是关键，要放在第一位。第二个内容是权力要下放，解决中央和地方关系问题。第三个内容是精简机构。邓小平

① 杨海蛟主编《回顾与展望——改革开放以来的中国政治发展》，人民出版社，2008，第 638 页。
② 《邓小平文选》第 3 卷，人民出版社，1993，第 176～178 页。

的一系列讲话为未来的政治体制改革指明了基本方向和路径架构。

第二时期：党的十三大确立的政治体制改革的路线图。

1987 年召开的党的十三大，确立了党在社会主义初级阶段的基本路线，在这个基本路线指导下，制定并实施了政治体制改革的路线图。

第一，确立政治体制改革的目标和内容。十三大的政治报告是一份政治体制改革的宣言书，报告提出，我国政治体制"改革的长远目标，是建立高度民主、法制完善、富有效率、充满活力的社会主义政体体制"，"改革的近期目标，是建立有利于提高效率、增强活力和调动各方面积极性的领导体制"。①十三大报告还强调党的政治领导，指明了进一步进行政治体制改革的路线和方针，从七个方面论述了未来政治体制改革的内容。十三大提出的党政分开、权力下放以及人事制度改革，是当时政治体制改革的重点和突破口。

第二，党内制度改革和党政分开。党的十三大不仅在理论上为政治体制改革提供支持，而且在行动上也开启了新一轮的政治体制改革。党的十三大采纳了"中央政治体制改革研讨小组及其办公室"的若干项建议，把差额选举引入新一届中委选举。当时差额很小，只有 5%，即在大约 185 名候选人中选出 175 名中央委员，有 10 名差额。并且在党政分开上，进行了实质性的改革：一是调整中央与国家机关的工作关系；二是撤销设在政府机关中的党组；三是调整地方党的组织机构和人员设置；四是改变基层党组织的职能，推行厂长（经理）负责制；五是推行党的基层组织属地化领导；六是党纪政纪案件分别查处。②

第三，推动干部人事制度改革，规划建立公务员制度。党的十三大要求改革"国家干部"管理制度，合理分解，科学分类，建立国家公务员制度。公务员制度也就是法制化的政府机关工作人员的人事管理制度。③ 在 1988 年，进行了理论探讨和法规制定，提出了《国家公务员暂行条例》。1989 年以后，首先在中央国家机关进行试点，1991 年又在选择地方进行试点，积累了大量的管理经验。但是由于种种政治现实原因，并没有按照原来的计划推行公务员制度。

---

① 中共中央文献研究室编《十三大以来重要文献选编》（上），人民出版社，1991，第 35～48 页。
② 吴伟：《中共"十三大"前后的政治体制改革》，《领导者》总第 43 期（2011 年 12 月）。
③ 迟福林主编《中华人民共和国政治体制史》，中共中央党校出版社，1998，第 499 页。

第四，推行政府机构改革。根据十三大的要求，国务院积极拟定计划，推进自身改革，在1988年的七届人大一次会议上，审批通过了国务院改革方案。国务院机构改革的长远目标是建立一个符合现代化管理要求，具有中国特色的功能齐全、结构合理、运转协调、灵活高效的行政管理体系。这次国务院改革主要是下放权力，精简机构，以转变政府职能为主。这次改革根据"三定原则"，定职能、定机构和定人员编制，撤销不合理的机构，根据要求设置新的机构。改革取得了良好的效果，精简人员20%，撤销12个部委一级机构，新建9个部委一级机构，保留32个。[①] 地方政府机构改革，也在积极推进，基本思路是理顺关系、转变职能、提高效率。

第五，社会主义民主和法制建设。根据十三大精神，这一阶段加强和完善人民代表大会制度，坚持和完善多党合作和人民政协制度，积极推进基层人民自治制度。在这一阶段，加强立法工作，完善政法体系，加强政法队伍建设，有力地推进了社会主义法律体系的建设。1988年，根据中共十三大"党政分开"的精神，中央撤销了各级政法委员会。但是在1990年，根据现实情况，特别是受80年代末的政治风波的影响，中央和地方各级政法委又相继恢复工作。[②]

在这十年中，我国的政治体制与民主政治建设改革取得了各方面的进步，也得到了有益的经验教训。总的情况是，成就突出，问题不少。在政治风云邃变的80年代末90年代初，党的第二代中央领导集体完成了自己的政治使命，退出了历史舞台，新的领导集体继续领导中国的改革开放大业一路前行。

3. 第三阶段：1992年的十四大到2002年的十六大

在80年代末90年代初，经济改革在徘徊中停滞不前，政治改革更是无从说起。社会主义现代化建设到底怎么走下去？人们在苦苦地思索着。1992年初邓小平同志的南方谈话，再次要求坚持社会主义，坚持改革开放，坚持发展经济，大力推动改革开放。南方谈话指明了深化改革开放的方向，统一了人们的思想，给90年代的改革开放提供了巨大的动力与活力。

---

① 迟福林主编《中华人民共和国政治体制史》，中共中央党校出版社，1998，第495～499页。
② 周少来：《制度之规和谐之道——当代中国政党、国家和社会》，世界知识出版社，2010，第339页。

鉴于改革开放以来正反两方面的经验，第三代领导集体积极稳妥地推进政治体制改革。第三代领导集体反思80年代的政治体制改革，改变了80年代最主要的政治体制改革突破口"党政分开"和"权力下放"，突出强调人民民主的制度化与社会主义法治建设。

第一时期：党的十四大提出积极推进政治体制改革。

党的十四大提出，在推动经济体制改革的同时，必须按照民主化和法制化紧密结合的要求，积极推进政治体制改革，建立有中国特色的社会主义民主。并且强调指出：人民民主是社会主义的本质要求和内在属性。

第一，加强和改善党的领导。早在1990年，江泽民就明确指出：党的领导要通过政治原则、政治方向、重大决策的领导和思想政治工作、向政权机关推荐重要干部来实现。要善于把党的有关国家的重大事务主张经过法定程序变成国家意志。并且坚持党要在宪法和法律的范围内活动。[①] 在新的改革阶段，伴随着邓小平同志逐渐退出政治舞台，新的中央领导集体强调集体领导和分工负责。根据十四大的要求，在党内建立和健全民主集中制，加强党的民主决策的能力，成为这一阶段工作的重点之一。

第二，推动干部人事制度改革，确立了公务员制度。1993年，国务院总理签发了《国家公务员暂行条例》，标志着国家干部体制改革进入了新的阶段。到1997年底，各级政府机关基本完成了职务分类和人员过渡，这就为建立和健全高效廉洁的国家公务员队伍打下了良好的基础。在建立和健全国家公务员制度的同时，国家也加强了对领导干部管理体制、国有企业领导干部管理体制和司法干部管理体制的改革。

第三，进行新的行政机构改革。在90年代初期，我国的国家机构膨胀严重，冗员冗费到了惊人的地步。这次改革的要求是：依据建立社会主义市场经济体制的要求，按照政企分开和精简、统一、高效的原则，转变职能，理顺关系，精兵简政，提高效率。转变政府职能是这次改革的重点。国务院改革是围绕建立社会主义市场经济的宏观调控体系而展开的，实行政企分开。这一次的

---

① 中共中央文献研究室编《十三大以来重要文献选编》（中），人民出版社，1991，第942～943页。

改革中，精简人员、撤销机构的幅度很大，但是这次改革还是过渡性的、探索性的，并没有实现精兵简政的目标。[1]

根据十四大提出的建设社会主义市场经济的要求，立法机关围绕这一主题，加快了推动建立社会主义市场经济体制方面的立法，并且同时推动了其他方面立法工作的快速进步。社会主义民主制度建设在这一阶段也取得了快速发展，有力地推进了人民民主的制度化和法制化进程。在这一阶段还实行了分税制改革，进一步理顺了中央和地方关系，在维护中央的权威下，发挥了地方的积极性。

第二时期：党的十五大继续积极推进政治体制改革。

1997年初，邓小平去世，中国革命的一代彻底退出了历史舞台，同年中共十五大召开。在20世纪90年代中期，改革也进入攻坚阶段，社会矛盾突出，传统的"正确处理人民内部矛盾"的治理方式已经渐渐失去了效力，新的治理模式亟待提出。党的十五大第一次正式确立了"社会主义法治国家"的概念，提出了"依法治国"的基本国策，这就为政治体制改革与民主建设注入了新的活力和制度保障。

第一，确立依法治国方略。在党的十五大上，正式提出"建设社会主义法治国家"，并且把"依法治国"确立为党领导人民治理国家的基本方略。依法治国是要充分发挥人民群众的主体地位，在党的领导下，依据宪法和各种法律法规，治理国家的政治经济和文化事业。各级组织和社会团体、公民个人都要在宪法和法律的规范下活动，法律面前人人平等，任何人都没有超越宪法和法律的特权。在依法治国中，党要发挥总揽全局，协调各方的作用，这就给新时期党的制度化建设提出了更高的要求。

第二，推进国家机构改革。十五大以后国务院进行了雷厉风行的大规模机构改革，基本上走出了精简－膨胀的循环怪圈。[2] 1998年3月，全国人大通过了《国务院机构改革方案的决定》，根据方案要求，国务院撤销了11个部委，

① 迟福林主编《中华人民共和国政治体制史》，中共中央党校出版社，1998，第547~550页。
② 毛寿龙：《中国政府体制改革的过去与未来》，制度分析与公共政策网：http：//www.wiapp.org/article/default.asp? id=61。

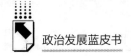

从原来的 40 个部委减少到 29 个部委，向社会分流 50% 的公务员。① 这次改革是在社会主义市场经济蓬勃发展的时代背景下进行的，改革的目的是撤销具有计划经济色彩的政府机构，建立新的符合市场经济发展的政府机构。这次改革是要把政府职能转变到宏观调控、社会管理和公共服务等方面来，把生产经营的权力真正交给企业。并且理清政府职能，按照权责一致的原则精简机构、转变职能，建设法治政府。②

第三，加强社会主义基层民主建设。基层民主自治制度是我国社会主义政治制度的重要组成部分，也是人民群众可以切身享受到的直接民主权利，对于巩固和推进社会主义民主建设具有重要的基础意义。1998 年，九届全国人大常委会第五次会议通过了《中华人民共和国村民委员会组织法》，这就标志着农村基层民主自治有了制度化的法制保障和规范机制，全国各省级地区也先后制定了该法的实施办法和具体规定。从此，以民主选举、民主决策、民主管理和民主监督为核心内容的村民自治，在全国 60 多万个农村基层组织中蓬蓬勃勃地开展了起来。中国的民主建设和民主发展在中国的大地上有了雄厚的社会根基和民意基础。

在这十年中，我国的经济体制改革不断取得进步，政治体制改革也稳步进行，改革开放事业取得了辉煌的成就。但是面对着市场经济的深入发展和社会主义现代化事业的整体推进，中国开放而多元的社会结构日益形成，各个阶层和群体的利益诉求多样而复杂，人民的权利意识和法治观念日益高涨，这一切都对政治体制改革与民主政治建设提出了更大的挑战和要求。

4. 第四阶段：2002 年的十六大至今

中共十六大的召开，标志着党的第三代领导集体退出了历史舞台，中央政治权力实现了和平和顺利交接，新的领导集体带领中国的现代化事业和政治发展进入了新的历史时期。

在 21 世纪初，中国的经济改革取得了突破性的深化发展，社会主义市场经济体制不断完善。经济和社会的急剧变革给政治体制改革和民主政治建设提

---

① 周天勇、王长江、王安岭主编《攻坚——十七大后中国政治体制改革研究报告》，新疆生产建设兵团出版社，2007，第 160 页。

② 俞可平主编《中国政治发展三十年（1978—2008）》，重庆出版社，2009，第 172 页。

出了新的要求和历史任务。中国的政治改革和民主发展开始了新的征程。在党中央的统一领导下，继续积极稳妥地推进政治体制改革和民主政治建设，并取得了新的历史进步和发展成就。

第一阶段：党的十六大积极稳妥地推进政治体制改革。

第一，新的指导思想的提出。2002 年，中共十六大召开，这是在新的世纪第一次召开的党的全国代表大会，这次会议对社会主义现代化建设具有重要的指导意义。十六大高度强调了"三个代表"重要思想，这是党的指导思想的一次伟大创新，也是党对新时期新问题作出的全面而有力的回答。

在社会主义现代化建设中，中国共产党始终面临着一个艰巨的课题，即从革命党到执政党的转变。什么是执政党，一个执政党怎样做好执政，这是新时期党面临的最大的问题。"三个代表"重要思想有力地回答了这个问题，解决了党面临的"立党之本、执政之基、力量之源"这个历史命题。用"三个代表"思想武装全党，是中国社会主义现代化事业的政治保障，也是推进政治体制改革与民主政治建设的政治保障。

第二，社会主义政治体制改革的新要求。十六大报告要求"发展社会主义民主，建设社会主义政治文明"，继续积极稳妥地进行政治体制改革。高度强调"要把坚持党的领导、人民当家作主和依法治国有机统一起来"。十六大报告还指出，我国进行的政治体制改革是社会主义制度的自我完善和发展，要有利于增强党和国家的活力，发挥社会主义制度的特点和优势，充分调动人民群众的积极性创造性。[①] 十六大还从九个方面论述了政治体制重要的改革领域，给进一步的政治体制改革和民主政治建设指明了前进方向。

第三，尊重保障人权，保护私有财产。十六大报告提出"尊重和保障人权"，这就给我国社会主义人权事业的进一步发展打下了坚实的基础。2004 年3 月 14 日，十届全国人大二次会议通过《中华人民共和国宪法修正案》，"国家尊重和保障人权"被写入宪法，这是破天荒的法律进步，是我国政治体制改革和民主法治建设取得的重大历史性进步。在这次会议上确定的《宪法修

---

① 中共中央文献研究室编《十六大以来重要文献选编》（上），中央文献出版社，2005，第 24 页。

正案》，明确要求"公民的合法的私有财产不受侵犯"，这有利于公民权利的法治化保障，有利于推进社会主义法治国家建设。

第四，进一步加强和改善党的领导。党的十六届四中全会作出了加强党的执政能力的重大决定，提出努力建设科学执政、民主执政、依法执政的执政党，这就要求党的工作要科学化、民主化和法治化。十六届六中全会作出了《构建社会主义和谐社会若干重大问题的决定》，要求全面建设社会主义和谐社会，加强民主、法制、司法、公共财政、收入分配和社会保障制度的建设，保障社会公平正义。

根据十六大关于积极稳妥地进行社会主义政治体制改革的精神，我国的社会主义政治制度得到进一步的完善和发展。2003 年，中央明确要求建设社会主义政治文明，强调坚持和完善人民代表大会制度和中国共产党领导的多党合作和政治协商制度。2003 年，在加入 WTO 的大背景下，国务院进行了机构改革，提出建设透明政府。2004 年，国务院印发《全面推进依法行政实施纲要》，提出经过十年左右坚持和努力，基本实现建设法治政府的目标。2005 年，全国人大常委会通过了《中华人民共和国公务员法》，从法律上规定了公务员的条件、义务与权利，职务与级别，录用和考核，职位升降和任免等 9 项基本义务和 16 项纪律规范，是公务员管理走向制度化和规范化的标志和保障。

第二阶段：党的十七大继续积极稳妥地推进政治体制改革。

十七大以来，中国继续推行积极稳妥的政治体制改革方针，积极适应全面建设小康社会的宏伟目标，努力推进新时期中国特色的政治发展之路和民主建设目标。

第一，确立政治体制改革的方针。2007 年，中共十七大报告将加强政治体制改革作为我国全面改革的重要组成部分，要求在深化政治体制改革中"坚持正确政治方向，以保证人民当家作主为根本，以增强党和国家活力、调动人民积极性为目标，扩大社会主义民主，建设社会主义法治国家，发展社会主义政治文明"。[①] 十七大报告要求，扩大人民民主，保证人民当家作主；发展基层民主，保障人民享有更多更切实的民主权利；全面落实依法治国基本方

---

① 《中国共产党第十七次全国代表大会文件汇编》，人民出版社，2007，第 27～28 页。

略，加快建设社会主义法治国家；壮大爱国统一战线，团结一切可以团结的力量；加快行政管理体制改革，建设服务型政府；完善制约和监督机制。政治体制改革的最终目标是建立"具有强大生命力的社会主义民主政治"。

第二，进一步推进机构改革。2008年，中共十七届二中全会作出了《关于深化行政管理体制改革的意见》，要求按照建设服务政府、责任政府、法治政府和廉洁政府的要求，着力转变职能、理顺关系、优化结构、提高效能。相应地，国务院于2008年开始了第五次的机构改革，也就是精简国务院的机构，这也是国务院改革一直坚持的改革路线。这种机构改革路线的重点是科学民主决策，依法行政，建设法治政府和接受各方面的监督，这是实质意义上的政府行政机构改革。这次改革的力度较大，是针对2003年国务院改革中"没有大幅度精简机构，也没有大幅度转变职能"的改革，通过这次改革，涉及调整变动的机构有15个，正部级机构减少4个，除国务院办公厅外，国务院组成部门调整至27个。① 这次改革也称为"大部制"改革，改革把职能相关的部门组合在一起，成为一个"全面"负责相关工作的部。

第三，促进基层民主建设。在十七大报告中，要求发展基层民主，保证人民依法直接行使民主权利，管理基层公共事务和公益事业。十七届三中全会作出的《关于推进农村改革发展若干重大问题的决定》，也强调健全农村民主管理制度，要求发展农村基层民主，加强基层政权建设，扩大村民自治范围，保障农民享有更多更切实的民主权利。该决议还要求加强农村基层组织、农村基层干部队伍、农村党员队伍和农村党风廉政建设，全面建设小康社会。2010年，十一届全国人大常委会第十七次会议修订通过《中华人民共和国村民委员会组织法》，新设"村民监督委员会"，这就使农村基层政权的制度体系得到进一步完善。农村基层政权，在基层党组织的统一领导下，村民委员会发挥自治作用，监督委员会发挥监察作用。三委统一，既可以保证和加强党对农村工作的领导，又可以保证村民自治权力的发挥，还可以确保党风廉政建设取得成绩。在今天，村民自治作为中国民主的一种最为直接、最为丰富、最为广大

---

① 杨海蛟主编《回顾与展望——改革开放以来的中国政治发展》，人民出版社，2008，第562页。

的民主实践，必将继续发挥社会主义民主的基础和根基作用。

第四，积极推进依法治国战略。依法治国是我国政治体制改革和民主政治建设的重要方面。十七大召开以来，依法治国取得了显著的进步。2008 年 12 月，中共中央转发《中央政法委关于深化司法体制和工作机制改革若干问题的意见》，从加强政法队伍建设、改革司法保障体制等方面，提出 60 项改革任务。2010 年 10 月，国务院发布《国务院关于加强法治政府建设的意见》，该文件规定了提高行政机关工作人员依法行政的意识和能力、加强和改进制度建设、坚持依法科学民主决策、严格规范公正文明执法等八个方面的任务。

截至 2010 年底，中国立法机关制定现行有效法律 236 件，行政法规 690 多件，地方性法规 8600 多件，中国特色社会主义法律体系基本形成，为依法治国的推进提供了法律基础保障。[①] 从制定法律，到执行法律，依法治国方略得到各级党政机关和广大人民的高度重视和衷心认同。

经过三十多年的政治体制改革和民主政治建设，我国的政治改革和民主建设取得了巨大的历史性成绩。党的民主执政和依法执政水平不断提高，人民当家作主的权利落实和实现形式不断丰富，依法治国战略和法治社会不断得以实现。逐步探索和形成了中国特色的社会主义政治发展之路，政治体制改革与民主政治建设深入推进，中国特色的社会主义民主政治前景广阔。

三 政治体制改革和民主政治建设的制度逻辑和路径特征

当代中国的政治体制改革与民主政治建设，是当代中国社会主义现代化事业的内在组成，是围绕和服务于现代化建设的根本大局和中心任务的，这是由中国社会的历史进程所决定的客观的历史逻辑和历史定位。在这一历史逻辑和历史定位下，政治体制改革与民主政治发展的现实属性只能是社会主义制度的自我修正和自我完善。由其历史逻辑和现实定性双重约束所限定，当代中国的政治体制改革与民主政治建设，有其独特的制度逻辑和路径特征，这便构成了中国特色的社会主义政治发展之路和民主政治发展之路。

---

① 郑志文：《党的十六大以来政治体制改革大事记》，《人民日报》2012 年 5 月 14 日。

（一）制度逻辑

政治体制改革与民主政治建设，由于其基本的属性是社会主义制度的自我完善，所以其基本的制度变迁逻辑是在基本政治制度方面的完善民主制度，同时在地方和基层民主方面的丰富民主形式。

1. 完善民主制度

在中国共产党的领导下，当代中国在社会主义建设和改革时期，逐步建设起基本的政治制度架构：人民代表大会制度、中国共产党领导的多党合作和政治协商制度、民族区域自治制度和基层群众自治制度。这些基本政治制度在我国的政治生活中发挥着关键性的制度功能，构成了运转国家与社会治理的基本政治体系骨架。改革开放三十多年来，政治体制改革与民主政治建设的基本制度逻辑，首先就是这些基本政治制度的自我完善，也就是根据制度本身的发展规律，不断地适应时代提出的要求，作出相应的完善和巩固。

第一，人民代表大会制度。

人民代表大会是中国的权力机关，人民代表大会制度是我国的根本政治制度，在我国的政治制度体系中占有首要的位置。经过三十多年的不断改革完善，人民代表大会制度在我国的政治体系中发挥着越来越重要的作用。人民代表大会自身的制度建设和功能作用不断健全和完善，初步确立了中国的基本法律体系，同时各级人民代表大会的监督作用也越来越强，人大代表的选举制度不断完善，人大代表的素质也不断提高。[①] 人民代表大会制度是保证人民当家作主的根本政治制度和最高实现形式，其发展的最核心主题是，进一步更为有力和健全地保障广大人民当家作主的地位和权利，在社会主义民主政治建设中发挥更为重要的主渠道制度功能。

党的十八大报告提出：支持和保证人民通过人民代表大会行使国家权力。要善于使党的主张通过法定程序成为国家意志，支持人大及其常委会充分发挥国家权力机关作用，依法行使立法、监督、决定、任免等职权，加强立法工作组织协调，加强对"一府两院"的监督，加强对政府全口径预算决算的审查

---

① 俞可平主编《中国政治发展三十年（1978—2008）》，重庆出版社，2009，第3~4页。

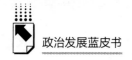

和监督。健全国家权力机关组织制度，优化常委会、专委会组成人员知识和年龄结构，提高专职委员比例，增强依法履职能力。[①] 根据这些精神，要继续推行人大常委的专门化和常任化，加强人大常委会的专门委员会的职能，严格履行人大的问责制。人民代表大会本身拥有根本的宪法依据和宽广的制度空间，是人民民主实现的根本途径和最高形式，如果进一步在改革完善中做实做强，一定会极大地推动中国特色民主的深化和提升。

第二，中国共产党领导的多党合作和政治协商制度。

中国共产党领导的多党合作和政治协商制度，是我国的一项基本政治制度。这项制度是我国政党制度的基本特征，也是我国整个政治体系的重要制度架构之一。多党合作和政治协商制度集中体现了我国社会主义民主政治的历史特殊性和优越性。改革开放以来，中国共产党领导的多党合作和政治协商制度不断得到完善和巩固，各民主党派的基本参政议政权利不断得到加强和保障。各级人民政协中制度化的政治协商、民主监督和参政议政，已经成为各级党政机关实行科学决策、民主决策的重要制度环节。同时，多党合作和政治协商制度，是中国共产党提高执政能力的重要制度基础，也是发扬和实现社会主义民主的重要制度渠道和保障。

人民政协的最主要作用是政治协商、民主监督和参政议政，为了更为有效地保证政协的功能发挥，就必须用立法保证政协监督的法律地位，确保政协监督的规范化和制度化，确保监督的有效性和常态化。党的十八大报告提出"充分发挥人民政协作为协商民主重要渠道作用"，"把政治协商纳入决策程序，坚持协商于决策之前和决策之中，增强民主协商时效性。深入进行专题协商、对口协商、界别协商、提案办理协商。积极开展基层民主协商"。[②] 这就指出了人民政协作为协商民主主要制度形式的重要意义，其中最关键的环节是把协商环节制度化地纳入决策程序，保证更为有效地发挥政治协商的政治功能和民主功能。

---

① 胡锦涛：《坚定不移沿着中国特色社会主义道路前进 为全面建成小康社会而奋斗——在中国共产党第十八次全国代表大会上的报告》，人民出版社，2012，第 26 页。

② 胡锦涛：《坚定不移沿着中国特色社会主义道路前进 为全面建成小康社会而奋斗——在中国共产党第十八次全国代表大会上的报告》，人民出版社，2012，第 27 页。

第三，民族区域自治制度。

根据马克思的民族理论，结合我国的实际情况，我国确立了民族区域自治制度，作为我国的基本政治制度之一。民族区域自治制度是在中国共产党的领导下，少数民族在民族自治地区，管理本民族、本地区的事务，其核心是保障各民族当家作主，维护各民族团结互助，促进各民族共同发展。改革开放以来，在中国共产党的领导下，我国的民族区域自治制度得到了进一步的完善和发展。在党的领导下制定了民族区域自治方面的各种法律法规，从法律体系上保障民族区域自治制度的落实，同时，制定各项倾斜性民族政策，促进民族地区发展和繁荣。

党的十八大提出"坚持和完善民族区域自治制度，牢牢把握各民族共同团结奋斗、共同繁荣发展的主题"，"加快民族地区发展，保障少数民族合法权益，巩固和发展平等团结互助和谐的社会主义民族关系，促进各民族和睦相处、和衷共济、和谐发展"。① 这就表明民族区域自治的最主要目的是促进各民族团结发展，进一步完善民族区域自治制度就应当根据这项要求，以促进各民族共同发展为第一要务，让各民族共享改革开放和现代化建设的伟大成果。

第四，基层群众自治制度。

基层群众自治制度是我国的一项基本政治制度，也是改革开放以来政治体制改革的焦点。基层民主自治制度，是广大人民群众在城乡社区治理、基层公共事务和公益事业中实行群众自我管理、自我服务、自我教育、自我监督，是人民依法直接行使民主权利的重要方式。改革开放以来，我国的基层民主取得了突破性的巨大发展，特别是村民自治，成为我国社会主义民主制度的最广泛基层实践。村民自治是我国的第一次大规模直选，使亿万基层群众直接享受到了民主权利。② 由于基层民主自治制度取得的重大成就，以及在未来中国民主发展中的重要基础性意义，党的十七大报告明确把"基层群众自治制度"列为我国四大基本政治制度之一。

党的十八大提出："要健全基层党组织领导的充满活力的基层群众自治机

---

① 胡锦涛：《坚定不移沿着中国特色社会主义道路前进　为全面建成小康社会而奋斗——在中国共产党第十八次全国代表大会上的报告》，人民出版社，2012，第30页。

② 俞可平主编《中国政治发展三十年（1978—2008）》，重庆出版社，2009，第8页。

制，以扩大有序参与、推进信息公开、加强议事协商、强化权力监督为重点，拓宽范围和途径，丰富内容和形式，保障人民享有更多更切实的民主权利。"①这就表明我国的基层民主仍然是政治体制改革的重中之重，必须进一步大力推进。基层民主的实质是基层社会中的公民自治，不能仅仅局限于"基层"看基层民主，而应当把基层民主提高到国家和社会关系的高度。马克思主义认为社会主义社会是个"半国家"，国家对内（群众）镇压的职能没有了，要让人民群众自我管理，自我负责，最终使国家回归社会。这就更加凸显了基层民主自治在社会主义民主政治建设中的长远性基础意义。

2. 丰富民主形式

通过政治体制改革与民主政治建设，在不断完善基本政治制度的民主功能的同时，各级地方党委和政府，也在不断地通过创新各种民主形式，丰富地方民主实现的途径和渠道，保障广大人民在各级地方治理中的民主参与和民主权利。这便是全国各地蓬蓬勃勃、生动有效的创新民主机制、丰富民主形式的伟大实践活动。试列举几个典型民主创新形式，以期对丰富民主形式的地方创新实践有更深的了解。

第一，"四问四权"的"以民主促民生"制度机制（杭州模式）。

据调查，杭州市区有700多处老旧庭院，涉及3300多幢房屋和55万多人口。杭州市政府决定从2008年开始，由市城管办牵头，实施"庭院改善"三年行动计划。

庭院改善将直接影响每户人家的日常生活，不同楼栋，甚至不同楼层的居民对"改不改？改什么？怎么改？"等一系列问题都有不同甚至对立的意见。面对这样繁杂的利益协调问题，只有靠制定一套表达利益和利益整合的制度程序，这便是"四问四权"机制的"问题推动"背景。

其一，"问情于民"落实知情权，"项目上不上"由民主机制定夺。

某一庭院"改不改"，实行"问情于民"，落实公民的知情权，由庭院居民决定"项目上不上"：对居民的改善意愿进行问卷调查，调查要求全覆盖，

---

① 胡锦涛：《坚定不移沿着中国特色社会主义道路前进　为全面建成小康社会而奋斗——在中国共产党第十八次全国代表大会上的报告》，人民出版社，2012，第27页。

同时 2/3 以上住户有改善要求的庭院，方可列入改善计划。

其二，"问需于民"落实选择权，"项目改什么"靠民主机制解决。

一是实行"应改尽改"。对属于 22 项庭院改善内容之内的项目，只要多数居民要求"该"，都应予以改善。

二是设计方案征求民意。工程施工前，设计方案必须经过"三会一公示一会审"（调研会、听证会、设计座谈会、设计方案公示、会审）征求民意。

三是实行多数人决定制度。对 22 项以外的项目，按照尊重多数人意见，有 50% 以上住户要求改善的可列入设计。

其三，"问计于民"落实参与权，"项目怎样改"用民主机制确定。

一是各方代表内审制度。即在居民听证、方案公示、专家会审"三位一体"审查基础上，再增设"设计内审关"，邀请市、区、街道及社区代表，重点对设计中的敏感部位、关注焦点、棘手问题进行探讨和修改。

二是专家"问诊搭脉"制度。建立专家顾问组，全过程参与前期论证，所有设计方案会审均邀请专家参与，专家组检查施工现场覆盖率达到 100%。

三是强化市民意见处置。建立市、区、街道信访处置三级工作网络，每件意见层层落实，定期汇总、分类研究，解决复杂问题。

其四，"问绩于民"落实监督权，改善结果"好与坏"用民主机制评判。

一是公开各类信息。公开工程信息让居民了解家门口工程的进度，公开联系方式方便居民联系、沟通，公开建材规格随时接受监督和检验。

二是过程群众监督。由居民楼道长和沿线商家自己选出的代表对工程进行全过程监督，指定专人负责信访投诉，落实每幢房子都有 1 名监督员。

三是工程效果回头看。在工程即将结束，施工队未撤离前，对改善项目涉及的住户发放《征求意见表》，征求百姓对施工质量、效果等方面的意见。

四是居民满意才验收。未开展"问绩于民"回头看活动、市民提出的意见未整改和市民不满意的工程不得进入工程验收程序，竣工验收时必须邀请庭院居民代表参加。

在市、区、街、社"四级联动"的组织体系强力领导和有效协调下，通过 52 个市级部门和单位通力合作和扎实工作，使"四问四权"的"以民主促民生"机制得到切实落实，使庭院改善工作取得了让群众满意的显著成绩，极大提升了老旧庭院的环境生活品质，有力推动了人民的政治生活品质，城市的民主治理获得市民的广泛参与和认同。①

第二，山东省乳山市"党内民主"改革（乳山模式）。

乳山市根据党的十六大和十七大精神，结合本地的实际情况，以发展党内民主为核心，带动了人民民主，通过创新民主形式，推进党内民主深化。

其主要做法：一是在创新组织制度中扩大民主。在市一级，从 2003 年 1 月开始进行党代会常任制试点，实行年会制，审议市委工作，实行代表任期制。在镇一级，2004 年 4 月在 3 个镇进行党代表直选镇党委领导班子试点，市委不提名候选人，由党代表直接差额选举镇党委书记、副书记和委员。在村一级，从 2000 年 7 月推行"两推直选"村党支部书记。二是在拓宽直选范围中扩大民主。从 2008 年开始，进一步扩大基层党组织成员公推直选范围，党内民主向机关、企业、学校、医院、社会组织等延伸拓展。三是在干部选拔任用中扩大民主。实行"定位公推"，公开考选，竞争上岗，并且实行全方位、多层次监督。最终带动了人民民主的发展。

第三，上海普陀区社区民间组织管理体制改革（长寿模式）。

长寿模式的核心是通过民间组织服务中心这一载体，建立政府与公民社会的伙伴关系。2002 年以来，上海市普陀区长寿路街道办事处建立了社区民间组织服务中心，这是全国第一家此类性质的组织。

社区民间组织服务中心的主要目的是对民间组织提供帮扶和扶持，促进民间组织健康良性发展，探索出"管理寓于服务、服务渗透管理"的社区民间组织管理新体制。

长寿模式的最主要特点是建立社区民间组织服务中心，将"服务、协调、管理、预警"整合一体，促进社区内的社会民间组织发展，并且使之承担社会功能。长寿模式的特点：将服务渗透管理，将管理寓于服务中；转变政府职

---

① 房宁、周少来：《民主民生共促和谐发展的制度之路——杭州市"以民主村民生"战略的民主治理意义》，《政治学研究》2010 年第 5 期。

能与培育民间组织相辅相成；培育民间组织与社区建设、服务社区居民相联系；党的建设与民间组织管理相联系。① 这种模式是要建立一种以社会良性治理为目标的政府与公民社会的伙伴关系。

第四，山东青岛市多样化民考官改革（青岛模式）。

政府绩效考核机制的改革也是我国现阶段政治体制改革的重要部分，建立廉洁、高效和透明的政府是政治体制改革的目标之一。

建立一套有效的政府绩效考核机制，可以极大地促进我国的政治体制改革。山东省青岛市在政府考核中，推行多样化民考官，把行政体制改革从技术层面上升到了价值理念层面，是一场由技术化行政到民主化行政的改革。青岛模式是一种整体推进型绩效评估模式，指的是以"人民群众满意度"考核评价区市党委政府以及市直政府部门的工作绩效。传统的目标绩效考核只是对政府内部管理流程的评估，强调评估政府机构的执行力和效能。青岛模式强调的是人民群众的参与，以民意指标来量化并考核党委政府部门的工作绩效，提高绩效考核的导向性、真实性和权威性。这种模式注重"调查对象多元化、调查内容民本化、调查途径多样化"，确立绩效考核标准。"多样化民考官机制"的意义在于在行政程序中引入民主机制，以民主约束官员，通过公众参与优化政府流程，以民主促民生。②

第五，深圳市社会组织登记管理体制改革。

党的十七大要求建立"党委领导、政府负责、社会协同、公众参与的社会管理格局，健全基层社会管理体制"。传统的社会组织登记管理体制实质上是一种以限制和控制为主要取向的双重管理体制。③ 深圳市深刻领会到了党中央关于社会管理体制改革的精神，积极推动其辖区内的社会组织登记管理体制改革。从 2004 年起，深圳市通过三个"半步"，逐步探索社会组织由民政部门直接登记、规范管理、无业务主管单位的新体制。第一个"半步"，

① 周红云：《政府与公民社会的伙伴关系——上海普陀区社区民间组织管理体制改革"长寿模式"案例分析》，《社团管理研究》2010 年第 8 期。

② 陈雪莲：《论从技术化行政到民主化行政——以青岛市"多样化民考官"机制的发展轨迹为个案》，《理论与改革》2011 年第 3 期。

③ 俞可平等：《中国公民社会的制度环境》，北京大学出版社，2006。

指的是 2004 年深圳市成立行业协会服务署，统一行使行业协会业务主管单位的职责，并积极推动与原业务主管单位脱钩。第二个"半步"，指的是 2006 年组建市民间组织管理局，在全国最早实现了行业协会由民间组织管理部门直接登记、无业务主管单位的新型管理体制。第三个"半步"，指的是 2008 出台《关于进一步发展和规范我市社会组织的意见》，进一步扩大了直接登记、无业务主管单位的新体制适用的社会组织的类别。现在深圳市已经初步建立起了以直接登记、服务优先、综合监管为主要特征的社会组织登记管理新体制。[①]

我国的各级地方党政部门在政治体制改革与民主政治建设中，发挥着大胆探索、先行先试的"第一线"创新作用，是最广泛、最生动的丰富民主形式的实践者。在各个地区和各个党政层级，都有众多的民主创新形式，丰富了广大人民民主参与和民主权利的制度机制，在地方的民主治理实践中发挥着重大的制度功能。这些丰富民主形式的创新实践活动，对于我国推进政治体制改革都是宝贵的试点探索经验。在政治体制改革和民主政治建设中，要充分发挥地方党委和政府的积极性和创造力，鼓励地方政府率先突破和大胆探索。中央政府要及时积极引导，并把各个地方的创新经验加以制度化推广，上下合力、共同创新，才能使中国特色民主实践更为深入和有效。

（二）路径特征

三十多年的政治体制改革与民主政治建设的伟大进程，已经极大地推动和保证了中国现代化的全面进步，中国的政治文明和政治发展之路也已经初现形态。中国也已经从"国家社会一体化"结构，日益转型到了一个蓬勃发展的开放多元社会。整个的政治体制改革与民主政治建设进程，呈现出明显的路径依赖和路径特征，这些路径特征也是中国政治发展和民主建设进程的民族特征和制度特征。

1. 服务于整个现代化的进程和主题，带有更多的阶段性和工具性特征

我国的政治体制改革和民主政治建设，其历史地位和历史逻辑，就是围绕

---

① 何增科：《深圳市社会组织登记管理体制改革的案例研究》，《甘肃行政学院学报》2010 年第 4 期。

和服务于以经济建设为中心的社会主义现代化建设，这就决定了政治体制改革要服务大局，要服务于整个现代化建设的进程和主题。政治体制改革和民主政治建设，其根本目的是发展经济和保障现代化建设，这是其工具性和依存性的体现。我国进行的改革开放进程，是分阶段进行的，并且各个阶段具有不同的阶段性目标，这就要根据社会的发展需求，实施不同的方针和政策。服务于和保障各个阶段经济发展和现代化进程的需要，政治改革和民主建设也就相应地显现出其阶段性特征。如政治体制改革与民主政治建设，在 20 世纪 80 年代主要是服务于对内搞活、对外开放，在 20 世纪 90 年代主要是服务于建立社会主义市场经济体制和建立社会主义法治国家，21 世纪以来主要是服务于落实科学发展观和构建和谐社会。

2. 党政主导进程

在各级党政组织的主导和协调下进行，包括改革的目标、方案、步骤、评估及修订等。我国是共产党执政的人民共和国，党处于政治体系的核心位置，当然也是政治权力的核心组织。我国的各项经济、政治、社会和文化工作都是在党的统一领导下，发挥其他组织和个人的积极性进行的。在政治体制改革和民主政治建设中，中国共产党始终发挥着统领全局、协调各方的主导型和决定性作用。因此，我国的政治体制改革，不但在"顶层设计"中，而且在各个层级的党政创新中，在广大的基层民主自治中，都是在党组织的领导下进行的，并且党主导着政治体制改革的每一进程和步骤。党政主导，保证了中国的政治改革和民主发展不走僵化封闭的老路，不走改旗易帜的邪路，坚定地坚持党的领导、人们当家作主和依法治国的有机统一，走出一条中国特色的政治发展和民主建设之路。

3. 有序渐进推进

以政治稳定和社会有序为根本限定，分阶段、分步骤渐进推进政治改革和民主建设，坚强地保证了经济建设和现代化发展所必需的政治控制和发展秩序，这是中国政治发展和改革进程的最重要特征之一。一般的政治改革可以根据改革的剧烈程度，分为渐进式改革和激进式改革。我国的政治体制改革有良好的改革基础，有强大有力的中国共产党的领导，有积极稳妥的方针，这就客观上避免了激进式改革的发生。有序渐进的政治体制改革和民主政治建设，可以把改革的成本、冲击等不利方面降到最小的程度，最大限度地争取社会共识和民众认同。渐进式的有序改革，要在战略规划下，保证政治稳定和社会有序，要分阶段分步骤地推进改革路线图。但也要清楚地认识到，渐进式的改革不能成为不改革，甚至反改革的挡箭牌，需要以更大的政治智慧和政治勇气坚定地推进政治改革和民主建设。

4. 行政政策取向

以行政改革和政策调整为主轴，及时针对改革中出现的各种问题，以行政改革和政策调整作为应对之策，作为政治体制改革和民主政治建设的主要行为取向。在改革开放三十年的社会主义现代化建设进程中，中国共产党在总结国际和国内改革模式和路径基本经验和教训中，依靠其强大的执政能力和路径特征，逐渐摸索出一种"行政政策取向型"的改革路径和治理模式。在这种行为取向指导下，中央根据社会发展现实和趋势，及时制定短期的各种政策来主导社会经济和社会发展，待政策运行一段时期成熟和稳定以后，在总结政策经验和制度意义的基础上，再通过立法的方式把"政策法律化"。[①] 以这种适应性政策有效法制化的方式，为经济发展和现代化建设提供可靠的法治化制度保障。行政政策取向可以避免政治基本架构突变带来的剧烈动荡，降低改革的政治和社会成本，保证改革在积极稳妥的适应性政策"试错"实践中，反复试点和及时调整。行政政策取向，可以通过及时短期政策的小的改变，避免长期战略大的错误的出现，保证了改革具有一种相对简便快捷的"纠错机制"。政治改革的行政政策取向，可以保证政治改革始终处于中国共产党有序主导和控制之中，确保政治改革的方向是社会主义政治文明。

四　政治体制改革与民主政治建设的未来趋向和路径突破

面对未来，政治体制改革与民主政治建设，将继续服务于社会主义现代化建设的根本大局，将继续遵循完善民主制度、丰富民主形式的制度逻辑，在党

---

① 史卫民：《"政策主导型"的渐进式改革——改革开放以来中国政治发展的因素分析》，中国社会科学出版社，2011，第647、673页。

政主导和有序渐进的政治发展道路上深化发展。

2012 年底召开的党的十八大，在当代中国的政治发展历程中具有重大的承前启后的意义，十八大报告高扬人民民主的光辉旗帜，坚持走中国特色社会主义政治发展之路，为未来五年的政治改革与民主建设提供原则纲领和行动指导。

（一）未来趋向：中国特色的民主之路

我国是中国共产党领导的人民民主专政的社会主义国家，是一个拥有十三亿人口的正在快速现代化的大国，是一个有五千年文明历程的东方国家。全面建成小康社会、实现社会主义现代化和中国民族的伟大复兴，依然是当前的第一任务。经过三十多年的艰难探索，中国已经走上了一条中国特色的社会主义政治发展之路。中国政治发展之路的未来目标，即是中国特色的社会主义民主。这就决定我国的政治体制改革的未来趋向是：中国特色的民主之路和社会主义法治国家。

1. 人民民主——中国的特色民主之路

十八大报告高度强调：人民民主是我们党始终高扬的光辉旗帜，继续强调人民民主是社会主义的生命，并提出为实现最广泛的人民民主继续努力。

我国是人民民主专政的社会主义国家，这就要求我国的民主之路必须是"人民民主"。人民民主必然要求人民的主体性。也就是这个制度是以人民为核心，是要保证人民的权利，是要维护人民的利益的。人民民主同时要求中国共产党的领导地位。中国共产党是中国人民的先锋队，是领导我们进行社会主义现代化建设的核心，没有共产党的领导，就不会有人民当家作主，就不会有人民民主。人民民主必然要求人民当家作主。人民当家作主的根本制度形式就是人民代表大会，要真正地使人民代表大会成为国家的权力机关，真正地使人民行使国家主人的权利。人民民主还必须同时继续扩大基层人民直接的民主参与，保障基层人民民主自治的有效性和品质提高。

2. 依法治国——社会主义法治国家

十八大报告继续强调全面推进依法治国，继续推进科学立法、严格执法、公正司法、全民守法，并首次提出"提高领导干部运用法治思维和法治方式深化改革、推动发展、化解矛盾、维护稳定能力"。重申党领导人民制定宪法

和法律，党必须在宪法和法律范围内活动。任何组织或者个人都不得有超越宪法和法律的特权，绝不允许以言代法、以权压法、徇私枉法。①

依法治国是社会主义民主政治的基本要求，这就要求全面落实依法治国基本方略，加快建设社会主义法治国家。这就要求我国的民主建设也应当是"法治型民主"。法治型民主必然要求宪法和法律的首要地位。要求社会主义政治体制改革要符合宪法和法律，要保障宪法和法律的实施。法治型民主必然要求保障人权。在法治国家中，国家必须保障和发展人权，促进人民的政治、经济和社会权利不断提高，保证人民的政治自由。法治型民主必然要求保护少数。法治要求人人在法律面前平等，法律要对每个人实施平等的保护。通过社会主义法治国家的建设，不断提高社会主义民主的制度化和法治化水平。

（二）路径突破

根据十八大报告的战略性规划和原则，在政治体制改革与民主政治建设方面，未来五年能在以下方面加大改革的力度，实现政治体制改革的路径突破。

1. 继续深化党内民主制度

十八大报告强调：积极发展党内民主，增强党的创造活力。要坚持民主集中制，健全党内民主制度体系，以党内民主带动人民民主。保障党员主体地位，健全党员民主权利保障制度。如在落实党员知情权、参与权、选举权、监督权方面实现突破。在落实和完善党的代表大会代表任期制，试行乡镇党代会年会制，深化县（市、区）党代会常任制试点，实行党代会代表提案制等方面实现突破。②

党内民主是党的生命，这既是一种原则，又是一种作风，还是一种制度。如果从党内民主强调的"党员的主体性"来说，党内民主指的是每一个党员在党内都有平等的权力参与、决定和处理党内事务的一种原则。这种原则体现在制度上就是党内选举制度、党内监督制度、党内决策制度和党务透

---

① 胡锦涛：《坚定不移沿着中国特色社会主义道路前进　为全面建成小康社会而奋斗——在中国共产党第十八次全国代表大会上的报告》，人民出版社，2012，第28页。

② 胡锦涛：《坚定不移沿着中国特色社会主义道路前进　为全面建成小康社会而奋斗——在中国共产党第十八次全国代表大会上的报告》，人民出版社，2012，第51~52页。

明公开制度。

党内民主就是要完善党员的主体地位和民主权利，完善党的代表大会制度和党内的选举制度，完善党内的民主决策制度。这就要求党的各级领导机关要根据党员意志差额选举出来，不称职的可以随时罢免；党的各级代表大会和委员会必须按时举行，不得随意推迟；党的会议上必须平等地讨论，平等地进行表决；各级党委必须向各级党的代表大会汇报工作，接受党员的监督。①

党内民主可以作为政治体制改革的路径突破，从而实现从党内民主到人民民主的制度突破。但是党内民主不会天然地向人民民主转变，党内民主只是社会主义民主的一个领域，并不能包括和代替人民民主，并且党内民主与人民民主是两种不同的民主。党内民主要求公开性和竞争性，人民民主也要借用公开性和竞争性的原则。关键是实现从党内民主到人民民主的制度关联和制度突破。

2. 不断落实人民代表大会制度

十八大报告再次重申：人民代表大会制度是保证人民当家作主的根本政治制度，要支持和保证人民通过人民代表大会行使国家权力。要善于使党的主张通过法定程序成为国家意志，支持人大及其常委会充分发挥国家权力机关作用，依法行使立法、监督、决定、任免等职权，加强立法工作组织协调，加强对"一府两院"的监督，加强对政府全口径预算决算的审查和监督。② 在人大设立代表联络机构，完善代表联系群众制度。

人民代表大会制度本身就体现着人民民主，但是必须要从这种"体现"过渡到现实的民主制度设置和运行。这就要求，根据宪法和法律以及我国的社会现实，进一步完善和落实人民代表大会制度。完善人民代表大会制度，核心问题是保证人民代表大会代表能够真正代表人民的意志和利益。

完善人民代表大会制度，要做到：第一，确保选举出真正代表人民利益，为人民说话、办事的人大代表，剔除那些不为人民利益奔走呐喊的人。第二，建立人大代表的监督机制，确保人大代表可以监督到政府机关和法院检察院的工

---

① 高放：《中国政治体制改革的心声》，重庆出版社，2006，第181页。

② 胡锦涛：《坚定不移沿着中国特色社会主义道路前进 为全面建成小康社会而奋斗——在中国共产党第十八次全国代表大会上的报告》，人民出版社，2012，第26页。

作，更为重要的是要确保监督最终落到实处，监督要落实到个人，要有人负责任。第三，各级人大常委会是人民代表大会的常设机关，常委工作的好坏，也可以说就是人大工作的好坏，要保证常委会的工作，使常委专门化和常任化。

3. 健全社会主义协商民主制度

党的十八大报告指出：社会主义协商民主是我国人民民主的重要形式。要完善协商民主制度和工作机制，推进协商民主广泛、多层、制度化发展。通过国家政权机关、政协组织、党派团体等渠道，就经济社会发展重大问题和涉及群众切身利益的实际问题广泛协商。加强同民主党派的政治协商。把政治协商纳入决策程序，坚持协商于决策之前和决策之中，增强民主协商时效性。深入进行专题协商、对口协商、界别协商、提案办理协商。积极开展基层民主协商。[①] 这是第一次把"社会主义协商民主"提高到新的高度，赋予其与以人民代表大会制度为载体的"社会主义代议民主"同样的地位。同时对协商民主的制度载体、协商领域和层级、协商的类型都作了明确的规范。"健全社会主义协商民主制度"将成为未来地方民主创新的重要领域和制度创新途径。

现阶段，我国的社会主义现代化建设取得了辉煌的成就，面对人民群众的参与政治、参与公共事务、保障自己合法权益的民主意愿，只有鼓励各种形式的协商民主和地方民主创新，才能满足不断增强的人民群众的民主需求。

鼓励各种形式的协商民主和地方民主创新。首先，中央要明确态度，要大力支持地方的民主创新和民主探索，中央要敢于开口子，敢于放权，要对地方的优秀创新成果加以制度化推广。其次，地方要解放思想，抓住机遇，认清自己的创新方面和领域，因地制宜，大胆改革。再次，学术界和理论界要为各种形式的协商民主和地方民主创新提供智力支持，要从理论上论证地方协商民主创新的可行性，要为地方民主创新出谋划策，促进社会主义民主政治建设稳步前进。

五 结语

党的十八大明确提出：坚持走中国特色社会主义政治发展道路，要求继续

---

① 胡锦涛：《坚定不移沿着中国特色社会主义道路前进　为全面建成小康社会而奋斗——在中国共产党第十八次全国代表大会上的报告》，人民出版社，2012，第26～27页。

积极稳妥推进政治体制改革，积极推进更加广泛、更加充分、更加健全的人民民主。坚持党的领导、人民当家作主、依法治国有机统一，以保证人民当家作主为根本，以增强党和国家活力、调动人民积极性为目标，扩大社会主义民主，加快建设社会主义法治国家。要更加注重改进党的领导方式和执政方式，保证党领导人民有效治理国家；更加注重健全民主制度、丰富民主形式；更加注重发挥法治在国家治理和社会管理中的重要作用，维护国家法制统一、尊严、权威，保证人民依法享有广泛权利和自由。① 这些都是未来五年中国政治体制改革与民主政治建设的根本原则和行动指南，必将推动中国的民主发展迈上一个新的历史阶段。

总结当代中国三十多年来政治发展和民主建设的制度之路，可以使我们更深刻地认识到，中国民主发展不是"一无是处"，更不是"无从谈起"，除非发生"革命"，另起炉灶，否则就必须在现有的基本制度空间中开拓和拓展。中国民主发展也不是"另类最好"，更不是"无须改善"，否则人类政治文明就无须吸收，中国政治文明也就无须进步。②

在不断推进当代中国社会主义现代化进程的伟大实践中，进一步拓展政治文明和政治发展的内涵，丰富人民民主的实质，提升人民民主的品质，这必将开拓未来中国政治改革与民主发展的制度空间和解释空间。

---

① 胡锦涛：《坚定不移沿着中国特色社会主义道路前进 为全面建成小康社会而奋斗——在中国共产党第十八次全国代表大会上的报告》，人民出版社，2012，第 25 页。
② 周少来：《当代中国民主建设的历史逻辑与制度空间》，《中国社会科学报》2012 年 10 月 12 日。

B.10
民生导向的公共政策

贠杰 张钰凤*

摘 要:

本文在回顾近年来民生导向的公共政策发展基础上,深入分析了当前收入分配政策、公共住房政策、食品安全监管政策、基本公共服务均等化政策所取得的成绩和存在的问题,并展望了未来民生取向公共政策的发展趋势。

关键词:

民生导向 公共政策 科学发展

切实解决民生问题是落实科学发展观、构建和谐社会的重要体现。经过三十多年的改革开放,中国经济社会发展已进入了一个新阶段,这个新阶段的基本特征之一就是经济总量不断扩大,而结构失衡问题不断加剧,其突出表现就是民生状态的改善滞后于经济总量的增长,民生问题已成为制约经济社会协调发展和人民生活水平提高的重要因素。因此,关注公平、重视民生,已成为中国经济社会保持健康、协调、可持续发展的必然要求。

正因为如此,刚刚结束的党的十八大对民生问题给予了高度重视。十八大报告对保障和改善民生作出全面部署,明确确立了民生优先的政策取向。针对我国经济社会转型的新问题新矛盾,满足人民群众对更好生活的追求和期待,民生导向的公共政策被党和政府摆到了前所未有的高度。在这种背景下,进一步完善保障和改善民生的各项制度安排,加快基本公共服务体系建设,在学有

---

* 贠杰,中国社会科学院政治学研究所行政管理研究室主任、副研究员、博士,中国行政管理学会理事,中央国家机关青联委员;张钰凤,中国社会科学院政治学系硕士研究生。

所教、劳有所得、病有所医、老有所养、住有所居等方面持续取得进展，将成为今后公共政策的主轴和政府职能转变的方向。

一 近年来民生导向的公共政策回顾

近年来，随着民生问题和矛盾的不断突出，党和政府逐渐将公共政策的重心向民生领域转移，并取得了许多积极的成效。但是，由于存在各方面的制约因素，收入差距不断拉大，上学难、看病贵、住不起等民生问题依然严重影响着居民生活水平的改善，制约着经济社会的协调发展。

针对日益突出的民生问题，2011 年以来，政府相继出台了一系列的公共政策，积极应对民生领域矛盾。在民生政策规划和指导方面，2011 年 3 月的《政府工作报告》明确提出：要加强社会建设和保障改善民生，千方百计扩大就业，继续实施更加积极的就业政策，加强公共就业服务，健全统一规范灵活的人力资源市场；合理调整收入分配关系；加快健全覆盖城乡居民的社会保障体系，将新型农村社会养老保险试点范围扩大到全国 40% 的县，推进城镇居民养老保险试点，推进机关和事业单位养老保险制度改革；进一步扩大保障性住房建设规模，重点发展公共租赁住房；等等。2012 年 3 月，国务院《政府工作报告》进一步加强了对民生领域的政策规划和指导，提出：大力促进义务教育均衡发展，资源配置要向中西部、农村、边远、民族地区和城市薄弱学校倾斜；切实保障和改善民生，千方百计扩大就业，加快完善社会保障体系，继续搞好保障性安居工程建设和加强食品安全监管能力、提高食品安全水平等与人民利益直接相关的民生政策。

在公共财政领域，2011 年 12 月召开的全国财政工作会议明确要求：加强民生方面的财政投入，提出着力加强和改善财政宏观调控，多渠道促进增加农民收入，继续提高城乡居民最低生活保障标准；着力推动经济社会协调发展，进一步保障和改善民生，合理调整国民收入分配关系，巩固完善农村义务教育经费保障机制，提高新型农村合作医疗和城镇居民基本医疗保险的财政补助标准，扩大新型农村社会养老保险试点范围，大力推进保障性安居工程建设，积极发展公共租赁住房等财政支持政策。

在保障性住房方面，公共政策力度也在不断加大。2011 年 5 月，住建部发布《关于加强保障性安居工程质量管理的通知》，强调要努力提高保障性安居工程建设管理效能，切实履行保障性安居工程基本建设程序，严格执行工程质量管理的法律法规，全面落实保障性安居工程质量责任。2011 年 9 月，《国务院办公厅关于保障性安居工程建设和管理的指导意见》（国办发 [2011] 45 号）指出，大力推进以公共租赁住房为重点的保障性安居工程建设，落实土地、财政等各项政策，提高规划建设和工程质量水平，建立健全分配和运营监管机制，加强组织领导，进一步落实地方政府责任。

针对日益恶化的食品安全问题，中央政府不断加强在食品安全领域的政策力度。2011 年 2 月，国务院办公厅发布的《2011 年食品安全重点工作安排》，提出要从严厉打击食品安全违法违规行为、突出抓好重点品种综合治理、着力提升企业食品安全管理能力、提高食品安全监管水平和加强食品安全宣传教育等五个方面做好食品安全保障工作。2012 年 2 月，国务院办公厅《关于印发〈2012 年食品安全重点工作安排〉的通知》（国办发 [2012] 16 号），强调通过深化食品安全治理整顿、夯实食品安全监管基础、落实食品生产经营者的主体责任、引导社会积极参与食品安全工作和加强组织领导等措施，解决影响人民群众食品安全中的突出问题。2012 年 7 月，国务院办公厅《关于印发〈国家食品安全监管体系"十二五"规划〉的通知》（国办发 [2012] 36 号）指出，"十二五"期间，要着力建成较为完善的法规标准、监测评估、检验检测、过程控制、进出口食品安全监管、应急管理、综合协调、科技支撑、食品安全诚信和宣教培训等十个体系。

2012 年 7 月，《国家基本公共服务体系"十二五"规划》出台，标志着国家对作为民生政策核心的基本公共服务体系建设进入一个新的阶段。该《规划》明确了基本公共教育、劳动就业服务、社会保险、基本公共服务、基本医疗保险、人口和计划生育、基本住房保障、公共文化体育等八个基本公共服务及残疾人基本公共服务的标准、要求和相应的保障措施；强调了促进城乡、区域基本公共服务均等化，增强公共财政保障能力，创新供给模式及保障规划实现的主要政策措施。同年 8 月，在区域性政策方面，还出台了《国务院关于大力实施促进中部地区崛起战略的若干意见》（国发〔2012〕43号）。针对民生问题，该《意见》提出了在中部地区大力发展社会事业，切实保障和改善民生。加快发展教育、卫生、文化事业；千方百计扩大就业，完善就业公共服务体系；健全社会保障体系，加快实现新型农村和城镇居民社会养老保险制度全覆盖，完善城乡最低生活保障制度，实现应保尽保，合理提高"低保"标准；加强以公共租赁住房为重点的保障性安居工程建设，开展利用住房公积金贷款支持保障性住房建设试点。

在社会保障领域，2012年6月，国务院《关于转批〈社会保障"十二五"规划纲要〉的通知》（国发〔2012〕17号）对"十二五"期间的社会保障工作进行了明确规定，提出了以下内容：要加快城乡社会保障统筹，稳步推进保证制度和管理服务一体化建设；进一步扩大社会保障覆盖范围，基本养老、基本医疗保险保障人群实现基本覆盖；逐步提高保障标准，增强保障能力；强化基础保障，健全社会保障公共服务体系；等等。2012年10月，国务院《关于印发〈卫生事业发展"十二五"规划〉的通知》（国发〔2012〕57号）强调加强公共卫生服务体系建设、加强医疗服务体系建设、健全医疗保障体系等促进基本医疗卫生体系建设和完善的政策措施。

2012年9月，《国务院关于深入推进义务教育均衡发展的意见》（国发〔2012〕48号），明确了推进义务教育均衡发展的指标思想和基本目标，并提出推动优质教育资源共享、均衡配置办学资源、合理配置教师资源和保障特殊群体平等接受义务教育等促进义务教育均衡发展的政策。

通过对近年来民生领域公共政策的回顾可以发现，国家在政策层面对民生问题是相当重视的，既有综合性政策规划和指导，也有专门性政策措施；既有全局性政策布局，也有区域性政策规划；既有年度性政策措施，也有五年等中期政策规划。同时，民生领域政策涵盖了收入分配、公共住房、食品安全和基本公共服务等与人民生活息息相关的民生领域各个方面，以及制度建设、财政支持、实施标准、监管措施等多种政策途径。这些公共政策的出台，体现了国家对民生领域问题的重视。另一方面，这些领域的政策宣示，首先以一种政策文本形式体现在政策制定层面，而对政策执行和政策效果的评估，则需要进行进一步的深入分析。

二　收入分配政策

收入分配制度是经济社会发展中一项带有根本性、基础性的制度安排，是社会主义市场经济体制的重要基石。合理、有效的收入分配政策，是规范收入分配秩序、构建富有效率和公平的社会收入分配体系的基础，关系到最广大人民群众的切身利益，关系到全面建设小康社会、建设中国特色社会主义事业的全局。

我国的收入分配政策具有典型的阶段性特征。回顾改革开放发展的全过程可以发现，收入分配政策是随着不同阶段经济社会发展目标的不同而有所变化的，特别是改革开放中前期的收入分配政策，其目的主要是为推动我国经济快速发展、总体上提高人民收入水平和生活水平而服务的。在这个过程中，收入分配领域存在的一些突出问题逐渐显现，城乡区域发展差距和居民收入分配差距不断加大，收入分配秩序不规范，隐性收入、非法收入问题比较突出。为了解决收入分配领域存在的这些亟须解决的重要问题，近年来国家出台了一系列的政策，积极调节收入分配差距。

（一）缩小不断扩大的居民总体收入差距

居民总体收入差距可以划分为城镇收入差距、农村收入差距和城乡收入差距，[①] 这其中，影响我国居民总体收入差距的重要因素是城乡居民收入差距的不断扩大。

1. 城乡居民收入差距的调节

根据国家统计局的数据，改革开放以来农村人均纯收入的增长速度明显落后于城镇家庭可支配收入，1981～2009 年间，农民人均纯收入增长了22.1 倍，而城镇居民家庭可支配收入增长了 36.1 倍。为了调节城乡收入之间的差距，《2010 年中央和地方预算报告》提出：增加财政补助规模，提高城乡居民特别是中低收入者消费能力；进一步增加农民补贴，提高粮

---

① 杨宜勇、池振合：《当前我国收入分配现状及对策建议》，《经济研究参考》2011 年第 13 期。

食品种最低收购价水平，增加农民收入。同时，2011 年和 2012 年的《政府工作报告》中都提出"多渠道增加农民收入、提高粮食最低收购价、继续增加对农民的生产补贴"等惠农政策。2012 年中央一号文件中提出：增加农民收入，保障和改善农村民生，努力促进农民就业创业，千方百计增加农民收入；通过充分挖掘农业内部增收潜力、推进乡镇企业结构调整和产业升级以及加大农民外出务工就业指导和服务力度等多渠道增加农民收入。

从图 1、图 2 可以看出，2009 年以前，农村人均纯收入增长速度都低于城镇居民可支配收入的增速，显示城乡收入差距在不断扩大。2010 年后，由于中央出台了一系列政策，农村人均纯收入增长速度开始高于城镇居民可支配收入的增速，2010 年达到了 10.9%，是 2006 年以来首次超过城镇居民可支配收入的增速。2011 年农村居民纯收入增速进一步提高，达到了 11.4%，在实现增长的同时继续超过城镇居民可支配收入的增长速度。上述数据表明，近年来，我国政府出台的有关增加农民收入、缩小城乡收入差距的政策措施已开始逐渐发挥作用，效果开始逐步显现。

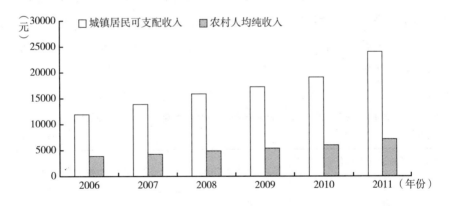

图 1　2006～2011 年城乡居民收入变化图

资料来源：根据 2007～2012 年《中国统计年鉴》数据整理，中国统计出版社。

2. 城镇居民收入差距的调节

在缩小城镇收入差距方面，《2010 年中央和地方预算报告》提出努力扩大就业、支持落实最低工资制度、提高低收入者劳动报酬的政策思路。2011 年，

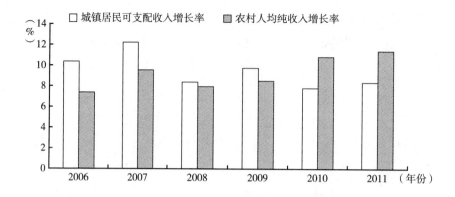

图2　2006～2011年城乡居民收入增长率变化图

资料来源：根据2007～2012年《中国统计年鉴》数据整理，中国统计出版社。

24个省份年内提高了最低工资标准，平均增幅22%；2011年5月，《关于2011年深化经济体制改革》等政策文件，明确提出深化收入分配改革的要求，提出提高个人所得税工薪所得费用扣除标准，合理调整税率结构，降低中低收入者税负，加大对高收入的调节。根据国家统计局的数据（详见表1）可知，自2009年以来，城镇居民最高10%收入户与最低10%收入户人均可支配收入比呈逐年下降趋势，这说明国家调整城镇居民收入的政策取得了效果，相关政策措施对改善城镇低收入者的收入、扩大中等收入者的比例、改善城镇居民收入两极分化产生了积极作用。

表1　2007～2011年按收入等级分的城镇居民可支配收入基本情况

单位：元

按收入等级划分的城镇居民可支配收入基本情况	最低收入户（10%）	最高收入户（10%）	最高/最低
2007年	4447.94	26247.04	5.9
2008年	4643	32004	6.89
2009年	5253.23	46826.05	8.91
2010年	5948.11	51431.57	8.65
2011年	6876.09	58841.87	8.56

资料来源：根据2008～2012年《中国统计年鉴》数据整理，中国统计出版社。

3. 农村居民收入差距的调节

在缩小城乡居民收入差距的各项政策措施中，农村居民内部收入差距问题也得到相应重视。相关研究表明，"2011年农民收入连续五年8%以上的快速增长，城乡居民收入差距和区域差距继续缩小，但是农村居民内部差距有所扩大。主要原因是棉花、土豆等部分农产品价格下降直接造成部分农户减收"。① 国家统计局有关农民纯收入基本情况的数据（详见表2），也说明2007年以来农民纯收入最高收入户与最低收入户之间的差距呈现不断扩大的趋势。因为农民内部收入差距的调节对城乡收入差距的缩小有着直接的促进作用，对于改善农民生活，提高社会主义新农村建设的质量有重要作用。所以未来一段时期，继续加大对该领域的政策调节力度，应成为一种优先的政策选择。

表2 2007～2011年按收入等级分的农民纯收入基本情况

单位：元

按收入等级分的农民纯收入基本情况	最低收入户（10%）	最高收入户（10%）	最高/最低
2007年	1346.89	9790.68	7.27
2008年	1499.81	11290.20	7.53
2009年	1549.30	12319.05	7.95
2010年	1869.80	14049.69	7.51
2011年	2439.00	22203.00	9.10

资料来源：根据2008～2012年《中国统计年鉴》数据整理，中国统计出版社。

（二）缩小区域、行业之间的收入分配差距

1. 区域收入差距的调节

改革开放以来，尤其是20世纪90年代以后，我国推行了地区开发的战略，率先开放东部沿海地区，随后西部大开发、振兴东北老工业基地等战略相继实施，由于资源差异等造成的地区之间非均衡发展格局，使得不同地区之间

---

① 中国社会科学院农村发展研究所、国家统计局农村社会经济调查司：《中国农村经济形势分析与预测（2011—2012）》，社会科学文献出版社，2012。

居民的收入差距越来越大。2011 年和 2012 年的《政府工作报告》中均提出了促进区域经济协调发展，出台实施促进西藏、新疆等地区跨越式发展，加快中西部和东北地区发展速度等促进区域经济发展的政策。2010 年 6 月重庆两江新区成立、2011 年 6 月浙江舟山群岛新区成立、2012 年 8 月甘肃兰州新区成立和 2012 年 9 月广州南沙新区成立以及中国图们江区域（珲春）国际合作示范区的建设等区域性发展政策的制定和实施有利于从各个区域的实际条件出发，发挥各地的比较优势，充分发挥条件较好地区的辐射带动作用，促进欠发达地区加快发展，加快缩小地区差距。

表 3 中区域城镇居民可支配收入变化情况显示：2007 年后，东部地区在整体的收入分配格局中依然居于领先地位。虽然中西部及东北地区的增长幅度逐渐接近甚至在某些年份超过东部地区，但是这种变化具有一定的不稳定性，仍然没有改变区域收入绝对差距不断扩大的基本趋势。这一方面体现了政策的实施可能存在时滞性，另一方面也说明在发挥地区特色的同时，要进一步加大政策调节力度，着重促进中西部及东北等地的经济发展，增加居民收入，改善和调节日益扩大的区域收入分配差距现状。

表 3 2007～2011 年区域城镇居民可支配收入及增长率变化图

单位：元，%

年份	东部地区	增长率	中部地区	增长率	西部地区	增长率	东北地区	增长率
2011	27617.90	18.67	18282.80	14.54	17722.80	12.12	18198.40	14.16
2010	23272.83	11.07	15962.02	11.10	15806.49	11.21	15940.99	11.29
2009	20953.21	9.11	14367.11	8.63	14213.47	9.58	14324.34	9.18
2008	19203.46	13.13	13225.88	13.68	12971.18	14.69	13119.67	14.45
2007	16974.22	—	11634.37	—	11309.45	—	11463.31	—

资料来源：根据 2008～2012 年《中国统计年鉴》数据整理，中国统计出版社。

2. 行业收入差距的调节

农、林、牧、渔等行业是我国传统的低收入行业，而持续性高收入行业主要集中在金融业、通信行业、电力煤炭、采矿业、交通运输等具有一定垄断性的行业，具体行业收入情况详见表 4。

表4   2003~2010年按行业划分的城镇单位就业人员平均工资

单位：元

年份	农、林、牧、渔业	采矿业	制造业	电力、燃气及水的生产和供应业	交通运输、仓储和邮政业	信息传输、计算机服务和软件业	金融业	房地产业
2003	6884	13627	12671	18574	15753	30897	20780	17085
2004	7497	16774	14251	21543	18071	33449	24299	18467
2005	8207	20449	15934	24750	20911	38799	29229	20253
2006	9269	24125	18225	28424	24111	43435	35495	22238
2007	10847	28185	21144	33470	27903	47700	44011	26085
2008	12560	34233	24404	38515	32041	54906	53897	30118
2009	14356	38038	26810	41869	35315	58154	60398	32242
2010	16717	44196	30916	47309	40466	64436	70146	35870

资料来源：根据2004~2011年《中国统计年鉴》数据整理，中国统计出版社。

行业收入差距的存在及其扩大，在很大程度上是由于垄断造成的。如果不对垄断及其造成的收入分配问题加以控制，不仅会影响公平竞争环境和经济发展活力，而且会进一步加大收入分配的差距。近年来，虽然国务院及有关部委不断提出严格规范国有企业、金融机构高管人员薪酬管理，以及加大对高收入者的税收调节力度的要求，但收效甚微。2012年3月，国家发改委《关于2012年深化经济体制改革重点工作的意见》，提出了改革国有企业工资总额管理办法的规定，要求加快推进建立统一规范的企业薪酬调查和信息发布制度。这些政策的出台和实施，将会在一定程度上抑制行业间收入差距扩大的趋势，但其效果还有待观察，因为调节收入分配差距是一个相当复杂的问题，需要有相应的制度环境和具体政策措施的支持和配合。

（三）劳动报酬偏低及工资构成情况的调节

当前阶段，我国居民收入构成主要是工资性收入，其中劳动报酬占据较大比例。劳动报酬在初次分配中的比重直接关系到居民主体收入结构构成，是整个收入分配体系中最重要的环节之一。[1] 1997～2008 年以来，我国居民劳动报酬的绝对量呈现不断增加的趋势，但是其占 GDP 的比重却不断下降，详见表5。

表5　1997～2008 年我国劳动报酬总额及其占 GDP 的比重

年份	劳动报酬总额（亿元）	劳动报酬总额占 GDP 的比重(%)	年份	劳动报酬总额（亿元）	劳动报酬总额占 GDP 的比重(%)
1997	40628.2	51.4	2003	67260.7	49.5
1998	43999	52.1	2004	74932.2	46.0
1999	45926.4	51.2	2005	81888	44.7
2000	49948.1	50.3	2006	93822.8	44.5
2001	54934.7	50.1	2007	110047.3	41.4
2002	60099.1	49.9	2008	128706.1	40.7

资料来源：根据1998～2009 年《中国统计年鉴》数据整理，中国统计出版社。

居民劳动报酬在国民收入初次分配比例的不断下降，直接造成了内需不足，不仅影响了居民消费水平的提高，而且制约了经济的平稳较快发展。所以，在国民收入分配体系中占据重要地位的劳动报酬的增长，势必成为收入分配体制改革的重要切入点。2011 年 10 月，党的十七届六中全会指出合理调整收入分配关系，努力提高居民收入在国民收入分配中的比重，提高劳动报酬在初次分配中的比重。2012 年 2 月，国务院批转了《促进就业规划》，明确了"十二五"时期促进就业的发展目标，其中确定了最低工资标准年均增长 13% 以上、企业集体合同签订率达到 80% 的目标。2012 年 3 月，国家发改委《关于 2012 年深化经济体制改革重点工作的意见》强调：完善工资制度，健全工资正常增长机制；规范公务员津贴补贴制度，研究地区附加津贴制度实施方案；推进事业单位实施绩效工资制度。[2] 在这一系列政策的指导下，2011 年，北京、重庆、陕西等 25 个省份调整了最低工资标准，平均调增幅度为 22%。[3]

---

[1] 赵喜仓、张丽静、李忠华：《我国劳动报酬占初次分配比重演变轨迹研究》，《商业时代》2011 年第 29 期。

[2] 国家发改委：《关于 2012 年深化经济体制改革重点工作的意见》，中央政府门户网：http://www.gov.cn/zwgk/2012-03/22/content_2097110.htm。

[3] 人力资源与社会保障部：《2011 年度人力资源和社会保障事业发展统计公报》，中央政府门户网：http://www.gov.cn/gzot/2012-06/05/content_2153635.htm。

截至 2012 年 9 月底，全国有 18 个省份调整最低工资标准，平均调增幅度为
19.4%。[①] 全国大多数地区最低工资标准的提高，规范公务员津贴补贴制度的
不断推进以及部分企业职工工资及奖金的提高说明收入分配政策正在发挥导向
作用，我国的收入分配政策改革已经开始取得了一些积极的成效。

通过对 2011 年以来我国在收入分配领域采取的各项政策的分析可知，我
国的收入分配体制改革虽然取得了一定的成效，但是仍然存在着许多突出问题
和矛盾。一是贫富差距逐渐扩大。根据国家统计局的数据，全国的基尼系数不
断增长，2000 年达到了 0.417，超过了国际上公认的警戒线（0.4），2003 年
达到了 0.448，2008 年达到了 0.466，[②] 到 2010 年实际已超过了 0.5。贫富差
距的扩大，带来的是内需和消费的不振，我国消费支出占 GDP 的比重呈逐年
下降趋势，由 1985 年的 52% 下降到 2008 年的 35.3%，2010 年则降低为
33.22%，[③] 这导致我国内需拉力不足，被迫依赖外国市场和外部消费，增加了
经济风险。二是不同行业之间的收入差距逐步加大，尤其是垄断行业员工工资过
高、增长过快的问题更加突出。一些垄断性部门为了维护其高收入水平，设置行
业进入壁垒，从而导致了部门之间和行业之间劳动力市场的严重的分割性，不利
于生产要素的合理配置，也阻碍了优秀人才的合理流动，影响了市场经济的正常
秩序，同时，各垄断行业内部也存在收入分配不均匀，体现为高级管理人员收入
高，普通员工收入较低的现状。三是劳动报酬偏低带来的收入差距不断扩大。劳
动报酬偏低说明我国初次分配中存在着不公平，尤其对处于产业链低端的工人来
说，不仅劳动时间长、工作条件差，而且收入与付出严重不成比例。同时，高收
入群体凭借其对资本等要素的控制获得越来越多的社会财富，呈现出一种"强
者愈强，弱者愈弱"的"马太效应"，这对于改善低收入者的生活条件，提高其
生产积极性以及社会的和谐发展都是极大的阻力。

鉴于收入分配领域问题的严重性，今后在不断推进经济发展的同时，
应进一步加大收入分配制度的改革，强化对收入分配结果的监督，努力缓

---

① 人力资源与社会保障部：《18 省份调整最低工资标准》，中国新闻网：http：//
finance. chinanews. com/cj/2012/10 – 25/4275678. shtml。

② 龙其玉：《中国收入分配制度的演变、收入差距与改革思考》，《东南学术》2011 年第 1 期。

③ 根据 2011 年《中国统计年鉴》相关数据整理得出。

解城乡居民之间、行业之间和区域之间收入差距扩大的趋势，通过有效的政策措施，进一步理顺分配关系，完善分配制度，构建公平、合理的社会收入分配体系。

三　公共住房政策

"居者有其屋"是国家长治久安的基础。现阶段，房价偏高、增长偏快、保障性住房建设供不应求的现状使得住房问题不仅仅是一个经济问题、社会问题，更是一个政治问题。近年来，我国在满足中低收入群体住房需求方面作了很多努力，特别是经济适用房、廉租房以及新近出台的公共租赁房等政策的提出，为解决中低收入者的住房问题提供了基本方向，也在一定程度上缓解了住房需求压力。但是，在住房政策尤其是公共住房政策的实施过程中，依然存在着公共住房体系法律法规缺失、监管体系不完善和资金投入严重不足等问题，使住房问题依然成为制约民生改善的重要问题。

（一）完善公共住房供应体系

我国对中低收入群体推行廉租住房、经适房、限价房和商品房四个层次的住房供应体系。这一体系中，低收入群体主要通过廉租住房和经适房解决住房困难，中等收入群体主要依靠限价房和商品房解决住房问题，这看似能够将我国的中低收入人群纳入其中，但是在实际运作中，那些不符合廉租住房条件而又买不起经适房的人群，以及无力购买限价房和商品房而又不符合经适房标准的人群则被排除在外，形成了中低收入"夹心层"群体。

住房"夹心层"群体的出现引起了政府的高度重视。2010 年，我国正式提出将公共租赁住房作为公共住房体系的一个组成部分，意在解决住房"夹心层"群体的住房问题。2011 年《政府工作报告》中提出重点发展公共租赁住房，中央财政预算拟安排补助资金 1030 亿元，比上年增加 265 亿元。2011年 3 月，《住房和城乡建设部住房保障司 2011 年工作要点》指出：健全以公共租赁住房为重点的住房保障体系，完善配套政策；研究建立公共租赁住房可持续运营机制，引导社会资金投资建设和运营公共租赁住房，配合有关部门健全公共租赁住房建设用地、财税和融资政策。2011年9月，《国务院办公厅关于保障性安居工程建设和管理的指导意见》（国办发〔2012〕45号）就公共租赁住房的适用对象、租金标准、建设模式、建设标准等内容作了详细规定，并提出逐步实现廉租住房与公共租赁住房统筹建设、并轨运行。2012年5月发布的《公共租赁住房管理办法》对公共租赁住房的申请与审核、轮候与配租、使用与配租及法律责任等内容进行了明确的规定。2012年7月发布的《国家基本公共服务体系"十二五"规划》在基本住房保障中规定，为城镇中等偏下收入住房困难家庭、新就业无房职工和城镇稳定就业的外来务工人员提供公共租赁住房。通过以上政策可以看出，政府高度重视公共租赁住房保障制度，对其发展给予大力的政策支持，明确了公共租赁住房是住房保障发展的政策导向和工作重点。这对于建立健全公共住房建设、运营、融资体系等提供了有效的政策支持，对促进公共住房建设的合理发展、改善广大中低收入群体住房难等问题产生了重要的推动作用。

（二）完善公共住房法律体系

目前，我国还没有一套统一的公共住房法律体系，公共住房的建设、供应和分配缺乏明确的法律规范，主要依靠住房和城乡建设部等中央有关部委以及地方政府制定的一些行政法规和部门规章。这些政策的法律层级较低，约束力较弱，执行效果不佳，而且各地规定的标准不一，条文之间存在矛盾和冲突，缺乏统一性和系统性，这使得公共住房政策在实施过程中有很多问题得不到及时、合理的解决，影响了我国公共住房体系的正常运转。

目前，我国公共住房发展还处于初期阶段，随着我国公共住房改革的深入，该领域越来越需要一部专门的国家法律来规范公共住房政策的运行，同时为各项具体政策的实施提供基本法律依据。事实上，这方面工作已有所进展。2008年，第十一届全国人大常委会已经将《住房保障法》列入五年立法规划中。在地方层面，2011年8月，河北省出台《河北省城镇住房保障办法（试行）》，这是我国首部省级住房保障办法，对城镇住房的规划与建设、申请与准入、使用与退出、监督管理、法律责任等内容作出了详细规定。另外，《重庆市公共租赁住房管理暂行办法》《上海市发展公共租赁住房的实施意见》以

及《深圳市公共租赁住房管理暂行办法》等政策的发布和实施，为我国公共租赁住房法律法规的制定积累了宝贵经验。

（三）完善公共住房建设和分配监管体系

监管体系不完善是当前公共住房领域存在的突出问题。首先，公共住房建设过程缺乏监管。由于缺乏有效的监督，导致许多开发商出于降低成本的考虑在施工过程中偷工减料，造成一些保障性住房成了"豆腐渣"工程；另外，开发商提高经济适用房建设面积、建设标准以期获得更高的经济利润的情况也频繁发生。其次，公共住房标准审核过程缺乏监管。公共住房尤其是经适房问题不断，骗购、倒卖经适房以及审核过程中可能出现的"腐败"现象将真正应该享受公共住房政策的中等偏低收入阶层排斥在受益范围之外。最后，公共住房退出过程缺乏监管。由于缺乏系统全面的公共住房信息登记系统，政府无法及时准确地掌握住房者就业、收入的变化情况，也就无法有效地监督住房者是否还在"标准"范围内，享受公共住房群体的"只进不出"，很容易加大本就供不应求的公共住房的保障压力，影响公共住房体系的合理运转。

公共住房的监管问题一直是公共住房发展中的难点，也是维护公共住房政策正常秩序、保障中低收入群体合法住房利益的重点。2011年5月，住房和城乡建设部专门出台了《关于加强保障性安居工程质量管理的通知》，强调：严把建筑原材料和部件质量关，严格执行建筑节能强制性标准，抓好工程实施阶段的质量管理；全面实行住宅工程质量分户验收制度；严格执行工程质量管理的法律法规；全面落实保障性安居工程质量责任。该《通知》同时要求将建筑质量纳入地方任务考核。凡是保障性安居工程发生质量问题的，省级住房和城乡建设主管部门要对问题查处情况进行挂牌督办，对市县主管部门负责人进行约谈。《指导意见》中还对提高规划建设和工程质量水平作了详细规定。

《住房和城乡建设部住房保障司2011年工作要点》中明确指出全面实施监督考核，确保实现年度工作目标。强化监督检查，集中开展保障性安居工程督查、巡查工作，重点检查项目建设进度、政策落实、工程质量等情况。《指导意见》规定建立健全分配和运营监管机制，包括规范准入审核，严格租售管理，加强使用管理，健全退出机制，等等。住房和城乡建设部在《关于做好 2012 年城镇保障性安居工程工作的通知》中提出建立健全监管机制，加强分配和运营管理。指导、督促市县住房和城乡建设（住房保障）部门主动公开分配政策、分配程序、分配房源、分配对象、分配过程、分配结果等情况，主动接受社会监督，确保准入分配工作公开、公平、公正。在《国家基本公共服务体系"十二五"规划》的保障性住房管理中，提出了建立健全多部门联动的收入（财产）和住房情况动态监管机制，制定公平合理、公开透明的保障性住房配租政策和监管程序，严格规范准入、退出管理和租费标准。这些政策的出台，从公共住房建设进度、工程质量、住房分配、信息管理以及住房退出等方面对公共住房监管进行了明确规定，有利于解决公共住房建设中存在的质量低、分配不公、缺乏退出机制等问题。但是，当前我国尚缺乏健全的收入申报机制，根据收入审核申请公共住房居住资格的方法还存在着不确定性，容易导致不公平的出现；完善的住房信息登记体系也尚未建立，不利于政府及时掌握住房需求变化情况；与此同时，收入变化情况动态统计体系的缺失，容易让部分收入改善、有能力购买商品房的居民继续享受公共住房带来的实惠，影响公共住房体系的良性运转。

（四）完善公共住房建设要素投入体系

公共住房的福利性和公益性是住房保障体系的主要特性，这就决定了公共住房在实施过程中需要政府的绝对支持。地方政府作为公共住房的主力，不仅要投资还要出地，对于依靠"土地财政"的地方政府而言，如何保证建设公共住房所需的庞大资金的确是一个难题，而公共住房的福利性和公益性又极大地降低了社会资本注入的可能性。资金投入不足，影响了公共住房政策的持续开展。

当前，公共住房的主要融资渠道是各级政府财政投入、土地出让金净收益和住房公积金增值收益。① 其中，住房公积金的增值收益普遍较少且不稳定，真正能投入到公共住房建设中的资金很少。由于土地收益本身具有不稳定性和

---

① 徐东辉：《中国公租房制度创新研究》，吉林大学出版社，2012，第 65 页。

不确定性，又深受房地产市场好坏的影响，也不能作为一个长期的筹资渠道。因此，只有政府财政支出是一种稳定的公共住房资金来源渠道。但是公共住房单一的融资渠道难以支撑庞大的公共住房建设费用。2011 年，完成 1000 万套保障房建设任务所需资金总额为 14920 亿元，通过以上三个渠道可以解决 6520 亿元，尚有 8400 亿元的资金缺口。① 如果不能及时解决融资渠道单一的问题，不仅仅会影响到 2011 年保障房建设任务的完成，还会给亟须住房的人民群众带来生活上的困扰，不利于社会的安定和谐。

　　建立适合的融资体系，确保建房资金来源的可持续性是公共住房政策得以有效执行的重要保障。《指导意见》强调落实各项支持政策，在确保用地供应的基础上，提出增加政府投入、规范利用企业债券融资、加大信贷支持、落实税费减免政策。《关于做好 2012 年城镇保障性安居工程工作的通知》要求拓宽资金来源渠道，做好建设资金安排。2012 年 1 月，财政部《关于切实做好 2012 年保障性安居工程财政资金安排等相关工作的通知》（财综〔2012〕5 号）对 2012 年全国保障新安居工程任务所需资金的安排事宜进行了详细规定，一方面强调拓宽资金来源渠道，加大保障性安居工程投入力度，另一方面要求创新财政支持方式，引导社会资金投资保障性安居工程。2012 年 6 月，住建部联合发改委、财政部等六个部门下发《关于鼓励民间资本参与保障性安居工程建设有关问题的通知》（建保〔2012〕91 号），对支持、鼓励和引导民间资本参与保障性安居工程建设的有关问题作了详细的规定。民间资本的注入，对于缓解地方政府财政压力，改善公共住房资金短缺、融资渠道单一有重要意义。不过，在资金准入方面，政府还需严格执行标准，严禁借公共住房谋取高额利润、借资金投入侵占公共住房用地现象的出现。

　　当然，政策的制定为公共住房领域的各项问题提供了理论依据，公共住房问题的真正解决更多依靠各级地方政府对政策的实施和执行，只有地方政府严格按照各项规定工作，才能保证政策的有效性，才能真正地将公共住房的福利性和公益性带给广大人民群众。

---

① 徐东辉：《中国公租房制度创新研究》，吉林大学出版社，2012，第 65 页。

四　食品安全监管政策分析

食品安全是我国当前面临的重大民生问题，不仅攸关千百万公众的身体健康和生命安全，而且影响着整个社会的和谐稳定发展。进入新世纪以来，各级政府部门虽然高度重视食品安全问题，制定实施了一系列政策措施，但制约食品安全的深层次问题尚未得到根本解决，我国食源性疾病、食品违规添加等问题仍然呈现高发、多发的态势，食品安全形势依然不容乐观。因此，改革和完善食品安全监管体制，全面提高食品安全保障水平，已成为我国经济社会发展中一项重大而紧迫的任务。

（一）《食品安全法》的基本内容

2009 年《中华人民共和国食品安全法》经全国人大常委会审议通过，开始实施。《中华人民共和国食品安全法》维持了多部门分段监管的体制，在此基础上作出了进一步的完善，主要有：一是由国务院设立食品安全委员会，作为高层次的议事协调机构，对食品安全监管工作进行协调、指导，进一步明确了相关政府部门责任，提升了政府监管能力。二是对一些模糊地带的监管主体作出了明确的规定，对不属于任何一个环节的事项，如食品安全风险评估、食品安全标准制定、食品安全信息公布、食品安全事故的调查和处理，以及有关食品检验机构的资质认定条件和检验规范的制定等，规定由卫生行政部门负责监管。三是明确了地方政府的职责，规定县级以上地方人民政府应当依照本法和国务院的规定确定本级卫生行政、农业行政、质量监督、工商行政管理、食品药品监督管理部门的监管职责。四是明晰企业为食品安全第一责任人。《食品安全法》不仅明确了政府责任，更为重要的是使政府和企业的责任区分更加明晰，强化了食品安全监管工作的法治基础。这种监督管理理念的转变有助于消费者重新审视政府在食品危机中的地位和责任，在避免盲目将责任归为政府的同时，能够依据法律有效地监督政府的监管行为。按照《食品安全法》确立的一个监管环节由一个部门负责的原则，目前，已构建了分段监管为主、品种监管为辅的食品安全监管体制，形成了由食品安全委员会统筹指导，卫

生、农业、质检、工商、食品药品、商务、工信等部门分工协作的工作局面。《食品安全法》在食品安全监管方面设立了高层次的议事协调机构，进一步明确了相关政府部门责任，提升了政府监管能力，并且使政府和企业的责任区分更加明晰，强化了食品安全监管工作的法治基础。但是，总体来看，目前的体制仍然存在监管力量分散、协调性不够、部门交叉、权责不明、行业组织的作用没有得到充分发挥等问题，食品安全监管体制亟待进一步完善。

（二）食品安全监管领域存在的主要问题

从食品安全问题频发的现状看，监管体制不完善显然是制约我国食品安全水平提高的重要原因。目前，政府部门按照监管环节分工，采取分段监管为主、品种监管为辅的方式，是我国食品安全监管体制的主要特征。从历史和现实因素看，这种监管体制具有一定的合理性和有效性，在保障食品供给及安全方面发挥了重要的作用。但是，现有监管体制的不足也是明显的，主要表现在以下几个方面。

1. "大政府"体制下市场机制对食品安全问题的自滤功能严重弱化

从政府职能的演进看，虽然经过数十年的改革开放，但中国目前仍处于计划经济向市场经济的转轨阶段，还处于经济发展的转型期。这个转型期的主要特征是"大政府、弱市场、小社会"，虽然政治体制改革和经济体制改革的基本方向是逐步推进政府职能转型，充分发挥市场竞争的机制，减少政府对市场和社会的直接干预，但充分竞争的、完善的市场机制还远未形成。具体到食品生产、流通和消费领域，就是体现在难以通过食品行业内的充分市场竞争，实现优胜劣汰，自动过滤淘汰那些存在食品安全问题的企业，使食品安全缺乏来自市场领域的保障。换言之，在"大政府"体制下，市场机制对食品安全问题的自滤功能存在严重弱化的现象。因而，大量的食品安全问题由市场领域推向了政府，给政府食品安全监管造成了巨大的压力。这也是目前政府众多职能部门监管力度不断加强，而食品安全问题仍然层出不穷的重要原因。

食品安全监管首先是政府和市场定位问题。中国目前仍处于经济转型期，经济转型期国家往往具有与成熟市场经济不同的经济结构特征，其中突出的一点就是市场竞争的不完全和不透明。成熟市场经济国家经过长期的市场发展，食品的质量安全往往可以在充分的市场竞争中得以保证。那些质量不高或存在安全隐患的食品生产和流通企业，往往在市场竞争中得以淘汰。而且，由于在市场竞争中确立的有效信用体系，会对存在食品安全问题的企业产生屏蔽作用。因此，在成熟市场经济国家，充分的市场竞争及由此建立起的企业信誉体系往往成为食品质量安全的第一道重要屏障，不合格企业会在市场竞争中被首先淘汰。换言之，完全的市场竞争具有遏制食品安全隐患的作用。

但是，经济转型期国家的市场竞争存在不完全性，会弱化对食品安全的屏障作用。中国正处于经济转型期，市场经济尚不成熟，由于政府对市场和企业的干预过多，特别是地方保护主义和部门保护主义等问题的存在，市场体系会由于区域分割和部门分割而更加竞争不充分，难于通过市场机制自身对食品安全问题产生有效制约，加之政府规制和监管方式存在一些问题，就会造成食品安全问题频发的现象。同时，由于政府对微观经济和企业的过多干预，也造成了食品企业习惯于"被管理"，缺乏行业自律和食品安全第一责任人意识。因此，促进市场竞争，推动行业组织发展，减少政府对市场和企业不必要的行政干预，保障市场机制在食品安全中的屏障作用，应成为中国政府职能定位的重要方向。

2. 监管部门众多，力量分散，综合监管效能严重不足

我国的食品安全监管体制的主要特征是多头管理、分段执法，即一个环节由一个部门负责，主要采用分段监管为主、品种监管为辅的方式。这种看似职责分明的机制安排，实际上却存在职责交叉错位、监管对象模糊、执法成本过高的问题。目前食品安全问题频发的事实已经证明，这种监管执法体制在实际工作中难以充分有效地发挥监管作用。

在现有体制下，政府投入食品安全监管领域的机构、人员和财物资源相当庞大，体现了政府对该领域的重视。但是，食品安全监管机构数量众多、力量分散、各自为政，不仅容易产生执法真空地带，而且也会产生监管效率低下、重复执法和多头处罚的问题，扰乱市场经济秩序。这种执法主体过多的监管体制，使部门之间缺乏充分有效的协调和联动，具体监管工作的错位现象时有发生，例如有费可收、有利可图的事情多家监管、检验，有责无利或责大于利的则推诿扯皮。同时，在课题调研中也发现，在多部门分段监管体制下，即使某一部门在执法过程中发现属于其他监管部门职责范围内的问题，为了不恶化部门间或政府工作人员间的关系，往往也会采取回避或掩盖的态度，往往只解决属于

本部门职能范围内的问题，对其他问题则不闻不问。这种现象一旦形成惯性和常态，就使违法厂商有漏洞可钻，给不合格食品流入市场制造了很大空间。

尽管新的《食品安全法》对原有监管体制作出了新的调整，成立了国务院食品安全委员会及其办公室，负责全国食品安全的综合协调工作，但是在现有行政管理体制格局下，由于食品安全委员会办公室只能发挥议事协调功能，不具有划分、配置监管职责的权力，而且协调工作涉及众多政府部门，协调成本高，协调力度和工作效率都会大打折扣，因而整体协调能力较为局限。需要强调指出的是，这种工作模式在解决专项单一的问题或者非经常性、突发性食品安全重大行动上，往往可以发挥较好作用，在较短时间内有效解决特定食品安全事故问题（当然，也是以较高的经济成本为代价的）。但是，这种工作模式并没有改变多部门分段监管体制及其所面临的问题，因而也不能真正解决日常性食品安全问题产生的根源，从而有效应对食品安全分段监管中的经常性、事务性、繁杂庞大的实际工作需要。

所以，从这个角度讲，新的《食品安全法》出台后的监管体制并没有突破传统的多部门分段监管框架，原有各监管环节之间的职能衔接和整合弱化的问题并没有得到根本解决，日常监管仍然以各自为政的方式进行，监管部门数量众多、力量分散，各监管环节间协调难度大，监管盲区问题仍然没有得到有效解决。事实上，这种监管体制现状与近年来欧美等发达国家整合监管机构、集中监管职责的发展趋势也不相一致。

关于食品安全监管机构的调查数据，从一个侧面也较好地说明了这个问题。2010年底，我国负有监管职责的食品安全监管机构，广泛分布在农业、卫生、食药、质监、出入境检验检疫、工商、商务、粮食等八个部门，具体情况详见图3。除了横向食品安全监管职能分配外，这些监管机构一般在国家、省、市、县四个政府层级各自形成职能体系，有些监管机构还延伸至街道和乡镇层面，从而形成了条块分割的庞大的食品安全监管网络体系。据统计，目前各级各类监管机构数量已超过2万个。即使这样，由于食品安全问题层出不穷，机构和人员数量（见图4）仍不能完全满足食品安全监管工作的实际需要。

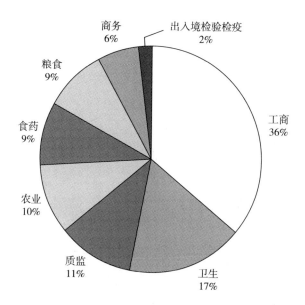

图3 食品安全监管机构数量在各部门的分布比例图

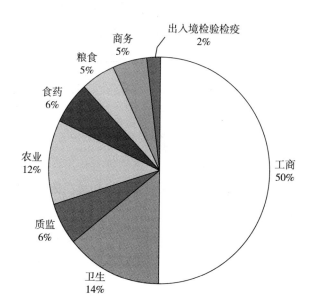

图4 食品安全监管工作人员数量在各部门的分布比例图

（三）近年来具体改进食品安全监管的政策

2012年2月，国务院办公厅发布的《2012年食品安全重点工作安排》（国办发〔2012〕16号）中指出：各地要结合本地实际，梳理查找存在的监管职能交叉和空白问题，明确监管部门和监管要求；建立健全基层食品安全监管体系，推进监管重心下移；进一步完善食品安全责任追究的具体办法，严肃查处监管执法中的不作为、不到位和乱作为等失职渎职行为。

2012年6月，《国家食品安全监管体系"十二五"规划》指出：逐步完善食品安全监管体制，明晰各相关部门监管职责，消除职责交叉和监管空白；选取若干市、县开展综合执法试点，通过相对集中监督执法人员和设备等方式，充分整合各部门食品安全监管执法力量，促进解决基层监管力量薄弱和分散的问题；切实加大投入，加强食品安全监管队伍建设，配备与食品安全监管职责相适应的人员，保障经费和工作条件，提升各级，特别是基层监管队伍装备配备水平。①

2012年7月，《国务院关于加强食品安全工作的决定》（国发〔2012〕20号）指出：进一步健全科学合理、职能清晰、权责一致的食品安全部门监管分工，强化生产经营各环节监管，形成相互衔接、运转高效的食品安全监管格局；结合本地区实际，细化部门职责分工，发挥监管合力，堵塞监管漏洞，着力解决监管空白、边界不清等问题。②《决定》同时指出：深化食用农产品和食品生产经营各环节的整治，要坚决查处食品非法添加等各类违法、违规行为；同时，进一步规范生产经营秩序，严格清理整顿不符合食品安全条件的生产经营单位。国家有关食品安全监管体制建设的规定，体现了国家对进一步健全食品安全监管体系的重视，明确了解决各部门职责不清、监管空白问题的思路，同时也为基层监管工作的顺利开展指明了方向，有利于克服目前分段管理中存在的衔接问题，实现食品监管工作的无缝管理。有关食品生产经营各环节

---

① 《国务院办公厅关于印发国家食品安全监管体系"十二五"规划的通知》，中央政府门户网：http：//www. gov. cn/zwgk/2012－07/21content. 2188309. htm。
② 《国务院关于加强食品安全工作的决定》，中央政府门户网：http：//www. gov. cn/zwgk/2012－07/03/content_ 2175891. htm。

整治的规定及实施,有助于推动食品生产、加工企业从提高产品质量的角度出发,改善生产经营方式,强化食品生产经营安全管理。不过,在基层监管部门监管能力的提升方面,如基层工作人员的技术培训、检验检测设备的更新换代、监管空白地区部门的成立等问题还没有得到有效解决。

在食品安全立法方面,《决定》指出:深入贯彻实施食品安全法,完善配套法规规章和规范性文件,形成有效衔接的食品安全法律法规体系;各地区要积极推动地方食品安全立法工作,加强食品生产加工小作坊和食品摊贩管理等具体办法的制定修订工作。[①]《规划》指出:推动食品安全地方立法,加快制定食品生产加工小作坊和食品摊贩管理等地方性法规;加强食品安全行政执法与司法的衔接,完善食品安全刑事侦查和立案标准等相关配套规定,提高刑事责任追究效率。坚持有法必依、执法必严、违法必究,加大打击震慑力度,依法从重惩处食品安全违法犯罪行为。通过上述政策规定可以看出,国家高度重视地方食品安全立法工作。[②] 2012 年 10 月《黑龙江食品安全条例》的发布以及辽宁、福建等省份将食品安全条例纳入下一步的立法计划均体现了地方对中央政策的执行及回应。在《食品安全法》的配套法规中,地方性法规是重要组成部分,推进地方食品安全立法工作,将食品生产加工小作坊和食品摊贩监管真正纳入法制化轨道,对于规范小作坊、小摊贩的经营管理,保护广大人民群众的身体健康和生命安全有重要意义。

五 基本公共服务均等化政策

公共服务是我国政府的四大职能之一,近些年来国家高度重视公共服务在全国的均衡配置,基本公共服务均等化取得一定的进步。与此同时,随着经济社会转型的不断加快,城乡居民对教育、医疗、文化、体育等社会事业发展的需求快速增长,对质量的要求也不断提高,我国基本公共服务供给不

① 《国务院关于加强食品安全工作的决定》,中央政府门户网:http://www.gov.cn/zwgk/2012 – 07/03/content_ 2175891. htm。

② 《国家食品安全监管体系"十二五"规划》,中央政府门户网:http://www.gov.cn/zwgk/ 2012 –07/2/content_ 2188309. htm。

足和配置不均衡的矛盾日益突出，成为制约经济发展、影响社会和谐稳定的重要因素。

（一）现阶段基本公共服务均等化存在的主要问题

1. 基本公共服务制度不完善

当前，我国有关公共服务的政策主要是靠行政力量推进，缺少健全的法律法规体系。一方面，在宏观的宪法层面没有对公共服务均等化的有力支撑，缺少原则性的规范；另一方面，在微观的法律法规和地方立法中，缺少具体的法律约束。法治的缺失不仅让公民享受公共服务的权利无法得到有效保护，而且还会助长地方政府在公共服务提供中的机会主义行为，成为阻挡我国公共服务均等化实现的一大障碍。① 在我国的基本公共服务制度中，政府既是供给者，又是决策者和监督者，缺少公民和其他社会组织的监督。在这种情况下，由于政策的制定和实施过程缺乏足够的透明度，所以很难对公共服务提供的内容、质量和效率等进行考核，也很难应对和解决公共服务提供过程中出现的资源分配不均衡现象，极容易造成公共服务提供和需求相脱节、公共服务均等化差距扩大等情况。

长期以来，我国以经济建设为中心的政策导向以及政府绩效考核中对经济发展的过度重视导致政府财政支出重视经济发展忽视基本公共服务，反映在财政制度上是财政支出多集中在经济发展和行政成本之中，而改善百姓民生的公共服务支出则相对较少，未能形成基本公共服务可持续发展的财政支持体系。另外，由于财政转移支付体制的不完善，因地区间经济发展水平不同和现行财政体制下纵向财力失衡带来的地区间财政收入差距问题就无法通过财政转移支付得到有效解决，这就制约了基本公共服务均等化的发展，甚至在一定程度上拉大了地区间的差距。

2. 基本公共服务资源配置不均衡

当前，我国基本公共服务资源配置不均衡主要体现在三个方面：一是公共服务地区间发展不均衡，包括城乡间不均衡、区域间不均衡。二是各类基本服务

---

① 王玮：《我国公共服务均等化的困境及其化解——基于现实约束条件的分析》，《经济学家》2010 年第 5 期。

之间资源配置的不均衡，主要表现为重视教育、卫生问题，文化体育、环境保护等基本公共服务供给不足问题相对严峻。① 三是公共服务配置群体间的不均衡。

第一，基本公共服务地区间发展不均衡。

城乡间公共服务水平差距大是我国基本公共服务非均等性的主要表现。长期以来，由于城乡二元化体制的存在，国家在教育、医疗、文化、体育等方面的投入实行城镇和农村两套不同的制度，虽然这是基于当前我国城乡差距的实际情况，也可以基本满足城乡居民的不同需求，但是，城乡居民享有的基本公共服务在内容、范围和标准上的明显差异，仍旧使得农村成为基本公共服务的薄弱环节。

财政收入是保证基本公共服务供给的重要保障。长期以来，受我国区域发展战略的影响，我国东部地区的财政收入要远高于中西部和东北地区，其公共服务的供给水平最高，而且在区域经济差距不断拉大的情况下，基本公共服务均等化的差距也在扩大；在财政收入水平低和转移支付制度不健全的影响下，中西部和东北地区的公共服务水平相对比较低。近些年来，我国强调"西部大开发""中部崛起"和"振兴东北老工业基地"等促进区域经济发展的战略，但是这些战略的主要侧重点是提高经济发展水平，对社会层面的民生问题关注度比较低，我国各地区之间的公共服务水平仍有比较大的差距。

第二，各类基本服务之间资源配置的不均衡。

当前，"上学难、看病难"等社会热点问题一直受到党和国家的高度关注，也是百姓最为关心的问题，因此国家在教育和医疗两个领域的投入也比较高，而环境保护和文化等领域的投入则相对较少。由于经济发展水平的不同，我国不同地区居民对基本公共服务的要求也存在着差异，经济发展水平比较高的东部地区对环境保护、文化体育等方面的需求明显高于中部和西部地区，公共服务之间资源配置的不均衡问题比较明显。

第三，不同群体之间享受公共服务水平的差距。

我国基本公共服务群体间差距主要体现在垄断型行业和机关单位及部分企业员工享受的公共服务水平远远高于下岗职工、失业人员、农民工等社会底层

---

① 陈文权、张欣：《十七大以来我国理论界关于"基本公共服务均等化"的讨论综述》，《云南行政学院学报》2008 年第 5 期。

人员，这一方面是由于我国以身份为基础划分确定享有的权利、待遇和服务的体制还没有改变，另一方面是因为缺乏明确的公共服务标准体系，故处于社会底层的公民享受到的公共服务水平较低。

（二）实现基本公共服务均等化的政策措施

"十二五"时期是我国全面建设小康社会的关键时期，是深化改革开放、加快转变经济发展方式的攻坚时期。建立健全基本公共服务体系，促进基本公共服务均等化，对切实保障人民群众最关心、最直接、最现实的利益有着十分重要的意义。党和国家非常重视促进基本公共服务均等化，并制定了一系列的政策措施。

2012年7月11日，国务院印发了《国家基本公共服务体系"十二五"规划》，该《规划》中明确定义基本公共服务均等化是指全体公民都能平等可及地获得大致均等的基本公共服务，其核心是机会均等，而不是简单的平均化和无差异化。同时，《规划》指出了基本公共教育、基本医疗卫生、公共文化体育等基本公共服务的工作重点、基本标准和相应的保障工程，并提出要完善财政保障机制、监督评价机制，创新基本公共服务供给机制，推进城乡基本公共服务均等化等内容。《规划》是新中国成立以来基本公共服务领域的首部国家级专项规划，是我国基本公共服务体系发展建设的行动纲领和指导性文件，有利于完善我国基本公共服务的财政制度和监督制度，对于缩小基本公共服务在区域和城乡之间的差距，推进教育、医疗、文化体育等基本公共服务均等化，解决我国社会发展领域长期存在的突出问题以及改善人民的生活有着重要意义。

在《规划》之外，国家也相应出台了许多教育、医疗、文化等方面的专项政策，对解决前文提到的公共服务领域存在的问题起到了积极的推动作用。2012年10月，《国务院关于印发卫生事业发展"十二五"规划的通知》对"十二五"期间我国卫生事业发展的指导思想、基本原则、主要目标、工作重点和各项保障措施等内容进行了详细说明，并强调加快医药卫生体系建设，包括加强公共卫生服务体系建设、加强医疗服务体系建设、健全医疗保障体系和建立健全药品供应保障体系四个方面。

2012年6月，教育部出台《国家教育事业发展第十二个五年规划》，对

"十二五"期间构建更加完善的教育体系、健全基本公共教育服务体系、扩大和保障公平受教育机会，促进区域、城乡教育协调发展，加强教育保障等内容进行了详细规定。并提出把促进教育公平作为国家基本教育政策，着力促进教育机会公平，推动区域、城乡教育协调发展，到2015年，明显缩小区域、城乡教育发展差距，民族地区教育加快发展等推动基本公共教育均等化的目标。

2012年5月，文化部发布《文化部"十二五"时期文化改革发展规划》，对"十二五"期间文化发展的目标和指标、构建公共文化服务体系、完善文化市场监管体系等内容作了详细阐述。提出推进基本公共文化服务均等化，提高公共文化供给能力，完善东部地区对西部地区、发达地区对欠发达地区、城市对农村的文化援助机制等内容。

2011年4月，国家体育总局出台《体育事业发展"十二五"规划》，提出促进区域体育协调发展，加强体育援助工作。加大对西部地区、农村地区、边疆地区、民族地区、革命老区体育事业的支持力度，推动东部、中部、西部地区的协调发展。推动建立促进区域体育协调发展的援助机制。支持、促进西藏、新疆体育事业的发展，努力推动以上地区公共体育服务水平逐步提高，体育基础设施建设逐步改善，进一步缩小与全国体育发展平均水平的差距。

由此，我国关于教育、医疗、文化和体育的"十二五"规划全部出台，并对健全以上四项基本公共服务体系，推动各项基本公共服务均等化发展作了全面而详细的规定，这有利于改善落后地区基本公共服务水平，缩小我国区域和城乡基本公共服务差距，促进教育、医疗、文化和体育等方面的公平，是我国民生领域建设的重大进步。

当前，各项规划的出台为解决基本公共服务制度不健全、区域和城乡差距等问题提供了新的依据。同时，我们也应看到，我国还缺少基本公共服务领域的相关法律法规，基本公共服务在不同群体之间以及公共服务内部之间的不均衡等问题还没有得到有效解决。所以，在坚持已有政策的前提下，我们还需继续探索促进基本公共服务均等化的有益措施，积极改善广大人民群众的生活，推动社会和谐发展。

六 民生取向公共政策的发展趋势

进入新世纪以来，我国经济社会发展更加重视"以人为本"，更加强调科学发展，民生期待备受重视，民生政策不断出台，民生投入持续加大。从重视经济增长向以民生取向为主的公共政策转移，已经成为党和政府工作的主题。一项项关注民生的决策部署和政策措施，写入党和国家的法律法规、重要文件。这些新政策、新措施，如春风细雨一般传递到千家万户、田间地头，向人民展开了一幅幅美丽的民生画卷。

然而，需要清醒地认识到，当前我国经济社会发展还面临一系列问题和挑战，改善民生仍然是一项长期、艰巨的任务，不可能一蹴而就。相信在未来较长时期内，党和政府会不断完善民生政策，加大民生投入，改善民生环境，构筑全面小康社会的民生基础。党的十八大报告明确提出，加强社会建设，必须以保障和改善民生为重点。提高人民物质文化生活水平，是改革开放和社会主义现代化建设的根本目的。要多谋民生之利，多解民生之忧，解决好人民最关心最直接最现实的利益问题，在学有所教、劳有所得、病有所医、老有所养、住有所居上持续取得新进展。

总之，未来的民生取向的公共政策，将以科学发展观为指导，以深化行政体制改革、推进政府职能转变为基础，始终把改善民生作为政策发展的目标指向。只有这样，才能有效化解现实中的各种矛盾和利益冲突，才能有效改善民生环境，使人民群众的生活水平和生活质量得到进一步提高，人民生活得更加快乐和幸福。

2012 年的反腐败斗争

黄宝玖*

摘　要：

本文简要回顾了我国改革开放以来反腐败斗争的历史进程、成就与经验，着重梳理了 2012 年反腐败斗争在监督检查中央重大决策部署贯彻落实情况、推进党的作风建设、建立惩治和预防腐败体系的基本框架、查办案件与惩处腐败分子等重要领域取得的新进展、新成效，同时，分析展望了 2013 年反腐败斗争的发展趋势。

关键词：

反腐败　党风建设　查办案件

一　改革开放以来我国反腐败斗争的历史回顾

改革开放以来，我们党和国家在集中精力进行经济建设的同时，一以贯之地坚持开展党风廉政建设和反腐败斗争，逐步形成了中国特色的反腐倡廉理论，走出了一条中国特色的反腐倡廉道路，反腐倡廉建设取得了巨大的成就，积累了宝贵的经验，为保证党和国家肌体健康、不断开创中国特色社会主义事业新局面提供了良好的政治保障。

反腐倡廉建设所取得的成就，得到我国人民群众的充分肯定和国际社会的积极评价。来自国家权威机构组织的全国党风廉政建设民意调查结果显示，人民群众对党风廉政建设和反腐败工作的"满意度"逐年走高。1996～2003 年，

---

* 黄宝玖，福建三明学院国际交流与合作处处长、国际学院院长，教授，法学硕士，主要研究领域为政治学理论、当代中国政治问题、国家能力理论、反腐败理论。

群众对反腐败工作成效的满意度从 1996 年的 32.8% 上升到 2003 年的 51.92%，① 2010 年升至 70.62%，② 2011 年则达到 72.7%。国际主流媒体如美国《纽约时报》《华盛顿邮报》和英国《金融时报》对中国反腐败的偏见报道（指歪曲事实的报道）呈下降趋势，客观报道（指纯粹的事实报道）与平衡报道（指反映正反两方面情况的报道）则呈上升趋势。1998～2007 年 4 月三家主流媒体涉及中国反腐倡廉的文字报道共 219 篇，2003～2007 年 4 月客观报道和平衡报道的比例，比 1998～2002 年分别上升 1.04% 和 8.09%，而偏见报道的比例则下降了 9.13%。③

改革开放以来，我国反腐倡廉建设的历程大致可以分三大阶段。④ 第一阶段，从十一届三中全会至十四大，探索开辟改革开放条件下反腐倡廉建设新途径的阶段。第二阶段，从十四大至十六大，探索社会主义市场经济条件下反腐倡廉建设道路，初步探索出一条适合我国现阶段基本国情的有效开展反腐倡廉的路子阶段。第三阶段，十六大以来，反腐倡廉工作融入经济建设、政治建设、文化建设、社会建设和党的建设之中，走出一条中国特色反腐倡廉道路阶段。

改革开放以来，我国的反腐倡廉建设取得的伟大成就，概括起来主要是：

（1）形成了中国特色的反腐倡廉理论，探索出一条中国特色反腐倡廉道路。

主要内容包括：在领导核心上，坚持党的领导；在指导思想上，用发展着的马克思主义指导反腐倡廉实践；在工作方针上，坚持标本兼治，综合治理，惩防并举，注重预防；在战略目标上，建立健全惩治和预防腐败体系；在实现途径上，拓展防止腐败工作领域；在工作格局上，根据形势不断发展的要求适时加以丰富和完善；在战略部署上，坚持战略上整体规划，战术上分阶段实施；在政策策略上，做到宽严相济，注重综合效果；在领导体制和工作机制

---

① 《调查显示：五大领域是群众心目中的"腐败重地"》，新华网：http://news.xinhuanet.com/newscenter/2004-01/26/content_1288400.htm。
② 姜洁：《十年反腐倡廉建设取得新进展》，《人民日报》2012 年 10 月 26 日。
③ 中央纪委研究室等：《党的十七大反腐倡廉精神学习问答》，中国方正出版社，2007，第 115 页。
④ 黄宝玖：《新中国反腐倡廉建设历程》，世界知识出版社，2011。

上，坚持党委统一领导，党政齐抓共管，纪委组织协调，部门各负其责，依靠群众的支持和参与；在依靠力量上，坚持群众路线，依靠人民群众和广大党员支持和参与反腐倡廉。①

（2）党风廉政建设与抓领导干部廉洁自律、查办大案要案、纠正部门和行业不正之风等反腐败斗争三项工作稳步推进，成效显著。

仅从查办违法违纪案件特别是查处大案要案情况来看，表现为查办案件数量巨大，大批腐败分子受到严厉惩治，为国家和集体挽回了数额巨大的直接经济损失。

据中纪委向党的代表大会的工作报告资料统计，党的十三大以来，全国纪检监察机关共立案查处了 3789290 件违纪案件。其中，1987～1991 年查处党内各类违纪案件 874690 件，1992 年 10 月～1997 年 6 月，全国纪检监察机关共立案 731000 多件（结案 670100 多件），1997 年 10 月～2002 年 9 月，全国纪检监察机关共立案 861917 件（结案 842760 件），2002 年 12 月～2007 年 6 月，全国纪检监察机关共立案 677924 件，2007 年 11 月～2012 年 6 月，全国纪检监察机关共立案 643759 件（结案 639068 件）。

据国家预防腐败统计，1982～2011 年三十年中，因违犯党纪政纪受到处分的党政人员达 420 余万人，其中省部级官员 465 人；因贪腐被追究司法责任的省部级官员 90 余人。原全国人大常委会副委员长成克杰、原江西省副省长胡长清、原安徽省副省长王怀忠、原国家药监局局长郑筱萸等被执行死刑。仅 2003～2011 年九年中，因贪腐被移送司法机关的 42000 余人，如原中共中央政治局委员陈良宇等。②

从 1978 年党的纪检监察机关恢复重建至 2012 年，全国纪检监察机关查处了大量违犯党纪政纪的党员和干部，共处分违犯党纪政纪党员干部 4086047 人。其中，1982～1986 年共处分违纪党员 650141 人（其中开除党籍 151935 人），1987～1991 年处分违纪党员 733543 人（其中开除党籍 154289 人），

---

① 中央纪委研究室等：《党的十七大反腐倡廉精神学习问答》，中国方正出版社，2007，第 51～55 页。

② 《中国近 30 年来共有 465 名省部级官员因违纪受处》，中国新闻网：http://www.chinanews.com/gn/2012/05－14/3886605.shtml。

1992 年 10 月 ~ 1997 年 6 月，给予党纪政纪处分 669300 多人（其中开除党籍 121500 多人），1997 年 10 月 ~ 2002 年 9 月，给予党纪政纪处分 846150 人（其中开除党籍 137711 人），2002 年 12 月 ~ 2007 年 6 月，给予党纪处分 518484 人，2007 年 11 月 ~ 2012 年 6 月，给予党纪政纪处分 668429 人。其中，受到查处的省部级官员就多达 400 多人。

据最高人民检察院工作报告资料统计，1983 ~ 2012 年，全国检察机关共立案侦查贪污、贿赂、渎职侵权等职务犯罪的腐败案件达 1274930 件。其中，1983 ~ 1987 年，立案侦查贪污、贿赂、偷税抗税和假冒商标等犯罪案件 15.5 万多件；1988 ~ 1992 年立案侦查贪污贿赂案 214318 件；1993 ~ 1997 年，共立案侦查贪污贿赂、渎职和侵犯公民人身权利、民主权利等职务犯罪案件 387352 件；1998 ~ 2002 年立案侦查贪污贿赂、渎职等职务犯罪案件 207103 件；2003 ~ 2008 年，立案侦查贪污贿赂、渎职侵权犯罪案件 179696 件。2009 ~ 2012 年，立案侦查贪污贿赂、渎职侵权犯罪案件 131461 件。

（3）体制机制制度改革不断深化，从源头上预防和治理腐败工作取得良好效果。

军队、武警部队已经停止生产经营活动，政法机关与所办经营性企业彻底脱钩，行政审批制度改革全面推进，财政管理体制改革不断深化，干部人事制度改革力度加大，行政管理体制改革继续深化，建设工程招标投标、经营性土地使用权出让、产权交易和政府采购四项制度普遍建立，有形建筑市场在全国市（地）级以上城市普遍建立并逐步规范，在国有大中型企业建立与实施了稽查特派员制、监事会制和会计委派制，司法体制和工作机制、投资体制、金融体制改革也在顺利推进，基层民主在逐步扩大，村务公开、厂务公开和政务公开全面实行，民主评议领导干部和国有企业领导人员的工作普遍展开。

（4）坚持不懈开展反腐倡廉教育，廉洁自律的自觉性和拒腐防变能力明显增强。

一方面，以党员领导干部为重点，在全党开展了邓小平理论、"三个代表"重要思想、"三讲"教育、深入贯彻科学发展观、保持共产党员先进性、"创先争优"等重大学习教育活动，增强了党员领导干部廉洁自律的自觉性和拒腐防变能力，夯实了党风廉政建设的思想基础。另一方面，面向全社会开展了一系列反腐倡廉教育活动和廉政文化建设活动，在全社会营造了"廉荣贪耻"的良好社会氛围，推动了党风政风和社会风气的好转。

（5）不断加强对权力运行的监督制约，监督制约效果不断提高。

一方面，通过大力发展社会主义民主，拓宽党内民主渠道，发展人民民主，不断加强对权力运行的监督制约。另一方面，通过建立健全党内监督制度，加快制定和完善权力监督的党纪国法，恢复重建或建立反腐倡廉专门机构，不断加强各种监督机制的作用，逐步实现了权力监督的法制化、规范化、程序化、系统化，监督效果不断提高。

（6）不断加大反腐倡廉法制建设力度，反腐倡廉的法规制度体系基本形成。

据中纪委统计，改革开放以来，全国省（部）级以上机关共制定党风廉政方面的法律法规及其他规范性文件 3000 多项，其中，中央纪委监察部制定200 多项，一系列廉政制度相应建立。历经三十余年努力，我国以宪法为核心，以法律为主干，包括行政法规、地方性法规等规范性文件在内的，由七个法律部门、三个层次法律规范构成的中国特色社会主义法律体系已经基本形成，国家经济、政治、文化、社会生活的各个方面基本实现了有法可依，为依法治国、建设社会主义法治国家、实现国家长治久安提供了有力的法制保障。我国还批准加入了《联合国反腐败公约》。

改革开放以来，党和政府不断深入探索改革开放和社会主义市场经济条件下反腐倡廉工作的基本规律，积累了反腐倡廉建设的基本经验。①包括：第一，必须坚持以中国特色社会主义理论体系为指导，深入贯彻落实科学发展观，确保党风廉政建设和反腐败斗争始终沿着正确方向前进。第二，必须坚持党要管党、从严治党，始终把党风廉政建设和反腐败斗争作为重大政治任务来抓。第三，必须坚持着眼于党和国家工作全局履行职责，为推动经济社会又好又快发展提供有力保障。围绕中心、服务大局，是推进党风廉政建设和反腐败工作的重要原则。第四，必须坚持把以人为本、执政为民贯彻落实到党风廉政

---

① 《中共中央纪律检查委员会向党的第十八次全国代表大会的工作报告》，人民网：http：//cpc. people. com. cn/n/2012/1119/c64387 - 19626455. html。

建设和反腐败工作之中，着力解决群众反映强烈的突出问题。第五，必须坚持惩治和预防工作一起抓，整体推进以完善惩治和预防腐败体系为重点的反腐倡廉建设。第六，必须坚持完善权力制约监督机制，保证人民赋予的权力始终得到正确行使。第七，必须坚持以改革创新精神推进工作，始终保持反腐倡廉建设的生机和活力。

二 2012 年的反腐败斗争

进入 2012 年，我国的反腐倡廉建设仍然面临着严峻复杂的国际环境，面临着国内经济体制深刻变革、社会结构深刻变动、利益格局深刻调整、思想观念深刻变化和各种社会矛盾凸显的历史条件。党风廉政建设和反腐败斗争仍然呈现出成效明显与问题突出并存、防治力度加大与腐败现象易发多发并存、群众对反腐败期望值不断上升与腐败现象短期内难以根治并存这"三个并存"的总体态势，反腐败斗争形势依然严峻、任务依然艰巨。高度重视反腐倡廉建设，依然是 2012 年党风廉政建设和反腐败斗争的不变要求。

2012 年新年到来之际，党中央就对 2012 年的反腐倡廉工作进行了全面部署。2012 年 1 月党的第十七届中央纪律检查委员会第七次全体会议召开。胡锦涛同志在会议的讲话中强调，党风廉政建设和反腐败工作要以邓小平理论和"三个代表"重要思想为指导，深入贯彻落实科学发展观，坚持标本兼治、综合治理、惩防并举、注重预防的方针，严明党的纪律，加强党的作风建设，推进惩治和预防腐败体系建设，着力解决反腐倡廉建设中人民群众反映强烈的突出问题，突出工作重点，狠抓任务落实，以党风廉政建设和反腐败斗争的新成效迎接党的十八大胜利召开。胡锦涛提出，当前要重点抓好以下六项工作：第一，加强对中央重大决策部署贯彻落实情况的监督检查，加强对党的政治纪律执行情况的监督检查，保证中央政令畅通。第二，严格执行组织人事工作纪律特别是换届纪律，加强对干部选拔任用全过程的监督，提高选人用人公信度，匡正选人用人风气。第三，加强换届后领导班子和领导干部作风建设，努力展示新面貌新形象。第四，按照建立健全惩治和预防腐败体系要求全面推进反腐倡廉各项工作，建立健全惩治和预防腐败长效机制。第五，继续解决好反腐倡廉建设中人民群众反映强烈的突出问题，抓好专项治理工作，着力在健全长效机制上下工夫，深入治理党员领导干部在廉洁自律方面存在的突出问题，扎实推进基层党风廉政建设。第六，认真总结党风廉政建设和反腐败工作的有益经验，努力把握新形势下反腐倡廉建设的特点、规律、发展趋势，以战略眼光、改革精神、创新思路谋划今后工作。贺国强在工作报告中提出，2012 年党风廉政建设和反腐败工作主要任务是：第一，严明党的纪律，加强对中央重大决策部署落实情况的监督检查。第二，加强党的作风建设，进一步密切党群干群关系。第三，加强惩治和预防腐败体系建设，深入推进反腐倡廉各项工作。第四，进一步加大专项治理力度，切实解决反腐倡廉建设中人民群众反映强烈的突出问题。

围绕党中央的战略部署，2012 年我国反腐倡廉建设全面深入推进，取得了新的成效。

（一）加大中央重大决策部署贯彻落实监督检查力度

保证中央政令畅通，切实维护中央权威和党的集中统一，及时发现工作中存在的问题，坚决纠正有令不行、有禁不止或上有政策、下有对策的行为，有效预防和减少腐败现象的发生，必须加强决策实施同步监督检查。党的十七届四中全会提出，要健全对中央重大决策部署执行情况定期检查和专项督查制度、纪律保障机制。党的十七届五中全会强调，要严明党的政治纪律，健全对中央重大决策部署执行情况纪律保障机制，确保中央政令畅通。

2010 年党的十七届五中全会将加快转变经济发展方式确定为"十二五"时期经济社会发展的主线。为保证转变经济发展方式的重大决策得以贯彻落实，2011 年中央纪委牵头成立了中央加快转变经济发展方式监督检查工作领导小组，印发《关于开展加快转变经济发展方式监督检查的意见》，组织开展了覆盖全国的监督检查工作，检查内容包括耕地保护和节约用地、节能减排和环境保护、产业振兴和技术改造等内容。

2012 年 6 月，中央加快转变经济发展方式监督检查工作领导小组组织第二次集中检查，派出 12 个检查组分赴 21 个省（区、市）和新疆生产建设兵团开展为期三周的集中检查。集中检查紧紧围绕贯彻落实"十二五"规划纲要和中央经济工作会议、2012 年"两会"精神展开。集中检查突出工作重点，抓住关键环节。在"十二五"规划纲要落实层面，对目标任务阶段性进展情况，主要是约束性指标和部分重要预期性指标完成情况进行检查，对各地落实规划纲要取得的成效作出分析判断；在政策执行层面，重点对水利改革发展、保障性安居工程建设、节能减排和环境保护、耕地保护和节约用地等四个方面情况进行检查，确保中央经济工作会议和"两会"部署的转变经济发展方式重要任务顺利完成；在项目实施层面，重点对"十二五"规划确定的重大项目投资安排、建设管理、配套资金落实和质量安全等情况进行检查，确保重大项目安全、廉洁、高效实施，充分发挥政府投资对经济结构调整、转变经济发展方式的促进作用。经过领导小组各成员单位、中央检查组和各地区各部门各单位的共同努力，监督检查工作有力有序推进，取得了重要进展和显著成效，有力地推动了有关地区、部门和单位进一步提高思想认识，加大转变经济发展方式力度，及时发现纠正了一些偏差和问题，提出了许多完善政策和改进工作的意见建议，为加快转变经济发展方式、保持经济平稳较快发展、顺利实施"十二五"规划发挥了重要保障和促进作用。[①]

以保障性安居工程建设监督检查为例，为使越来越多的百姓实现"住有所居"，中央决定"十二五"时期，我国将新建 3600 万套保障房。2011 年 10 月底，全国开工建设保障房超过 1000 万套，2012 年建设力度不减，粗略估算 2012 年实际在建工程量为 1800 万套左右，实际在建工程量、建设资金的实际投入将超过 2011 年。2012 年 3 月，温家宝总理在《政府工作报告》中表示，2011 年中央财政在保障性住房方面安排资金 1713 亿元，是 2010 年的 2.2 倍。2012 年力度更大，中央财政预算报告显示，住房保障支出 2117.55 亿元，较 2011 年增长 23.1%。大规模实施保障性安居工程建设，是中央为改善民生作出的重大决策，也是一场攻坚克难的大战役。为保障这项决策得到有效实施，2011 年 9 月，国务院办公厅下发《关于保障性安居工程建设和管理的指导意见》，要求落实工程质量责任。严格履行法定的项目建

---

① 姜洁：《贺国强：提高监督检查水平为落实中央重大决策部署提供有力保证》，《人民日报》2012 年 7 月 21 日。

设程序，规范招投标行为，落实项目法人责任制、合同管理制、工程监理制。严格建筑材料核验制度。项目法人对住房建设质量负永久责任，其他参建单位按照工程质量管理规定负相应责任。实行勘察、设计、施工、监理单位负责人和项目负责人责任终身制。2012 年 5 月，住房与城乡建设部再次下发通知，要求各地要把加强质量管理摆在实施保障性安居工程的首位，要把工程质量管理纳入住房保障工作考核、约谈和问责范围，要加大监督检查和工程质量责任追究力度，依法严肃查处保障性安居工程建设过程中各种违法违规行为。

从检查情况看，我国住房保障工作还处于探索阶段，存在不少矛盾和问题。各级监察机关、纠风办参与检查保障性住房项目 3.6 万个（次），查处保障性住房建设、资金管理、工程质量和分配使用过程中的违纪违法问题 340 件，有 382 人受到责任追究。此外，对贯彻执行国家调控政策不到位的一些市（县）人民政府负责人进行了约谈。[1] 2012 年 7 月审计署发布的《66 个市县 2011 年城镇保障性安居工程审计结果》显示，不同程度地存在资金筹集和管理不够规范、项目管理不到位、分配不公及后续管理不够严格等问题：（1）资金筹集和管理方面，存在着未足额提取或安排保障性安居工程资金影响工程建设进度，相关优惠政策未完全落实，未按规定拨付、使用或管理专项资金等问题。其中，36 个市县少提取或少安排工程资金 53.14 亿元，占应提取或安排总额的 14%；29 个单位违规拨付或滞留保障性安居工程资金 23.33 亿元；22 个单位将 29.55 亿元工程资金挪作他用；等等。（2）项目建设管理方面，存在着工程建设用地不规范、部分项目建设不符合基本建设程序、违规转包或发包给不具备相应资质的施工企业或个人影响建设质量等问题。（3）分配和后续管理方面，存在着部分保障性住房分配不够严格、被违规销售和挪作他用、户型面积标准超标等问题。其中 9 个市县的 5479 户保障对象未经资格审核即被纳入保障范围；42 个市县的 2.1 万户保障对象存在收入财产超标、重复享受保障待遇、应退出未退出住房保障等问题；5 个市

---

① 黄晓薇：《关于 2012 年执法监察、纠风工作中查办违纪违法案件情况的通报》，监察部网站：http：//www.mos.gov.cn/mos/cms/html/3/21/201301/26376.html。

县的 2801 套保障性住房被作为商品房对外销售；3 个市县的 226 套保障性住房被挪作他用。① 这些问题的存在，既与我国保障性住房建设和管理的政策、机制、保障范围、保障方式等顶层设计不够有关，又与法规建设滞后密切相关，需要及时总结经验，完善制度，加强管理。针对这些问题，2012 年发改委、住建部等部门以及各地政府相继出台了进一步加强建设和规范管理的相关文件。

各地也加强了中央重大决策实施的监督检查力度。如，2012 年 8 月，广东省"加快转型升级建设幸福广东"工作监督检查领导小组分 7 路赴全省 21 个地级以上市开展为期半个月的集中检查。检查内容为各地贯彻落实中央加快转变经济发展方式及省委、省政府"加快转型升级建设幸福广东"重大决策部署情况，包括对各地为民办实事情况、保障性安居工程建设、节能减排和环境保护、耕地保护和节约用地等政策落实情况的监督检查。广东省明确要求，要通过这次检查督促各地牢牢把握科学发展和加快转变经济发展方式主题主线；推动中央和省委、省政府关于加快转变经济发展方式重大决策部署的贯彻落实，确保全省经济平稳较快发展、"加快转型升级建设幸福广东"核心任务全面落实；及时发现和纠正各地实际工作中存在的问题和偏差；加强和改进机关作风，提高行政效能，防范以权谋私、失职渎职，推进惩治和预防腐败体系建设。② 上海市，全市纪检监察系统组织协调有关职能部门，对"廉洁办世博"，对涉及产业结构调整、改善民生、浦东综合配套改革试点、国资国企开放性市场化重组等重大政策，保障性住房建设、节能减排和环境保护等重要指标，国际航运枢纽、轨道交通、经济开发园区等重点项目的推进落实情况，对口支援都江堰灾后重建项目等中央和上海市委的重大决策、重大活动、重大项目开展监督检查，坚决纠正和查处违反科学发展观的突出问题，促进了经济社会持续平稳健康发展。③ 广西壮族自治区，党的十七大以来，区各级纪检监

---

① 《2012 年第 33 号公告：66 个市县 2011 年城镇保障性安居工程审计结果》，中华人民共和国审计署网站：http://www.audit.gov.cn/n1992130/n1992150/n1992500/3061853.html。
② 《广东 7 个检查组赴 21 市开展监督检查》，监察部网站：http://www.mos.gov.cn/mos/cms/html/3/239/201208/21253.html。
③ 《市监察局加强对重大决策部署贯彻落实情况的监督检查》，中国上海网：http://www.shanghai.gov.cn/shanghai/node2314/node28898/node28935/node28940/u8ai28431.html。

察机关以"四大战役"和"五保工程"为抓手，突出抓好对中央和自治区重大决策部署贯彻落实情况的监督检查。五年来，开展监督检查 6700 次，检查项目 3 万多个（次），整改问题 4534 个；立案查处违纪违法案件 1930件，给予党纪政纪处分 481 人；督促配合有关职能部门建章立制 2176 项，提出监察意见建议 1768 条（项），有力推动了中央和自治区重大决策部署的贯彻落实，促进了经济社会平稳较快发展。[①] 监督检查过程注重总结实践经验，健全规章制度，建立对重大决策部署贯彻执行情况监督检查长效机制。一些地方纪检监察部门如四川省纪委拟制定出台《关于进一步建立健全重大决策部署贯彻落实情况监督检查机制的意见》。实践证明，加强对中央重大决策部署贯彻落实情况的监督检查工作，有利于增强党员干部贯彻落实中央决策部署的自觉性和坚定性，维护中央权威，确保中央政令畅通；有利于规范项目和资金管理，保证政府投资安全和效益；有利于监督关口前移，及时发现和纠正工作中存在的问题，有效预防和减少腐败现象的发生。

（二）扎实推进党的作风建设

作风是党的生命，关系党的形象，关系党和人民事业的兴衰成败。党最大的政治优势是密切联系群众，执政后的最大危险是脱离人民群众。党的作风建设是党的建设的重要内容，是密切党同人民群众的血肉联系、巩固党的执政基础的重要保证。重视作风建设是我们党的优良传统。加强党的作风建设，进一步密切党群干群关系，是 2012 年党风廉政建设和反腐败工作的主要任务之一。2012 年年初，十七届中央纪委第七次全体会议提出，要切实加强领导机关和领导干部作风建设，坚决纠正损害群众利益的不正之风，扎实推进农村、国企、高校、公用事业单位、城市社区等基层党风廉政建设。

切实加强领导机关和领导干部作风建设。重点开展对领导班子换届风气的监督、换届纪律的检查，整治跑官要官、买官卖官、拉票贿选和换届前突击提拔干部等问题，确保换届风清气正，提高选人用人公信度。根据党章和有关规定，2011

---

① 李耿：《广西加强对中央和自治区重大决策部署贯彻落实情况监督检查工作情况综述》，人民网：http://fanfu.people.com.cn/n/2012/1218/c64371-19938223.html。

年第四季度至 2012 年 7 月初全国 31 个省区市党委，2010 年 12 月～2012 年 4 月底全国应换届的 374 个市（州）、2789 个县（市、区、旗）、33368 个乡镇党委，顺利完成换届，实现了风清气正。这次换届，坚持把严肃换届纪律摆在突出位置，坚持教育在先、警示在先、预防在先，以最坚决的态度、最有力的措施，确保换届风清气正。2010 年年底中央纪委、中组部联合下发《通知》，明确提出"5 个严禁、17 个不准、5 个一律"的纪律要求。中组部会同中央纪委先后派出 16 个督导组，中央巡视组结合回访，对 31 省区市换届风气进行督导。加强违反换届纪律查处力度，各地普遍实行违反换届纪律举报查核专办制度，做到"有报必查""露头就打"，发现一起、查处一起、通报一起，坚决整治跑官要官、拉票贿选等不正之风。中组部先后向全国通报了 11 起违反换届纪律的案例，正风肃纪取得成效。①为进一步抓好省级人大、政府、政协换届中严肃换届纪律工作，中央组织部制定印发了《工作方案》和《操作规程》，强调要进一步严密部署、严肃教育、严格监督、严厉查处、严加考核，把严肃换届纪律的螺丝钉拧得更紧，巩固和发展风清气正的换届环境，确保换届自始至终健康顺利进行。中央组织部会同中央纪委对市县人大、政府和市县政协换届的省区的换届风气进行巡回督导，对省级人大、政府、政协换届选举风气进行现场督导。换届期间，中央组织部设立举报电话（12380）和举报网站（www.12380.gov.cn），举报中心坚持专人值守制度，及时受理干部群众反映违反换届纪律问题的举报，并认真查核、严肃处理。换届结束后，对于加强换届后领导班子和领导干部作风建设，湖北省委制定《关于加强换届后领导班子和领导干部作风建设的意见》要求：大力加强思想作风建设，着力解决和防止党性不强、思想不纯等倾向性问题；大力加强学风建设，着力解决和防止理论联系实际不够、能力不足等倾向性问题；大力加强工作作风建设，着力解决和防止脱离群众、落实不力等倾向性问题；大力加强领导作风建设，着力解决和防止决策不科学、不民主等倾向性问题；大力加强生活作风建设，着力解决和防止奢侈浪费、情趣不健康等倾向性问题。②

深入推进基层党风廉政建设。基层组织是党执政的基础，是维护社会稳定

---

① 徐京跃、周英峰：《中组部负责人就省市县乡四级党委换届答记者问》，新华网：http://news.xinhuanet.com/politics/2012-08/03/c_112621847.htm。
② 《加强换届后领导班子和领导干部作风建设》，《湖北日报》2012 年 8 月 2 日。

和社会和谐的基础。基层干部的一言一行，直接代表着党在人民群众中的形象，影响着党在群众中的威信。加强党风廉政建设，既要继续加大力度查办大案要案特别是高中级干部违纪违法案件，又要把着力解决发生在群众身边的腐败问题摆上更加重要的位置来抓。一年来加强基层党风廉政建设、解决发生在群众身边的 10 个方面的腐败问题，包括征地拆迁、矿产资源开发、各类学校乱收费、医药购销和医疗服务、食品药品制假售假、国有企业领导人员侵占国家和集体以及职工权益、基层干部吃拿卡要和收受财物、为黑恶势力充当"保护伞"、买官卖官和拉票贿选、作风粗暴和奢侈浪费等，取得了新成效。其中，仅 2012 年上半年，全国共立案查处矿产资源领域违法案件 2760 件，罚没款 1.3 亿元，37 人受到党政纪处分，其中 25 人被追究刑事责任；国务院国资委及所属中央企业查处国有企业领导人员违纪违法案件 336 件，党政纪处分 377 人，挽回经济损失约 1.29 亿元；全国检察机关立案查处执法不公、为黑恶势力充当"保护伞"等司法人员职务犯罪案件 1405 件。① 此外，国有企业领导人员侵占国家、集体利益和侵占职工群众权益的腐败问题，医药购销领域和医疗服务中的腐败问题，食品药品制假售假的腐败问题，基层干部吃拿卡要、收受财物的腐败问题，基层干部买官卖官、拉票贿选等腐败问题，基层干部作风粗暴、欺压群众、奢侈浪费等腐败问题，公务员考录和国有企事业单位招聘过程中违反招录规程、暗箱操作、弄虚作假、徇私舞弊、失职渎职等腐败行为，纷纷受到严厉查处。

以农村基层为例，当前农民群众意见比较大的问题主要集中在以下几个方面："三资"（农村集体资金资产资源）管理问题是核心问题，资金管理混乱、资源不公开、重大资源出让没有经过民主程序来走；个别地方拉票贿选的情况比较严重；个别地方的宗族势力占据了村委会的领导地位，拆迁、土地承包有很多问题。针对这些问题，2011 年 5 月，中办、国办印发了《农村基层干部廉洁履行职责若干规定（试行）》，明确了农村基层干部廉洁履职的"41 个不准"。各地区和有关部门有针对性地探索"三资"委托代理服务、

---

① 崔静、周英峰：《果敢"亮剑"护民利》，新华网：http：//news. xinhuanet. com/politics/2012_10/11/c_ 113342723. htm。

建立产权交易中心、构建网络监管平台等，全国 98% 的村集体实现了财务公开。针对村级民主建设，全国已有 51.4 万个村建立了村务监督机构。浙江、江苏、安徽、福建、河南、四川、宁夏等省区均制定了规范性文件，对村务监督机构依法充分行使监督权力提出了要求。2010 年 11 月 ~ 2011 年 11 月，全国共立案查处农村基层党员干部违纪违法案件 5.85 万件，给予党政纪处分或组织处理 5.79 万人；共受理涉农信访案件 19.33 万件，办结 17.33 万件。各地对查办农村基层干部违法违纪案件进行了通报。广东省严厉打击村"两委"换届中"贿选"等违纪违法行为，对有关信访举报线索进行重点排查，对近年来查处的 12 起典型案件进行了通报。① 2012 年河北迁安市为推进农村反腐倡廉工作，加大对农村基层组织和党员干部的监督力度，创造性地为 534 个村全部配备了纪检委员。截至 2012 年底，迁安市农村纪检委员协助乡镇纪委查办案件 66 件，监督村内重大事项 1049 次，全程参与工程建设项目招投标 112 次，调解处理农村基层矛盾纠纷 1778 起，对监督村组党员干部履行职责和遵纪守法、廉洁自律情况以及村务公开制度、民主管理制度、民主理财制度等执行情况，协助乡镇纪委查处村"两委"干部违纪违法问题等发挥了重要作用。②

进一步推动"三公"经费向社会公开。阳光是最好的反腐剂。党的十七大以来，党中央大力推进政务、村务、厂务"三公开"，着力打造"透明政府""阳光村务""阳光厂务"，有效预防了腐败的发生。因公出国（境）经费、公务车购置及运行费、公务招待费"三公"经费是国家重要的财政信息，属于政府信息公开范围。近年来，国务院大力推进预算决算公开和"三公"经费公开。2010 年 75 个中央部门公开了部门预算；2011 年 92 个中央部门公开了部门预算，90 个中央部门公开了部门决算，98 个中央部门公开了"三公"经费。2012 年 4 月国务院常务会议要求，中央部门要细化"三公"经费的解释说明，并明确省级政府两年内全面公开"三公"经费。2012 年 6 月，国务院发布《机关事务管理条例》，进一步要求从 10 月 1 日起县级以上政府

---

① 肖志涛：《去年全国查处农村基层党员干部违纪违法案件超 5 万件》，中国广播广网：http：//china. cnr. cn/news/201201/t20120106_ 509021229. shtml。

② 《近年来基层党员干部违纪违法案件居高不下》，《重庆日报》2012 年 12 月 5 日。

需将"三公"经费纳入预算管理,定期向社会公开"三公"经费预决算情况,并提出县级政府要严控"三公"经费的规模和比例。至 2012 年 7 月 24 日,98 个中央部门在各自网站上公布了本部门"三公"经费,与往年比,中央部门更加及时、统一、细化地公开了部门预决算,并且按照国务院部署,公开的财政信息更加详细,对中央"三公"经费作了解释说明。继 2011 年北京、上海、广东、陕西等省市公开"三公"经费之后,河南省等更多地方已宣布 2012 年起各级财政"三公"经费支出要向社会公开。

出台改进工作作风"八项规定",展示廉政新风。改进工作作风、密切联系群众,关系党和人民事业成败。党的十八大进一步要求"坚持以人为本、执政为民,始终保持党同人民群众的血肉联系",强调"坚持艰苦奋斗、勤俭节约,下决心改进文风会风,着力整治庸懒散奢等不良风气,坚决克服形式主义、官僚主义,以优良党风凝聚党心民心、带动政风民风"。

新一届中央政治局上任后,直面当前一些党员干部作风方面还存在的比较突出的问题,于 12 月 4 日召开专题会议,强调领导干部特别是高级干部作风如何,对党风政风乃至整个社会风气具有重要影响。抓作风建设,首先要从中央政治局做起,要求别人做到的自己先要做到,要求别人不做的自己坚决不做,以良好党风带动政风民风,真正赢得群众信任和拥护。要下大决心改进作风,切实解决群众反映强烈的问题,始终保持同人民群众的血肉联系。会议审议通过中央政治局关于改进工作作风、密切联系群众的八项规定。规定要求,中央政治局全体同志要改进调查研究,到基层调研要深入了解真实情况,总结经验、研究问题、解决困难、指导工作,向群众学习、向实践学习,多同群众座谈,多同干部谈心,多商量讨论,多解剖典型,多到困难和矛盾集中、群众意见多的地方去,切忌走过场、搞形式主义;要轻车简从、减少陪同、简化接待,不张贴悬挂标语横幅,不安排群众迎送,不铺设迎宾地毯,不摆放花草,不安排宴请。要精简会议活动,切实改进会风,严格控制以中央名义召开的各类全国性会议和举行的重大活动,不开泛泛部署工作和提要求的会,未经中央批准一律不出席各类剪彩、奠基活动和庆祝会、纪念会、表彰会、博览会、研讨会及各类论坛;提高会议实效,开短会、讲短话,力戒空话、套话。要精简文件简报,切实改进文风,没有实质内容、可发可不发的文件、简报一律不发。要规范出访活动，从外交工作大局需要出发合理安排出访活动，严格控制出访随行人员，严格按照规定乘坐交通工具，一般不安排中资机构、华侨华人、留学生代表等到机场迎送。要改进警卫工作，坚持有利于联系群众的原则，减少交通管制，一般情况下不得封路、不清场闭馆。要改进新闻报道，中央政治局同志出席会议和活动应根据工作需要、新闻价值、社会效果决定是否报道，进一步压缩报道的数量、字数、时长。要严格文稿发表，除中央统一安排外，个人不公开出版著作、讲话单行本，不发贺信、贺电，不题词、题字。要厉行勤俭节约，严格遵守廉洁从政有关规定，严格执行住房、车辆配备等有关工作和生活待遇的规定。①

这八项新规定，针对的都是人民群众长期反映强烈的问题，展示了新一届中央领导集体的执政新姿态，是聚党心得民心之举。仅仅一个来月，人们就感受到了新气象、新变化扑面而来，令人振奋。如，中央领导到外地考察，一路轻车简从、减少陪同，不挂标语横幅，不封山、不封路，不住"一号楼"或"总统套间"，饮食也严格按照有关规定；新闻报道的字数、时长都大为压缩；中央一些会议压缩会期、工作人员数量，不摆鲜花，缩短简报，简装会议文件资料，等等。"八项规定"出台后，各地各部门积极响应，结合实际纷纷制定了贯彻落实的具体规定。

（三）初步形成惩治和预防腐败体系的基本框架

2005年1月，中央颁布《建立健全教育、制度、监督并重的惩治和预防腐败体系实施纲要》，提出了到2010年，建成惩治和预防腐败体系基本框架，再经过一段时间的努力，建立起思想道德教育的长效机制、反腐倡廉的制度体系、权力运行的监控机制，建成完善的惩治和预防腐败体系的目标。

2008年5月，中央颁布《建立健全惩治和预防腐败体系2008—2012年工作规划》，确立了经过今后五年的扎实工作，建成惩治和预防腐败体系基本框

---

① 《中共中央政治局召开会议　审议关于改进工作作风、密切联系群众的有关规定》，新华网：http://news.xinhuanet.com/politics/2012_12/04/c_113906913.htm。

架、拒腐防变教育长效机制初步建立，反腐倡廉法规制度比较健全，权力运行监控机制基本形成，从源头上防治腐败的体制改革继续深化，党风政风明显改进，腐败现象进一步得到遏制，人民群众的满意度有新的提高的工作目标。突出强调坚持统筹推进、综合治理，把改革的推动力、教育的说服力、制度的约束力、监督的制衡力、惩治的威慑力有机结合起来，切实增强惩治和预防腐败体系建设综合效能的基本要求。

五年来，在党中央的坚强领导下，经过各方面的共同努力，以体制机制制度为支撑的惩治和预防腐败体系基本框架初步形成，反腐倡廉建设科学化水平得到提升。截至 2012 年 8 月，中央和国家机关制定反腐倡廉相关法律法规 775 件；各省（区、市）和新疆生产建设兵团制定反腐倡廉相关地方性法规和文件规定 1538 件。目前，各法规制度门类中具有基础地位、起到骨架与支撑作用的主干性法规已经具备，与主干性法规相配套的法规制度已经体系化。截至 2012 年 9 月，《工作规划》部署的 159 项任务，已基本完成阶段性任务和持续性开展的工作 147 项，占任务总数的 92%。[①] 2012 年，进一步完善反腐倡廉的法律法规，将反腐倡廉进一步纳入法制化轨道。《刑事诉讼法》获得第二次修改，专门规定了对腐败犯罪嫌疑人、被告人逃匿、死亡案件违法所得及其他涉案财产的没收程序。《机关事务管理条例》《违反〈国有企业领导人员廉洁从业若干规定〉行为适用〈中国共产党纪律处分条例〉的解释》《违规发放津贴补贴行为适用〈中国共产党纪律处分条例〉若干问题的解释》《国有企业负责人职务消费行为监督管理暂行办法》《事业单位工作人员处分暂行规定》《关于全面推进人民法院廉政风险防控机制建设的指导意见》《公务员职业道德培训大纲》《关于进一步加强村级民主监督工作的意见》《支付机构预付卡业务管理办法》《单用途商业预付卡管理办法（试行）》等一批法规制度相继颁布。在此基础上，中央纪委正着手制定建立健全惩治和预防腐败工作体系 2013～2017 年的工作规划，进一步完善党内反腐倡廉的教育、预防、监督、惩治的制度体系。

---

① 戴南：《党的十七大以来惩治和预防腐败体系建设工作综述》，《中国纪检监察报》2012 年 9 月 17 日。

各地高度重视惩防体系建设，取得积极成果。江苏省在总结完善已有制度建设成果的基础上，制定出台了关于构建反腐倡廉教育机制、权力运行监控机制、预防腐败工作机制、纠风工作长效机制、惩治腐败工作机制的意见和工作考评办法等"5+1"文件，初步形成了以制度建设为主线，以权力监控为核心，以"五大机制"为支撑的基本框架，惩防体系建设取得了阶段性成效。①浙江省坚持统筹兼顾，着力完善具有浙江特点的惩防体系"4+1"构建模式。一是以全面落实惩防体系建设任务为目标，着力推进"整体构建"。二是以政府投资项目建设、公共资源交易、公共资金使用和重大活动筹办为重点领域，着力推进"专项构建"。三是以容易滋生腐败的行业中关键岗位和重点环节为突破口，着力推进"行业构建"。四是以开展重点工作和专项工作为载体，着力推进"联合构建"。五是以现代信息技术、通信技术和网络技术为手段，着力推进"科技构建"。②天津市结合天津实际，以构建"板块化、系统化、网络化、信息化"工作格局为载体，推进具有天津特点的惩治和预防腐败体系建设，加快建设法治政府、廉洁政府、高效政府，有力地保障了全市经济社会又好又快发展。③

（四）继续保持查办案件、惩处腐败分子的强劲势头

查办案件，对于腐败现象具有惩戒和治本功能。有力惩治腐败分子，才能增强教育的说服力、制度的约束力和监督的威慑力。2012年，反腐败工作把查办违纪违法案件特别是大案要案放在突出位置，继续加大查办违纪违法案件工作力度，持续保持惩治腐败工作的高压态势。重点查办了一批领导机关和领导干部中滥用职权、贪污贿赂、腐化堕落、失职渎职案件，涉案人员职级不高但数额巨大、影响恶劣的案件，以及发生在群众身边的腐败案件，坚决查处了薄熙来、刘志军等一批重大违纪违法案件和腐败分子。

---

① 罗志军：《科学构建惩防体系基本框架 为"两个率先"提供有力保证》，监察部网：http://www.mos.gov.cn/mos/cms/html/3/228/201109/8267.html。
② 赵洪祝：《发挥惩防体系建设领导小组作用 加快推进惩防体系建设步伐》，监察部网：http://www.mos.gov.cn/mos/cms/html/3/228/201109/8267.html。
③ 黄兴国：《扎实推进政府系统惩防体系建设 保障经济社会全面发展》，监察部网：http://www.mos.gov.cn/mos/cms/html/3/228/201109/8267.html。

2012 年，全国纪检监察机关重点查办了以下几个方面的案件，并取得重大进展：一是严肃查处违反政治纪律的行为，处分 374 人；严肃查办违反组织人事纪律案件，处分 2027 人。二是严肃查办发生在领导机关和领导干部中的违纪违法案件。处分县处级以上干部 4698 人，移送司法机关的县处级以上干部 961 人。薄熙来、刘志军、黄胜、田学仁等严重违纪违法案件受到查处。各地区各部门也查办了一批在本地区本部门有影响的大案要案。如，河南省漯河市原市长吕清海收受贿赂 1200 万元，山东省政府原副秘书长、机关事务管理局原局长张泽忠收受贿赂 706 万元，受到开除党籍、行政开除处分，被移送司法机关依法处理。三是严肃查办工程建设领域，政法机关、国土资源、交通、教育、环保、卫生、农业等部门，国有企业和金融单位等重点领域和部门发生的违纪违法案件。四是严肃查办贪污贿赂和失职渎职案件。因贪污贿赂行为，处分 30315 人，占同期处分人数的 18.9%。严肃查办失职渎职案件，处分 42606 人，占同期处分人数的 26.5%。如，云南省曲靖市师宗县私庄煤矿"11·10"特别重大煤与瓦斯突出责任事故，造成 43 人死亡，直接经济损失 3970 万元，曲靖市副市长张向明等 13 人受到党纪政纪处分，师宗县委原书记王建忠等 19 人被移送司法机关依法处理。五是严肃查办发生在群众身边的违纪违法案件。重点查处了涉及征地拆迁、矿产资源开发、学校办学乱收费、医药购销和医疗服务、食品药品制假售假、基层干部吃拿卡要等方面的违纪案件，维护了群众的切身利益。如，查办了广西龙江河镉污染等违反环境保护法律法规方面的案件、铬超标药用胶囊等食品药品安全监管方面的案件，对有关责任人进行了严肃处理。重点查办了一批涉案人员职级不高但数额巨大、影响恶劣的案件，维护了人民群众的合法权益。如，广东省佛山市禅城区委原常委、祖庙街道办事处党工委原书记郑年胜，利用职务便利，挪用资金 1 亿元，受贿 2510 万元，人民法院依法判处其死缓。总起来看，2012 年，各级纪检监察机关共接受信访举报 1306822 件（次），其中检举控告类 866957 件（次）。初步核实违纪线索 171436 件，立案 155144 件，结案 153704 件，处分 160718 人。其中，给予党纪处分 134464 人，给予政纪处分 38487 人。与 2011 年相比，2012 年纪检监察机关初步核实违纪线索件数增长 10.6%，立案件数增长 12.5%，处分人数增长 12.5%，移送司法机关人数增长 38.4%。通过查办案

件，为国家挽回经济损失 78.3 亿元。①

2012 年查办的典型的大要案有：

薄熙来案

2012 年 3 月 14 日，中央决定薄熙来不再兼任重庆市委书记、常委、委员职务。4 月 10 日，中央决定停止薄熙来的中央政治局委员、中央委员职务，并由中央纪委对其立案调查。9 月 28 日，中央政治局会议决定给予薄熙来开除党籍、开除公职处分，对其涉嫌犯罪问题及犯罪问题线索移送司法机关依法处理。10 月 26 日，检察机关宣布，薄熙来因涉嫌犯罪，依法对其立案侦查并采取强制措施。11 月 4 日，党的十七届七中全会审议并通过了中央纪委《关于薄熙来严重违纪问题的审查报告》，确认中央政治局 9 月 28 日作出的给予薄熙来开除党籍的处分。

经查，薄熙来在担任大连市、辽宁省、商务部领导职务和中央政治局委员兼重庆市委书记期间，严重违反党的纪律，在王立军事件和薄谷开来故意杀人案件中滥用职权，犯有严重错误，负有重大责任；利用职权为他人谋利，直接和通过家人收受他人巨额贿赂；利用职权，薄谷开来利用薄熙来的职务影响为他人谋利，其家人收受他人巨额财物；与多名女性发生或保持不正当性关系；违反组织人事纪律，用人失察失误，造成严重后果。此外，调查中还发现了薄熙来其他涉嫌犯罪问题线索。薄熙来的行为严重违反党的纪律，极大损害了党和国家声誉，在国内外产生了非常恶劣的影响，给党和人民的事业造成了重大损失。对薄熙来严重违纪问题的查处，进一步体现了我们党从严治党的根本要求和依法治国的执政理念，进一步表明了我们党反对腐败的鲜明立场和坚定决心。

王立军案

2012 年 2 月 6 日～7 日，重庆市原副市长王立军私自进入美国驻成都总领事馆滞留，在国内外造成恶劣影响。事后，侦查机关依法对此进行调查。经查，王立军身为重庆市公安局局长，明知薄谷开来有故意杀害尼

---

① 崔少鹏：《关于 2012 年全国纪检监察机关查办案件工作情况的通报》，新华网：http://news.xinhuanet.com/politics/2013_01/09/c_114308005.htm。

尔·伍德的重大嫌疑，却徇私枉法，故意包庇使其不受追诉，其行为已构成徇私枉法罪，且情节特别严重；王立军作为国家机关工作人员，在履行公务期间，擅离岗位，叛逃外国驻华使领馆，其行为已构成叛逃罪，且情节严重；王立军滥用职权，非法对多人使用技术侦察措施，严重侵犯了公民的合法权益，破坏了社会主义法制，其行为已构成滥用职权罪；王立军作为国家工作人员，利用职务上的便利，为他人谋取利益，非法收受他人财物共计折合人民币 305 万余元，其行为已构成受贿罪，其收受贿赂后为请托人谋取不正当利益，情节恶劣。

9 月 24 日，四川省成都市中级人民法院依法作出一审宣判，判处王立军有徇私枉法罪、叛逃罪、滥用职权罪、受贿罪，数罪并罚，决定执行有期徒刑十五年，剥夺政治权利一年。王立军当庭表示不上诉，并表示："对检察机关指控的犯罪，我知罪、认罪、悔罪。"他说，"我的行为是犯罪行为，希望通过审判挽回和消除在国际国内所造成的严重影响，同时希望通过审判警示社会，让更多人从我身上吸取教训。面对培养关心我的组织、社会各界和亲人，要在这里真诚地说，'对不起，真的对不起，让你们失望了'。"①

刘志军案

2011 年 2 月，因涉嫌严重违纪，中央决定对中央委员，铁道部原部长、党组书记刘志军立案调查。经查，刘志军滥用职权帮助北京博宥投资管理集团公司董事长丁羽心获取巨额非法利益，造成重大经济损失和恶劣社会影响；收受他人巨额贿赂和贵重物品；道德败坏；对铁路系统出现的严重腐败问题负有主要领导责任。

2012 年 5 月 28 日，经中央纪委常委会议研究并报中央政治局会议审议，决定给予刘志军开除党籍（开除的行政处分由监察部按程序报国务院审批后另行作出），收缴其违纪所得，所涉嫌犯罪问题移送司法机关处理。11 月 4 日，十七届七中全会审议并通过中央纪委《关于刘志军严重违纪问题的审查报告》，确认中央政治局 5 月 28 日作出的给予刘志军开除党籍的处分。

---

① 李斌、杨维汉：《在法律的天平上——王立军案件庭审及案情始末》，新华网：http://news.xinhuanet.com/legal/2012_09/19/c_113136404.htm。

黄胜案、田学仁案

2011 年 11 月，山东省副省长黄胜，吉林省委原常委、省政府原常务副省长田学仁涉嫌严重违纪，被证实分别接受组织调查。

据新华社北京 2012 年 6 月 25 日、7 月 6 日电，中央纪委日前分别对山东省原副省长黄胜，吉林省原副省长、吉林银行原党委书记董事长田学仁严重违纪违法问题进行了立案调查。经查，黄胜利用职务上的便利为他人谋取利益，收受巨额钱物，并给国家造成严重经济损失；道德败坏。田学仁利用职务上的便利为他人谋取利益，收受巨额钱物；收受礼金。两人均被开除党籍和行政公职，所涉嫌犯罪问题被移送司法机关处理。

赖昌星案

2012 年 5 月 18 日，赖昌星走私犯罪集团首要分子赖昌星走私普通货物、行贿犯罪一案，在厦门市中级法院依法公开宣判。经审理查明，1991 年起，赖昌星通过在香港、厦门等地设立公司、建立据点、网罗人员等，形成走私犯罪集团。1995 年 12 月～1999 年 5 月，赖昌星犯罪集团采取伪报品名、假复出口、闯关等手段，走私香烟、汽车、成品油、植物油、化工原料、纺织原料及其他普通货物，案值共计 273.95 亿元，偷逃应缴税额 139.99 亿元。为实施走私活动和谋取其他不正当利益，赖昌星于 1991～1999 年，直接经手或指使犯罪集团成员先后向 64 名国家工作人员赇送钱款、房产、汽车等财物共计 3912.89 万元。法院认定，赖昌星犯走私普通货物罪，判处无期徒刑，剥夺政治权利终身，并处没收个人全部财产；犯行贿罪，判处有期徒刑十五年，并处没收个人财产 2000 万元，两罪并罚，决定执行无期徒刑，剥夺政治权利终身，并处没收个人全部财产，赖昌星的违法犯罪所得依法予以追缴。赖昌星被成功遣返并被判定罪，彰显了中国政府坚决打击犯罪、惩治腐败的坚定决心，将有力地推动我国打击犯罪和反腐败斗争的深入开展。

（五）加大纠风和专项治理工作力度

纠正损害群众利益的不正之风是反腐倡廉建设的重要领域之一。开展专项治理是"纠风"工作的主要抓手。纠风工作实行"谁主管谁负责"和"管行业必须管行风"的原则，建立责任制。

2012 年初，十七届中央纪委第七次全体会议提出，要进一步加大专项治理力度，切实解决发生在群众身边人民群众反映强烈的腐败问题。2012 年专项治理的重点是深入推进工程建设领域突出问题专项治理，深化庆典、研讨会、论坛过多过滥问题专项治理，深化公务用车问题专项治理，同时，对已经取得阶段性成果的公款出国（境）旅游、"小金库"等专项治理建立长效机制。

2012 年 4 月，国务院发布《关于 2012 年纠风工作的实施意见》，提出 2012 年纠风工作和专项治理的六项重点工作：重点治理商场、物流、银行、电信、教育、涉农六个领域的乱收费问题；开展公务员考录和国有企事业单位招聘中的不正之风专项治理；巩固庆典、研讨会、论坛专项治理成果，将清理规范博览会、运动会纳入专项治理范围；深化纠正违法违规征地拆迁问题工作；坚决纠正保障性住房建设与配置等环节、医药购销和医疗服务、食品药品安全领域的不正之风；继续加强对强农惠农富农资金、扶贫资金、救灾救济资金、住房公积金、社保基金等涉及民生的政府专项资金的管理和监督。

1. 工程建设领域突出问题专项治理

2009 年，中央作出集中开展工程建设领域突出问题专项治理的重大决策部署。各地区各部门各单位贯彻中央要求，认真治理招标投标等重点环节存在的突出问题，扎实推进招标投标监管体制和市场体系建设，着力完善工程建设项目信息公开和诚信体系，严肃查处工程建设领域违纪违法案件，推动专项治理工作取得了明显成效。（1）工程建设领域一批违规问题得到整改。各地区各部门全面排查 2008 年以来立项、在建和竣工的工程项目，全国共排查工程项目 42 万多个，发现问题 26 万多个，整改问题 22 万多个。对国土资源、交通运输、铁路、水利、市政等重点领域开展集中检查，中央检查组抽查 123 个项目，发现问题 466 个，整改问题 325 个。各省（区、市）共检查重点领域工程建设项目 10 万多个，整改问题 3 万多个。（2）一批工程建设领域的违纪违法案件受到查处。2012 年 1 月~11 月，全国共受理工程建设领域违纪违法问题举报 1.11 万件，立案 5956 件，查实 5022 件，3780 名党员干部受到党纪政纪处分，331 名党员干部受到组织处理，1097 名党员干部被移送司法机关，另有 1204 名非国家公职人员被移送司法机关。比如，安徽省政协原常委、经济委员会原主任李忠金，在担任淮北市市长期间，利用职务便利，为他人在工程项目承包、土地拍卖等方面谋取利益，受贿共计201万元人民币、6万元美元、6万元港币，受到开除党籍处分，被判处有期徒刑十一年六个月。中央工程治理领导小组办公室公布60起工程建设领域典型案件。（3）工程建设领域法规制度体系也在不断完善。2012年2月，《中华人民共和国招标投标法实施条例》正式实施。中央国家机关有关部门针对工程建设领域存在的薄弱环节，及时出台了一批规章制度，国务院办公厅转发了国家发改委、国务院法制办、监察部《关于做好招标投标法实施条例贯彻实施工作的意见》。各地区各有关部门共废止和宣布失效工程建设领域规章155部，修改规章157部。（4）一些地方改革完善招标投标管理体制和监督机制，建立集中统一的公共资源交易市场。全国县级以上已建立统一规范的公共资源交易市场988个，其中省级建立市场13个，市（地）级建立市场198个，县级建立市场777个。铁路、水利、交通运输工程建设项目招投标管理体制改革实现重大突破，铁道部、水利部、交通运输部决定将铁路、水利、公路和水运工程建设项目按照属地或授权原则，纳入地方招标投标中心或公共资源交易市场。（5）工程建设领域信息综合检索国家级平台已经建成，与16个省级平台连通。全国建立项目信息和信用信息公开共享专栏8000多个，发布信息500多万条。①

2. 庆典、研讨会、论坛过多过滥专项治理

2011年4月，中办、国办联合印发《关于开展清理和规范庆典、研讨会、论坛活动工作的实施意见》，清理和规范工作全面启动。按照中央部署，由中央纪委、中央办公厅牵头，全国人大常委会办公厅、国务院办公厅、全国政协办公厅等13个单位组成全国清理和规范工作领导小组。经过各地区各部门共同努力，清理和规范工作取得明显成效。2011年，全国各级党政机关及其所属单位共清理和规范各种庆典、研讨会、论坛活动项目6656个，涉及资金约44亿

① 黄晓薇：《关于2012年执法监察、纠风工作中查办违纪违法案件情况的通报》，中国新闻网：http://www.chinanews.com/fz/2013/01-09/4473073.sthml。肖志涛：《中纪委：工程建设领域突出问题专项治理已处分1.81万人》，中国广播网：http://china.cnr.cn/gdgg/201210/t20121026_511232521.shtml。

元。其中，当年撤销举办活动 2549 个，总撤销率为 38.2%，节约财政资金约 12.2 亿元。全国清理和规范工作领导小组办公室对以各省（区、市）、中央和国家机关名义举办的庆典、节会活动严格审核把关，先后对河南申请举办公祭黄帝、湖南申请举办公祭炎帝、甘肃申请举办丝绸之路国际旅游节等上百起活动进行审核答复，对一些规模较大的活动明确提出"瘦身"要求，收到较好效果。赴多省（市）进行检查督导，及时受理群众举报，坚决查处和叫停违规举办活动。如，先后对湖北省武汉经济技术开发区违规举办成立 20 周年庆典活动等违纪问题进行督办；对一些中央国家机关未经批准，擅自与部分地区联合举办节庆活动问题进行约谈，督促其积极整改。研究制定《节庆活动管理办法（试行）》，对各级党政机关及其所属单位举办节庆活动建立了制度规范。同时，会同民政部印发了《社会组织举办研讨会论坛活动管理办法》，对行业协会、中介组织等单位举办活动也提出了规范性意见。此外，按照中央要求，2012 年把规范博览会、体育运动会举办活动纳入了专项治理。①

3. 公务用车专项治理

2011 年初，中办、国办印发《党政机关公务用车配备使用管理办法》《省部级干部公务用车配备使用管理办法》，从降低配备标准、压缩编制数量、强化经费预算管理和审批购置、使用、保险、维修及加油等方面提出了新的更严更高要求。2011 年 4 月，中办、国办印发了《关于开展党政机关公务用车问题专项治理工作的实施意见》，全面部署专项治理工作，取得了明显阶段性成效。全国党政机关清理出超编、超标等违规公务用车 19.96 万辆。制定《党政机关违规公务用车处理办法》，明确政策要求。各地区各部门开展违规公务用车纠正处理工作，该退回的退回，该报废的报废，该调剂的调剂，该拍卖的拍卖。一些地区和部门还对违规使用军警号牌等问题进行了清理纠正。江苏省共清退军车号牌 38 副，武警号牌 164 副，取消公安民用专段号牌 12438 副。31 个省区市和新疆生产建设兵团、中央和国家机关制定印发了新的公务用车配备使用管理办法，明确公务用车新的编制和配备标准。各地区各部门相继制定完善了一批专门性管理办

---

① 肖志涛：《中纪委：工程建设领域突出问题专项治理已处分 1.81 万人》，中国广播网：http: china. cnr. cn/gdgg/201210/t20121026_ 511232521. shtml。

法，初步解决了长期以来存在的管理粗放、审批随意、超编超标等问题。新的编制标准确定后，各地区各部门进一步增强编制刚性，全面压减党政机关公务用车总量。目前，一般公务用车新编制核定工作全面完成，新编制数比车辆实有数减少 4.76 万辆，其中上海、重庆压减幅度分别达到 19.25% 和 17.71%。中央和国家机关一般公务用车实有车辆减幅达 35%，压减的车辆正分批通过中央行政事业单位国有资产处置平台公开处置。财政部门会同有关主管部门认真开展执法执勤用车编制核定工作。截至 2012 年 10 月，已完成中央部门（系统）执法执勤用车的编制核定工作，完成 28 个省区市分系统执法执勤用车编制审核工作。中央公务用车问题专项治理工作领导小组办公室先后派出 35 个督导组，对 100 个中央部门和 22 个省区市进行重点督导，并通报督导情况。各地区各部门也采取多种形式开展监督检查，对群众举报和媒体曝光的违规违纪问题进行严肃查处。对云南省楚雄州"农业执法车现身老挝"、山东省潍坊市人民检察院违规配备进口越野车、湖北省广水市"车随人走"等问题进行了严肃查处，对相关责任人员进行了纪律处分和组织处理。据统计，专项治理工作期间，各级专项治理工作机构共督办查处群众信访举报和媒体披露的案件 3396 件，给予党纪政纪处分 255 人，保证了专项治理工作顺利进行。①

4. 党政干部因公出国（境）专项治理

2008 年 4 月～2011 年 3 月，中央纪委、监察部、国家预防腐败局会同有关部门在全国组织开展了制止公款出国（境）旅游专项工作，取得了重要成果。2008 年，全国因公出国（境）人数首次出现大幅下降，较 2007 年下降了 12.2%。2009 年，全国党政干部因公出国（境）团组数、人次数、经费数与 2006～2008 年 3 年平均数相比，分别下降了 49%、45.5%、37.6%，节约经费 16 亿元。2010 年，全国党政干部因公出国（境）团组数、人次数、经费数与 2006～2008 年 3 年平均数相比分别下降 47.1%、43.9%、32.6%，节约经费 14 亿元。着力建立和完善因公出国（境）管理制度，颁布实施《加强党政干部因公出国（境）经费管理暂行办法》，制定《用公款出国（境）旅游及

---

① 肖志涛：《中纪委：工程建设领域突出问题专项治理已处分 1.81 万人》，中国广播网：http: china. cnr. cn/gdgg/201210/t20121026_ 511232521. shtml。

相关违纪行为适用〈中国共产党纪律处分条例〉若干问题的解释》和《用公款出国（境）旅游及相关违纪行为处分规定》。严肃查处了吉林省原煤炭工业局长期大规模组织公款出国旅游等一大批案件，有力震慑了公款出国（境）旅游组织者和参与者。2011 年 3 月专项工作结束后，稳步推进制止公款出国（境）旅游长效机制建设，实现了专项工作向常态化管理的平稳过渡。①

5. "小金库"专项治理

2009～2011 年，中央纪委、监察部、财政部、审计署牵头，在全国范围开展"小金库"专项治理工作。截至 2011 年底，全国共发现"小金库"60722 个，涉及金额 315.86 亿元，责任追究 10429 人。各地区各部门严格落实承诺制、公示制和问责制，确保自查面达到 100%。各级专项治理机构及时组织开展自查自纠"回头看"和"摸底排查"工作。据统计，全国自查自纠发现"小金库"45835 个，占发现总数的 75.48%。中央治理"小金库"工作领导小组先后抽调 4700 名干部，对 1141 个中央单位、103 家全国性社团及 57 家中央企业进行了重点检查。对专项治理工作组织领导不力的单位，领导小组各成员单位部级领导多次带队开展督导检查。专项治理期间，出台了《设立"小金库"和使用"小金库"款项违纪行为适用〈中国共产党纪律处分条例〉若干问题的解释》和《设立"小金库"和使用"小金库"款项违法违纪行为政纪处分暂行规定》等重要法规文件。经过持续有效的治理，建立完善了一批制度规定，"小金库"易发多发势头得到了遏制。②

6. 商场、物流、银行、电信、教育、涉农领域的乱收费问题专项治理

近年来，这些行业利用市场支配地位，随意增设收费项目、扩大收费范围、提高收费标准，违背市场公平竞争的原则，加重企业和群众负担，群众反映强烈。

治理大型零售企业对供应商乱收费问题。印发《清理整顿大型零售企业向供应商违规收费工作方案》，组织大型零售企业开展了自查自纠工作，开展

---

① 肖志涛：《中纪委：工程建设领域突出问题专项治理已处分 1.81 万人》，中国广播网：http: china. cnr. cn/gdgg/201210/t20121026_ 511232521. shtml。

② 肖志涛：《中纪委：工程建设领域突出问题专项治理已处分 1.81 万人》，中国广播网：http: china. cnr. cn/gdgg/201210/t20121026_ 511232521. shtml。

对大型零售商对不同类型供应商的收费情况的全面调查，指导大型零售企业建立健全明码标价制度并严格监督落实，组织价格主管部门对辖区内大型零售企业开展检查，严肃查处价格违法行为，曝光典型违法案件，切实维护零售商与供应商公平交易秩序。

治理物流领域的乱收费问题。着重开展了两项工作。一是清理规范公路收费，降低社会通行费负担，截至 2012 年 5 月累计撤销、调整了 328 个收费站点，降低了 182 个收费公路项目通行费标准，停止收费公路里程 3706 公里，力争"十二五"期间取消全国所有政府还贷二级公路收费。二是规范农产品市场收费，降低流通成本。2011 年 5 月，国家发展改革委发出《关于完善价格政策促进蔬菜生产流通的通知》，明确提出加强农产品市场收费管理。《通知》出台后，各地结合实际情况，综合采取措施，大力规范农产品市场收费，取得了积极效果。研究制定《农产品市场收费管理试行办法》，进一步规范农产品市场收费行为，加强农产品市场收费管理。

治理商业银行乱收费的问题。印发《关于银行业金融机构免除部分服务收费的通知》，要求商业银行向社会免费提供 11 类 34 项服务项目；要求银行暂停收取个人零钞清点费，取消商业银行违规收取的密码挂失费；开展全国商业银行收费专项检查，重点整治商业银行在贷款过程中强制收费、只收费不服务或少服务，不执行政府定价、政府指导价，自立收费项目、提高收费标准、扩大收费范围以及不明码标价等行为；规范商业银行中间业务收费，取消不符合国家法规政策的收费项目，合理确定收费水平；制定新的《商业银行服务价格管理办法》，规范商业银行服务价格行为。

治理电信领域乱收费问题。开展电信资费重点检查，重点查处强制服务、强行收费、捆绑服务并收费，违规收取流量费，以及未按规定明码标价等行为。全国共整治电信领域违规收费、恶意误导消费者等突出问题 3181 个，查处虚假宣传、价格欺诈、强行扣费、违规营销、恶意吸费、捆绑销售、自立项目、自定标准、扩大范围收费等违法违规问题 3337 件。[①]

---

① 黄晓薇：《关于 2012 年执法监察、纠风工作中查办违纪违法案件情况的通报》，监察部网：http：china. cnr. cn/gdgg/201210/t20121026_ 511232521. shtml。

治理教育乱收费问题。教育部等部门印发了《关于 2012 年治理教育乱收费规范教育收费工作的实施意见》《治理义务教育阶段择校乱收费的八条措施》等文件，对义务教育阶段择校乱收费、中小学教辅材料管理、幼儿园收费行为监管、公办中小学有偿补课乱收费、中小学以改制为名的乱收费、公办普通高中招收择校生、高校招生和收费、高校中外合作办学收费等问题，进一步开展了治理。2012 年上半年查处教育乱收费的 8 起典型案件受到教育部治理办通报。①2012 年全国共纠正和查处地方政府和有关部门违规设立的教育收费项目 231 个，涉及金额 1.9 亿元；查处挤占、截留、挪用、骗取国家教育经费问题 370 件，涉及金额 1.7 亿元；查处各类学校乱收费问题涉及金额 4.8 亿元，清退 3.4 亿元。4858 人因教育乱收费受到党纪政纪处分或其他处理。如，2012 年 3 月，湖北省荆门市京山一中学生因对学校往年违规收费不满，在校方就春季教辅材料征求意见时焚烧书籍表示抗议。问题查实后，湖北省有关方面责成京山县人民政府作出书面检查，对分管教育工作的副县长进行了诫勉谈话；县教育局局长受到党内严重警告、行政记大过处分，并被免去局长职务；县教育局副局长受到党内严重警告、行政记大过处分；该校校长受到撤销党内职务、行政撤职处分。②

治理涉农领域乱收费问题。国务院出台《关于进一步做好减轻农民负担的意见》，明确提出要严格管理涉农收费和价格，规范实施村民一事一议筹资筹劳，深入治理加重村级组织和农民专业合作社的负担问题，建立健全农民负担的监管制度，加强涉及农民负担事项的监督检查，严肃查处涉及农民负担的违规违纪行为，加强减轻农民负担工作的组织领导等政策措施。农业部下发《农业部关于贯彻落实〈意见〉的通知》《关于规范村民一事一议筹资筹劳操作程序的意见》，开展减轻农民负担督导工作。2012 年全国共纠正和查处农村土地承包、流转、耕地占补平衡、土地整治中损害农民土地权益问题 2 万余件；查处哄抬农资价格、制售假劣农资坑农害农问题 3.5 万件，涉及金额 4.7 亿元；受理乱收费、乱罚款、乱摊派等损害农民利益问题 5511 件，经查处，

---

① 《教育部治理办关于 2012 年上半年查处教育乱收费典型案件的通报》，教育部网：http://www.moe.gov.cn/publicfiles/business/htmlfiles/moe/e5987/201208/141307.html。

② 黄晓薇：《关于 2012 年执法监察、纠风工作中查办违纪违法案件情况的通报》，监察部网：http：china.cnr.cn/gdgg/201210/t20121026_ 511232521.shtml。

2227 人受到责任追究。典型案件有河北邢台大正化工公司"问题化肥"案。经查，该公司无证生产并在河北销售氯离子含量超标的复混肥，共造成石家庄等 4 市 12 县（市、区）1.86 万亩农作物减产、1969 个农户受害。事后，河北省有关方面责令该公司与经销商赔偿农民损失共计 641.93 万元，邢台经济开发区农业办公室副主任、质量技术监督分局分管副局长等 3 人受到政纪处分。①

7. 纠正违法违规征地拆迁问题

紧紧围绕征地拆迁是否合规、补偿安置是否到位、拆迁行为是否依法等工作内容，加强对《国有土地上房屋征收与补偿条例》落实情况的监督检查。2012 年全国共查处违法违规强制征地拆迁案件 427 件，437 人受到责任追究。其中，国务院纠风办重点督办了黑龙江省哈尔滨市道里区"3·14"违法强拆案、河南省扶沟县征地拆迁补偿不到位引发农民跳楼身亡案、河北省三河市燕郊镇诸葛店村违规暴力拆迁案等 11 起典型案件，55 人分别受到党纪政纪处分或问责处理，另有 38 人涉嫌犯罪被移送司法机关。以"3·14"违法强拆案为例，经查，黑龙江省哈尔滨市道里区承揽拆除工程的有关人员在一棚户区改造项目中，召集 24 名社会人员对 11 户居民房屋实施强拆。问题查实后，对 25 名违法人员进行了处理，其中 8 人被行政拘留，17 人被移送司法机关处理。同时，哈尔滨市城市房屋拆迁管理办公室主任等 6 人受到政纪处分、组织处理或诫勉谈话。②

8. 查处食品药品安全问题

2012 年全国共查处食品安全问题 1.12 万件，8428 人受到责任追究；查处药品安全问题 5036 件，3009 人受到责任追究。国务院纠风办会同有关部门就铬超标药用胶囊问题，对全国 18 家药用明胶生产企业和 117 家药用胶囊生产企业开展了检查，查出铬超标药用胶囊生产企业 15 家。经调查认定，少数地方政府和监管部门对明胶和药用胶囊生产日常监管不力，是铬超标药用胶囊问题发生的重要原因。浙江、河南、四川、重庆、江西、河北等 6 省（市）监

---

① 黄晓薇：《关于 2012 年执法监察、纠风工作中查办违纪违法案件情况的通报》，监察部网：http：china. cnr. cn/gdgg/201210/t20121026_ 511232521. shtml。

② 黄晓薇：《关于 2012 年执法监察、纠风工作中查办违纪违法案件情况的通报》，监察部网：http：china. cnr. cn/gdgg/201210/t20121026_ 511232521. shtml。

管部门的 76 名责任人分别受到党纪政纪处分、问责处理或诫勉谈话，其中涉及厅局级干部 7 人、县处级干部 24 人、科以下干部 45 人，还有 8 人因涉嫌犯罪被移送司法机关。[1]

9. 查处生产安全事故问题

监管不到位是生产安全事故的重要成因之一。2012 年，监察部直接参与调查处理特别重大生产安全事故案件 6 起，共有 102 人受到党纪政纪处分，包括厅局级干部 7 人、县处级干部 42 人，移送司法机关处理 33 人。陕西省包茂高速"8·26"特别重大道路交通事故、四川省攀枝花市肖家湾煤矿"8·29"特别重大瓦斯爆炸事故等 2 起事故正在抓紧调查处理。在参与事故调查处理中，监察部还深挖案件线索，直接查处了 3 起事故背后隐藏的腐败问题；督办重大生产安全事故 29 起，已办结 7 起，有 99 人受到党纪政纪处分，有 20 人被移送司法机关处理。2012 年，监察部制定并颁布了《监察机关参加生产安全事故调查处理的规定》，已经于 2013 年 1 月 1 日开始实施。这项规定的出台实施有利于规范监察机关参加生产安全事故调查处理工作，也将推动有关方面进一步落实安全生产监管责任，防止和减少生产安全事故发生。

10. 查处违反环境保护法律法规案件

2012 年 1 月 ~ 11 月，全国共纠正环境保护违法违规问题 2.21 万个，305 人受到党纪政纪处分。监察部实地调查处理广西龙江河镉污染事件，16 人受到党纪政纪处分、3 人被移送司法机关处理；监察部还督办了广西荔浦县荔浦河上游采矿排污问题，2 人受到政纪处分，1 人受到组织处理。山西省潞安天脊煤化工厂"12·31"苯胺泄漏事件发生后，已经有 4 名直接责任人被撤职，省监察厅已介入调查。[2]

11. 治理公路"三乱"（乱设站卡、乱罚款、乱收费）问题

2012 年全国共查处公路"三乱"问题 1671 件，1876 人受到责任追究。

---

[1] 黄晓薇：《关于 2012 年执法监察、纠风工作中查办违纪违法案件情况的通报》，监察部网：http：china. cnr. cn/gdgg/201210/t20121026_ 511232521. shtml。

[2] 黄晓薇：《关于 2012 年执法监察、纠风工作中查办违纪违法案件情况的通报》，监察部网站：http：china. cnr. cn/gdgg/201210/t20121026_ 511232521. shtml。

国务院纠风办督促有关地方严肃查处了内蒙古自治区鄂尔多斯市交警执法程序不规范及交通协管员违规执法、吉林省国道黑大线超限超载运输检测站乱收费、河南省获嘉县交警乱收费等7起公路"三乱"典型案件，对相关责任人作出了严肃处理。①

除上述几个重要方面取得显著进展外，2012年反腐倡廉建设在深入推进反腐倡廉宣传教育和廉政文化建设、加强干部廉洁自律、健全权力制约监督机制、深化制度建设和改革创新等方面，在继承中发展，在巩固中深入，不断取得新的明显成效，为党风廉政建设和反腐败斗争深入开展提供了有力的保证。

三 2013年反腐败斗争展望

坚定不移反对腐败，建设廉洁政治，是我们党一贯坚持的鲜明政治立场，是人民关注的重大政治问题。这个问题解决不好，就会对党造成致命伤害，甚至亡党亡国。反腐倡廉必须常抓不懈，拒腐防变必须警钟长鸣。既要坚定果断刹风整纪，坚决遏制腐败现象蔓延势头；又要树立长期作战思想，逐步铲除滋生腐败的土壤和条件，不断以反腐倡廉实际成效推进廉洁政治建设。党的十八大和十七届中央纪委第二次全体会议对2013年及未来一段时间的反腐倡廉建设确定了基本思路，谋划了工作布局。

展望2013年反腐倡廉建设，我们认为将在承继既往成功经验基础上，着重围绕以下几方面思路创新和开展。

第一，以建设"廉洁政治"，实现"干部清正、政府清廉、政治清明"为目标，坚定不移、坚持不懈地开展反腐败斗争。十八大报告在充分认识反腐败形势、突出明确反腐败任务时，在我党历史上第一次把"建设廉洁政治"与实现"三清"目标写入党代会报告，这是顺应广大人民群众期待的庄严承诺，是对党风廉政建设的深刻总结，既反映出反腐倡廉建设理论的进一步成熟与完善，又彰显了我们党坚决反对腐败、建设廉洁政治的鲜明政治立场。廉洁政治是

---

① 黄晓薇：《关于2012年执法监察、纠风工作中查办违纪违法案件情况的通报》，监察部网站：http：china. cnr. cn/gdgg/201210/t20121026_ 511232521. shtml。

总目标，干部清正、政府清廉、政治清明是子目标和基本组成部分，也是实现廉洁政治的主要途径。干部清正就是要求公职人员品行端正、公道正派、遵纪守法、廉洁奉公，政府清廉就是要求党和国家机关运行规范、公开透明、勤俭节约、务实高效，政治清明就是要求国家和社会实现法治有序、公平正义、政通人和、弊绝风清，三者是一个既相互联系又相互区别的有机整体，统一于建设廉洁政治的历史进程中。① 要充分认识反腐败斗争的长期性、复杂性、艰巨性，反腐倡廉必须常抓不懈，拒腐防变必须警钟长鸣，关键就在"常""长"二字。必须坚定决心，旗帜鲜明，不断铲除腐败现象滋生蔓延的土壤。

第二，以改进作风为开局，从严治党。习近平总书记在十八届中央纪委二次全会讲话中强调，工作作风上的问题绝对不是小事，如果不坚决纠正不良风气，任其发展下去，就会像一座无形的墙把我们党和人民群众隔开，我们党就会失去根基、失去血脉、失去力量。基于这种高度认识，新一届中央领导集体履新不久，就专门制定了关于改进工作作风、密切联系群众的八项规定，强调要以"踏石留印、抓铁有痕"的精神和劲头抓下去，善始善终、善做善成，防止虎头蛇尾，让全党全体人民来监督，让人民群众不断看到实实在在的成效和变化。"八项规定"，充分体现了党中央带头改进作风的坚定决心，体现了从严治党的要求，深得人民群众拥护。"八项规定"出台后，各地区各部门制定了相应规定，力行规定，力树新风。作为加强作风建设的重要载体，根据党的十八大要求，将在全党深入开展以为民务实清廉为主要内容的群众路线教育实践活动，以达到真正让党员干部在活动中受到教育，达到在思想上作风上"照镜子、正衣冠、洗洗澡、治治病"的目的。②

第三，以严查腐败案件为抓手，始终保持惩治腐败高压态势。当前，我国正处于经济社会快速发展进程中，腐败现象在一些领域和部位依然易发多发，一些腐败案件涉案金额巨大，"小官大贪"现象增多，一些重点领域腐败问题频发，损害群众利益事件时有发生，人民群众反映强烈。要遏制现阶段腐败现象易发多发的势头，惩治决不能放松。始终保持惩治腐败的高压态势，对腐败

---

① 钟纪岩：《反腐倡廉关系党和国家生死存亡》，《人民日报》2013 年 1 月 30 日。
② 周英峰：《刘云山：把作风建设作为党的建设重点抓出成效》，《人民日报》2012 年 12 月 24 日。

分子"零容忍",不断加大惩治腐败工作力度,有案必查,有腐必反,有贪必肃,以惩治腐败的实际成效取信于民。坚持既打"老虎",又打"苍蝇",既坚决查处领导干部违纪违法案件,又切实解决发生在群众身边的不正之风和腐败问题。坚持党纪国法面前没有例外,不管涉及什么人,不论权力大小、职位高低,只要触犯党纪国法,一律严惩不贷。

第四,以完善制度为保障,严织监督制约权力的"制度笼子"。经验证明,权力过分集中而又得不到有效监督制约是腐败现象发生的制度根源。当前"一把手"违纪违法腐败现象频发,充分说明了"一把手"权力过分集中而监督制约仍然薄弱的弊端。因此,反腐败的核心是管住权力。要科学设置权力边界,合理优化权力结构,依法规范权力运行,加强对权力运行的制约和监督,把权力关进制度的笼子里,建立起长效反腐的制度体系,形成不敢腐的惩戒机制、不能腐的防范机制、不易腐的保障机制。创新权力监督的途径和办法,建立完善权力运行的各项公开制度,进一步拓宽群众参与监督的各种渠道、方式,让人民监督权力,让权力在阳光下更加透明规范地运行。加强对"一把手"的监督,认真执行民主集中制,健全施政行为公开制度,保证领导干部做到位高不擅权、权重不谋私。尽快出台和实施公职人员家庭财产申报和公示制度,使之成为防范腐败的一项基础性工程建设和反腐败的突破口之一。充分发挥和规范公民网络反腐作用,使之成为人民监督权力、公民参与反腐的重要渠道。

B.12
民主政治理论研究的新进展

王炳权*

摘　要：

2012 年，思想理论界对民主的基本理论研究集中在马克思主义民主观、当代西方政治学者民主思想；对参与式民主的研究集中于对实践经验的总结和提炼；对协商民主的研究集中于如何提高"协商"的有效性；对基层民主的研究集中于如何解决实践中出现的偏差。2012 年，学界对民主问题的研究，主题相对比较集中，研究成果"一脉相承"，问题意识更加突出。

关键词：

民主理论　参与民主　协商民主　基层民主

改革开放以来，中国特色社会主义民主政治建设不断深化，理论上有新进展，实践上有新突破。特别是 2002 年党的十六大以来，我国在民主政治实践上作了诸多探索，民主政治制度化运行有了新突破。2012 年中国民主政治理论研究，呈现出一些新情况，具有一些新特点，取得了一些新进展。民主政治理论关涉繁多，头绪芜杂，如何达致民主治理，实现民主形态的普遍与深入，则是广为关注的热点问题。本文仅就 2012 年学界对民主问题的研究作出述评。

一　研究的基本情况

本文以学界对民主问题的研究成果数量和基本特点来概括 2012 年研究的基本情况。

---

* 王炳权，中国社会科学院政治学研究所副研究员，主要研究领域为政治学理论、社会思潮、马克思主义与当代实践。

（一）研究数量的情况

研究数量的情况，可以说明相关研究的基本规模。

中国知网是我国自主开发的世界上全文信息量规模最大的"CNKI 数字图书馆"，为全社会知识资源高效共享提供最丰富的知识信息资源和最有效的知识传播与数字化学习平台，也是社会科学研究者获取资料信息的首选电子信息资源库。国家图书馆则是国家顶级图书馆。目前，在社会科学研究过程中，中国知网往往是学人获取期刊类资料的重要来源，而获取著作类资料，则属国家图书馆馆藏最新最全面。因此，综合这两个重要资源库的相关情况，基本上能够比较全面地把握某一时间段内学界对某一问题的基本研究情况。

检索中国知网"中国学术期刊网络出版总库"，检索时间范围是 2012～2013 年，主题词是"民主"，共检索到 12658 篇相关文章，而 2011 年相同条件下的检索共得到 14031 篇文章。

通过检索知网"中国博士学位论文全文数据库"，检索时间范围为 2012～2013 年，可知共 279 篇论及此问题，题目中明确含有"民主"二字的有 27 篇，而 2011 年在相同条件下的检索结果为 422 篇相关论文，其中 23 篇论文题目中有"民主"二字。

通过知网检索"中国优秀硕士学位论文全文数据库"，检索时间范围为 2012～2013 年，可知共 1589 篇涉及民主问题，其中论文题目中有"民主"的有 128 篇左右。而 2011 年相同条件下的检索结果为 3414 篇，论文题目含有"民主"二字的论文大概有 250 篇。

检索知网"中国重要报纸全文数据库"，检索年度为 2012～2013 年，检索主题为"民主"，可知共 2180 篇文章论述民主问题，有近一半的文章题目中有"民主"二字。而 2011 年在同样检索条件下，有 3166 篇文章论及民主问题，题目中直接含有"民主"二字的有近一半。

通过检索国家图书馆"中文文献库"，可知 2012 年出版的有关民主问题的著作情况是：共有 170 部著作在书名中直接出现"民主"一词，并以民主问题为研究的核心内容。这些著作的内容主要涉及基层民主、党内民主、我们党的民主历程、参与式民主、人物研究、民主党派研究、国外民主问题研究、国外思想家的相关思想研究、民主问题的国别研究等。除去少量国外译作重新出版的，据不完全统计大概有 150 部的著作专题论述民主问题。而 2011 年出版的专题研究民主问题的著作有 190 部左右，除去 20 部左右的译作，国内学者的成果大概有 170 部，与 2012 年的数量基本相当。

从相关研究成果数量上看，2011 年对民主问题研究的以文章形式出现的成果要多于 2012 年的成果。著作方面的数量基本相当。当然，中国知网和国家图书馆提供的并不是完全信息，但一定程度上能够体现学界对民主问题研究的最基本的情况。本文对相关问题的综述和归纳，即来自这些文章和著作中的部分内容。

（二）研究的基本特点

研究特点，可以表明当下的研究与此前研究的大致区别。

2012 年，对民主问题的研究与此前的研究有着充分的关联，对各类问题的研究有着一贯性，同时，在一定程度上也深化了对一些重要问题的认识，总体上具有以下几方面特征。

1. 研究主题相对比较集中

2012 年，对民主问题的研究主要集中在五个方面：一是继续关注西方民主理论，特别是著名思想家的相关思想；二是侧重参与民主和协商民主的研究；三是注重基层民主的研究；四是对民主的基础理论进行了新的探讨；五是对党内民主问题进行了探讨。尽管此前的研究对这些问题也多有涉及，但2012 年学界对这些问题的研究重点比较集中，如在研究西方思想家的民主思想时比较注意吸收借鉴的问题，在研究基层民主时比较注重实践过程中出现的问题，在研究民主的基础理论时比较注重批判地吸收等。

2. 研究成果"一脉相承"，具有突破性的成果并不多

2012 年学界对民主理论的研究，从研究内容上看，译介性的研究还是相对多一些，重大理论创新与理论突破并不多。中国特色民主理论的建构离不开深厚的实践基础，没有长期的实践探索和理论建构，很难谈及创新与突破，在这个意义上，创新与突破的有限未必不是件好事。值得肯定的是，相对于此前在民主问题研究上存在的一些分歧在 2012 年则相对缩小，学人们的共识在增长。

3. 积极关注当代中国多层面的特别是基层的民主实践

关注民主实践，关注民主生活，对于推动民主实践有积极意义。2012 年，学界对民主问题研究的一个突出特点是，关注本土的民主实践特别是基层民主实践，试图从中阐发更具有中国特色的民主实践规律。诸多成果深入研究了基层民主建设，特别是村民自治的实践，既展示了民主发展是不可阻挡的潮流，又基于实践对理解中国特色民主问题提供了新视角。这反映了学界希望中国民主建设能够自下而上健康地逐次展开的愿望。

4. 总结经验的研究少了，提出问题的研究多了

以往的研究对我国、我们党的民主实践经验总结得比较多，比较突出民主建设所取得的诸多成果。2012 年的研究在这方面有所变化。关注成绩方面的研究相对少了些，对民主实践过程中出现的问题甚至困境进行思考的研究相对多了起来。在研究诸多民主理论、民主观念的过程中，反思性研究多了，纯介绍性的研究少了。从这个角度说，2012 年，学界对民主问题的研究更加深入了。

5. 对同一问题的分歧相对较少

对同一问题的研究，研究者的分歧在缩小。从以往的研究看，学人对民主政治建设诸多方面问题的研究都有一定的分歧，特别是在理解民主的内涵、民主的适用性、西方民主模式等方面，分歧都比较大，有些分歧是根本性的，甚至超出了学术研究的范围。2012 年，在主要问题的研究上，不同研究成果体现着不同的研究结论和研究心得，但并没有根本性的分歧，即使结论有所不同，也多是学术理路上的不同所致，研讨对话的气氛更为和谐。

6. 对作为主流意识形态重要组成部分的中国特色民主政治理论的研究相对有些减弱

应该说，学界对作为主流意识形态组成部分的中国特色民主政治理论的研究相对有所弱化。这并不意味对党的基本理论、基本路线、基本纲领、基本经验的研究淡化了，恰恰说明多年来中国特色社会主义民主政治理论研究与宣传取得了成绩，对一些重要的理论问题能够在较大范围达成共识。学界对宏大的体系性民主话语的研究兴趣在降低，而对微观的、"草根"的理论与实践问题的研究正方兴未艾。

7. 以十八大关于民主政治建设的基本精神为指引，开启政治体制改革研究的新热潮

党的十八大在加强社会主义民主政治建设、推进政治体制改革方面提出了诸多新任务，特别是在政治体制改革方面，提出了更加明确的任务，要求更加务实，客观上为学界开展相关研究指明了方向。从 2012 年年底部分依据十八大报告精神所作的研究看，从实践层面、具体操作角度探讨政治体制改革的文章开始多起来。可以想见，在 2013 年，政治体制改革的问题将成为民主政治研究中的重要焦点。

二　对民主理论的总体探讨

2012 年，学界对民主理论的总体性探讨，主要体现为三个方面。一是对马克思主义经典作家民主思想的研究；二是对部分西方著名思想家的民主思想的研究；三是对民主政治理论的总体性研究。

（一）马克思主义经典作家的民主思想

许多学者结合对经典著作的研读，从理论来源、思想内涵、发展脉络、理论构成、最终的价值诉求等角度深入挖掘马克思主义文献中的民主思想。如，有学者研究了马克思主义经典作家关于党内民主思想的论述，强调无产阶级政党从一开始就强调党内民主，这是我们今天发展党内民主必须学习和思考的；同时指出，党内民主不仅仅是作风，而且是包含一系列原则的制度化安排，是一个系统工程。[①] 有学者研究了经典作家对于民主原则、民主制度的相关思想，认为马克思恩格斯高度重视民主，将民主视为"无产阶级的原则"，同时也是创建新型政党必须坚持的首要原则。[②] 还有的学者从理论演进的角度解读了马克思主义民主理论与中国实践的结合以及我们党对于马克思主义民主理论

---

① 张荣臣：《马克思主义经典作家关于党内民主的思想及其启示》，《理论视野》2012 年第 5 期。

② 程晋富：《马克思恩格斯关于党内民主的思想论析》，《宜春学院学报》2012 年第 3 期；李妲：《马克思主义民主观的价值意蕴》，《求索》2012 年第 4 期；等等。

的创造性发展。① 此外，有的学者指出应该加强对代议制民主等内容的研究。② 还有的学者提出要重视稳定的政治秩序、相对均衡的政治权利安排对于确立产权制度、合理分配社会财富的重要意义。③

2012年学界对经典作家的民主思想进行的深入探究，新意在于实事求是地与当代中国民主政治建设实践相联系，并没有试图以"实践匡正理论"。马克思主义经典作家对民主的论述，是马克思主义政治理论的核心之一，对于我们认识人类社会政治发展的基本规律，探索社会主义政治发展道路有重要帮助，是重要的智力支持。改革开放三十多年来，我们坚持逐步按照"五位一体"的总格局建设中国特色社会主义，在政治建设方面也取得了重要成绩。当前，我们正处于全面建成小康社会的关键时期，回望马克思主义民主观，对于坚定不移地走中国特色社会主义民主政治发展道路无疑具有重要的意义。正如有学者所提出的，马克思民主思想不仅有利于我们认识资本主义民主的虚伪性，同时也为社会主义民主建设设定了根本价值目标和价值定向，对它的研究和认识水平直接影响着中国特色社会主义民主政治建设的实践水平。④ 对马克思主义民主观的研究，仍需加强和深化。

（二）西方著名思想家的民主思想

对西方部分思想家的民主思想进行深入研究，是2012年学界探讨民主政治理论中的一个突出表现。

1. 关于卢梭

2012年是卢梭（1712~1778年）诞辰300周年，也是卢梭民主思想的代表作《社会契约论》发表250周年。纪念卢梭的活动在全球范围内展开。英国伦敦大学学院艺术博物馆和美国纽约法国研究联盟举办了卢梭作品研讨

① 邱会生：《民主理论演变与中国民主之路》，《中共云南省委党校学报》2012年第4期；林尚立：《人民民主：中国共产党的探索与实践》，《光明日报》2012年1月19日。
② 王聪：《马克思民主思想研究的回顾与展望》，《云南行政学院学报》2012年第2期。
③ 桑玉成、张建伟：《政治学视角下的财富分配问题》，《毛泽东邓小平理论研究》2012年第5期。
④ 姜丽华：《对马克思民主思想的再思考》，《湖北省社会主义学院学报》2012年第3期。

会。① 中共中央编译局马克思主义研究部、上海交通大学欧洲文化高等研究院、南京大学、首都图书馆等机构与高校纷纷就"卢梭与马克思""卢梭与思想启蒙"等话题展开学术研讨。②

以往国内学界对卢梭民主理论研究褒贬不一。如，有论认为，卢梭在其思想中体现出的是一种宣扬人性、恢复人权、崇尚理性的民主理论，③ 对现代民主理论的最大贡献在于将个人自由与作为生活基础的人民主权内在地联系起来。④ 而相反的观点认为，卢梭虽是启蒙思想家中最激进最民主的一位，但他的主张在实践中极易产生误导作用，为极权政治和暴力政治提供了理论根据，⑤ 他理论上的虚幻性、思辨性运用到现实中会产生消极作用。⑥

2012 年对卢梭的研究，多强调从理解吸收借鉴的角度研究卢梭的民主思想。有学者撰文，提出要"矫正对其民主思想的不当否定"，为卢梭的民主思想正名。文章认为，罗素认为"希特勒是卢梭的一个结果，罗斯福和丘吉尔是洛克的结果"的断言是偏颇的。⑦

有学者把马克思的民主思想与卢梭的思想进行比较，提出，卢梭的理论只是法国的社会主义和政治历史理论的一个组成部分，它与其他众多的理论一起，共同对马克思恩格斯产生了影响。⑧ 具体表现在，马克思进一步发展了人民主权思想，他是在批判继承卢梭等人人民主权思想的基础上，以唯物史观和唯物辩证法为指导进行的创新。⑨ 通过对卢梭人民主权论的批判，马克思实现了对卢梭政治思想的超越，从人民民主的哲学基础、现实依据、实现途径等方

① 参见孟迷《纪念卢梭从重读卢梭开始》，《深圳特区报》2012 年 6 月 27 日。
② 《纪念卢梭诞辰三百周年国际学术研讨会举行》，上海交通大学网站：http://news.sjtu.edu.cn/info/1022/125227.htm，2012 年 5 月 28 日。
③ 吴明银：《试论卢梭的民主思想》，《辽宁大学学报》（哲社版）2003 年第 4 期。
④ 崔之元：《卢梭新论》，《读书》2006 年第 7 期。
⑤ 蒯慧：《试论卢梭人民主权思想》，《学术界》2006 年第 4 期。
⑥ 陈闻桐：《从社会契约论和国家观看卢梭的政治哲学思想》，《安徽大学学报》（哲社版）2001 年第 2 期。
⑦ 陈炳辉：《为卢梭辩护：应矫正对其民主思想的不当否定》，《中国社会科学报》2012 年 8 月 24 日。
⑧ 曾枝盛：《卢梭及其在马克思主义中的地位》，《马克思主义与现实》2012 年第 3 期。
⑨ 张靖伟：《马克思与卢梭的人民主权思想比较研究》，西南大学硕士论文，中国知网：http://cdmd.cnki.com.cn/Article/CDMD-10635-1012343905.htm。

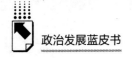

面作出了崭新论断。①

有研究把卢梭的相关思想与我国的民主实践联系起来，试图从卢梭的政府形式理论中找到我国行政改革的理论依据和路径指引，认为卢梭所谓的政府形式的问题本质上是主权者的"附属物"，在自身利益和意志上如何与公共的利益和意志取得协调。结合我国改革实际，无论行政改革选择怎样的策略，选择什么手段，首要的原则应该是：为了更好地体现人民的意志和利益；行政改革应该将党政分开作为最大的前提；我国行政改革应该遵循政府权力和社会权力平衡发展原则，使行政权力成为社会权力的支撑，社会权力成为行政权力的重要补充。② 有学者通过研究《社会契约论》，发现了卢梭对人民主权、法治、人权等重大命题的关注、思索与追求，它构成了现代国家宪政理论的基础与源泉。在卢梭的宪政思想体系中：人民主权是合理内核；限制权力是外部表征；保障人权是价值取向；法律之治是直接体现；宪法至上是逻辑归宿。③

此外，对卢梭思想的批评仍然存在。有研究认为，卢梭人民主权思想存在着逻辑上的问题。卢梭人民主权理论将价值应然性的"公意""人民主权"简单归结为事实实然性的"多数人意志"，将人民主权极为复杂的实现路径简单归结在了"多数人意志"一条路径上，正是由于这种逻辑错误，导致了一系列民主灾难的发生。④

应该说，2012 年，学界对卢梭研究的氛围是平静的。这样的研究是我国学者对国外思想流派特别是有着世界影响的思想谱系研究的难得的气氛。当代中国的民主进程尽管取得了重要成就，但它的产生过程毕竟短暂，西方几百年的民主实践过程中的诸多民主思想难免给我们的理论与实践以影响，如何对待这种影响，显示我们理论研究成熟与否。我们在对待西方政治思想特别是民主理论时易走"极端"，或全否定，或全盘照搬。从 2012 年对卢梭思想研究的

---

① 郭丽兰：《继承与超越：马克思与卢梭民主观比较研究》，《广东行政学院学报》2012 年第 6 期。

② 李天骥：《卢梭政府形式思想研究》，湖南师范大学硕士论文，中国知网：http://cdmd. cnki. com. cn/Article/CDMD - 10542 - 10111684901. htm。

③ 朱全宝：《卢梭宪政思想论要——以〈社会契约论〉为中心》，《行政与法》2012 年第 8 期。

④ 李雪峰：《论卢梭人民主权理论的"休谟问题"——卢梭人民主权与民主的关系解读》，《求是学刊》2012 年第 2 期。

358

"平静"气氛看，我们的研究正在走向"不偏不倚""是其所是、非其所非"的客观阶段，呈现我们理论研究的厚度与沉稳。

2. 关于达尔

达尔（1915～ ）是美国政治学家，1966～1967年当选为美国政治学会主席，并任美国国家科学院院士，致力于行为主义政治学与多元主义民主理论的研究，取得了世人瞩目的成就。达尔是当代多元主义的代表人物之一，他专注于分析民主的多元体现，建构了完整系统的多元民主理论，是政治多元主义思潮的核心理论。对达尔思想的研究明显地分为两个路向，一是突出批评性的一面，一是突出借鉴的一面。这也说明达尔的思想受到了更多的关注。

有论认为，达尔的民主理论就是美国政治实践的产物，与托克维尔、熊彼特、萨托利等民主理论一样，是西方政治发展逻辑的产物。西方的民主是一个竞争性、充满争议的民主，这样的民主并不符合中国历史发展的逻辑。中国的民主理论应该建立在对中国政治实践的总结和反思上，超越西方的民主，发展符合中国历史逻辑的和谐民主理论。[①] 达尔的多元民主理论存在着三方面的困境，一是固化政治上的不平等，二是扭曲公民意识，三是歪曲公共议程。[②] 也有学者指出，达尔忽视了公民权利需要以公正、正义的程序为保障，国家的政治公共领域需以对话者的姿态出现，把自己置于反思性的话语者地位。[③]

也有论强调，达尔多元民主理论对我国民主政治建设具有借鉴意义。[④] 尽管达尔多元民主理论有一定的局限性，但仍能够为中国特色社会主义政治发展道路提供富有启发意义的视角。[⑤] 达尔在面对自由主义民主危机所进行的一系列自我修正，比萨托利力图维护西方现有民主体制、无视这种体制的内在缺陷和弊端并极力为其辩护要可取得多。[⑥] 有学者强调，应特别注意达尔多元民主

① 刘清江：《对美国政治实践的一种反思：达尔的民主理论——读〈民主理论的前言（扩充版）〉有感》，《国外社会科学》2012年第4期。
② 戴以平：《达尔多元民主理论探析》，《文史博览（理论）》2012年第1期。
③ 刘中起：《通向话语民主：政治公共领域的反思及其当代实践——兼论达尔的程序民主》，《学术界》2012年第9期。
④ 戴以平：《达尔多元民主理论探析》，《文史博览（理论）》2012年第1期。
⑤ 吴静：《达尔多元民主理论及其思考》，《法制与社会》2012年第23期。
⑥ 陈胜才：《萨托利与达尔民主思想之比较》，《理论导刊》2012年第11期。

理论中的重要概念——"社会制约权力"，认为这一权力是中国民主政治实践的途径之一。在实践中，应积极培育社会组织，发挥社会的基础作用，调动民众民主参与的积极性，培育其民主意识和民主能力，进而推动国家层面的政治发展。①

应该说，达尔的多元主义民主理论，对于我们理解和把握当前我国民主政治建设的实际有一定的启发意义。达尔强调，达致实现民主的最重要的制约因素，不仅仅是宪法体制所要求的分权制衡原则，更为重要的是社会体制的多元化和多样化。多元与多样的社会体制，意味不同的社会利益群体共时态地存在着。这些群体分别构成了社会整体框架内的多权力中心，各自分别具有属于自己群体的价值追求与利益诉求，彼此之间冲突、竞争、妥协、合作，客观上消解了社会权力被垄断被集中的可能，社会集团、政党组织抑或个人都无法获得高度集中的不受制约的权力，从而保证了民主的实现。这样的看法，对于我们分析当前在经济政治文化生活剧烈转型过程中进行民主政治建设是有借鉴意义的。

3. 关于拉克劳和墨菲

欧内斯托·拉克劳（1935～ ）、尚塔尔·墨菲（1943～ ）是当代"后马克思主义"的代表人物，是西方后马克思主义思潮的重要代表。他们的激进多元民主论在西方民主理论话语体系中独树一帜，国内学界对此也有介绍。2012年，一些研究对其思想作了介绍和分析。

有学者认为，拉克劳和墨菲的多元激进民主观念的思想基础是后结构主义。他们多元激进的民主理论把差异性与同一性结合在一起，强调一种多元的激进民主，目的是要协调左翼民主运动和自由主义运动，以使自由主义与激进的民主运动之间的张力得以消减。这种民主观念突破了市民社会和国家关系的传统理解，拓展了民主概念的范围，民主理解成为市民社会约束国家权力的重要手段。② 有论强调，激进民主政治的意图及其内涵主要包括三重维度：用话语政治替换本质主义政治；用文化政治替换革命政治；用身份政治替换阶级政

① 李春梅：《罗伯特·达尔的"社会制约权力"思想研究》，吉林大学硕士论文，中国知网：http://cdmd.cnki.com.cn/Article/CDMD - 10183 - 1012358750.htm。
② 王晓升：《多元激进民主究竟是怎样的"民主"？——拉克劳和墨菲的民主理论及其启示》，《求是学刊》2012 年第 4 期。

治。拉克劳和墨菲之所以要提出激进民主政治，其矛头显然直指马克思主义的社会主义策略。他们认为，马克思主义的现代性特征如本质主义、还原主义、经济主义等等，使得传统的社会主义策略在资本主义新现实面前一度失语，从而用激进民主政治来替换它显得极其必要。[1]

应该说，拉克劳与墨菲的多元激进民主理论对当代资本主义具有一定的批判意义。西方主流政治理论受到了他们的挑战，他们突破了占主导地位的自由与国家的理论，探索出一个完全不同的研究视野，富有革新精神，在否定自我阵营的基础上有所超越，有所创造，这种反思自我的精神是值得肯定的。

此外，有学者对哈贝马斯、普沃斯基的思想也作了介绍。有学者关注哈贝马斯在交往行为理论的根基之上建构的商谈民主理论，认为商谈民主作为民主制度的一种新设计，是对西方竞争性民主模式的反思与替代，对中国社会主义民主政治建设具有借鉴价值。[2] 而商谈民主理论包括两个核心的要素，一是制度化的商谈机制，一是非制度化的公共领域中的商谈。制度化的商谈机制必须按照一定的程序来保证所有的利益相关者的意见在其中得到表达。非制度化的商谈不是在理想的环境中进行的，其存在着交流赖以进行的社会资源配置的不平等的问题，政治制度和法律就是要调节这种社会资源配置的不平等从而使公共领域的自由交流得以进行。[3] 也有学者从另一个角度对哈贝马斯的商议民主理论进行了研究，认为哈贝马斯的民主理论包含道德维度和伦理维度的规范性意义，因此对民主不应仅作工具主义式的理解，应关注自由主义与共和主义这两种规范性的民主理论的矛盾和张力，主张用第三种规范性民主理论即商议民主理论扬弃私人自主与公共自主、权利与善等之间的抽象对立。[4]

---

① 王平：《拉克劳和墨菲后马克思主义激进民主政治的三重向度》，《中国人民大学学报》2012年第1期。

② 周俊华：《哈贝马斯的商谈民主理论及其对中国社会主义民主政治建设的借鉴价值》，《云南行政学院学报》2012年第6期。

③ 王晓升、雷雯：《程序主义民主与公共领域的现实重构——哈贝马斯的商议民主及其启示》，《福建论坛》（人文社会科学版）2012年第2期。

④ 黄晓峰：《经验性和规范性的民主理论——兼论哈贝马斯的商议民主理论》，《岭南学刊》2012年第1期。

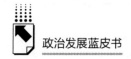

亚当·普沃斯基教授是当代美国著名政治学家，对于国内学界来说还是一个比较陌生的名字。有学者介绍了普沃斯基运用比较分析和实证分析等方法阐述的一种谨慎的民主观。在普沃斯基的民主观点中，民主的底线及其最大价值在于它能实现不流血的政权交接，民主转型、民主巩固与经济发展之间并不存在简单的线性关系，民主转型与民主巩固要考虑经济、文化等各种因素的共同影响。魏明认为，他的理论最重要的价值在于它能够实现政权的不流血轮换和冲突的和平解决，从而实现政治的动态稳定。①

总的说来，2012 年，学界对以上思想家民主思想的研究，相对于此前特别是 2011 年的研究，更为深入了，相对来说比较客观、全面，能够实事求是结合当代中国民主政治建设实践，找其中的"兴奋点"。

（三）研究民主政治的方法论问题

一些学者撰文就理解"民主"的方法论问题进行了讨论，对民主政治理论研究进行反思，具有一定的启发意义。如，有学者提出，"民主"到底是什么？看起来很简单，其实背后是一套知识体系。当人们还没有从根本上搞清楚"民主"的时候，就忙于用混乱不堪的"知识"进行"解释"并企图改造让人失望的现实，而很多实行了民主的国家并没有实现人们当初的良好愿望——"让一切变得更美好"！② 此外，国内思想界流行的民主观是二分法，即以有无竞争性选举作为民主与非民主的唯一标准。二分法民主观主要是冷战时期意识形态战争的产物。判断一个国家是不是民主政治，需要寻求替代性的民主观。无论什么样的民主政治，说到底都是为了善治，为此，人类不得不思考二分法民主政治所带来的种种后果。③

有学者提出，自由主义民主可能是当前西方社会的较好选择，但作为一种西方政治理论和实践的成果，其实践远没有实现人们所希冀的自由与平等的有效融合，民主已到了一个十字路口，而参与式民主理论、共和主义民主理论、协商民主理论等都在担当自由主义民主理论病榻前的医生角色，不断开出拯救

---

① 魏明：《论普沃斯基的民主理论及其启示》，《广州行政学院学报》2012 年第 1 期。
② 杨光斌：《比较历史视野下的民主理论与民主模式》，《中国人民大学学报》2012 年第 6 期。
③ 杨光斌：《民主观：二元对立或近似值》，《河南大学学报》（社会科学版）2012 年第 5 期。

和完善这种民主理论与实践的良药。① 有学者认为，可以探索一种新型的民主，把古典民主和现代民主连接到一起，重构人们思考和研究民主的方式，而多数主义民主理论是一种比较有益的尝试。②

2012 年，一些专著对民主政治理论进行了深入研究，为读者呈现了民主政治理论的不同侧面。本文选择以下著作略作介绍。《现代世界民主运动史纲》一书梳理了自资本主义兴起到帝国主义时代的西方社会民主运动历程，总结了其间的经验与教训，有比较突出的历史感。③《寻求中国民主》一书考察了 20 世纪 30～40 年代中国民主思想形成的内因和外因，对这一时期中国自由主义知识分子追求民主的历史作了描述，为以后对这一时期中国民主运动的研究奠定了一个良好基础。④《台湾民主转型的经验与启示》的具体内容包括民主转型与经济发展、民主转型与政商关系重组、台湾政治民主化与"公民社会"的发展等，对台湾民主转型进行了思考。⑤《建构民主》一书呈现了中国建构民主的一般理论逻辑与具体理论构想，分析了中国推进民主发展的基本战略目标与战略原则，考察了改革开放以来中国民主化过程中推进民主建设的行动议程与具体实践。⑥

总的看来，学界对"民主"提出"再理解"，对民主的普遍看法进行反思，这是难能可贵的科学精神。一些专著对民主理论进行的多角度全方面的研究和展示，为民主理论的总体把握提供了良好的坚实基础。

三 对参与式民主的探讨

近几年来，学界对参与式民主从理论到实践作了较为系统的研究，"参与式民主"的关注度很高，"公众"加入到决策中来，不再是单纯的理论问题，正逐步成为当代中国民主实践的核心事件与中心话语。多样的公众参与方式在

---

① 陈胜才：《20 世纪民主理论之争及其启示》，《当代世界与社会主义》2012 年第 2 期。
② 李鹏：《当代多数主义民主理论探源》，《黑龙江社会科学》2012 年第 2 期。
③ A. 伦第：《现代世界民主运动史纲》，章怡译，生活·读书·新知三联书店，2012。
④ （澳）冯兆基：《寻求中国民主》，刘悦斌、徐硙译，江苏人民出版社，2012。
⑤ 朱云汉：《台湾民主转型的经验与启示》，社会科学文献出版社，2012。
⑥ 林尚立：《建构民主》，复旦大学出版社，2012。

多地多层面多种社会问题的解决过程中展开,是我国社会生活公共性逐渐突出的重要标志,反映了社会转型、社会结构调整、权利意识觉醒、"公共性"彰显的明显趋势。

2012 年,学界对参与式民主的研究,主要有两个层面。一是理论层面的研究。如有的研究强调政治参与的概念问题,认为不同的民主理论有不同的政治参与观。这类研究分析了西方学术界先后形成的精英民主理论、多元民主理论、参与民主理论和协商民主理论等四种当代民主理论流派。四种政治参与观逐步转变的过程既是对西方社会 20 世纪以来所面临的不同现实问题的理论回应,也在某种程度上契合了公民政治参与的发展历程。① 也有论对所谓新参与民主理论进行分析,强调新参与民主理论应是一种与代议民主论同阶的民主理论,该理论以权力的公共性为一阶原则,以参与和协商为二阶原则,以参与、协商和分层民主为基本范畴,适用的典型领域为政治民主和社会民主。②

二是实践层面的研究。如,有学者研究了行政参与,③ 有的研究生以"参与式预算"为学位论文题目,④ 研究的问题更为具体。此外,有不少学者以案例分析的形式对参与式民主进行研究。提出,当前农村基层党建工作应在扩大农民政治参与、突出人本理念依法自治、构建"互动合作"制度等方面积极创新,使农村基层党组织成为乡村治理中的坚强领导核心。⑤ 对于城市社区治理,则提出,必须按照复合治理和参与式治理的社区治理理念,构建多元主体合作的社区治理结构和开放多元的社区自治体系。⑥

参与式民主为什么具有重要的现实意义,有学者认为,通过落实宪法所规定的人民代表大会制与民众直接参与式治理的结合,可以提升微观民主建设的质

---

① 罗爱武:《何谓政治参与——四种当代理论的政治参与观比较》,《云南行政学院院报》2012 年第 4 期。
② 田飞龙:《新参与民主的理论建构》,《国家检察官学院学报》2012 年第 3 期。
③ 李卫华:《论行政参与的理论渊源与法理基础》,《求实》2012 年第 9 期。
④ 代大为:《我国参与式预算制度研究》,安徽大学硕士论文,中国知网:http://cdmd. cnki. com. cn/Article/CDMD - 10357 - 1012399864. htm。
⑤ 周挺:《乡村参与式治理与基层党建工作创新探析》,《福建论坛》(人文社会科学版)2012 年第 11 期。
⑥ 郑杭生、黄家亮:《论我国社区治理的双重困境与创新之维——基于北京市社区管理体制改革实践的分析》,《东岳论丛》2012 年第 1 期。

量，保障多元民主，为宏观民主治理提供制度基础。[①] 也有学者认为参与式民主体现了主权在民的原则。在实际政治运作中，主权在民的实现机制具体表现为"权为民所赋""权为民所用"和"权为民所控"三个方面。公众参与可以为主权在民及其三个方面的实现提供必需的前提条件、体制保障和有效途径。[②]

应该说，有的学者提出的注重参与式民主，强调微观民主的实现，是有现实意义的。[③] 我们的民主政治建设，特别是政治体制改革，确实要强调平稳过渡，反对宏观的结构性调整式的冒进。参与式民主实践在中国大地上的展开，确实是属于微观层面的民主行为，微观领域的民主参与在广大基层突出出来。不管是在市县层面、乡镇层面还是村落自治层面，基层治理注重在选举之外民主多渠道的有效政治参与和管理，都是微观民主的发展。通过在微观层面上落实"多元"的民众参与，为宏观的治理提供了扎实的政治和社会环境。

四 对协商民主的探讨

关于协商民主的研究是 2012 年政治学研究中的重要议题。党的十八大报告提出了"社会主义协商民主是我国人民民主的重要形式"的论断。社会主义协商民主概念第一次在党的代表大会报告中正式提出和确立。正如学者们在研究中所提出的，协商民主作为民主制度实现机制的主要内容和重要组成部分，在推进社会主义民主建设中发挥着愈来愈重要的作用。[④]

总体上来看，2012 年，对协商民主研究的一个突出亮点，是从多个角度论证协商民主的优越性。首先是通过协商，能够达成共识，促进和谐。有论认为，传统民主理论的一大困境在于多数主义不能解决偏好冲突问题而达成共识，社会选择理论更是认为个体选择的理性会导致集体选择的不理性，以此证

---

① 王锡锌：《参与式治理与根本政治制度的生活化——"一体多元"与国家微观民主的建设》，《法学杂志》2012 年第 6 期。

② 虞崇胜、张光辉：《参与式民主与主权在民的实现机制》，《江苏行政学院学报》2012 年第 1 期。

③ 王锡锌：《参与式治理与根本政治制度的生活化——"一体多元"与国家微观民主的建设》，《法学杂志》2012 年第 6 期。

④ 参见郑言《积极推进中国特色协商民主建设》，《光明日报》2011 年 5 月 30 日。

明民主共识的不可能性，而协商民主理论为解决多元偏好冲突提供了路径。协商民主主张通过主体间的互信合作、协商的公共精神、协商的开放性与动态性来整合偏好冲突而实现理性推动的共识。协商民主的这种思路为我国社会主义民主政治建设提供了新视野。① 有学者强调，协商民主能够促进基于共同利益的多元诉求、表达与共识的达成。差异、不平等、社会生活的复杂性是人类面临的现实。但在共同的社会政治生活中，人们可以以公共利益为目标，提出各种不同的、多元的、差异性的观点，而不仅仅局限于自利的或单一的偏好表达。协商民主能够在所有个体充分表达的基础上，根据正义的原则，形成符合公共利益的决策共识。② 此外，有论分析，公民通过社会协商和审议来对公共事务作出决策，使社会管理向民主化方向发展，这是中国民主发展的战略基础。一旦公民具备了政治妥协、理性对话、自我管理、提高社会治理水平的能力，那么在这种条件下，大规模的直选就会减少社会振荡和成本，就会发展出一种良性的政治竞争。通过协商民主来发展协商治理，来建构一个理性、成熟的公民社会是中国民主发展的基础和途径。③ 因此，协商民主不仅促进了人民民主制度体系的内在整合和联系，使人民政治协商制度能够发挥更大的实质性作用，而且使旨在协调各种利益关系的公共决策有了协商机制和协商过程，从而在优化决策体系、提高决策能力和政策质量的同时，大大丰富人们政治生活的民主价值和意义。④

其次，通过协商，能够减少决策失误，化解群体性事件。有研究指出，决策失误、决策失当必然影响工作，造成严重的经济、政治和社会损失。产生此类问题的一个重要原因是民主决策的制度及其运行机制不够健全。因此，各级领导班子需要"提高运用民主方法达成共识、开展工作本领"。只有善于把协商民主与票决民主有机结合起来进行决策，才能形成正确的共识，避免决策失

---

① 陈炳辉、王卫：《民主共识的达成——协商民主解决多元偏好冲突的路径选择》，《厦门大学学报》（哲学社会科学版）2012 年第 5 期。

② 陈家刚：《多元文化冲突彰显协商民主价值》，《学习时报》2012 年 10 月 29 日。

③ 何包钢：《协商民主和协商治理：建构一个理性且成熟的公民社会》，《开放时代》2012 年第 4 期。

④ 林尚立：《用民主政治建设推进中国发展——对十六大以来中国民主政治建设的观察》，《中国社会科学报》2012 年 8 月 31 日。

误、决策失当。① 协商民主也为中国社会转型期普遍出现的群体性事件的化解和治理提供了新的视野。有论强调，要使协商民主成为治理群体性事件中的制度化、常态化的模式，可以从建立协商民主考核机制、设立明确具体的协商民主程序、创新基层民主协商实现形式、培育社团组织和建立规范的协商对话的教育培训制度等层面进行创新和探索。②

也有研究谈到了目前协商民主面临的困境问题。如有学者强调，这种困境首先表现在对主体参与机会的不平等认识上，机会的不平等导致弱势群体无法参与公共协商领域；其次表现在公民之间的公共利益基础的薄弱；再次表现在协商民主建制化不足，在相当程度上只是政府的一种需要。③

总的来看，我国协商民主研究还存在一些不足之处。多数研究还停留在分析协商民主的好处上，而对于协商民主的理论研究还不够深入，对于协商民主的运行机制、监督机制等还缺少理论研究，协商民主理论的研究还远远滞后于中国协商民主实践的发展，不能对中国社会主义民主政治的发展及时作出理论上的指导。因此，需要全面开展协商民主的理论研究，对适合我国国情的协商民主的运行机制、监督机制等，加大研究力度。

五　对基层民主的探讨

当代中国基层民主实践是最直接、最广泛的民主实践。当前，我国的基层民主自治体系相对比较完备。广大人民在城乡基层群众性自治组织——农村村民委员会、城市居民委员会和企业职工代表大会中依法直接行使民主选举、民主决策、民主管理和民主监督的权利，对所在基层组织的公共事务和公益事业实行民主自治。

学界对基层民主问题进行了长期研究，取得了重要成果。2012 年，学界

---

①　李景治：《善用协商民主与票决民主进行决策》，《中国浦东干部学院学报》2012 年第 1 期。

②　刘雅静：《协商民主视域下的群体性事件治理之道》，《福州党校学报》2012 年第 1 期。

③　罗维、刘方方：《近年来国内协商民主理论转向的综述》，《宁波大学学报》（人文科学版）2012 年第 4 期。

对基层民主研究的一个亮点是，突出关注了基层民主实践中存在的问题。以往的研究也多谈到这方面的问题，但比较广泛的专门讨论还是比较少见的。2012年对问题的研究往往都是实证研究，以案例"现身说法"，多为学位论文，研究比较深入，也较有说服力。

有研究从总体上概括了我国村民自治、城市居民自治存在的问题：村民参与内在动力不足，自治权与行政权冲突，主体定位、宏观政策、民主程序、制度保障等多方面尚未形成路径合力。① 在居委会具体工作过程中，出现普遍的"政治冷漠"、民主参与质量不高、内部管理缺位等一系列问题。②

部分研究对村民自治过程中存在的问题分析得比较透彻。如有研究指出，随着农民政治参与在当代取得一定进步之后，在政治发展进程中出现了一种不和谐的现象，即政治冷漠，对政治表现出一种心理上冷漠和行为上消极的反常现象。具体表现为农民阶级在民主选举、民主决策、民主管理和民主监督的村民自治化进程中表现冷淡，并且政治参与功利化色彩浓厚，当权利受到侵害时，维权意识不强。③ 有研究针对中国西部农村人口大量外流，农村资源流向城市，传统乡村文化趋于瓦解的现实，提出已经推行二十多年的村民自治正面临着一系列严峻挑战：人口流动导致村民自治主体缺失，资源流失导致村民自治资源稀缺，文化衰落导致农村社会秩序受到冲击。④ 还有的研究讨论不正当竞选的问题，作者通过调查认为，在村民自治的实践中不可避免地产生了一些问题和矛盾，有些问题还比较严重，比如各种不正当竞选手段的出现、家族势力操纵选举、自治组织流于形式等。⑤

也有相当多的研究给出了解决的办法，这些办法也同样来自研究的实地考

① 谢炜：《我国农村基层民主自治的法律演进、实践困境与路径选择》，《华东师范大学学报》（哲学社会科学版）2012年第2期。
② 倪辰、张璇：《我国居委会在基层民主化进程中出现的问题及有效路径论析——基于协商民主理论的思考和借鉴》，《经营管理者》2012年第7期。
③ 廖新宇：《我国基层民主参与中的农民政治冷漠问题研究》，湖南师范大学硕士论文，中国知网：http://cdmd.cnki.com.cn/Article/CDMD-10542-101248996.htm。
④ 任中平、敖翔：《困境与出路：城市化浪潮中的中国西部农村基层民主——以四川省为例》，《探索》2012年第2期。
⑤ 秦晓宇：《中国农村基层民主建设的回顾与思考》，吉林大学硕士论文，中国知网：http://cdmd.cnki.com.cn/Article/CDMD-10183-1012358758.htm。

察。有研究提出，农村基层民主建设的主要内容是民主选举、民主决策、民主管理和民主监督。从科学发展观来看，要推动农村基层民主建设，就是要统筹这四个民主的协调发展，不能出现失衡。针对当前农村基层民主监督相对薄弱的问题，如何加强民主监督就成为当前的一个重要任务。[①] 有研究以泰州的实践为例，强调完善基层民主选举，要提高党代表素质，切实提升选举质量；健全选举操作规范，完善相关法规制度；完善选举监督机制，构建惩防体系。[②]

如果说20世纪90年代我国的基层民主发展重点是建立制度框架的话，那么近十年来，我国基层民主发展的重点则是力图在实践运转中建立和完善各种机制，特别是地方、基层人民群众主动创新活动机制，从而促使基层民主发展机制化。上述一些研究所提及的基层民主建设过程中出现的诸多问题，说明我们的制度往往在实际运转中没有获得其应用价值，没能有效地让民主运转起来，多停留在了文本层面。如何让机制活起来，让人们切实感受、体验和享受民主权利，并逐步形成一种生活方式，还需要艰苦的理论与实践的摸索。

基层群众自治制度是我国的基本政治制度。从上述研究中，我们可以明显看出，基层群众在自治过程中遇到了多种问题。研究者对如何解决这些问题，也提出了诸多办法。但总的看，要解决这些问题，还是要按照十八大报告所提出的"要把制度建设摆在突出位置"的要求，从完善制度上下工夫，从改革体制上想办法。

六　结语：贯彻十八大精神，推进民主政治建设

2012年，学界对民主政治理论的研究取得了重要成果，其中有诸多成果不乏创造，这是值得关注的。除此之外，我们需要积极关注所谓"官方话语"抑或"主流意识形态"的声音。中国共产党作为国家唯一的执政党的理论建设、理论要求、工作谋划都带有全局性、前瞻性，是学界研究的核心，从客观

---

① 石明金、方玉媚：《以科学发展观为指导，切实加强农村基层民主建设中的民主监督环节——以四川部分农村为例》，《毛泽东思想研究》2012年第6期。
② 许倬恺：《基层民主选举的泰州实践及其完善》，《唯实》2012年第12期。

上也推动着学界对相关问题的认识与探讨。因此，要相对全面地反映过去一年中对民主理论与民主实践的研究，需要强调突出中央的相关精神、执政党的相关谋划。以下对党的十八大中相关精神作适当叙述。

2012年11月8日，中国共产党第十八次全国代表大会召开。胡锦涛在政治报告中强调要坚持走中国特色社会主义政治发展道路，提出了民主政治建设的新要求，布置了推进政治体制改革的新任务。十八大提出的进一步推动民主政治建设的相关要求，有这样几个特点：一是意识形态的宣示性内容少了，而推动微观民主实践的举措多了；二是强调制度架构的稳定性，突出体制改革的迫切性；三是概念表述更为具体，不同方面的解读的空间不大。总体上看，在民主政治建设方面，是要立足实际、讲求实效。这些特点与本年度学界的研究特点很吻合，同时，也是对我们继续开展民主政治研究提出的新要求。

综上，2012年，学界对民主政治理论的研究，有"守成"的一面，也有"创新"的一面。"守成"，是继承以往研究成果，"创新"是深化认识，提出新的看法。研究主题有所"瘦身"，战线相对缩短，从宏观把握走向微观探究，"宏大叙事"不再占主流，关注基层、关注底层正在成为潮流。这既说明民主政治理论研究得到一定程度的丰富和发展，也说明我国民主政治建设取得了积极进展。展望2013年民主政治理论研究，可以想见，围绕十八大报告所提出的民主政治建设的各项任务的研究将积极展开，2012年，学者们的新认识和新发现，必定为新一年度的研究所吸纳和借鉴。

附　录

Appendixes

$\mathbb{B}.13$
2012 年中国政治发展大事记

（根据新华网、人民网整理）

冯爱珍 *

1 月

1 月 1 日

国家主席胡锦涛发表 2012 年新年贺词《共同促进世界和平与发展》，指出："在新的一年里，我们将高举中国特色社会主义伟大旗帜，以邓小平理论和'三个代表'重要思想为指导，深入贯彻落实科学发展观，继续处理好保持经济平稳较快发展、调整经济结构、管理通胀预期的关系，加快推进经济发展方式转变和经济结构调整，着力保障和改善民生，努力巩固经济社会发展良

---

* 冯爱珍，商务印书馆编审。

好势头。"

《求是》第 1 期刊载《正确认识我国社会现阶段道德状况》一文指出，考察道德现象，离不开具体的价值观立场、认识方法论和历史视野。

来自中国各地的约 5000 名普通民众在天安门观礼台上观看了新年升国旗仪式，这是天安门城楼自 1988 年 1 月 1 日开放以来，首度向普通民众开放观礼台。

1 月 4 日

李克强出席第七次全国环境保护大会并讲话，强调，中国正处于工业化中后期和城镇化加速发展的阶段，发达国家一两百年间逐步出现的环境问题集中显现，呈现明显的结构型、压缩型、复合型特点，环境总体恶化的趋势尚未根本改变，压力还在加大。

汪洋在中共广东省委十届十一次全会上提出：提高广东发展质量，转型升级成为今后一个时期的主旋律，不打经济增长速度这个仗；逐步实现由"权力反腐"向"制度防腐"转变，大力弘扬廉政文化。

全国宣传部长会议在北京举行，中共中央政治局常委李长春出席会议并讲话。

1 月 5 日

第二十次全国高校党建工作会议在京召开，习近平会见会议代表并讲话。

1 月 6 日

中央纪委监察部在京召开纪检监察机关查办案件工作情况新闻通气会。会议指出，2011 年，全国纪检监察机关通过查办案件，为国家挽回经济损失 84.4 亿元。

1 月 8 日

中共第十七届中央纪律检查委员会第七次全体会议在北京召开。贺国强作了题为《统一思想认识加大工作力度坚定不移将党风廉政建设和反腐败斗争引向深入》的工作报告。

全国审计工作会议在北京召开。会议透露，2011 年已完成对 2.6 万名领导干部的经济责任审计，其中省部级领导干部 35 名。我国自 1999 年开展这项审计工作以来，共有 40 多万名领导干部接受了经济责任审计。

1 月 9 日

胡锦涛在十七届中央纪委七次全会上发表重要讲话，强调要保持党的纯洁性，建设坚强有力的马克思主义执政党。

1 月 10 日

中共第十七届中央纪委第七次全体会议在北京闭幕，会议通过的公报指出，继续加大查办案件工作力度，严肃查办发生在领导机关和领导干部中贪污贿赂、失职渎职案件等八类案件，严格执行换届纪律，整治跑官要官问题。

1 月 12 日

贺国强在新任纪委书记、纪检组组长座谈会上强调：认真学习贯彻胡锦涛总书记重要讲话精神，努力为保持党的纯洁性作出贡献提供保证。

1 月 13 日

中央精神文明建设指导委员会召开全体会议，研究部署今年精神文明建设工作。

1 月 14 日

周永康在研究部署信访工作时强调：带着深厚感情做好新形势下群众工作，解决信访突出问题密切党群干群关系。

1 月 15 日

2011 中国企业家犯罪报告发布会暨首届京都刑事法律风险防控论坛在京举行。会议主办方《法人》杂志发布的中国企业家犯罪报告显示，2011 年企业家犯罪案件突破 200 例，呈现出逐年上升的趋势，国企管理人员贪腐金额惊人，平均每案高达 3380 万元。

广东省陆丰市乌坎村召开党员大会，省委组织部王叶敏宣布村党总支部正式成立，由民选代表、临时代表理事会顾问林祖銮担任村党总支书记、村委会重新选举筹备小组组长，负责领导村委会重新选举工作，乌坎村党总支部成立后，该村原党支部自行解散。

1 月 16 日

中国互联网络信息中心（CNNIC）发布《第 29 次中国互联网络发展状况统计报告》指出，截至 2011 年 12 月底，中国网民规模突破 5 亿。

1月18日

国务院新闻办公室召开新闻发布会。中央对外宣传办公室、国务院新闻办公室、国家互联网信息办公室主任王晨在会上表示，我国各级党政机关及公职人员开设的微博账户已有5万多个。

1月21日

温家宝在2012年春节团拜会上作《我们的信心来自永不停顿的改革开放》的讲话。

1月24日

西藏自治区党委、政府在自治区党政大院隆重举行领袖像揭幕暨升国旗仪式。

《人民检察院刑事申诉案件公开审查程序规定》正式施行。根据新规定，对于较大争议或者有较大社会影响等刑事申诉案件，适用公开审查程序。

1月28日

经胡锦涛主席批准，中央军委下发《关于大力发展先进军事文化的意见》。

2 月

2月1日

新华社受权发布2012年中央一号文件《关于加快推进农业科技创新持续增强农产品供给保障能力的若干意见》。

广东陆丰市乌坎村数千村民一人一票，推选村民选举委员会。该委员会将负责组织乌坎村民委员会的重新选举。选举采用"无候选人直接选举"的办法，为保证选举公平，避免选委会成员参与村委会，采用"自荐与他荐相结合"方式，避免让选委会成员"既当运动员又当裁判"。

浙江省安吉县向社会公布了2011年度"千人评百岗"评比活动分类排名末三位的九个单位。按照安吉县相关规定，连续两年排名末位的负责人必须免职。一些基层干部感叹："县里整治干部作风动真格了！"

2月2日

《在新形势下保持党的纯洁性——胡锦涛同志在第十七届中央纪委第七次全会上的重要讲话精神学习读本》出版。

2月4日

温家宝总理就政府工作在广东听取基层群众意见，指出：破解难题要靠改革开放。

2月5日

中共西藏自治区纪委、西藏自治区监察厅向各地（市）纪委、监察局发出紧急通知，要求严肃纪律，加强维护稳定各项工作监督检查，全力以赴维护我区安定团结的社会局面。

2月6日

上海市委副书记、市长韩正在上海市政府工作会议上明确要求：抓住一切有利时机，加快推进关键环节和重点领域的改革创新。要加快诚信体系建设，按照公平、包容、责任、诚信的价值取向，把诚信体系建设放在更加重要的位置。

2月8日

全国社会管理创新综合试点工作座谈会召开，周永康在会上强调：深入推进社会管理创新综合试点，从整体上提高社会管理科学化水平。

重庆市政府新闻办于上午 10 点 54 分通过新华网官方微博发布消息称："据悉，王立军副市长因长期超负荷工作，精神高度紧张，身体严重不适，经同意，现正在接受休假式的治疗。"

2月9日

外交部发言人办公室在回答询问时表示，重庆市副市长王立军于 2 月 6 日进入美国驻成都总领事馆，滞留 1 天后离开。有关部门正在对此进行调查。

2月10日

李长春参观马克思主义传播史展览，强调，深入实施马克思主义理论研究和建设工程，大力推进马克思主义中国化时代化大众化。

2月11日

广东陆丰市乌坎村通过村民不记名投票的方式推选村民代表，并选举村内 7 个村民小组组长共 109 人。

2月13日

厦门检方对赖昌星涉走私行贿一案提起公诉。

2月15日

温家宝主持召开国务院常务会议，研究部署2012年深化经济体制改革重点工作。温家宝强调，要按照科学发展观要求和社会主义市场经济规律，尊重群众的首创精神，大胆探索、勇于实践，通过改革解决制约科学发展的深层次矛盾和体制性问题。

2月16日

北京市纪委十届八次全会暨北京市党风廉政建设工作会议上，北京市委常委、市纪委书记叶青纯指出，北京反腐直指三类敏感问题，治理"车轮下的腐败"。

《求是》第4期刊载《认清道德主流，坚定道德信心——再论正确认识我国社会现阶段道德状况》一文提出：认清道德领域的成绩与问题、主流与支流，坚定道德信心。

2月18日

全国文化体制改革工作会议在太原举行。

2月20日

由胡锦涛主持，中共中央政治局召开会议，讨论国务院拟提请第十一届全国人民代表大会第五次会议审议的《政府工作报告》稿。

中共中央政治局就实施更加积极的就业政策进行第三十二次集体学习。

2月22日

温家宝总理主持召开国务院常务会议，研究部署"十二五"期间深化医药卫生体制改革工作。

最高人民法院发布《关于人民法院为防范化解金融风险和推进金融改革发展提供司法保障的指导意见》，要求各级法院要妥善审理因民间借贷、企业资金链断裂、中小企业倒闭、证券市场操纵和虚假披露等引发的纠纷案件。

2月23日

《人民日报》发表《宁要微词不要危机》评论文章，指出："宁要微词，不要危机；宁要'不完美'的改革，不要不改革的危机。一个长期执政的大党，尤其要时刻警惕短期行为损害执政根基，防止局部利益左右发展方向，力避消极懈怠延误改革时机，所思所虑不独是当前社会的发展稳定，更有党和国家事业的长治久安。"

中共中央日前印发《关于加强新形势下党外代表人士队伍建设的意见》。

财政部、监察部、审计署、国资委日前印发《国有企业负责人职务消费行为监督管理暂行办法》，严禁国企负责人豪华装修办公室、用公款为亲属和子女支付各种费用、用公款进行高消费娱乐活动等 12 种行为。

2 月 26 日

政协十一届常委会第十六次会议在京召开，贾庆林主持开幕会，为政协十一届五次会议作准备。

2 月 27 日~29 日

十一届全国人大常委会第二十五次会议在京举行，为即将举行的十一届全国人大五次会议作准备。

中宣部在京举行学习践行雷锋精神新闻发布会。

3 月

3 月 1 日

习近平出席中央党校 2012 年春季学期开学典礼并讲话。习近平强调，保持党的纯洁性是马克思主义政党的本质要求。

3 月 2 日

全国政协十一届五次会议举行新闻发布会。大会新闻发言人赵启正在回答记者关于政治体制改革的问题时指出，政治体制改革要在深思熟虑、征求各方面意见之后才能进行。无论怎样改革，都要在中国共产党领导下，在中国特色社会主义这个框架内进行。

中共中央办公厅印发《关于深入开展学雷锋活动的意见》，提出："深入开展学雷锋活动，推动学雷锋活动常态化，大力弘扬雷锋精神，促进社会主义核心价值体系建设，不断提升公民道德素质和社会文明程度。"

3 月 3 日

中国人民政治协商会议第十一届全国委员会第五次会议在北京人民大会堂开幕。

3月5日

第十一届全国人民代表大会第五次会议在北京人民大会堂开幕。胡锦涛、温家宝、贾庆林、李长春、习近平、李克强、贺国强、周永康等出席会议。吴邦国主持会议。国务院总理温家宝作政府工作报告。

3月9日

全国人大重庆代表团接受集体采访，薄熙来、黄奇帆回应了"唱红打黑"等问题。全国人大代表、重庆市委书记薄熙来谈起民主法治建设时强调："我们一定要走民主法治的道路。"

3月12日

山东省出台《山东省党政机关公务用车配备使用管理办法》，对党政机关公务用车的编制核定、使用管理、职责分工和监督等方面，作出了更为严格的规定，给公车私用上"枷锁"。

3月13日

全国政协十一届五次会议在人民大会堂举行闭幕会。

3月14日

第十一届全国人民代表大会第五次会议在人民大会堂闭幕。会议圆满完成各项议程，批准了政府工作报告、全国人大常委会工作报告以及其他重要报告，并表决通过了关于修改《刑事诉讼法》的决定和其他法律文件。

《刑事诉讼法修正案草案》在十一届全国人大五次会议闭幕会上经表决获得通过。赞成2639票，反对160票，弃权57票。

十一届全国人大五次会议在人民大会堂举行记者会。温家宝总理在回答记者提问时指出："'文革'错误遗毒并未完全清除。随着经济的发展，又产生了分配不公、诚信缺失、贪污腐败等问题。深知解决这些问题，不仅要进行经济体制改革，而且要进行政治体制改革，特别是党和国家领导制度的改革。现在改革到了攻坚阶段，没有政治体制改革的成功，经济体制改革不可能进行到底，已经取得的改革和建设成果还有可能得而复失，社会上新产生的问题也不能从根本上得到解决，'文化大革命'这样的历史悲剧还有可能重新发生。"

3 月 15 日

中共中央决定由张德江同志兼任重庆市委委员、常委、书记，薄熙来同志不再兼任上述职务。

中共中央决定免去王立军重庆市副市长职务。

3 月 16 日

《求是》杂志第 6 期发表习近平的重要文章《扎实做好保持党的纯洁性各项工作》。

3 月 19 日

《人民日报》全文刊发吴邦国委员长在第十一届全国人民代表大会第五次会议上所作的《全国人民代表大会常务委员会工作报告》。

3 月 20 日

山西省长治市郊区人民法院审判庭公开开庭审理长治市公务员考录体检舞弊案件。

3 月 21 日

广东千亿养老金委托社保运营，在全国系首次。

3 月 22 日

国务院发布《关于 2012 年深化经济体制改革重点工作的意见》（国发〔2012〕12 号）。

中央机关公开遴选公务员正式实施：首次将正处级领导职位纳入遴选范围，分析称这标志着中央机关公开遴选公务员由"试水"阶段转入正式实施阶段。

3 月 23 日

重庆市第三届人民代表大会常务委员会第三十次会议通过，决定任命：何挺为重庆市人民政府副市长、重庆市公安局局长。决定免去：王立军的重庆市人民政府副市长、重庆市公安局局长职务。

3 月 25 日

香港特别行政区第四任行政长官选举结果揭晓。梁振英获得 689 张有效票，当选为香港特区第四任行政长官人选。

3 月 26 日

国务院召开第五次廉政工作会议，温家宝发表讲话强调，执政党最大的危险就是腐败。

公安部发布红色通缉令，全球追捕江阴卷巨款外逃银行行长。

3 月 27 日

国家主席胡锦涛在首尔出席核安全峰会并发表题为《深化合作，提高核安全水平》的重要讲话。

3 月 28 日

温家宝主持召开国务院常务会议，决定设立温州市金融综合改革试验区。

3 月 29 日

胡锦涛在印度新德里出席金砖国家领导人第四次会晤并发表重要讲话。

广东省出席党的十八大代表候选人在《南方日报》上公示，这是中国首次公示全国党代表候选人。据不完全统计，除了广东以外，目前至少包括北京、湖北、贵州、海南等地已经公示了候选人初步人选名单。

3 月 30 日

国家互联网信息办公室发言人披露，一批传播谣言的互联网站被依法查处。

北京警方对在网上编造、传播所谓"军车进京、北京出事"等谣言的李某、唐某等 6 人依法予以拘留，对在网上传播相关谣言的其他人员进行了教育训诫。

3 月 31 日

《人民日报》发表短评《编造传播谣言须依法惩处》，指出：网络是虚拟社会，但虚拟社会与现实社会密不可分，直接关系现实社会的和谐稳定。

中国政府网专题展示，截至 3 月 31 日，共有 31 个省、自治区、直辖市，以及国务院 69 个部门公布了 2011 年度政府信息公开工作年度报告。

国家发改委国际合作中心在博鳌发布《中国区域对外开放指数研究报告》，首次公布中国大陆地区 31 个省（自治区、直辖市）对外开放度的得分和排名。根据报告，上海、北京、广东位居排行榜首位，贵州、青海和西藏排名垫底。

4 月

4 月 1 日

一批法规、规范性文件开始实施。其中,国务院发布的《拘留所条例》进一步保障了被拘留人的合法权益。

在清理整治网络黑市的"春风行动"中,北京警方针对社会影响恶劣、群众反映强烈的涉网犯罪活动进行打击,不到两个月的时间内共破获各类涉网案件 1001 起,抓获违法犯罪嫌疑人 1065 余人,清理网上违法信息 20.8 万余条,行政处罚违规互联网单位 70 家,警告网站 3117 家。

4 月 2 日

博鳌亚洲论坛 2012 年年会开幕。李克强出席开幕式并发表了题为《凝聚共识,促进亚洲健康可持续发展》的主旨演讲。

4 月 5 日

国务院总理温家宝签署中华人民共和国国务院第 617 号令,公布《校车安全管理条例》,并于即日起施行。

4 月 6 日

公安部举办全国公安机关"清网行动"先进事迹报告会。周永康在人民大会堂亲切会见了全国公安机关"清网行动"先进事迹报告团成员并同大家座谈。

赖昌星涉嫌走私、行贿犯罪一案,在厦门市中级人民法院依法公开开庭审理。此距案发已 12 年。

4 月 8 日

中国互联网协会发出倡议,呼吁互联网行业履行社会责任,加强行业自律,自觉抵制网络谣言传播。

4 月 9 日

最高人民法院对外发布《关于办理申请人民法院强制执行国有土地上房屋征收补偿决定案件若干问题的规定》,确立"裁执分离"的强执方式。

4 月 10 日

《求是》第 7 期刊文《正视道德问题，加强道德建设——三论正确认识我国社会现阶段道德状况》提出：正视社会转型大背景下的道德发展变化，动员起全社会的力量，共建我们的道德家园。

《人民日报》发表人民论坛文章《宽容谣言不是民主素养——如何疏导社会情绪之一》。指出："任何人、任何时候，都不能以言论自由当借口制造谣言，不能以追问事实真相为幌子扩散谣言，把纵容谣言也当作一种民主素养。"

依据《中国共产党章程》和《中国共产党纪律检查机关案件检查工作条例》有关规定，中共中央决定，停止薄熙来担任的中央政治局委员、中央委员职务，并由中共中央纪律检查委员会对其立案调查。

新华社受权发布：公安机关对尼尔·伍德死亡案依法进行复查。经复查，现有证据证明尼尔·伍德死于他杀，薄谷开来和张晓军（薄家勤务人员）有重大作案嫌疑。薄谷开来、张晓军涉嫌故意杀人犯罪，已经移送司法机关。

4 月 11 日

《人民日报》发表评论员文章《坚决拥护党中央的正确决定》，指出：坚持以事实为依据，以法律为准绳，对王立军事件、尼尔·伍德死亡案件和薄熙来严重违纪问题依法依纪予以彻底查清，人民群众从中看到了我们党维护党纪、依法治国的坚强决心。

4 月 13 日

备受外界关注的"江西微博侵权第一案"在江西省抚州市临川区人民法院一审宣判，认定通过网络微博公布他人个人信息的杨某侵权行为成立。

中央纪委副书记、监察部部长、国务院纠风办主任马馼在全国纠风工作会议上表示，今年将坚决纠正公务员考录和国有企事业单位招聘中的不正之风。将突出抓好六项重点治理：一是坚决纠正大型零售企业向供应商违规收费问题；二是坚决纠正物流领域乱收费问题；三是坚决纠正银行业金融机构乱收费问题；四是坚决纠正电信行业乱收费问题；五是继续坚决纠正教育乱收费问题；六是继续坚决纠正涉农乱收费问题。

4 月 16 日

第 8 期《求是》杂志发表温家宝的重要文章《让权力在阳光下运行》。

《人民日报》刊发评论文章《认清网络谣言的社会危害》，指出，谣言会威胁社会稳定，损害国家形象，而像"军车进京""北京夜里响枪声"这类谣言极易影响稳定。

《重庆日报》在首页发表评论员文章《努力把重庆的事情办好》，称"继中共中央决定调整重庆市委主要负责人之后，最近中央又决定对薄熙来同志严重违纪问题立案调查、公安机关公布对尼尔·伍德死亡案依法复查结果并将犯罪嫌疑人移送司法机关，这是党之大幸、国之大幸、重庆之大幸，深得党心、顺乎民心"。

新华社受权发布《中共中央　国务院关于分类推进事业单位改革的指导意见》。2011 年 3 月 23 日制定出台的《指导意见》，被认为是"首个统领我国事业单位改革进程的顶层设计"，直接涉及我国 120 多万个事业单位和 3000 多万名事业单位工作人员。

4 月 18 日

温家宝主持召开国务院常务会议，研究部署政府信息公开重点工作。要求要重点推进财政预决算、"三公"经费和行政经费公开等八个方面的政府信息公开。

4 月 20 日

最高人民法院依法裁定不核准吴英死刑，将案件发回浙江省高级人民法院重新审判。

4 月 22 日

温家宝出席德国汉诺威工业博览会开幕式，发表题为《坚持改革开放，推动创新发展》的演讲。

4 月 23 日

胡锦涛在北京会见由朝鲜劳动党中央政治局候补委员、中央书记、国际部部长金永日率领的朝鲜劳动党代表团。

4 月 24 日

前足协副主席谢亚龙在丹东中级法院出庭受审，拉开了足坛反赌扫黑系列案第二次集中审判的序幕。

十一届全国人大常委会第二十六次会议在北京举行。

4 月 25 日

中央各部门 2012 预算一览表向社会公开。

4 月 26 日

人民网官方微博一条博文引出数千次转发:"微博女王"姚晨让《人民日报》人有了强烈的"危机感"。一位年轻编辑在社内培训时举出姚晨粉丝 1955 万的事例,这意味着她每一次发言的受众,比《人民日报》发行量多出近 7 倍。

4 月 27 日

十一届全国人大常委会在人民大会堂举行第二十七讲专题讲座,题目是《关于城市文化建设与文化遗产保护的思考》。

在西安召开的全国公共机构节约能源资源工作会议上,中央公务用车问题专项治理工作领导小组办公室主任尚晓汀表示:"要对公车私用行为实行'零容忍',发现一起处理一起,重拳出击、多措并举,切实管住、管好公务用车。"2011 年 4 月,党中央、国务院作出了开展全国党政机关公务用车问题专项治理工作的重要部署。一年来,专项治理工作取得了阶段性成果。截至 2012 年 3 月底,全国党政机关共清理出违规公务用车 19.96 万辆,已纠正处理 4.6 万辆。

4 月 28 日

国务院办公厅转发国务院纠正行业不正之风办公室《关于 2012 年纠风工作实施意见》。

4 月 30 日

卫生部、公安部联合发布《关于维护医疗机构秩序的通告》。《通告》要求医疗机构应采取设立统一投诉窗口、公布投诉电话等形式接受患者投诉,并在显著位置公布医疗纠纷的解决途径、程序等。患者及家属应依法按程序解决医疗纠纷。

5 月

5 月 1 日

《人民日报》发表社论《做改革发展稳定的主力军——写在"五一"国际劳动节》,指出"把握改革发展稳定的大局,处理好三者的关系,是推动各项事业健康发展的重要前提，也是人民群众共享改革发展成果的根本保证，这一切都离不开工人阶级和劳动群众的热情奉献"。

5 月 2 日

全国人大常委会残疾人保障法执法检查组第一次全体会议在北京举行，正式启动残疾人保障法执法检查。

温家宝主持召开国务院常务会议。会议讨论通过《社会保障"十二五"规划纲要》和《国家中长期动物疫病防治规划（2012—2020 年)》。

外交部发言人刘为民就陈光诚进入美国驻华使馆事答记者问。刘为民说，据了解，山东省沂南县人陈光诚于 4 月下旬进入美国驻华使馆停留 6 天后自行离开。需要指出的是，美国驻华使馆以非正常的方式将中国公民陈光诚带入使馆，中方对此强烈不满。

5 月 3 日

第四轮中美战略与经济对话今天上午在钓鱼台国宾馆开幕。中国国家主席胡锦涛出席开幕式并发表重要讲话。美国总统奥巴马发来书面致辞。

新闻出版总署、全国"扫黄打非"工作小组办公室、中央纪委驻新闻出版总署纪检组日前联合印发《关于开展打击新闻敲诈，治理有偿新闻专项行动的通知》。决定在全国开展为期三个月的打击"新闻敲诈"、治理有偿新闻的专项行动。

浙江省永康市的《永康日报》用两个整版，刊登了《永康市在编不在岗人员自查情况结果通报》，曝光、公示了该市 192 名因各种原因"在编不在岗"的机关事业单位工作人员。

5 月 4 日

纪念中国共产主义青年团成立 90 周年大会在北京人民大会堂举行。中共中央总书记胡锦涛在大会上发表重要讲话。

5 月 7 日

在国务院新闻办的新闻发布会上，民政部部长李立国称我国还将改革现行社会组织登记管理体制，而政治类、人权类社会组织，"在登记管理上是平等的"。2012 年 7 月起，非官方社会组织将在广东等地"松绑"，可以到民政部门直接登记。针对这一举措会不会导致社会组织井喷的疑问，李立国回答说，

直接登记需要经过一个过渡阶段，社会组织的成立审查，尤其是超出民政部门业务范围的社会组织，必须向有关部门征求意见，因此"过渡阶段估计不会出现井喷现象"。

5月8日

《人民日报》发表文章《堵住"吃空饷"的制度漏洞》，就5月3日浙江省永康市的《永康日报》刊登《永康市在编不在岗人员自查情况结果通报》发表评论。

最高人民法院对外公布了《关于审理因垄断行为引发的民事纠纷案件应用法律若干问题的规定》。这部总共16条的司法解释将于2012年6月1日起实施，其中规定了起诉、案件受理、管辖、举证责任分配、诉讼证据、民事责任及诉讼时效等问题，建立了我国反垄断民事诉讼的基本框架。

针对日前网络媒体曝光的"湖南职称评审评委违规"事件，最高检反贪污贿赂总局已派员到达湖南，指导该省检察机关严肃查办该事件背后的职务犯罪案件。日前有网络媒体曝光湖南省在高校教师职称评审中，个别评委存在严重违规，甚至公开收钱。

5月9日

温家宝主持召开国务院常务会议。研究部署推进信息化发展、保障信息安全工作。

中国—新加坡"新媒体环境下领导力建设"论坛在北京举办。李源潮在会议上发言指出，中国共产党和中国政府坚持以积极主动、开放包容的态度对待新媒体，通过教育培训引导干部科学认识和正确对待新媒体，不断提高运用新媒体的能力，加强网络舆论引导，凝聚社会共识。

5月10日

云南昭通市巧家县白鹤滩镇花桥社区便民服务大厅发生爆炸，导致4死16伤。当地警方表示，爆炸案制造者是外地人，作案目的是"报复社会"，与征地拆迁无关。但是，这一结论引发多方质疑。

5月11日

中央纪委监察部在京召开学习贯彻《关于加强和改进中央和国家机关纪检监察组织建设的意见》座谈会，贺国强出席会议并讲话。

5 月 13 日

中共广东省委十一届一次全会召开后，举行中共广东省委第十一届委员会常委媒体见面会。新一届省委常委汪洋等参加了媒体见面会。汪洋强调，以权谋私，千夫所指，人所不齿，我们手中的权力是人民赋予的，只能用来为人民谋利，我们必须始终坚持党为公、执政为民，始终坚持秉公用权、廉洁从政。

5 月 14 日

《人民日报》发表整版文章《政治体制改革稳步推进》，重点报道了我国近十年来政治体制改革的情况。文章指出，"权力"和"权利"是民主政治的一体两面，近十年来，在政治体制改革的进程中，前者的被"监督制约"和后者的"充分保障"恰成鲜明对比，勾勒出政治体制改革的总体脉络。

中央精神文明建设指导委员会在京召开道德领域突出问题专项教育和治理活动视讯会议。刘云山在会上指出，开展道德领域突出问题专项教育和治理，是顺应群众期待、回应社会关切的重要举措。会议提出，要实现对食品安全问题的"零容忍"，给老百姓以信心。

教育部网站全文公布新修订的《国家教育考试违规处理办法》。

云南巧家县委宣传部、巧家县公安局等部门召开"5·10"爆炸案通报会。巧家县副县长、公安局长杨朝邦表示："我可以一个局长的名义和自己的前程来担保，赵登用就是此案的嫌疑人，是否有其他人员参与等情况，公安机关正在调查中。"消息一出，即在微博上引起广泛议论。

5 月 15 日

全国公安机关统一启用签发电子普通护照。

北京警方自 15 日起首次公开对非法入境、非法居留、非法就业的"三非"外籍人员进行清查，并鼓励市民举报疑似"三非"外国人，清查行动将持续一百天。

《中华人民共和国保守国家秘密法实施条例（征求意见稿）》公布，广泛征求社会各界意见。

绍兴市人民检察院官方微博发博文质疑云南巧家县副县长、公安局长杨朝邦"以一个局长的名义和自己的前程担保，赵登用就是此案的嫌疑人"，称："现在是法治社会，证明犯罪嫌疑人有没有犯罪是要靠证据来说话的。试问，

名义和前程能当作证据来用吗?"

5月16日

温家宝主持召开国务院常务会议。会议讨论通过了《国家基本公共服务体系"十二五"规划》。

中央党校举行2012年春季学期第二批入学学员开学典礼,习近平出席并讲话。习近平在讲话中强调,实事求是作为党的思想路线,是党带领人民推动中国革命、建设、改革事业不断取得胜利的重要法宝。

5月17日

中国政府网刊载《2012年政府信息公开重点工作安排》,今年各级政府将重点推进财政预算决算、"三公"经费和行政经费、保障性住房、食品安全、环境保护、征地拆迁、价格和收费等信息公开。《工作安排》要求中央部门细化"三公"经费的解释说明,公开车辆购置数量及保有量、因公出国(境)团组数量及人数、公务接待有关情况等。各省(区、市)政府要制订"三公"经费公开时间表,争取在两年左右的时间内,实现省级政府全面公开"三公"经费。

5月18日

赖昌星走私普通货物、行贿犯罪一案,在厦门市中级人民法院依法公开宣判。赖昌星犯走私普通货物罪,判处无期徒刑,剥夺政治权利终身,并处没收个人全部财产;犯行贿罪,判处有期徒刑十五年,并处没收个人财产人民币二千万元。两罪并罚,决定执行无期徒刑,剥夺政治权利终身,并处没收个人全部财产;违法犯罪所得依法予以追缴。

5月19日

国务院总理温家宝回到自己的母校中国地质大学(武汉)看望师生,他在该校作了长达50分钟的即兴演讲。他说:"一个领导人不懂得农民,不懂得占全国大多数的穷人,就不懂得政治,不懂得经济。"

5月21日

浙江省高级人民法院经重新审理后,对被告人吴英集资诈骗案作出终审判决,以集资诈骗罪判处被告人吴英死刑,缓期二年执行,剥夺政治权利终身,并处没收其个人全部财产。

5 月 22 日

最高人民法院对外发布了最高人民法院、最高人民检察院《关于办理内幕交易、泄露内幕信息刑事案件具体应用法律若干问题的解释》，于 2012 年 6 月 1 日正式施行。

在新一届上海市委常委与中外媒体见面会上，上海市政府新闻办公室官方微博"上海发布"进行了"微直播"。微博还首次被写入了上海市党代会报告。报告中说："健全新闻发布网络和工作制度，建好以'上海发布'为核心的政务微博群，做好突发公共事件新闻报道和舆论引导。"

5 月 23 日

纪念毛泽东《在延安文艺座谈会上的讲话》发表 70 周年座谈会在北京人民大会堂举行。胡锦涛在会上指出，毛泽东同志《在延安文艺座谈会上的讲话》，把马克思主义基本原理同中国革命文艺实践创造性地结合起来，是我们党领导文艺事业的经典文献。70 年的历史充分表明，《讲话》始终闪耀着伟大的真理光芒，《讲话》所指明的方向和道路始终是我国文艺事业发展必须遵循的正确方向和道路。

防止违纪违法国家工作人员外逃工作协调机制第三次联席会议在北京召开。

广州市社会工作委员会正式揭牌。广州市社工委主任方旋说，社工委作为新生事物，将加大对社会建设重点难点问题的研究力度，努力成为广州创新社会管理、探索新型城市化发展道路的"助推器"。

5 月 24 日

中宣部举办"走进中央宣传部"开放日活动，邀请部分驻华使节参加。

中共中央办公厅印发《关于加强和改进非公有制企业党的建设工作的意见（试行）》，并发出通知，要求各地区各部门结合实际认真贯彻执行。《意见》指出，非公有制企业是发展社会主义市场经济的重要力量。加强和改进非公有制企业党的建设工作，是坚持和完善我国基本经济制度、引导非公有制经济健康发展、推动经济社会发展的需要，是加强和创新社会管理、构建和谐劳动关系、促进社会和谐的需要，是增强党的阶级基础、扩大党的群众基础、夯实党的执政基础的需要，是以改革创新精神提高党的基层组织建设科学化水

平、全面推进党的建设新的伟大工程的需要。

马凯出席全国政府信息公开工作电视电话会议时强调，各地区各部门要保障人民群众对政府工作的知情权、参与权、表达权和监督权，提高政府的公信力和执行力。

5月25日

国务院新闻办公室发表《2011年美国的人权纪录》，以回应美国国务院24日发表的《2011年国别人权报告》对中国人权事业的歪曲指责。人权纪录从六个方面揭露了美国糟糕的人权状况。

5月26日

中国银行监督管理委员会发布《关于鼓励和引导民间资本进入银行业的实施意见》，明确提出，民间资本进入银行业与其他资本遵守同等条件，民间资本投资银行业的范围、对象没有限制。

5月28日

中共中央政治局召开会议，研究深化科技体制改革、加快国家创新体系建设。胡锦涛主持会议。

《人民日报》头版发表评论员文章《在深入基层中汲取执政兴国的力量》。文章指出，新形势下的群众工作确有挑战。在一个利益多元、观念多样、思想多变的时代，群众工作更加复杂。宏观层面的问题和微观层面的矛盾交集，思想认识问题和群众对利益的关切交织，新问题和未解决的难题并陈，所有这些都考验着领导干部的执政能力。

中央纪委常委会议研究并报中共中央政治局会议审议，决定：给予刘志军开除党籍处分，待召开中央委员会全体会议时予以追认；收缴其违纪所得；将其涉嫌犯罪问题移送司法机关依法处理。

5月30日

温家宝主持召开国务院常务会议。会议讨论通过了《"十二五"国家战略性新兴产业发展规划》《全国游牧民定居工程建设"十二五"规划》。

5月31日

胡锦涛签署命令，追授南京政治学院科研部学报编辑部原主编、教授严高鸿"模范理论工作者"荣誉称号。命令指出，严高鸿同志把毕生精力献给了国防教育事业和马克思主义理论教育研究事业，是一名优秀的马克思主义理论工作者。

6 月

6月1日

第11期《求是》杂志发表贺国强文章《着力解决发生在群众身边的10个方面腐败问题，不断以反腐倡廉建设新成效取信于民造福于民》。

6月2日

马克思主义理论研究和建设工程在京召开工作会议。会议对八年来的工作进行系统总结，对深入推进工程进行全面部署。李长春在讲话中指出，实施马克思主义理论研究和建设工程，是以胡锦涛同志为总书记的党中央，从深入推进马克思主义中国化时代化大众化、坚持和发展中国特色社会主义事业的战略高度，作出的一项重大决策。工程实施八年来，在党中央的高度重视和直接领导下，取得了重要阶段性成果，为推进党和国家事业发展作出了贡献。马克思主义理论研究和建设工程，不愧是关系中国特色社会主义事业发展全局的战略工程、生命工程、基础工程。

6月3日

李源潮6月2日～3日在四川调研时指出，基层党组织和党员干部要学习李林森、文建明，自觉坚持和运用从群众中来、到群众中去的群众路线工作法，把科学发展、社会和谐、造福百姓的任务落到实处，以优异成绩迎接党的十八大胜利召开。

6月4日

中共中央办公厅、国务院办公厅印发了《关于进一步加强人民政协提案办理工作的意见》，要求各地区各部门结合实际认真贯彻执行，全面提升政协提案办理工作科学化水平。

被称作"最美司机"的浙江杭州长运公司驾驶员吴斌于杭州出殡，上万杭州市民和出租车司机沿街送行，各界自发展开悼念活动。

6月5日

胡锦涛在人民大会堂同俄罗斯总统普京举行会谈。会谈后，两国元首共同签署了《中华人民共和国和俄罗斯联邦关于进一步深化平等信任的中俄全面战略协作伙伴关系的联合声明》。

6月6日

上海合作组织成员国元首理事会第十二次会议小范围会谈在人民大会堂举行。胡锦涛作为主席国元首主持会议。

6月7日

上海合作组织成员国元首理事会第十二次会议在人民大会堂举行。

6月8日

全国创先争优优秀共产党员评审小组在人民网、新华网上开展的为期10天的网上投票推荐全国创先争优优秀共产党员活动圆满结束。

6月11日

经国务院授权，国务院新闻办公室发布《国家人权行动计划（2012 - 2015年）》。这是我国第二个以人权为主题的国家规划。为了持续全面推进中国人权事业发展，这个计划对今后四年中国人权发展的目标、任务和具体措施作出了规划。国家人权行动计划分为导言，经济、社会和文化权利，公民权利和政治权利，少数民族、妇女、儿童、老年人和残疾人的权利，人权教育，国际人权条约义务的履行和国际人权交流与合作，以及实施和监督等七个部分。

2012年全国食品安全宣传周在京启动。李克强作出重要批示指出：食品安全是事关每个家庭、每个人的重大基本民生问题，必须在加强监管、坚决严厉依法打击食品安全违法犯罪的同时，着力提升整个食品行业的道德诚信素质，这是实现食品安全形势持续稳定好转的根本基础。

6月12日

政法干警核心价值观教育实践活动汇报会暨《政法干警核心价值观教育读本》首发式在人民大会堂举行，周永康出席并讲话。

6月13日

国务院总理温家宝主持召开国务院常务会议，研究部署进一步加强食品安全工作，要求各级政府进一步将食品安全工作摆上重要日程，切实加大工作力度，采取有力措施，尽快解决当前存在的食品安全突出问题。

6 月 14 日

中央精神文明建设指导委员会发出《关于广泛开展向张丽莉、吴斌、高铁成同志学习活动的通知》。

6 月 15 日

温家宝向新聘任的国务院参事和中央文史研究馆馆员颁发聘书，并同参事、馆员座谈。

6 月 16 日

神舟九号载人飞船，在酒泉卫星发射中心发射升空后，于 18 时 56 分准确进入预定轨道，顺利将三名航天员送上太空。

6 月 17 日

李长春在河南调研时强调，各级党委和政府特别是宣传文化部门要深入贯彻落实党的十七届六中全会精神，充分认识推进文化改革发展的重要性和紧迫性，进一步增强文化自觉和文化自信，推动文化体制改革向广度和深度拓展，加快构建有利于文化繁荣发展的体制机制，不断开创文化改革发展新局面，以优异成绩迎接党的十八大胜利召开。

6 月 18 日

20 国集团领导人第七次峰会在墨西哥洛斯卡沃斯举行。胡锦涛出席会议并发表题为《稳中求进　共促发展》的重要讲话。

6 月 19 日

新华社记者从国家互联网信息办公室获悉，"中国预防腐败网""中国预防腐败调查研究中心"等 47 家招摇撞骗，打着"维权""反腐"等旗号进行敲诈勒索违法活动的网站近日被依法关闭。2012 年 3 月以来，已有 89 家招摇撞骗、敲诈勒索网站被国家互联网信息办协调相关部门依法关闭。

6 月 20 日

温家宝在里约热内卢出席联合国可持续发展大会高级别圆桌会，并发表题为《创新理念，务实行动，坚持走中国特色可持续发展之路》的讲话。

经中央军委批准，总政治部、军委纪委印发了新修订的《关于军队领导

干部报告个人有关事项的规定》。

6月21日

国务院近日批准，撤销海南省西沙群岛、南沙群岛、中沙群岛办事处，设立地级三沙市，管辖西沙群岛、中沙群岛、南沙群岛的岛礁及其海域。民政部网站刊登《民政部关于国务院批准设立地级三沙市的公告》。

6月25日

山东原副省长黄胜严重违纪违法被开除党籍公职；收缴其违纪所得；将其涉嫌犯罪问题移送司法机关依法处理。

广州市政府举行首场市政府领导新闻发布会。广州市市长陈建华担任新闻发言人，回答了境内外40多家媒体记者提出的一连串的问题。广州为打造责任、诚信、阳光政府，建立市政府领导定期新闻发布会制度。自6月起，每月将安排一名市政府领导担任新闻发布会主发布人，发布有关信息并现场回答记者提问。

6月26日

十一届全国人大常委会第二十七次会议在北京人民大会堂举行第一次全体会议。

陕西省安康市通报对镇坪县妇女冯建梅大月份引产事件的调查结果和处理决定，认定这是一起强行实施大月份引产的违规责任事件，并对镇坪县相关干部进行了处理。

国际反贪局联合会第四届研讨会在大连开幕，周永康出席会议并讲话。

最高人民检察院检察长、国际反贪局联合会主席曹建明在国际反贪局联合会第四届研讨会上表示，希望各国、各地区反贪机构在互相尊重主权的前提下，采取更加积极、开放的合作态度，探索更加灵活、有效的合作方式，最大限度地开展资产追回国际合作。

提交十一届全国人大常委会第二十七次会议审议的预算法修正案草案二审稿明确规定各级政府应及时向社会公开预决算。

6月27日

十一届全国人大常委会第二十七次会议在北京人民大会堂举行第二次全体会议。会议听取国务院关于2011年中央决算的报告、国务院关于2011年度中

央预算执行和其他财政收支的审计工作报告、全国人大财政经济委员会关于
2011 年中央决算审查结果的报告，听取国务院关于保障饮用水安全工作情况
的报告等。

6 月 28 日

中华慈善捐助信息中心在京发布《2011 年度中国慈善捐助报告》核心数
据。数据显示，2011 年，全国接收国内外社会各界的款物捐赠总额约 845 亿
元，占我国 GDP 比例为 0.18%，人均捐款 62.7 元。捐赠总量较 2010 年相比
下降 18.1%。

全国创先争优表彰大会在北京人民大会堂召开。习近平参加会见并出席表
彰大会。

6 月 29 日

10 时 03 分，在经过近 13 天太空飞行后，神舟九号载人飞船返回舱顺利
着陆，航天员景海鹏、刘旺、刘洋安全返回，天宫一号与神舟九号载人交会对
接任务获得圆满成功。

7 月

7 月 1 日

胡锦涛出席庆祝香港回归祖国 15 周年大会暨香港特别行政区第四届政府
就职典礼，并在会上发表重要讲话。

7 月 2 日

因担心四川省什邡市宏达钼铜多金属资源深加工综合利用项目引发环境污
染问题，陆续有市民到市委、市政府门口聚集，反对钼铜项目建设，少数市民
情绪激动，强行冲破警戒线，进入市委机关，砸毁一楼大厅 8 扇橱窗玻璃、3
个宣传栏、4 个宣传展板。经当地党委、政府领导及现场工作人员耐心疏导，
多数围观市民相继离开，但仍有少数市民继续聚集拥堵。

7 月 3 日

《国务院关于加强食品安全工作的决定》发布。首次将食品安全工作纳入
政绩考核，发生重大食品安全事故实行一票否决。

北京市第十一次党代会落幕，标志着全国 31 个省级党委完成换届。

四川省什邡市人民政府新闻办公室，针对宏达钼铜项目群体性事件，在人民网官方微博"什邡发布"上发布消息"什邡市委、市政府决定：今后不再建设钼铜项目"。

7 月 4 日

温家宝主持召开国务院常务会议，部署 2011 年度中央预算执行等审计查出问题整改工作，听取全国社会保障资金审计情况汇报。

7 月 5 日

胡锦涛在北京人民大会堂北大厅举行仪式，欢迎来华进行国事访问的古巴共和国国务委员会主席兼部长会议主席劳尔·卡斯特罗。

什邡召开全市干部大会，会议宣布：经中共四川省委同意，中共德阳市委决定：中共德阳市委常委、副市长左正同志兼任中共什邡市委第一书记；中共什邡市委书记李成金同志协助左正同志工作。

7 月 6 日

全国科技创新大会在北京举行。胡锦涛出席会议并发表重要讲话。大会对下一阶段我国科技体制改革进行部署，提出到 2020 年我国进入创新型国家行列的目标。

7 月 9 日

国务院公布《机关事务管理条例》。今后，超预算开支"三公"、购建豪华办公用房、安排与业务工作无关的出国考察等情形，情节严重的将面临撤职处分。

7 月 10 日

温家宝于 9 日上午和 10 日上午先后主持召开两次经济形势座谈会，听取专家和企业负责人的意见和建议。

陕西镇坪县强制引产事件以当事人获 7.06 万元补偿落幕。此前已有 7 名相关人员分别受到撤职、行政记大过和党内严重警告等处分。

7 月 11 日

周永康专程到北京市就社会管理工作进行调研考察。

北京市人力资源和社会保障局在其官方网站上公布《关于进一步加强和

改进我市因公出国（境）培训工作的意见》，严控借培训名义出国（境）旅游，并明确在外培训总日程的三分之二应当用来考察或学习，出国（境）经费、日程安排、培训内容等须在本单位范围内公示。

7 月 13 日

第七次全国信访工作会议在北京人民大会堂举行。

人民网舆情检测室联合新浪微博共同发布《2012 年上半年新浪政务微博报告》显示，经认证的各领域政府机构及官员微博总量已达 45021 家，较去年年底增长近 150%。报告称，"官微"与去年的多方"卖萌"不同，越来越有回应民情、公开辟谣、征求民意的发展趋势。

7 月 14 日

温家宝在成都主持召开河南、湖南、广西、四川、陕西五省区负责人经济形势座谈会。

7 月 19 日

即日起，中央部门将集中公布 2011 年部门决算、"三公经费"和行政经费等有关数据。这是中央部门首次公开行政经费数据，人员工资、办公楼运营费用的总体情况将公开。

我国首部国家基本公共服务专项规划《国家基本公共服务体系"十二五"规划》正式对外公布。这份规划首次明确我国公民有权享受政府提供的基本公共服务项目及其标准，以及"提供基本公共服务是政府的职责"。根据《国家基本公共服务体系"十二五"规划》，基本公共服务的范围为公共教育、就业服务、社会保险、社会服务、医疗卫生、人口计生、住房保障、公共文化体育等八个领域以及残疾人基本公共服务。

中央军委批复广州军区，同意组建"中国人民解放军海南省三沙警备区"，主要负责三沙市辖区国防动员和民兵预备役工作，协调军地关系，担负城市警备任务，支援地方抢险救灾，指挥民兵和预备役部队遂行军事行动任务等。

7 月 22 日

三沙市第一届人民代表大会代表名单正式公布，共有 45 名代表当选。

7 月 23 日

全国省部级主要领导干部专题研讨班在京举行，胡锦涛在开班式上发表重要讲话。胡锦涛指出，推进政治体制改革，必须坚持党的领导、人民当家作主、依法治国有机统一，发展更加广泛、更加充分的人民民主，保证人民依法实行民主选举、民主决策、民主管理、民主监督，更加注重发挥法治在国家和社会治理中的重要作用，维护国家法治的统一、尊严、权威，保障社会公平正义，保证人民依法享有广泛权利和自由。

三沙市第一届人民代表大会第一次会议在西沙永兴岛开幕。

7 月 24 日

海南省在永兴岛举行三沙市成立大会暨揭牌仪式。

7 月 25 日

温家宝主持召开国务院常务会议。会议研究部署进一步实施促进中部地区崛起战略，决定扩大营业税改征增值税试点范围，加强和改进最低生活保障工作。

7 月 30 日

根据党章规定和中央统一部署，从 2011 年第四季度至今年 7 月初，全国 31 个省、自治区、直辖市党委集中进行了换届。在此之前，从 2010 年 12 月至今年 4 月底，全国应换届的 374 个市（州）、2789 个县（市、区、旗）、33368 个乡镇党委已经完成换届。至此，在中央的坚强领导下，这次全国省市县乡四级党委换届有序、健康、平稳进行，取得圆满成功。

7 月 31 日

中共中央政治局召开会议，分析研究上半年经济形势和下半年经济工作，积极回应社会关心的热点问题，突出强调"稳增长"。

8 月

8 月 1 日

第 15 期《求是》杂志发表习近平的重要文章《始终坚持和充分发挥党的独特优势》。

李源潮指出，根据中央要求，将逐步实现全国的公安厅局长一般都由异地交流干部担任。

经有关省区市人大常委会表决通过，近期交流任职的省区市公安厅局长已全部通过法律程序，正式到任上岗。交流调动前，中共中央政治局常委、中央政法委书记周永康与交流任职的部分省区市公安厅局长人选进行了集体谈话。

卫生部发布《加强公立医院廉洁风险防控指导意见》征求意见稿，全面启动公立医院廉洁风险防控工作。

8月2日

审计署发布全国社会保障资金审计结果，首次全面揭示了我国社保体系建设和管理情况，公布了社保资金底数。本次审计查出违法违纪案件线索132起，涉及300多人。

《重大节假日免收小型客车通行费实施方案》公布。方案提出，春节、清明节、劳动节、国庆节等4个国家法定节假日，以及国务院办公厅文件确定的法定节假日连休日，免收7座及以下小型客车通行费。

8月3日

广电总局日前对电视剧创作提出六项要求：革命历史题材要敌我分明；不能无限制放大家庭矛盾；古装历史剧不能捏造戏说；商战剧需要注意价值导向；翻拍克隆境外剧不能播出；不提倡网络小说改编，网游不能改拍。

8月6日

广东省中山市纪委举行新闻发布会，通报中山市纪委近日查处市人力资源和社会保障局纪委书记梁国影利用职权篡改其儿子林钰成公务员考试成绩案件情况。并给予涉案人员梁国影开除党籍、开除公职处分，并移送司法机关处理。其他涉案人员也将根据相关规定，给予处分。

8月7日

云南省昭通市公安局通报：经过近三个月深入侦查，"5·10"巧家爆炸案已成功告破，涉案犯罪嫌疑人邓德勇、宋朝玉因涉嫌爆炸罪已被依法逮捕。两名犯罪嫌疑人对策划实施爆炸案的犯罪事实供认不讳。今年5月10日9时许，云南省巧家县白鹤滩镇花桥社区便民服务大厅发生一起爆炸案，造成4人死亡、16人受伤。此前，警方经现场勘查、尸体检验、调查走访、提取视频监控资料等侦查工作发现，引发爆炸的背包系赵登用背入案发现场，并在其身上发生爆炸，警方据此初步认定其有重大作案嫌疑。经公安机关侦查证实，赵登用未参与爆炸案的预谋策划，并且在爆炸中当场身亡，他也是本案的受害人之一。针对巧家县公安局在前期案情尚未彻底查清的情况下，在通报中因表述不严谨、不确切而给社会公众、赵登用及其家属带来的误导和影响，昭通市公安局向社会公众、赵登用及其家属表示诚恳道歉。

8 月 9 日

安徽省合肥市中级人民法院一审公开开庭审理了被告人薄谷开来、张晓军故意杀人案。庭审结束后法庭宣布休庭，择期宣判。

8 月 10 日

新华社记者从湖南省委宣传部了解到，备受关注的永州"上访妈妈"唐慧将被释放。8 月 2 日，湖南省永州市劳动教养管理委员会因唐慧扰乱社会秩序，决定对其劳动教养一年零六个月。唐慧不服劳动教养决定，于 8 月 7 日向湖南省劳动教养管理委员会提出了书面复议申请。湖南省劳动教养管理委员会经认为，鉴于唐慧女儿尚未成年，且身心受到严重伤害，需要特殊监护等情况，对唐慧依法进行训诫、教育更为适宜，可以不予劳动教养。决定撤销永州市劳动教养管理委员会对唐慧的劳教决定。

8 月 13 日

审计署在其网站发布了《2011 年度审计署绩效报告》，报告披露，2011年审计署审计（调查）单位 673 个，全年查出主要问题金额 866.8 亿元，上述审计发现的问题有 93% 已经整改。此外，通过审计发现问题的整改，还为国家增收节支 94.6 亿元，挽回（避免）损失 60.7 亿元，促进资金拨付到位 3.7亿元，核减投资（结算）额 2.3 亿元。据数据分析可得，审计署的投入产出比为 1∶96，也就是审计署每花费 1 元，可促进国家财政增收节支 96 元。

卫生部食品安全与卫生监督局局长苏志在例行新闻发布会上通报《食品安全国家标准"十二五"规划》时表示，将加快我国食品标准清理整合，到"十二五"末，基本构建保障人民群众健康需要、符合我国国情的食品安全国家标准体系。

中共中央、国务院向第 30 届奥运会中国体育代表团发去贺电，指出："在举世瞩目的第 30 届奥林匹克运动会上，中国体育代表团表现出色，收获了 38 枚金牌、27 枚银牌、22 枚铜牌,位居金牌榜和奖牌榜前列,极大激发了全国各族人民的爱国热情,极大增强了海内外中华儿女的民族自信心和自豪感。"

8 月 14 日

中央外宣办举行新闻发布会,邀请中组部副部长王京清和秘书长、新闻发言人邓声明介绍中国共产党第十八次全国代表大会代表选举工作情况,并回答记者提问。全国 40 个选举单位,选举产生了 2270 名党的十八大代表。全国代表大会代表由全国 8000 多万名党员、400 多万个基层党组织推荐提名,经过反复酝酿、逐级遴选而产生。

8 月 15 日

国务院总理温家宝于 8 月 14 日～15 日在浙江杭州、湖州、嘉兴等地调研经济运行情况。温家宝说,此行的目的概括起来就是八个字:"增强信心,关注就业。"

8 月 17 日

胡锦涛、吴邦国、温家宝、贾庆林、李长春、习近平、李克强、贺国强、周永康等在北京人民大会堂会见第 30 届奥运会中国体育代表团全体成员。在英国伦敦举办的第 30 届奥林匹克运动会上,中国体育代表团表现出色,收获 38 枚金牌、27 枚银牌、23 枚铜牌,位居金牌榜和奖牌榜前列。

周恩义同志先进事迹报告会在北京人民大会堂举行。

8 月 20 日

《学习时报》刊文称灰色权力正吞噬人民福利。文章指出,我国市场经济中不仅仅存在灰色权力,还存在灰色资本和灰色暴利。破解中国市场经济肌体上依附的灰色权力毒瘤,是我国在新的历史条件下推进改革的重大使命。

安徽省合肥市中级人民法院对被告人薄谷开来、张晓军故意杀人案作出一审判决。薄谷开来犯故意杀人罪,判处死刑,缓期二年执行,剥夺政治权利终身;张晓军犯故意杀人罪,判处有期徒刑九年。二人当庭表示不上诉。

财政部发布通知,为掌握事业单位公务用车配备使用有关情况,规范事业单位公务用车配备使用管理,财政部统一组织全国事业单位公务用车清查工作。

8月21日

贺国强出席贯彻落实《建立健全惩治和预防腐败体系2008－2012年工作规划》工作成果交流会并讲话。

由华中师范大学中国农村研究院发布的《中国农民经济状况报告》称，在各地区内部，农民收入分配存在差异，西部农民之间的收入差距相对较大。研究者运用衡量收入差距的重要指标基尼系数测算的数值为0.3949，逼近0.4的国际警戒线。

8月22日

温家宝主持召开国务院常务会议。决定取消和调整314项部门行政审批项目，批准广东省"十二五"时期在行政审批制度改革方面先行先试，对行政法规、国务院及部门文件设定的部分行政审批项目在本行政区域内停止实施或进行调整。

8月23日

广州市政府新闻发布会告知，今后广州市属行政单位购买小轿车要控制在排气量1.8升以下、价格18万元以内，报废资产必须有单位主管部门审批。

8月25日

国务院总理温家宝于24日～25日到广东省广州、佛山、东莞等地，就当前经济走势特别是稳定外需、加快外贸转型升级进行调研。温家宝指出，我国经济发展的基本面没有改变，稳增长的难度仍然较大。稳增长是中央确定的下半年经济工作的重点任务。

8月26日

全国人大常委会农业法执法检查组第一次全体会议在北京人民大会堂举行，正式启动农业法执法检查。

广西公布《广西壮族区产品产品质量监督管理条例》，明确了产品质量监管部门的责任，质监工作人员发布失实信息，构成犯罪将被追究刑事责任。

8月27日

十一届全国人大常委会第二十八次会议在北京人民大会堂举行第一次全体会议。本次常委会会议继续审议民事诉讼法修正案草案、农业技术推广法修正案草案、精神卫生法草案，首次审议特种设备安全法草案、旅游法草案、环境保护法修正案草案等。

周永康在北京主持召开中央司法体制改革领导小组第五次全体会议暨司法体制机制改革第十二次专题汇报会。

李克强出席首届中非地方政府合作论坛开幕式并致辞。

8 月 31 日

十一届全国人大常委会第二十八次会议闭幕。会议表决通过了全国人大常委会关于修改民事诉讼法的决定。首次将公益诉讼制度写入民事诉讼法，关于诉讼主体的表述是"法律规定的机关和有关组织"。

温家宝到天津考察保障房建设。他强调，衡量安居工程进展好坏、水平高低，不能只看开工数，也不能只看竣工数，而要看是否及时投入市场，解决群众的迫切需求，质量和服务群众是否满意。

9 月

9 月 1 日

习近平出席中央党校 2012 年秋季学期开学典礼并讲话。

公安部决定自今年 9 月 1 日起，在北京、天津、上海、重庆、广州、深圳等 6 个流动人口较多的城市推行为非本市户籍就业人员和在读大学生办理出入境证件的便民措施。

9 月 3 日

中共中央在中南海召开党外人士座谈会，听取各民主党派中央、全国工商联领导人和无党派人士对《中共十八大报告征求意见稿》的意见和建议。胡锦涛主持座谈会并发表重要讲话。

第十八次全国地方立法研讨会在京召开。

9 月 4 日

人民政协理论研究工作座谈会在北京开幕。贾庆林出席开幕式并发表重要讲话。

张丽莉同志先进事迹报告会在北京人民大会堂举行。张丽莉是黑龙江省佳木斯市第十九中学教师，今年 5 月 8 日在交通事故发生的危急时刻为抢救学生

被轧断双腿，她的先进事迹在全社会引起强烈反响。

9 月 5 日

胡锦涛会见美国国务卿希拉里·克林顿，表示，希望美方坚决抵制贸易保护主义，放宽高技术产品对华出口限制，为中国企业赴美投资提供公平竞争环境。

国务院总理温家宝 9 月 3 日~5 日就新疆经济社会发展和民生改善进行调研。

9 月 6 日

因为篡改儿子公考分构成招收公务员徇私舞弊罪，广东省中山市人力资源和社会保障局原纪委书记梁国影在该市第一人民法院一审被判处有期徒刑 1 年。

9 月 9 日

胡锦涛在出席亚太经合组织第二十次领导人非正式会议期间，同日本首相野田佳彦进行交谈，就当前中日关系和钓鱼岛问题表明了中方立场。

9 月 10 日

中华人民共和国政府就中华人民共和国钓鱼岛及其附属岛屿的领海基线发表声明。

9 月 11 日

温家宝出席世界经济论坛 2012 年新领军者年会（第六届夏季达沃斯论坛）开幕式并致辞。

全国政协召开专题协商会，围绕"加强和创新社会管理"问题建言献策。贾庆林出席并讲话。周永康到会听取委员建议并讲话。

9 月 13 日

中国常驻联合国代表李保东大使向联合国秘书长潘基文提交了中国钓鱼岛及其附属岛屿领海基点基线坐标表和海图。至此，中国已履行了《联合国海洋法公约》所规定的义务，完成了公布钓鱼岛及其附属岛屿领海基点基线的所有法律手续。

9 月 14 日

温家宝应邀到清华大学看望师生，并在学校大礼堂发表演讲。温家宝说，我们从事的社会主义现代化建设是在探索中前进的，我们对社会主义的认识也是在实践中不断深化的。

我国政府宣布《中华人民共和国政府关于钓鱼岛及其附属岛屿领海基线的声明》后，中国海监50、15、26、27船和中国海监51、66船组成的两个维权巡航编队，抵达钓鱼岛及其附属岛屿海域，首次对钓鱼岛及其附属岛屿附近海域进行维权巡航执法。

9 月 15 日

习近平和王兆国、刘云山、刘延东、李源潮、何勇、令计划、韩启德等领导同志来到中国农业大学，同首都群众和大学生一起参加全国科普日北京主场活动。习近平强调，要广泛普及食品与健康相关知识，推动全社会更加关注食品安全，坚决遏制各类食品安全违法犯罪行为，提高群众消费安全感和满意度。

广东省纪委召开全省预防腐败工作座谈会，传达贯彻中央纪委副书记、监察部长、国家预防腐败局局长马馼充分肯定广东的预防腐败工作的批示精神，总结省市两级预防腐败机构成立以来各项工作，研究部署下一步预防腐败工作任务。其中引人注目的是"广东将制定领导干部家庭财产申报公示制度"。

9 月 16 日

外交部表示，中国政府决定向《联合国海洋法公约》设立的大陆架界限委员会提交东海部分海域200海里以外大陆架划界案。国家海洋局相关技术准备工作已基本就绪。

9 月 17 日

《人民日报》发表评论员文章《用文明法治凝聚爱国力量》，指出：捍卫国家领土当然需要强烈表达，但同时也需要恪守文明法治。捍卫国家主权、维护民族尊严，需要我们坚守文明法治，冷静理智、合法有序地表达爱国热情。

新华社评论员文章《用民主政治建设维护公平正义》指出，公平正义是人类社会永恒的追求。经济社会越发展，人们对公平正义的追求越强烈。党的十六大以来我国构建社会主义和谐社会的伟大实践证明，坚持党的领导、人民当家作主、依法治国有机统一，大力推进社会主义民主政治建设，切实保障人民民主权利，是促进社会公平正义的重要保证。

9月18日

外交部发言人洪磊就日本右翼分子登上钓鱼岛活动答记者问时说,中方向日方提出了严正交涉,要求日方对纵容右翼分子的行为作出解释。我们敦促日方采取有效措施,停止一切激化事态和矛盾的行为。同时,中方保留采取进一步措施的权利。

9月19日

新华社记者从中央人才工作协调小组获悉,经中央批准,中央组织部、人力资源和社会保障部等11个部委日前联合推出《国家高层次人才特殊支持计划》(简称"国家特支计划",也称"万人计划"),准备用十年时间,面向国内分批次遴选一万名左右自然科学、工程技术和哲学社会科学领域的杰出人才、领军人才和青年拔尖人才给予特殊支持,加快培养造就一批为建设创新型国家提供坚强支撑的高层次创新创业人才。

9月23日

中共中央、国务院印发《关于深化科技体制改革加快国家创新体系建设的意见》。

经中央批准,当代中国研究所编写的多卷本《中华人民共和国史稿》,由人民出版社、当代中国出版社出版,在全国发行。《中华人民共和国史稿》共四卷,记述了中华人民共和国自1949年10月成立到1984年10月党的十二届三中全会召开这35年的历史。

9月24日

四川省成都市中级人民法院对重庆市原副市长、公安局原局长王立军徇私枉法、叛逃、滥用职权、受贿案作出一审宣判。对王立军以徇私枉法罪判处有期徒刑七年;以叛逃罪判处有期徒刑二年,剥夺政治权利一年;以滥用职权罪判处有期徒刑二年;以受贿罪判处有期徒刑九年。数罪并罚,决定执行有期徒刑十五年,剥夺政治权利一年。王立军当庭表示不上诉。

9月25日

我国第一艘航空母舰"辽宁舰"正式交付海军。胡锦涛出席交接入列仪式并登舰视察。温家宝一同出席并宣读党中央、国务院、中央军委的贺电。

国务院新闻办公室发表《钓鱼岛是中国的固有领土》白皮书。

9 月 26 日

全国文化体制改革工作表彰大会在北京人民大会堂举行，李长春出席并讲话。

中国政府网公布《国务院关于进一步加强和改进最低生活保障工作的意见》。

9 月 27 日

新华社刊文并照片报道，人民日报社原社长胡绩伟同志，因病于 2012 年
9 月 16 日在北京逝世，享年 96 岁。

9 月 28 日

中共中央政治局会议审议并通过中共中央纪律检查委员会《关于薄熙来
严重违纪案的审查报告》。决定给予薄熙来开除党籍、开除公职处分，对其涉
嫌犯罪问题及犯罪问题线索移送司法机关依法处理。

中共中央总书记胡锦涛主持召开中共中央政治局会议，研究中国共产党第
十七届中央委员会第七次全体会议和中国共产党第十八次全国代表大会筹备工
作，审议中共中央纪律检查委员会向党的第十八次全国代表大会的工作报告
稿。决定，中国共产党第十七届中央委员会第七次全体会议于 2012 年 11 月 1
日在北京召开。中共中央政治局将向党的十七届七中全会建议，中国共产党第
十八次全国代表大会于 2012 年 11 月 8 日在北京召开。

9 月 29 日

李长春到经济日报社调研，指出，正确导向是新闻宣传之"魂"，传播载
体、途径、形式、方法是新闻宣传之"体"。做好新闻宣传工作，必须把"魂"
与"体"有机统一起来，做到"强魂"与"健体"相互促进、相得益彰。

10 月

10 月 1 日

庆祝中华人民共和国成立 63 周年之际，首都各界向人民英雄纪念碑敬献
花篮，胡锦涛、吴邦国、温家宝、贾庆林、李长春、习近平、李克强、贺国
强、周永康出席仪式。

10 月 2 日

联合国粮食及农业组织在人民大会堂向国务院总理温家宝颁发"农民"

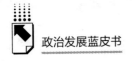

奖章。联合国粮农组织总干事达席尔瓦在颁奖仪式上说，中国仅用占全球9%的耕地和6%的淡水养活了占全球21%的人口，这不仅仅是中国的骄人成绩，也是对世界粮食安全作出的巨大贡献。

10月5日

《新媒体蓝皮书：中国新媒体发展报告（2012）》指出：新媒体对中国社会发展的作用日益"中心"化。蓝皮书指出，自1994年开通互联网以来，所有源生于西方国家的新媒体应用几乎都在中国落地并勃兴，当前中国具有全球最大、最开放、最活跃的新媒体市场。

10月8日

中央反腐败协调小组组长贺国强在日前召开的中央反腐败协调小组第二十二次会议上强调，始终保持查办违纪违法案件的强劲势头，坚定不移反对腐败。对腐败分子不管涉及谁，坚决查处，决不姑息、决不手软，决不让任何腐败分子逃脱党纪国法的惩处。

10月9日

国务院新闻办公室发表《中国的司法改革》白皮书，这是中国首次就司法改革问题发布白皮书。

周永康在北京主持召开会议，研究部署信访工作。他强调，要深入贯彻落实第七次全国信访工作会议精神，总结运用近年来处理信访突出问题的经验，坚持不懈地依法按政策化解信访问题、推进源头治理，更好地维护群众合法权益、促进社会和谐稳定。

10月11日

李长春致信中国作家协会，祝贺中国当代著名作家、中国作家协会副主席莫言获得2012年诺贝尔文学奖。

10月12日

政协第十一届全国委员会优秀提案和先进承办单位表彰会在北京召开。贾庆林在接见获奖代表讲话中指出，2003年，中共中央办公厅、国务院办公厅联合转发了《全国政协办公厅关于办理政协提案的意见》。2005年、2006年中共中央相继颁发的两个5号文件，对人民政协运用提案履行职能、发挥好政协提案的作用，进一步作了规定。今年4月，中办、国办联合颁发了《关于进一步加强人民政协提案办理工作的意见》，对做好提案办理工作提出明确要求，为提案工作的开展指明了方向。

10 月 16 日

第 20 期《求是》杂志发表署名秋石的文章《奋力把改革开放推向前进》。文章指出，实践证明，改革开放是中国特色社会主义道路的重要内涵，是推动党和人民事业发展的强大动力，是发展中国特色社会主义、实现中华民族伟大复兴的必由之路。改革开放符合党心民心、顺应时代潮流，方向和道路是完全正确的，成效和功绩不容否定，停顿和倒退没有出路。

10 月 17 日

温家宝主持召开国务院常务会议，分析当前经济形势，安排部署四季度经济工作。

10 月 19 日

中宣部、总政治部、总装备部和中国工程院在人民大会堂举行林俊德同志先进事迹报告会。

中央组织部新闻发言人公布了国家统计局所作的 2012 年全国组织工作满意度民意调查结果。调查数据显示，2012 年民意调查选人用人公信度 78.30 分，防止和纠正用人不正之风满意度 78.08 分，组织工作满意度 79.96 分。这是民意调查工作开展以来，满意度各项指标连续第四次全面提高。三项指标分别比 2011 年提高 2.20 分、2.06 分和 1.43 分。与 2008 年相比，选人用人公信度提高 11.36 分，防止和纠正用人不正之风满意度提高 11.24 分，组织工作满意度提高 6.39 分。发言人介绍，今年民意调查与前四次基本相同，为保证调查的科学性、客观性、真实性，仍由第三方采取随机抽样、问卷调查的方式进行，实际调查 79178 个样本。调查对象中，既有党员干部，也有普通工人、农民。有效调查问卷 78941 个，占总数的 99.7%。调查范围覆盖全国 31 个省区市的 394 个地级市及直辖市辖区、694 个县（区）、1389 个乡（镇）、4008 个村，在京的 167 个中央国家机关和中央企事业单位，以及新疆生产建设兵团。

10 月 22 日

中共中央政治局召开会议，研究拟提请十七届七中全会讨论的十七届中央委员会向中国共产党第十八次全国代表大会的报告稿和《中国共产党章程

（修正案）》稿。

10月23日

中央宣传思想工作领导小组组长李长春主持召开中央宣传思想工作领导小组第四十六次会议。

十一届全国人大常委会第二十九次会议在北京人民大会堂举行第一次全体会议。本次常委会会议继续审议精神卫生法草案、证券投资基金法修订草案，审议全国人大常委会关于修改监狱法等七部法律个别条款的决定草案、邮政法修正案草案，审议全国人大有关专门委员会关于十一届全国人大五次会议主席团交付审议的代表提出的议案审议结果的报告等。

10月26日

全国人民代表大会常务委员会发布〔十一届〕第四十四号公告，重庆市人大常委会罢免了薄熙来的第十一届全国人民代表大会代表职务。

"科学发展，成就辉煌"大型图片展览在北京展览馆开幕。李长春出席开幕式并宣布展览开幕。胡锦涛、吴邦国、温家宝、贾庆林、李长春、习近平、李克强、贺国强、周永康分别参观展览。

10月28日

浙江省宁波市政府新闻发言人发布消息，宁波市经与项目投资方研究决定：坚决不上PX项目；炼化一体化项目前期工作停止推进，再作科学论证。

10月29日

北京市召开应急系统党的十八大应急服务保障工作部署视频会议，重点对水、电、气、热、交通、消防等重要领域服务保障和各类应急处置工作进行部署。按照工作要求，10月30日9时～11月16日9时，全市将启动应急机制，全面加强应急管理工作。

10月30日

湖南汉寿县政法委副书记张天成应网上微博友之邀高调"晒财产"，不仅详细贴出了自己的收入及财产，还将妻子、奶奶等家庭成员的收入一一公示。

10月31日

温家宝主持召开国务院常务会议，研究部署土壤环境保护和综合治理工作。会议讨论通过《中华人民共和国商标法修正案（草案）》。

张天成接受新华社"中国网事"记者采访时表示，自己在微博公示的财产信息全部属实，都是自己和家人的合法收入。微博上"晒财产"是"私人的事情"，但是自己愿做官员财产公示的"试水者"。

11 月

11 月 1 日

中国共产党第十八次全国代表大会新闻中心网站（http：//www．cpcnews．cn/）正式开通。十八大新闻中心网站由人民网 – 中国共产党新闻网承办，共设中文、英文、手机适配版三个版本。

11 月 3 日

中国共产党第十七届中央纪律检查委员会第八次全体会议在北京举行。

11 月 4 日

新华社受权发布中国共产党第十七届中央委员会第七次全体会议公报。

1 日~4 日，中国共产党第十七届中央委员会第七次全体会议在北京举行，审议并通过了《中共中央纪律检查委员会关于薄熙来严重违纪问题的审查报告》和《中共中央纪律检查委员会关于刘志军严重违纪问题的审查报告》，确认中央政治局 2012 年 9 月 28 日作出的给予薄熙来开除党籍、2012 年 5 月 28 日作出的给予刘志军开除党籍的处分。

十七届中央纪委第八次全会审议通过了中央纪委向党的第十八次全国代表大会的工作报告，同意将报告提请党的十八大审查。

11 月 5 日

温家宝在老挝万象出席第九届亚欧首脑会议第一次领导人会议。

周永康在北京、河北实地检查十八大安保环京"护城河"工程，看望慰问一线执勤公安民警、武警官兵和安保志愿者。

11 月 6 日

新华社以《海阔天空好扬帆》为题，发表"党的十六大以来以胡锦涛同志为总书记的党中央治国理政纪实"。

11 月 7 日

中国共产党第十八次全国代表大会下午在人民大会堂举行预备会议。

中国共产党第十八次全国代表大会新闻发言人于 16：30 在人民大会堂三楼金色大厅举行新闻发布会。十八大新闻发言人蔡名照向海内外媒体介绍十八大准备工作情况和大会议程，并回答中外记者提问。

11 月 8 日

中国共产党第十八次全国代表大会在北京人民大会堂举行。胡锦涛、江泽民、吴邦国、温家宝、贾庆林、李长春、习近平、李克强、贺国强、周永康等出席大会，吴邦国主持大会。胡锦涛作报告《坚定不移沿着中国特色社会主义道路前进　为全面建成小康社会而奋斗》，指出：科学发展观是中国特色社会主义理论体系最新成果，是中国共产党集体智慧的结晶，是指导党和国家全部工作的强大思想武器。科学发展观同马克思列宁主义、毛泽东思想、邓小平理论、"三个代表"重要思想一道，是党必须长期坚持的指导思想。胡锦涛强调，全面建成小康社会，必须以更大的政治勇气和智慧，不失时机深化重要领域改革，坚决破除一切妨碍科学发展的思想观念和体制机制弊端，构建系统完备、科学规范、运行有效的制度体系，使各方面制度更加成熟更加定型。

11 月 9 日

党的十八大新闻中心在梅地亚中心举行第一场记者招待会。大会新闻发言人王国庆邀请中共中央组织部副部长王京清向中外记者介绍中国共产党自身建设的有关情况，并回答记者提问。王京清在回答外国记者的提问时说，我们党的领导机构的选举是按照党章和有关规定来进行的，它的制度和程序是规范的、清楚的。我们的党章规定，党的全国代表大会的一项职权是选举中央委员会，选举要体现选举人的意志，采取差额选举，候选人要由党组织和代表充分地酝酿讨论。

11 月 10 日

中国共产党第十八次全国代表大会主席团举行第二次会议。胡锦涛主持了会议。大会秘书长习近平就十八届中央委员会委员、候补委员和中央纪律检查委员会委员候选人预备人选建议名单作了说明。

11 月 13 日

中国共产党第十八次全国代表大会主席团举行第三次会议，通过十八届中央委员会委员、候补委员和中央纪律检查委员会委员候选人名单（草案），提交各代表团酝酿。

11 月 14 日

中国共产党第十八次全国代表大会在京闭幕。大会选举产生了新一届中央委员会和中央纪律检查委员会，通过了关于十七届中央委员会报告的决议、关于中央纪律检查委员会工作报告的决议，以及关于《中国共产党章程（修正案）》的决议。

11 月 15 日

中国共产党第十八届中央委员会第一次全体会议在北京举行。全会产生中央领导机构，习近平任中共中央总书记、中央军委主席，习近平、李克强、张德江、俞正声、刘云山、王岐山、张高丽任中央政治局常委。

新当选的中共中央总书记习近平和中共中央政治局常委李克强、张德江、俞正声、刘云山、王岐山、张高丽在北京人民大会堂与中外记者见面。

11 月 16 日

习近平主持十八届中共中央政治局会议，对学习宣传贯彻党的十八大精神进行研究部署。

胡锦涛和习近平出席在京召开的中央军委扩大会议。胡锦涛发表重要讲话，指出，党的十八大和十八届一中全会已经胜利闭幕。这次中央全会选举产生了新的中央领导机构，决定了新一届中央军委组成人员，实现了党的总书记和中央军委主席的新老交替。这有利于党的事业继往开来，有利于国防和军队建设事业长远发展，有利于国家长治久安。

11 月 17 日

习近平主持政治局第一次集体学习，强调新一届中央领导集体工作以深入学习宣传贯彻十八大精神来开好局起好步。李克强、张德江、俞正声、刘云山、王岐山、张高丽就深刻领会和贯彻落实党的十八大精神谈了体会。

11 月 18 日

新华社全文发表胡锦涛在中国共产党第十八次全国代表大会上的报告

《坚定不移沿着中国特色社会主义道路前进　为全面建成小康社会而奋斗》。

11 月 19 日

中共中央决定：周永康同志不再担任中央政法委书记职务；孟建柱同志兼任中央政法委书记。

中共中央决定：李源潮同志不再兼任中央组织部部长职务；赵乐际同志兼任中央组织部部长，不再兼任陕西省委书记、常委、委员职务。

新华社全文发表《中国共产党章程》（中国共产党第十八次全国代表大会部分修改，2012 年 11 月 14 日通过）。

新华社全文发表习近平 11 月 17 日在十八届中共中央政治局第一次集体学习时的讲话《紧紧围绕坚持和发展中国特色社会主义学习宣传贯彻党的十八大精神》。

11 月 20 日

新华社受权发布中共中央纪律检查委员会《向党的第十八次全国代表大会的工作报告》（2012 年 11 月 14 日中国共产党第十八次全国代表大会通过）。

11 月 21 日

中共中央政治局常委、国务院副总理李克强主持召开全国综合配套改革试点工作座谈会并作重要讲话。

重庆市纪委表示，已注意到网上出现重庆市北碚区区委书记雷政富与一名女子的"性爱视频"，正在了解核实。随后，重庆市将此事件的举报定性为实名举报，有关部门高度重视并展开严肃调查。

11 月 22 日

学习贯彻党的十八大精神中央宣讲团动员会在京召开，中共中央总书记习近平作出重要批示。他指出，组织党的十八大精神宣讲团的做法很好。

11 月 23 日

中央军委在北京八一大楼隆重举行晋升上将军衔仪式。中央军委主席习近平向晋升上将军衔的中央军委委员、第二炮兵司令员魏凤和颁发命令状。

经重庆市纪委调查核实，近日互联网流传有关不雅视频中的男性为北碚区区委书记雷政富。重庆市委研究决定，免去雷政富同志北碚区区委书记职务，并对其立案调查。

李庄、王誓华（律师）、龚刚华（龚刚模之兄）到最高人民检察院控告检察厅来访接待室递交信访材料。最高人民检察院称将按照规定程序办理。

11 月 25 日

中共中央印发《关于认真学习宣传贯彻党的十八大精神的通知》。

上海市精神文明建设委员会办公室发布以 800 多家市级文明单位为评估对象的 2011 年度《上海文明单位社会责任报告》白皮书。这是上海首次为文明单位社会责任打分，推行文明单位社会责任报告制度。

11 月 26 日

中共中央总书记、中央军委主席习近平作出重要指示，要求广大党员干部学习罗阳同志优秀品质和可贵精神。11 月 25 日，歼 - 15 舰载机研制现场总指挥罗阳在大连执行任务时突发疾病逝世。

中共中央政治局常委、国务院副总理、国务院防治艾滋病工作委员会主任李克强主持召开国务院防治艾滋病工作委员会第四次全体会议。李克强指出，防治艾滋病不仅是医疗卫生问题，也是社会问题。

11 月 27 日

由中央宣传部、中央直属机关工委、中央国家机关工委、教育部、解放军总政治部、北京市委联合举办的中央宣讲团党的十八大精神首场报告会，在北京人民大会堂举行。

中华全国总工会决定，追授歼 - 15 舰载机研制现场总指挥罗阳全国五一劳动奖章。中共中航工业党组决定授予罗阳同志"航空报国英模"称号并在全系统开展向罗阳同志学习的活动。

11 月 28 日

国务院总理温家宝主持召开国务院常务会议，听取农业和农村工作汇报。会议讨论通过的《中华人民共和国土地管理法修正案（草案）》对农民集体所有土地征收补偿制度作了修改。会议决定将草案提请全国人大常委会审议。

中共中央政治局常委俞正声出席党外人士学习贯彻中共十八大精神座谈会并讲话。

11 月 29 日

中共中央总书记、中央军委主席习近平和中央政治局常委李克强、张德

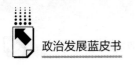

江、俞正声、刘云山、王岐山、张高丽等到国家博物馆参观《复兴之路》展览。

11 月 30 日

在第二十五个世界艾滋病日到来之际，中共中央总书记、中央军委主席习近平来到北京市丰台区蒲黄榆社区卫生服务中心参加世界艾滋病日活动。习近平同艾滋病感染者亲切握手、交谈。习近平强调，艾滋病本身并不可怕，可怕的是对艾滋病的无知和偏见，以及对艾滋病患者的歧视。艾滋病感染者和病人都是我们的兄弟姐妹，全社会都要用爱心照亮他们的生活。

国务院总理温家宝在中南海与艾滋病感染者、艾滋病致孤儿童、上访人员、医务人员、科研人员、志愿者和有关国际组织代表座谈。

中共中央政治局常委、中央纪委书记王岐山在京主持召开座谈会，听取专家学者对党风廉政建设和反腐败工作的意见和建议。王岐山强调，信任不能代替监督。

中共中央在中南海召开党外人士座谈会，就当前经济形势和明年经济工作听取各民主党派中央、全国工商联领导人和无党派人士意见和建议。中共中央总书记习近平主持座谈会并发表重要讲话。

12 月

12 月 1 日

广州市政府即日起将执行《广州市政府常务会议新闻发布会管理办法》。《办法》规定，每次新闻发布会一般不超过 40 分钟，每个发布人对议题的介绍时间不超过 5 分钟，回答每个问题不超过 2 分钟。

12 月 2 日

一篇《北京首次判决外地截访人员非法拘禁罪》的报道在网络上引发热议。这篇报道称，近日，北京朝阳法院判决河南长葛市 10 名截访人员非法拘禁罪成立，10 名截访人员以非法拘禁罪被判刑，主犯被判一年半，其余 9 人则分别被判处几个月不等的有期徒刑。法院于当日下午澄清：案件尚未宣判，消息不实。虽然被澄清消息不实，但此事引发广泛关注。

12 月 3 日

中国致公党第十四次全国代表大会在北京开幕。中共中央政治局常委、国务院副总理张德江会见全体与会代表，并代表中共中央致贺词。

人民网舆情监测室发布 2012 年度新浪政务微博报告。报告指出，中国已有 20 个国家部委及下属部门开通了 46 个"官微"。截至 2012 年 10 月底，全国政府部门落户新浪并通过认证的政务微博总数达到 60064 个，相比去年同期净增 4 万多个。

最高人民检察院近日下发通知，强调各级检察机关要及时审查和处理涉嫌渎职侵权违法犯罪案件线索，绝不允许任何组织或者个人非法干预渎职侵权违法犯罪案件查处工作，坚决抵制地方和部门保护主义的干扰。

全国人大机关举行宪法墙揭幕仪式，全国人大常委会委员长吴邦国出席揭幕仪式并剪彩。

12 月 4 日

中共中央政治局召开会议，审议中央政治局关于改进工作作风、密切联系群众的八项规定，分析研究 2013 年经济工作。中共中央总书记习近平主持会议。会议一致同意关于改进工作作风、密切联系群众的八项规定。

首都各界在人民大会堂集会，隆重纪念《中华人民共和国宪法》公布施行三十周年。中共中央总书记、中央军委主席习近平在大会上发表重要讲话。

中共中央党史研究室主任欧阳淞在学习贯彻十八大精神研讨班上作辅导报告时披露，11 月 29 日中共中央总书记习近平带领 6 位政治局常委和书记处同志，从中南海出发到国家博物馆参观《复兴之路》展览，沿途不封路，是跟着社会车辆过来的。

12 月 5 日

中共中央总书记习近平在人民大会堂同在华工作的外国专家代表座谈。

12 月 6 日

中纪委有关负责人证实，四川省委副书记李春城涉嫌严重违纪，目前正接受组织调查。

12 月 7 日

中共广州市委在举行的政协工作会议上公布了《中共广州市委政治协商

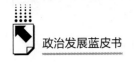

规程》，明确规定把政治协商纳入党委政府决策程序。

公安部下发通知，要求全国公安交管部门严格执行警卫工作规定，一般情况下不得封路，最大限度地减少交通管制时间，最大限度方便群众出行。各地不得擅自违反规定清道封路，影响群众正常通行权益。

12 月 9 日

正在广东考察工作的中共中央总书记、中共中央军委主席习近平在广州主持召开经济工作座谈会，就当前国内外经济形势、推动经济发展广泛听取广东省各方面的意见和建议。会议刚开始，习近平表示，不定基调，事先也没有让大家提交发言稿，这样做是为了让大家"解放思想、实事求是、畅所欲言"。

12 月 10 日

中共中央政治局常委、中央书记处书记刘云山到北京市调研并主持召开座谈会，就如何把学习宣传贯彻党的十八大精神引向深入听取基层干部群众的意见建议。

12 月 11 日

习近平 7 日至 11 日在广东省委书记汪洋和省长朱小丹陪同下，来到深圳、珠海、佛山、广州，深入农村、企业、社区、部队和科研院所进行调研。习近平表示，这次调研之所以到广东来，就是要到在我国改革开放中得风气之先的地方，现场回顾我国改革开放的历史进程，将改革开放继续推向前进。一路上，习近平反复强调，改革开放是我们党的历史上一次伟大觉醒，正是这个伟大觉醒孕育了新时期从理论到实践的伟大创造。

中共中央政治局委员、中央书记处书记、中宣部部长刘奇葆在中央新闻单位调研。

台湾民主自治同盟第九次全盟代表大会在北京开幕。中共中央政治局常委、中央纪委书记王岐山会见全体与会代表，并代表中共中央致贺词。

12 月 12 日

中共中央政治局常委、国务院副总理、中国环境与发展国际合作委员会主席李克强在北京出席中国环境与发展国际合作委员会 2012 年年会开幕式并讲话。

中国国民党革命委员会第十二次全国代表大会在北京开幕。中共中央政治局常委、国务院副总理张德江会见全体与会代表，并代表中共中央致贺词。

12 月 13 日

中共中央政治局常委、中央党的建设工作领导小组组长刘云山主持召开中央党的建设工作领导小组会议，研究党的十八大关于党的建设部署和任务的分解落实，研究党的建设工作贯彻落实中央政治局关于改进工作作风、密切联系群众"八项规定"的措施办法。中共中央政治局常委、中央党的建设工作领导小组副组长王岐山，中共中央政治局委员、中央党的建设工作领导小组副组长赵乐际出席会议并讲话。

据中央组织部有关负责人证实，四川省委副书记李春城涉嫌严重违纪，中央已经决定免去其领导职务。

12 月 16 日

15 日～16 日，中央经济工作会议在北京举行。中共中央总书记、中央军委主席习近平发表重要讲话。温家宝、李克强、张德江、俞正声、刘云山、王岐山、张高丽出席会议。

12 月 17 日

第九次全国台湾同胞代表会议在北京开幕。中共中央政治局常委俞正声出席会议并讲话。

中共中央政治局委员、国务委员、中央政法委书记孟建柱在京主持召开中央政法委员会第一次全体会议。

12 月 18 日

国家发展和改革委员会召开全国发展和改革工作会议，提出，明年将着力深化改革开放，力争在重要领域的改革取得新突破，着力保障和改善民生。

人力资源和社会保障部部长尹蔚民在全国人力资源社会保障工作会议上表示，明年我国继续深化事业单位人事制度改革，同时明确了改革的四大重点。加快推进事业单位人事管理立法进程，完善聘用合同制度，完善岗位设置管理制度，落实和规范公开招聘制度。尹蔚民还表示，明年启动工程技术人员职称制度改革试点，首先从中小学教师起步。

12 月 19 日

中共中央政治局常委、国务院副总理李克强在北京主持召开经济社会发展和改革调研工作座谈会并讲话。

12 月 21 日

中央军委日前下发通知，印发《中央军委加强自身作风建设十项规定》。

12 月 23 日

中共中央政治局常委、中央书记处书记刘云山在京主持召开党的建设和组织工作调研座谈会，就如何加强作风建设、做好党的建设和组织工作听取基层党员干部的意见建议。

12 月 24 日

十一届全国人大常委会第三十次会议在北京人民大会堂举行第一次全体会议。会议审议证券投资基金法修订草案、老年人权益保障法修订草案、劳动合同法修正案草案、旅游法草案，审议关于加强网络信息保护的决定草案等。

国务院召开全国审计工作电视电话会议，国务院总理温家宝在讲话中要求审计机关进一步增强责任感和使命感，全面提升审计工作的质量和水平，当好公共财政"卫士"，促进依法治国。

国务院向全国人大常委会第三十次会议提交了一份决定草案，提请全国人大常委会作出决定，授权其批准广东省暂时调整部分法律规定的行政审批。

监察部部长、国务院行政审批制度改革部级联席会议召集人马馼说，广东要求改革试点的行政审批中共有 25 项是由法律规定的，建议由国务院提请全国人大常委会作出决定，授权国务院同意广东省人民政府在本行政区域内暂时停止实施和调整这些行政审批。

12 月 25 日

十一届全国人大常委会第三十次会议在北京人民大会堂举行第二次全体会议。会议听取国务院和最高人民法院、最高人民检察院专项工作报告等。

12 月 26 日

十一届全国人大常委会第三十次会议在北京人民大会堂举行第三次全体会议，审议农业法执法检查报告、全国人大代表提出的议案审议结果的报告，听取全国人大代表建议、批评、意见办理情况的报告等。

全国组织部长会议在京召开。中共中央政治局常委、中央书记处书记刘云山出席会议并讲话。

中宣部近日发出《关于贯彻党的十八大精神　切实改进文风的意见》，要求宣传思想文化战线把改进文风作为宣传贯彻党的十八大精神、落实中央政治局八项规定的重要任务，作为改进工作、提高舆论引导能力的重要机遇，下大决心大气力抓紧抓好。《意见》对如何改进文风作出明确规定。要求党报党刊、通讯社、电台电视台要从新闻报道、评论言论的内容、语言、标题、篇幅到版面编排、栏目设计、节目制作等方面，进行全面改进。

公安部发布修订后的《公安机关办理刑事案件程序规定》，对1998年发布的原规定作出全面修订。"不得强迫任何人证实自己有罪"和"严禁刑讯逼供"被写入总则。

12月27日

中央纪委监察部日前发出通知，要求党员领导干部在2013年元旦、春节期间，切实改进工作作风，加强廉洁自律。严禁利用节日之机跑官要官、买官卖官以及搞拉票贿选等非组织活动。

十一届全国人大常委会第九十四次委员长会议在北京人民大会堂举行，吴邦国委员长主持会议。决定将关于召开十二届全国人大一次会议的决定草案、证券投资基金法修订草案等审议后交付常委会会议表决。

12月28日

十一届全国人大常委会第三十次会议表决通过了关于召开第十二届全国人民代表大会第一次会议的决定。根据这一决定，十二届全国人大一次会议于2013年3月5日在京召开，会期约两周。

全国人民代表大会常务委员会通过《关于加强网络信息保护的决定》。

中共中央政治局常委、国务院副总理李克强在江西省九江市主持召开长江沿线部分省份及城市负责人参加的区域发展与改革座谈会。李克强指出，我们发展的目的是人民富裕、国家强盛，而发展最大的差距是城乡差距和区域差距，这也是现代化建设最大的难题。市场力量是行政力量难以替代的，经济区域不等于行政区域。政府要转变职能，破除横向、纵向限制，打破不合理的行政壁垒和市场分割。

12月29日

财政部日前下发《关于切实做好岁末年初有关财政工作的通知》，严肃各项财经纪律，提出坚决制止各种乱花钱和突击花钱行为，严禁用公款购买烟酒

礼品，严禁以各种名义滥发津贴、补贴、奖金、实物等一系列要求。

新华社评出 2012 年国内十大新闻（按事件发生时间为序）：（1）八年来首次调低经济增长预期；（2）三年医改实现阶段性目标；（3）薄熙来受查处王立军被判刑；（4）我国切实保护南海东海海洋权益；（5）"神九""天宫"手控交会对接成功；（6）"蛟龙"号创载人深潜新纪录；（7）我国首艘航母正式交付海军；（8）十八大完成换届提出新目标；（9）城乡居民养老保险全覆盖；（10）中央制定改进作风八项规定。

12 月 30 日

中共中央总书记、中央军委主席习近平于 29 日～30 日在河北省阜平县看望慰问困难群众，考察扶贫开发工作。

中共中央政治局常委、中央书记处书记刘云山在北京主持召开调研座谈会，就如何开展好党的群众路线教育实践活动听取党员干部和专家学者的意见。

12 月 31 日

中共中央总书记习近平主持召开中共中央政治局会议，听取中央纪律检查委员会工作汇报，研究部署 2013 年党风廉政建设和反腐败工作。会议指出，新形势下，反腐败斗争形势依然严峻，少数党员干部宗旨意识淡薄，形式主义、官僚主义问题突出，奢侈浪费现象严重，一些领域消极腐败现象易发多发，个别领导干部特别是高级干部严重违纪违法。全党必须增强忧患意识、风险意识、责任意识，既坚定果断刹风整纪，加大办案力度，坚决遏制腐败现象蔓延势头，又树立长期作战思想，注重深化改革，健全体制机制，加强源头治理，不断铲除腐败现象滋生蔓延的土壤，不断以反腐倡廉实际成效推进廉洁政治建设。

十八届中共中央政治局就坚定不移推进改革开放进行第二次集体学习。习近平在主持学习时强调，必须坚持社会主义市场经济的改革方向，坚持对外开放的基本国策，以更大的政治勇气和智慧，不失时机深化重要领域改革，朝着党的十八大指引的改革开放方向奋勇前进。习近平还强调，改革开放只有进行时没有完成时。没有改革开放，就没有中国的今天，也就没有中国的明天。改革开放中的矛盾只能用改革开放的办法来解决。

国家主席胡锦涛通过中国国际广播电台、中央人民广播电台、中央电视台，发表了题为《携手促进世界和平与共同发展》的新年贺词。

2012 年党政领导干部任免情况

冯爱珍*

2012 年党政领导干部任免情况

（省部级。不包括军队、外交使节、央企，据新华网、人民网网资料整理）

时间	任命/当选 姓名	部门及职务	免 去/辞 去 姓名	职务
2012 年 1 月	李家洋	农业部副部长，中国农业科学院院长	李家洋	中国科学院副院长
	焦利	国家新闻出版总署副署长	焦利	中央电视台台长
	雷鸣山	国务院三峡工程建设委员会办公室（国务院三峡工程建设委员会三峡工程稽察办公室）副主任	宋原生	国务院三峡工程建设委员会办公室（国务院三峡工程建设委员会三峡工程稽察办公室）副主任
	胡占凡	中央电视台台长	廖晓军	财政部副部长
	陈蕾	中央纪委驻审计署纪检组组长、审计署党组成员，兼任经济责任审计司司长	钱冠林	国家税务总局副局长
	段教厚	中华全国总工会副主席、书记处书记	李东东（女）	国家新闻出版总署副署长
	李建华	国家行政学院常务副院长	韩康	国家行政学院副院长

* 冯爱珍，商务印书馆编审。

续表

时间	任命/当选		免去/辞去	
	姓名	部门及职务	姓名	职务
2012年1月	崔玉英	中共中央对外宣传办公室副主任		
	秦刚	外交部新闻司司长		
	朱小丹	广东省人民政府省长		
	陈继兴	广东省人大常委会副主任		
	唐国忠	广东省政协副主席	刘力伟	湖南省人民政府副省长
	张庆黎	河北省人大常委会主任		
	张庆伟	河北省人民政府省长		
	付志方	河北省政协主席		
	宋太平	河北省人大常委会副主任		
	杨汭	河北省人民政府副省长		
	杨泰波	湖南省人大常委会主任		
	盛茂林	湖南省人民政府副省长		
	张大方	湖南省政协副主席	何报翔	湖南省政协副主席
	陈存根	重庆市人大常委会主任	陈光国	重庆市人大常委会主任
	何事忠	重庆市政协副主席		
	刘怀廉、李新民	河南省人大常委会副主任		
	王铁、张广智	河南省人民政府副省长	孔玉芳 史济春	河南省人民政府副省长
	孔玉芳	河南省政协副主席		
	张茂才	山西省政协副主席		
	李政文	山西省人大常委会副主任		
	夏宝龙	浙江省人民政府省长		

续表

时间	任 命/当 选		免 去/辞 去	
	姓名	部门及职务	姓名	职务
2012 年 1 月	龙超云、张群山	贵州省人大常委会副主任		
	蒙德贵	贵州省人民政府副省长		
	梁伟、唐龙	北京市人大常委会副主任	赵凤山	北京市人大常委会副主任
	吴志明	上海市政协副主席		
	陈天会	湖北省政协副主席		
	李延芝	黑龙江省政协副主席	黄胜	山东省人民政府副省长
	陈际瓦	广西壮族自治区政协副主席		
	车荣福	广西壮族自治区人大常委会副主任		
	仁青加	青海省政协副主席		
	徐谦、张健、李红	福建省人大常委会副主任	邓小刚	西藏自治区人民政府副主席
2012 年 2 月	宋涛、程国平	外交部副部长	吕国增、李金章	外交部副部长
	崔玉英	国务院新闻办公室副主任	董云虎	国务院新闻办公室副主任
	张亚平	中国科学院副院长	魏礼群	国家行政学院副院长
	杨春光	国家公务员局副局长(副部长级)	傅兴国	国家公务员局副局长
	励小捷	国家文物局局长	单霁翔	国家文物局局长
	连维良	国家发展和改革委员会副主任		
	黄小祥	全国工商联党组书记、副主席		
	甘藏春	国务院法制办党组副书记,副主任,党组成员	邰风涛	国务院法制办公室副主任
	张明、马朝旭、乐玉成	外交部部长助理	吴海龙、刘振民	外交部部长助理

续表

时间	任命/当选		免去/辞去	
	姓名	部门及职务	姓名	职务
2012年2月	王保安	财政部副部长		
	胡存智	国土资源部副部长	负小苏	国土资源部副部长
	何亚非	国务院侨务办公室副主任		
	尹力	国家食品药品监督管理局局长	邵明立	卫生部副部长、国家食品药品监督管理局局长
	王德学	国家安全生产监督管理总局党组副书记		
	付建华	国家煤矿安全监察局局长	赵铁锤	国家安全生产监督管理总局副局长，国家煤矿安全监察局局长
	周晖	国家保密局副局长		
	杨建平、林武	中央人民政府驻香港特别行政区联络办公室副主任		
	邵风涛	国有重点大型企业监事会主席	张德霖	国有重点大型企业监事会主席
	张德霖	国家土地副总督察（专职）	甘藏春	国家土地副总督察（专职）
	李勇库	中央经济责任审计工作联席会议办公室主任	钟自然	中国地质调查局副局长
	史莲喜、荀利军	天津市人大常委会副主任		
	李纪恒	云南省人民政府省长		
	秦光荣	云南省人大常委会主任		
	罗正富	云南省政协主席		
	杨应楠	云南省人大常委会副主任		
	甘霖	四川省人民政府副省长		

续表

时间	任 命／当 选		免 去／辞 去	
	姓名	部门及职务	姓名	职务
2012 年 2 月	韩志然、赵黎平	内蒙古自治区政协副主席	韩振祥、肖黎声	内蒙古自治区政协副主席
	王云岫	吉林省人大常委会副主任	杨绍明	吉林省人大常委会副主任
	李峰、李文科	辽宁省人大常委会副主任		
	范燕青	江苏省政协副主席	陈宝田	江苏省政协副主席
	李斌	安徽省人民政府省长		
	臧世凯、沈卫国、陈先森	安徽省人大常委会副主任		
	梁卫国	安徽省人民政府副省长		
	王秀芳、夏涛	安徽省政协副主席		
	鹿心社	江西省人民政府省长		
	胡幼桃	江西省人民政府副省长	孙刚、熊盛文	江西省人民政府副省长
	张裔炯	江西省政协主席		
	刘上洋、刘礼祖	江西省政协副主席		
	陈敏尔	贵州省省委委员、常委、副书记		
	焉荣竹、陈光朴	山东省政协副主席		
	徐少华	广东省人民政府副省长	林木声	广东省人民政府副省长
	宋洪武、胡悦	陕西省人大常委会副主任		
	王三运	甘肃省人大常委会主任		

续表

时间	任命/当选		免 去 辞 去	
	姓名	部门及职务	姓名	职务
2012年2月	王会民、毛肯·赛衣提哈木扎、穆铁礼甫·哈斯木	新疆自治区人大副主任		
	李湘林、刘志勇、巨艾提·依明、约尔古丽·加帕尔	新疆自治区政协副主席		
	罗保铭	海南省人大常委会主任		
	蒋定之	海南省人民政府省长		
	贾东军	海南省人大常委会副主任		
	徐德明	国土资源部党组副书记	孙宝树	人力资源和社会保障部副部长
	邱小平	人力资源和社会保障部副部长	王渝次	国家邮政局副局长
	陈舜	教育部部长助理		
2012年3月	赵树丛	国家林业局党组书记	薄熙来	不再兼任重庆市委书记、常委、委员
	张德江	兼任重庆市委委员、常委、书记	王立军	重庆市副市长
	何挺	重庆市副市长	黄莉新	江苏省人民政府副省长
	许津荣	江苏省人民政府副省长	李秀领	海南省人民政府副省长
			泽巴足、张晓兰	甘肃省人民政府副省长

续表

时间	任 命/当 选		免 去辞 去	
	姓名	部门及职务	姓名	职务
2012 年 4 月	胡祖才	国家发展和改革委员会副主任	彭森	国家发展和改革委员会副主任
	赵树丛	国家林业局局长	贾治邦	国家林业局局长,党组书记
	任正晓	国家粮食局局长	聂振邦	国家粮食局局长
	王军	财政部党组副书记		
	杨志明	人力资源和社会保障部党组副书记		
	徐伟新	中央党校副校长	孙庆聚	中央党校副校长
	余欣荣	农业部党组副书记,副部长		
	王三运	甘肃省委书记		
	栗战书	贵州省委书记		
	宋璇涛	贵州省纪委书记		
	贾朝忠、廖建宇、李森、陈再天	贵州省纪委副书记		
	吉炳轩	黑龙江省委书记		
	王宪魁、杜家毫	黑龙江省委副书记		
	刘伟平、欧阳坚	甘肃省委副书记		
	张晓兰	甘肃省纪委书记	蒋文兰	甘肃省纪委书记
2012 年 5 月	杨栋梁	国家安全生产监督管理总局局长党组书记	骆琳	国家安全生产监督管理总局党组书记
	解学智	国家税务总局副局长,党组副书记		

续表

时间	任命当选		免去辞去	
	姓名	部门及职务	姓名	职务
2012年5月	张高丽	天津市委书记		
	黄兴国、何立峰	天津市委副书记		
	臧献甫	天津市纪委书记		
	韩启祥、闫塾、李伟、梁宝明	天津市纪委副书记		
	孙政才	吉林省委书记		
	王儒林、竺延风	吉林省委副书记	竺延风	吉林省副省长
	陈伦	吉林省纪律检查委员会书记		
	尹政、杨亚杰、王绍俭、王长久	吉林省纪律检查委员会副书记		
	俞正声	上海市委书记		
	韩正、殷一璀	上海市委副书记		
	杨晓渡	上海市纪律检查委员会书记		
	顾国林、徐文雄、温新华、胡敏	上海市纪律检查委员会副书记		
	姜异康	山东省委书记		
	姜大明、王军民	山东省委副书记		
	李法泉	山东省纪律检查委员会书记		

续表

时间	任 命/当 选		免 去/辞 去	
	姓名	部门及职务	姓名	职务
	于晓明、鄢建昌、马明生、王喜远	山东省纪律检查委员会副书记		
	汪洋	广东省委书记		
	朱小丹、朱明国	广东省委副书记		
	黄先耀	广东省纪律检查委员会书记		
	钟世坚、毛荣楷、王兴宁、陈伟东	广东省纪律检查委员会副书记		
	刘奇葆	四川省委书记		
2012 年 5 月	蒋巨峰、李春城	四川省委副书记		
	王怀臣	四川省纪律检查委员会书记		
	徐波、黄河、黄昌明、邓顺贵	四川省纪律检查委员会副书记		
	赵乐际	陕西省委书记		
	赵正永、孙清云	陕西省委副书记		
	郭永平	陕西省纪律检查委员会书记		
	龚汉江、魏燕、马赉、郭润芝	陕西省纪律检查委员会副书记		
	强卫	青海省委书记		

续表

时间	任命/当选		免去/辞去	
	姓名	部门及职务	姓名	职务
2012年5月	骆惠宁、王建军	青海省委副书记		
	多杰热旦	青海省纪律检查委员会书记		
	张文林、张玉娥、顾勇	青海省纪律检查委员会副书记		
	朱从玖	浙江省人民政府副省长		
	白向群	内蒙古自治区副主席		
	谌贻琴	贵州省人民政府副省长	李继平	国家食品药品监督管理局副局长
2012年6月	徐科	卫生部副部长	许又声	国务院侨务办公室副主任
	李继平、王明珠	国务院食品安全委员会办公室副主任	吴仕民	国家民族事务委员会副主任
	陈改户	国家民族事务委员会副主任	骆琳	国家安全生产监督管理总局局长
	杨栋梁	国家安全生产监督管理总局局长	庹震	新华通讯社副社长
	路建平	新华通讯社副社长	罗平飞、孙绍骋	民政部副部长
	顾朝曦	民政部副部长	钱智民	国家能源局副局长
	张裔炯	统战部常务副部长	钟牧平	国家工商行政管理总局副局长
	张德江	重庆市委书记		
	黄奇帆、张轩	重庆市委副书记		
	徐敬业	重庆市纪律检查委员会书记		
	李维超、张伟、王勇	重庆市纪律检查委员会副书记		
	李鸿忠	湖北省委书记		

续表

时间	任命当选		免去辞去	
	姓名	部门及职务	姓名	职务
2012 年 6 月	王国生、张昌尔	湖北省委副书记		
	侯长安	湖北省纪律检查委员会书记		
	吴琦、吴志峰、陈洪波、肖习平	湖北省纪律检查委员会副书记		
	赵洪祝	浙江省委书记		
	夏宝龙、李强	浙江省委副书记		
	任泽民	重庆市纪律检查委员会书记		
	杨晓光、马光明、洪巨平、王海超	重庆市纪律检查委员会副书记		
	张毅	宁夏回族自治区党委书记		
	王正伟、崔波	宁夏回族自治区党委副书记		
	陈绪国	宁夏回族自治区纪委书记		
	田成江、陶进、段学篇	宁夏回族自治区纪委副书记		
	陈树隆	安徽省人民政府副省长	杨栋梁	天津市副市长
	谭作钧	辽宁省人民政府副省长	罗正富	云南省人民政府常务副省长
	龚正	浙江省人民政府常务副省长	曹建方	云南省人民政府副省长
	刘志强	青海省人民政府副省长		

433

续表

时间	任命/当选		免 去/辞 去	
	姓名	部门及职务	姓名	职务
2012年7月	张玉清	国家能源局党组成员、副局长		
	刘淇	中央文明委副主任		
	林智敏	中共中央统战部副部长		
	郭金龙	北京市委书记		
	王安顺、吉林	北京市委副书记		
	王安顺	北京市人民政府代市长	郭金龙	北京市人民政府市长
	王安顺、李士祥	北京市人民政府副市长	吉林	北京市人民政府副市长
	梁黎明	浙江省人民政府副省长	陈德荣	浙江省人民政府副省长
	陈志荣	海南省人民政府副省长	姜斯宪	海南省人民政府副省长
	丁绍祥、高树勋	云南省人民政府副省长	顾朝曦	云南省人民政府副省长
	黄关春	吉林省人民政府副省长		
	秦如培	贵州省人民政府副省长		
2012年8月	杨传堂	交通运输部部长	李盛霖	交通运输部部长
	王仲伟	文化部副部长		
	滕佳材	国家工商行政管理总局副局长		
	孙绍骋、张超超	山东省人民政府副省长	王军民、才利民	山东省人民政府副省长
	刘慧晏	云南省人民政府副省长	景俊海	陕西省人民政府副省长
	张鸣、陈和平	重庆市人民政府副市长	刘学普	重庆市人民政府副市长

续表

时间	任命/当选		免、去、辞 去	
	姓名	部门及职务	姓名	职务
2012 年 9 月	谭天星	国务院侨务办公室副主任	赵阳	国务院侨务办公室副主任
	栗战书	中央办公厅常务副主任	栗战书	贵州省委书记、常委、委员
	马明	内蒙古自治区副主席	薄熙来	开除党籍，开除公职
	孙咸泽、焦红	国家食品药品监督管理局副局长		
	王秀军、彭波	国家互联网信息办公室专职副主任		
	张工	北京市人民政府副市长	刘敬民	北京市人民政府副市长
	林少春	广东省人民政府副省长	雷于蓝	广东省人民政府副省长
	戴均良	民政部副部长	王耀东	国家信访局副局长
	黄晓薇、于春生	监察部副部长	李兵	国家外国专家局副局长
	蔡其华	水利部副部长	张军	最高人民法院副院长
	董伟	文化部副部长	王文章	文化部副部长
	聂辰席	国家广播电影电视总局副局长	张海涛	国家广播电影电视总局副局长
2012 年 10 月	卢景波	国家粮食局副局长	张桂凤	国家粮食局副局长
	胡保林	国务院三峡工程建设委员会办公室（国务院三峡工程建设委员会三峡工程稽查办公室）副主任	雷加富	国务院三峡工程建设委员会办公室（国务院三峡工程建设委员会三峡工程稽查办公室）副主任
	刘雅鸣	长江水利委员会主任	蔡其华	长江水利委员会主任
	蒋建国	新闻出版总署党组书记	裴辰席	河北省人民政府副省长

435

续表

时间	任命/当选		免 去辞 去	
	姓名	部门及职务	姓名	职务
2012年10月	周泽民	江西省委委员、常委、省纪委书记	尚勇	江西省委委员、常委、省纪委书记
	令计划	兼任中央统战部部长	杜青林	不再兼任中央统战部部长
	孙咸泽	国家食药监管局副局长	周英	水利部副部长
	慎海雄	新华通讯社副总编辑		
	习近平	中央委员会总书记、中央军事委员会主席		
	李克强	中央政治局常委		
	张德江	中央政治局常委		
	俞正声	中央政治局常委		
	刘云山	中央政治局常委、中央书记处成员		
	王岐山	中央政治局常委、中纪委书记		
2012年11月	张高丽	中央政治局常委		
	马凯	中央政治局委员		
	王沪宁	中央政治局委员		
	刘延东	中央政治局委员		
	刘奇葆	中央政治局委员、中央书记处成员,兼任中央宣传部部长	刘云山	不再兼任中央宣传部部长
	许其亮	中央政治局委员、中央军事委员会副主席		

续表

时间	任 命 当 选		免 去 辞 去	
	姓名	部门及职务	姓名	职务
2012 年 11 月	孙政才	中央政治局委员，兼任重庆市委员、常委、书记	张德江	不再兼任重庆市委书记、常委、委员
	李建国	中央政治局委员	赵乐际	不再兼任陕西省委书记、常委、委员
	李源潮	中央政治局委员	孙政才	不再兼任吉林省委书记、常委、委员
	汪洋	中央政治局委员		
	张春贤	中央政治局委员		
	范长龙	中央政治局委员，中央军事委员会副主席		
	孟建柱	中央政治局委员，兼任中央政法委书记	周永康	不再担任中央政法委书记
	赵乐际	中央政治局委员，中央书记处书记，兼任中组部部长	李源潮	不再兼任中央组织部部长
	胡春华	中央政治局委员		
	栗战书	中央政治局委员，中央书记处成员		
	郭金龙	中央政治局委员		
	韩正	中央政治局委员，兼任上海市委书记	俞正声	不再兼任上海市委书记、常委、委员
	杜青林	中央政治局委员，中央书记处成员		
	赵洪祝	中央政治局委员，中央书记处书记、中央纪律检查委员会副书记	赵洪祝	不再兼任浙江省委书记、常委、委员
	杨晶	中央政治局委员，中央书记处成员	孙春兰	不再兼任福建省委书记、常委、委员

续表

时间	任命/当选		免去 去辞 去	
	姓名	部门及职务	姓名	职务
2012年11月	王东明	四川省委委员、常委、书记	刘奇葆	不再兼任四川省委书记、常委、委员
	李智勇	中央国家机关工委常务副书记		
	汪永清	中央机构编制委员会委员、办公室主任	王东明	中央机构编制委员会委员、办公室主任
	赵晓光、刘君	国家邮政局副局长	徐建洲	国家邮政局局长
	张宝文	民盟中央主席	赵斌	湖北省人民政府副省长
	陈晓光、郑兰荪、张平、丁仲礼、徐辉、温思美、欧阳明高、郑惠强、田刚、龙庄伟、葛剑平、倪慧芳、王光谦	民盟中央副主席	李春城	四川省委副书记
	万鄂湘	民革中央主席		
2012年12月	齐续春、修福金、刘凡、程崇庆、傅惠民、何丕洁、田惠光、郑建邦、邓力平、刘家强	民革中央副主席		
	胡春华	兼任广东省委委员、常委、书记	汪洋	不再兼任广东省委委员、常委、书记
	王君	兼任内蒙古自治区党委书记、常委、委员	胡春华	兼任内蒙古自治区党委书记、常委、委员
	夏宝龙	浙江省委书记		
	赵正永	陕西省委书记	赵正永	陕西省人民政府省长
	王儒林	吉林省委书记		

续表

时间	任命/当选		免 去/辞 去	
	姓名	部门及职务	姓名	职务
2012 年 12 月	巴音朝鲁	吉林省委常委、副书记、代省长		
	李小鹏	山西省委副书记、代省长	李刚	中央人民政府驻香港特别行政区联络办公室副主任
	张晓明	中央人民政府驻香港特别行政区联络办公室主任	彭清华	中央人民政府驻香港特别行政区联络办公室主任
	尤权	福建省委员、常委、书记	张晓明	国务院港澳事务办公室副主任
	娄勤俭	陕西省委副书记、陕西省代省长		
	彭清华	广西壮族自治区党委委员、常委、书记	郭声琨	广西壮族自治区党委委员、常委、书记
	杨雄	上海市委常委、副书记、代理市长	韩正	上海市人民政府市长
	李伍峰、王秀军、彭波	国家互联网信息办公室专职副主任（副部级）	李智勇	人力资源和社会保障部副部长
	慎海雄	新华通讯社副总编辑		
	许永盛	国家能源局副局长		
	马培华、陈政立、张少琴、辜胜阻、宋海、李谠、周汉民、吴晓青、王永庆、郝明金	中国民主建国会副主席		
	陈昌智	中国民主建国会主席		

续表

时间	任命/当选		免去/辞去	
	姓名	部门及职务	姓名	职务
2012年12月	严隽琪	连任民进中央主席		
	韩启德	连任九三学社主席		
	万钢	连任致公党中央主席		
	蒋作君、王钢章、程津培、杨邦杰、严以新、黄格胜、曹小红、李卓彬、闫小培	致公党中央副主席		
	陈竺	农工党中央主席		
	林文漪	连任台盟中央主席		
	汪毅夫	全国台联会长		
	王松、叶惠丽、江尔雄、纪斌、苏辉、杨毅周、吴国祯、吴凯珈、吴琼开、张泽熙、陈杰、林明月、梁国扬、颜珂	全国台联副会长		
	戴北方	深圳市委副书记	王穗明	深圳市委副书记、常委
	李强	浙江省人民政府副省长、代理省长	夏宝龙	浙江省人民政府省长
	李刚	中央人民政府驻澳门特别行政区联络办公室副主任		
	郭声琨	公安部党委书记	郭声琨	广西壮族自治区党委书记、常委、委员
	郭声琨	公安部部长	孟建柱	公安部部长

中国皮书网

发布皮书研创资讯，传播皮书精彩内容
引领皮书出版潮流，打造皮书服务平台

栏目设置：

- ☐ 资讯：皮书动态、皮书观点、皮书数据、皮书报道、皮书新书发布会、电子期刊
- ☐ 标准：皮书评价、皮书研究、皮书规范、皮书专家、编撰团队
- ☐ 服务：最新皮书、皮书书目、重点推荐、在线购书
- ☐ 链接：皮书数据库、皮书博客、皮书微博、出版社首页、在线书城
- ☐ 搜索：资讯、图书、研究动态
- ☐ 互动：皮书论坛

www.pishu.cn

中国皮书网依托皮书系列"权威、前沿、原创"的优质内容资源，通过文字、图片、音频、视频等多种元素，在皮书研创者、使用者之间搭建了一个成果展示、资源共享的互动平台。

自2005年12月正式上线以来，中国皮书网的IP访问量、PV浏览量与日俱增，受到海内外研究者、公务人员、商务人士以及专业读者的广泛关注。

2008年10月，中国皮书网获得"最具商业价值网站"称号。

2011年全国新闻出版网站年会上，中国皮书网被授予"2011最具商业价值网站"荣誉称号。

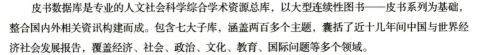

当代中国与世界发展的高端智库平台

皮书数据库 www.pishu.com.cn

皮书数据库是专业的人文社会科学综合学术资源总库，以大型连续性图书——皮书系列为基础，整合国内外相关资讯构建而成。包含七大子库，涵盖两百多个主题，囊括了近十几年间中国与世界经济社会发展报告，覆盖经济、社会、政治、文化、教育、国际问题等多个领域。

皮书数据库以篇章为基本单位，方便用户对皮书内容的阅读需求。用户可进行全文检索，也可对文献题目、内容提要、作者名称、作者单位、关键字等基本信息进行检索，还可对检索到的篇章再作二次筛选，进行在线阅读或下载阅读。智能多维度导航，可使用户根据自己熟知的分类标准进行分类导航筛选，使查找和检索更高效、便捷。

权威的研究报告，独特的调研数据，前沿的热点资讯，皮书数据库已发展成为国内最具影响力的关于中国与世界现实问题研究的成果库和资讯库。

皮书俱乐部会员服务指南

1. 谁能成为皮书俱乐部会员？

- 皮书作者自动成为皮书俱乐部会员；
- 购买皮书产品（纸质图书、电子书、皮书数据库充值卡）的个人用户。

2. 会员可享受的增值服务：

- 免费获赠该纸质图书的电子书；
- 免费获赠皮书数据库100元充值卡；
- 免费定期获赠皮书电子期刊；
- 优先参与各类皮书学术活动；
- 优先享受皮书产品的最新优惠。

社会科学文献出版社 皮书系列
SOCIAL SCIENCES ACADEMIC PRESS (CHINA)

卡号：0984510138720982

密码：

（本卡为图书内容的一部分，不购书刮卡，视为盗书）

3. 如何享受皮书俱乐部会员服务？

（1）如何免费获得整本电子书？

购买纸质图书后，将购书信息特别是书后附赠的卡号和密码通过邮件形式发送到 pishu@188.com，我们将验证您的信息，通过验证并成功注册后即可获得该本皮书的电子书。

（2）如何获赠皮书数据库100元充值卡？

第1步：刮开附赠卡的密码涂层（左下）；

第2步：登录皮书数据库网站（www.pishu.com.cn），注册成为皮书数据库用户，注册时请提供您的真实信息，以便您获得皮书俱乐部会员服务；

第3步：注册成功后登录，点击进入"会员中心"；

第4步：点击"在线充值"，输入正确的卡号和密码即可使用。

皮书系列

"皮书"起源于十七、十八世纪的英国，主要指官方或社会组织正式发表的重要文件或报告，多以"白皮书"命名。在中国，"皮书"这一概念被社会广泛接受，并被成功运作、发展成为一种全新的出版形态，则源于中国社会科学院社会科学文献出版社。

皮书是对中国与世界发展状况和热点问题进行年度监测，以专家和学术的视角，针对某一领域或区域现状与发展态势展开分析和预测，具备权威性、前沿性、原创性、实证性、时效性等特点的连续性公开出版物，由一系列权威研究报告组成。皮书系列是社会科学文献出版社编辑出版的蓝皮书、绿皮书、黄皮书等的统称。

皮书系列的作者以中国社会科学院、著名高校、地方社会科学院的研究人员为主，多为国内一流研究机构的权威专家学者，他们的看法和观点代表了学界对中国与世界的现实和未来最高水平的解读与分析。

自20世纪90年代末推出以经济蓝皮书为开端的皮书系列以来，至今已出版皮书近800部，内容涵盖经济、社会、政法、文化传媒、行业、地方发展、国际形势等领域。皮书系列已成为社会科学文献出版社的著名图书品牌和中国社会科学院的知名学术品牌。

皮书系列在数字出版和国际出版方面成就斐然。皮书数据库被评为"2008~2009年度数字出版知名品牌"；经济蓝皮书、社会蓝皮书等十几种皮书每年还由国外知名学术出版机构出版英文版、俄文版、韩文版和日文版，面向全球发行。

2011年，皮书系列正式列入"十二五"国家重点出版规划项目；2012年，部分重点皮书列入中国社会科学院承担的国家哲学社会科学创新工程项目；一年一度的皮书年会升格由中国社会科学院主办。

法 律 声 明

　　"皮书系列"（含蓝皮书、绿皮书、黄皮书）由社会科学文献出版社最早使用并对外推广，现已成为中国图书市场上流行的品牌，是社会科学文献出版社的品牌图书。社会科学文献出版社拥有该系列图书的专有出版权和网络传播权，其 LOGO（ ）与"经济蓝皮书"、"社会蓝皮书"等皮书名称已在中华人民共和国工商行政管理总局商标局登记注册，社会科学文献出版社合法拥有其商标专用权。

　　未经社会科学文献出版社的授权和许可，任何复制、模仿或以其他方式侵害"皮书系列"和 LOGO（ ）、"经济蓝皮书"、"社会蓝皮书"等皮书名称商标专用权的行为均属于侵权行为，社会科学文献出版社将采取法律手段追究其法律责任，维护合法权益。

　　欢迎社会各界人士对侵犯社会科学文献出版社上述权利的违法行为进行举报。电话：010－59367121，电子邮箱：fawubu@ ssap. cn。

社会科学文献出版社